W0408360

Zu diesem Buch

«Ihre Abneigung, Kinder zu schlagen», so notierte Pater LeJeune zu Anfang des 17. Jahrhunderts in Kanada über die Indianer, «wird uns wahrscheinlich bei unseren Erziehungsabsichten für die Jugend Schwierigkeiten bereiten.» Die Schwierigkeiten scheinen behoben: Dreihundert Jahre Unterwerfung und Umerziehung im Namen von Zivilisation und Fortschritt haben die widerspenstigen Ureinwohner gebrochen, die europäische Schule besiegelte ihre Niederlage. Doch der American way of life hat nicht alle Reste indianischer Selbstbehauptung überrollt. In Reservationen und städtischen Slums haben Stammesgruppen und Aktive der indianischen Protestbewegung begonnen, freie Schulen zu gründen. Durch sie sollen Kinder und Jugendliche nicht nur der staatlichen Gehirnwäsche entgehen, sie sollen auch Lebensmöglichkeiten erkennen und sich gegen den Kreislauf von Apathie, Alkohol und Gefängnis wappnen. Diese Survival Schools sind keine exotischen Schaustücke für ehemalige Karl-May-Leser; von ihnen ist zu lernen. Als weltoffene Versuche, Indianern Geschichte und Kultur ihrer Völker wiederzugeben, zielen sie nicht auf eine Sonderkultur, sondern vermitteln Einstellungen, Verhaltensweisen und praktisches Wissen, das allen Menschen dient. Erfahrungslernen, gegenseitige Hilfe, Respekt vor dem anderen und Achtung vor den natürlichen Grundlagen des Lebens haben Vorrang vor abstraktem Wissen, Leistungszwang, Konkurrenz und Ausbeutungsmentalität gegenüber der Natur.

Der pädagogische Reisebericht Claus Biegerts, Interviews mit Lehrern, Schülern und Medizinmännern, Materialien zur Geschichte und aktuellen Lage der Indianer machen Mut, europäische Überheblichkeit zu vergessen und von unterdrückten Minderheiten zu lernen.

Die Autoren

Claus Biegert, geboren 1947, 1970 bis 1972 Redakteur und Fernsehkritiker bei der «Münchner Abendzeitung». Seitdem sogenannter freier Journalist, überwiegend für Rundfunkanstalten und Verlage tätig. Zwischen 1973 und 1979 sechs längere Aufenthalte in den USA und Kanada. Mitarbeiter der «Gesellschaft für bedrohte Völker». Veröffentlichungen: Kinder sind kein Eigentum – Ein Theaterexperiment (mit Diethard Wies), München 1973, Piper Verlag; Seit 200 Jahren ohne Verfassung – Indianer im Widerstand, Reinbek 1976, Rowohlt Taschenbuch Verlag.

Hartmut Lutz, geboren 1945, Studium der Anglistik, 1969 Lehrerprüfung, 1974 Promotion. Seit 1975 wissenschaftlicher Assistent beim Fachbereich Kommunikation/Ästhetik der Universität Osnabrück.

Renate Schukies, geboren 1951, 1971 bis 1975 Studium der Sozialpädagogik mit Praktikum in der Münchner Obdachlosensiedlung Hasenbergl, anschließend Studium der Ethnologie. Von August 1978 bis März 1979 «action anthropology»-Projekt mit den Südlichen Cheyenne in Oklahoma.

Claus Biegert

Indianerschulen

Als Indianer überleben – von Indianern lernen
Survival Schools

rororo

Rowohlt

Die mit dem Aufdruck «Politische Erziehung» versehenen Bände veröffentlichen im Rahmen des rororo-Sachbuch-Programms für Schüler, Lehrlinge, Studenten, Sozialarbeiter und Lehrer:

- Projektberichte aus Schul-, Hochschul-, Stadtteil-, Betriebs- und Sozialarbeit,
  Berichte und Analysen wichtiger Erziehungskonzeptionen, auch aus anderen Ländern,
  Erfahrungen und Perspektiven der Organisation aller im Ausbildungsbereich Tätigen;
- Vorschläge, Modelle und Materialien für eine veränderte Praxis in den genannten Bereichen, insbesondere Vorschläge zum Unterricht für Lehrer und Schüler;
- Untersuchungen des Zusammenhangs von Produktion, Ausbildung und Bewußtseinsbildung, die Voraussetzungen sind für eine politische Erziehung.

Herausgeber: Johannes Beck, Heiner Boehncke, Gerhard Vinnai

1.–13. Tausend September 1979
14.–18. Tausend Juli 1980

Redaktion: Wolfgang Müller
Umschlagentwurf: Jürgen Wulff (Foto: Claus Biegert, München)

Originalausgabe
Veröffentlicht im Rowohlt Taschenbuch Verlag GmbH,
Reinbek bei Hamburg, September 1979
Copyright © 1979 by Rowohlt Taschenbuch Verlag GmbH,
Reinbek bei Hamburg
Satz Times (Linotron 404)
Gesamtherstellung Clausen & Bosse, Leck
Printed in Germany
1080-ISBN 3 499 17278 X

Inhalt

Vorbemerkungen 7

Überleben und lernen – Überleben lernen 15
Aus der Gemeinschaft des Stammes... 15
...in die Hände von Kirche und Staat 21
Think Indian – ein Reisebericht 31
Survival Schools 39
Lernen in zwei Kulturen 72
Pädagogische Arbeit aus spirituellem Erbe 78
Der Wolf ist mein Bruder – Schülergedichte 84
Adressen der von Indianern selbst verwalteten Schulen 91

Indianer sprechen 95
Interviews mit Schülern und Lehrern der Survival Schools
und Aktivisten der Indianer-Bewegung 95
Der Kreis ist mehr als eine geometrische Figur
Gespräch mit Eddie Benton Banai und der Schülerin Sherry Blakey 95
Die Weißen geben allen Dingen Namen, aber sie verstehen sie nicht
Gespräch mit Survival-Schülern aus Minneapolis–St. Paul 101
Erfahrungen in der weißen Schule
Gespräch mit Schülern der Survival Schools in der
Cattaraugus-Reservation 108
Ich verkaufte meine Schulbücher, um leben zu können
Interview mit Pat Bellanger 113
Ich versuchte Teil des Systems zu werden und bin fast daran gestorben
Interview mit Bill Wahpepah 129
Ich habe eine universelle Universität in mir
Interview mit Leonard Crow Dog 139
Seminar im Gras 144
Präsident Carter ist nicht Herr über Frost und Schnee
Gespräch mit Philipp Deere 151
Wenn ein Neandertaler einen neuen Mantel brauchte, ging er raus
und fing sich einen
Interview mit Sotsisowah (John Mohawk) 153
Völkermord im Krankenhaus
Interview mit Barbara (Moore) Brave Bird 162
Ich bin kein Kommunist, ich bin ein Cherokee
Interview mit Jimmie Durham 169

Indianer und Nicht-Indianer 176
Über die Begegnung zweier Kulturen 176

Stichwörter zu Kultur und Zeitgeschichte 220
Erarbeitet von Claus Biegert und Renate Schulkies
Akwesasne Notes / Alkohol / American Indian Movement / Büffel / Carter, Jimmy / Columbus / Erde / FBI / Frauen / Genfer UNO-Konferenz / Indianerland und Ausbeutung der Bodenschätze / Indianische Rezepte / Indianische Wirklichkeit in der Statistik / Kulturimporte aus dem indianischen Amerika / Longest Walk / Medizinmann / Oklahoma / Politische Gefangene / Schwitzhütte / Sonnentanz / Souveränität / Sprache / Verträge / Völkermord / Weißer Mann

Anhang 279
Filme über Indianer 279
Literatur 281
Schallplatten 282
Zeitschriften 282
Unterrichtseinheiten 283
Hartmut Lutz
Kommentierte Auswahlbibliographie zur Behandlung der Indianerthematik im Englischunterricht 284
Danksagung 296
Quellennachweis der Abbildungen 298

Für Moritz und Tobias

Vorbemerkungen

Ich habe einen kleinen Freund, Tobias, er ist 13 Jahre alt, ein Grübler, Querdenker und Phantast. Langeweile kannte er nie. Schon früh spielte er Theater, malte Miniaturen und wandbreite Bilder und fertigte ohne Baupläne und Anleitungen historisch und ethnographisch getreue Schiffe, Häuser, Waffen, Kostüme. Selten verbringt er einen Nachmittag vor dem Fernseher. Das Leben von Tobias wäre ausgefüllt und glücklich, gäbe es die Schule nicht. Besser sein zu müssen als andere – das will ihm nicht in den Sinn, obwohl er seine Sache stets so gut wie nur möglich machen will. Das tägliche Einnehmen festgesetzter Wissensportionen in vorgeschriebener Eile stößt ebenso auf seinen Widerspruch wie der anschließende Tauschhandel von abgefragtem Wissen gegen Noten im Schiedsgericht der Prüfung. Diese Zwänge lassen ihn nachts nicht einschlafen und früh vor der Schultüre wieder umkehren. Daß die Mehrheit der Kinder seiner Stadt die Schule akzeptiert, irritiert ihn nicht. Dies ist nicht *seine* Schule. *Seine* Fragen findet er nicht beantwortet, die angebotene Information interessiert ihn selten. Er war bereits soweit, den Sinn des Lebens anzuzweifeln, falls sie – die Schule – der Sinn des Lebens sein sollte.

Ich sprach mit Schülern verschiedener Survival Schools über ihre Ferien. «Ferien haben wir keine», war immer die Antwort, «Ferien brauchen wir keine.» Eine Schule ohne Ferien also. Ein erschreckender Gedanke vor dem Hintergrund hiesiger Lernerfahrung, Selbstverständlichkeit aber für Menschen, deren Schule auch deren Leben ist und umgekehrt. Und wer käme auf den Gedanken, Ferien vom Leben zu nehmen. Die Survival School der Oglalla-Sioux in Porcupine in der Pine Ridge-Reservation trennte sich angesichts derartiger Verschmelzung von Lernen und Leben auch von dem Wort «Schule» und nennt sich heute schlicht «Gruppe»: We will remember Survival Group. Vor diesem Hintergrund entlarvt sich der humanistische Merksatz, mit dem aufmüpfige Geister aller Generationen getröstet und vom Sinn des Unabwendbaren überzeugt werden: «Wir lernen nicht für die Schule, sondern für das Leben.» Also: lernen wir nicht für die Schule, dann lernen wir für das Leben – lernen wir für die Schule, lernen wir nicht für das Leben. Das eine hat nichts mit dem anderen gemein; überspitzt formuliert: Wir haben die Wahl zwischen Bildung und Lebensfreude.

Tobias, der vor der Schule wieder umkehrt, und Survival-Schüler, die keine Ferien brauchen. Was macht Schulen voneinander so verschieden?

Survival Schools wurden im Widerstand geboren. Der indianische Widerstand richtete sich gegen den kulturellen Völkermord, der in den Regierungsschulen beginnt und sich später in alle Bereiche privaten und kommunalen Lebens ausdehnt. Während spektakulärer Besetzungen – Alcatraz 1971, Bureau of Indian Affairs (BIA) in Washington 1972, Wounded Knee 1973, Ganienkeh 1975 – die Weltaufmerksamkeit auf die Situation der einstigen Besitzer des Landes lenkten, handelten indianische Eltern, vor allem Mütter, im lokalen Bereich und wagten abseits der Öffentlichkeit eine nicht minder schwierige Konfrontation: Sie nahmen die Erziehung den weißen Erziehern, sprich: Staat und Kirche, aus der Hand und bewiesen damit sich und der dominanten Gesellschaft, daß sie sehr wohl in der Lage sind, ihre persönlichen Belange selbst zu regeln.

Das pädagogische wie ideologische Rückgrat ist einfach: Die Werte der eigenen Kultur wiederbeleben – die Fehler und Lehrmethoden der öffentlichen Schulen vermeiden. Unwillkürlich entwickelte sich dabei ein Modell, das von den Bedürfnissen der Lernenden geformt und von gesundem Menschenverstand geleitet wurde.

Die Freiheit, als Indianer sich zum Indianersein bekennen zu dürfen, machte aus ehemaligen Schulversagern und gestörten Persönlichkeiten ohne Therapie glückliche und gute Schüler. Waren sie in der weißen Schule für die Benützung der Muttersprache mit Einzelarrest bestraft worden, so gestalten sie in der Survival School jetzt womöglich gemeinsam mit Lehrern den indianischen Sprachunterricht. An die Stelle von Strafe und Minderwertigkeit traten Lob und Erfolg. Da Wettbewerbsstreben indianischem Denken fremd ist, werden Aufgaben gemeinsam gelöst – die Schüler lernen dabei gegenseitige Hilfe und erleben die Praxis der Teamarbeit. Ganz beiläufig schluckt die Gruppe auftauchende Aggressionen einzelner. Indianische Zeitauffassung untergräbt auch die Klassifizierung in gute und schlechte Schüler. Der «schlechte» Schüler hat den Wissensstand des «guten» *noch nicht* erreicht – was beide unterscheidet, ist eine Frage der *Zeit*. Zudem berücksichtigt die schulische Beurteilung nicht unterschiedliche Qualitäten. In indianischen Gemeinschaften stehen die Fähigkeiten des Sängers gleichwertig neben denen von Silberschmied und Mathematiker. Jeder hat alle Rechte und damit auch das Recht, anders zu sein.

Was lehren die Schulen des Überlebens? Was können Weiße von Indianern lernen?

Respekt zum Beispiel. Respekt im indianischen Wortschatz ist ein Wort aus dem Alltag. In unserem Sprachgebrauch finden sich in seiner Nachbarschaft Begriffe wie «Autorität», «Demut», «Achtung», vielleicht sogar «Angst» . . . «sich mit Gewalt Respekt verschaffen». Im Indianischen steht dahinter das Respektieren = Akzeptieren des anderen, des Älteren, des Andersdenkenden. Respekt ist auch Rücksicht, zum Beispiel gegenüber Schlafenden oder gegenüber dem Versager. Respekt ist auch das indianische Prinzip der Nichteinmischung: Kinder beim Spiel nicht stören, dem Dichter nicht über die Schulter schauen, dem Koch nicht dreinreden.

Nicht viel anders verhält es sich mit der Ehrfurcht. Hier wird der Kopf nicht scheu gesenkt. Ehrfurcht ist die Achtung vor heiligen Dingen. Heilig ist die Erde, mit der man nicht respektlos herumexperimentiert. Offiziell ist bei uns der Sonntag heilig. Ausgleich für eine nicht-heilige Woche? Was ist uns überhaupt noch heilig?

Macht kennen wir von seiten der Mächtigen: Macht wird mißbraucht, Macht schränkt die Freiheit jener ein, die nicht an der Macht sind. Macht – «Power» – im indianischen Sinn bedeutet Kraft. Im spirituellen Bereich werden daraus die Mächte. Die Macht eines Häuptlings war mit Verantwortung gekoppelt. In nicht-staatlichen Stammesgemeinschaften war der Häuptlingsposten ein Ort der möglichen Machtfigur. Auf diesem Platz möglicher Machtanhäufung konnte die Gemeinschaft verhindern, daß jene Macht real wurde.

«Spirits» sind Geister, keine Gespenster. Ein Geist wohnt allen lebenden Dingen dieser Welt inne. Wer nicht verstehen will: es ist die Seele. Indianer sehen sich als Lebewesen unter vielen; als Verwandte des Bibers, des Ahorns, der Maispflanze, des Flusses, des Berges. Indianer denken in Kreisen. Die Schöpfung ist ein Kreis. Auf ihm, dem Kreis der Schöpfung, nehmen alle den gleichen Platz ein. Eine Hierarchie der Macht ist auf einem Kreis nicht möglich.

Der Rat der Alten wird immer gehört. Das Medienbild des zornigen, jungen, militanten Indianers stimmt nicht ganz. Auch laute AIM-Krieger wie Russell Means wären von ihren Leuten schnell vergessen, würden sie nicht den Rat der Stammesältesten einholen und respektieren. Eine Kluft zwischen den Generationen würde ein Verändern der Verhältnisse unmöglich machen.

Religion ist kein Opium fürs Volk. Auch kein Peyote. Religion ist Kultur, ist Philosophie, ist Orientierung im Gefüge des Universums. Sie ist keine Institution. Ein Wort für «Religion» gibt es in indianischen Sprachen nicht. Sünde gibt es nur eine: die Erde und damit die Zukunft der Ungeborenen zu zerstören.

Wir haben uns von Geistern befreit; wir kommen ohne den Rat der Alten aus; wir haben keine heiligen Berge mehr; Wissenschaft und Staat bestimmen unseren Platz im Gefüge des Universums. Dabei ging verloren, auf was es immer noch ankommt: der Respekt vor der Schöpfung.

Was gehen uns die Indianer an? Sie zeigen uns, daß Eltern die treibende Kraft sein können, eine kind- und kulturgerechte Schule zu schaffen. Andererseits: woher sollten die Impulse für eine neue Schule sonst kommen? Von den Kulturregierenden sicher nicht. Jährlich drei- bis vierhundert Schülerselbstmorde in der Bundesrepublik allein wegen Schulstreß und Prüfungsangst lassen die Verantwortlichen noch lange nicht an der Richtigkeit der bestehenden Ordnung zweifeln.

Während der Vorarbeiten an diesem Buch hat mich ein Denker sehr angeregt, der die bestehende Ordnung von Wissenschaft und Bildung anzweifelt: Es ist der in Amerika lebende österreichische Philosoph Paul Feyerabend. Ich zitiere hier aus seiner Kritik «Unterwegs zu einer dadaistischen Erkenntnistheorie»:

«Für mich persönlich ist das erste und dringlichste Problem, das Bildungswesen den ‹berufsmäßigen Erziehern› aus der Hand zu nehmen. Die Zwänge der Zensuren, der Konkurrenz, der ständigen Prüfungen müssen beseitigt werden, und man muß auch das Lernen von der Vorbereitung auf einen bestimmten Beruf trennen.»

«Die Wissenschaft ist nur eines der vielen Mittel, die der Mensch erfunden hat, um mit seiner Umwelt fertig zu werden. Sie ist nicht das einzige, sie ist nicht unfehlbar, und sie ist zu mächtig, zu aufdringlich und zu gefährlich geworden, als daß man sie sich selbst überlassen könnte.»

«Für den Aufschwung des wissenschaftlichen Denkens werden enorme Summen verausgabt. Solche Promenadenmischungen wie die Wissenschaftstheorie, die mit der Wissenschaft außer dem Namen kaum etwas gemein hat, profitieren vom Aufschwung der Wissenschaften. Wie die Erziehungsprogramme zeigen, werden die zwischenmenschlichen Beziehungen, die Vorschläge zur Reform der Gefängnisse, die militärische Ausbildung usf. wissenschaftlicher Behandlung unterzogen. Fast alle Wissenschaftsdisziplinen sind in unseren Schulen Pflichtfächer; während die Eltern eines sechsjährigen Kindes entscheiden können, ob sie es in den Anfangsgründen des Protestantismus oder des Judentums unterweisen lassen oder auf religiösen Unterricht überhaupt verzichten wollen, haben sie den Wissenschaften gegenüber keine entsprechende Freiheit. Physik, Astronomie und Geschichte *muß* das Kind lernen; sie können nicht durch Magie, Astrologie und das Studium von Legenden ersetzt werden.»

Amerika wird auf die ersten Amerikaner hören müssen, um zu überleben. «We talk, you listen» (Vine Deloria, Jr.) – «They didn't listen» (Floyd Westermann). Diese beiden literarischen Kurzformeln – des indianischen Schriftstellers und des indianischen Sängers – bringen die Misere auf den gemeinsamen Nenner: An den alternativen Gedanken fehlt es in beiden Kulturen nicht; sie werden gedacht, doch keiner hört zu. Es fehlt an Menschen, die zuhören, nachdenken, handeln. Die Alternative muß nicht mehr erfunden werden – sie muß verwirklicht werden. In der Alten Welt blickt die zivilisationsmüde Generation auf die Weisen aus dem Westen und erhofft sich das Heil. Aus Winnetou ist der edle Wilde der Alternativszene geworden: antiimperialistisch, antiklerikal, ökologiebewußt, technikfeindlich, stammesorientiert. «Indianer sind keine besseren Menschen». Phillip Deere, der Muskogee-Medizinmann, weiß, was er sagt. Nur tun nicht alle Indianer, was sie sagen. Ab und zu werden die Reisenden in Sachen Mutter Erde mit Spraydosen im Gepäck ertappt. Oder wir stellen enttäuscht fest, daß die Gäste aus der Prärie sich wie weiße Amerikaner kleiden und wie eben jene essen und trinken. Dabei sollten wir an zweierlei denken:

Zum einen hängt die Gesinnung nicht an Adlerfeder und Lederfransen. Die Kurskorrektur ist für eine unterdrückte Kultur ein langer und langsamer Prozeß. Die Abwege müssen erst erkannt werden. Der europäische Besucher von Survival Schools wird zuweilen Einflüsse des «American way of life» entdecken, die sich nicht mit dem «Indian way» vertragen. Hier ist Geduld erforderlich. Zum anderen müssen wir den Mut haben, indianische Besucher und Freunde zu kritisieren und ihre Worte an ihrem Handeln zu messen. Nur dann hat Solidarität einen Wert.

Survival Schools sind menschliche Schulen. Die indianische Komponente ist auswechselbar. Europäische Beispiele gab und gibt es bereits: die Scuola di Barbiana in Italien, die Tvind-Schulen in Dänemark, Freinet-Pädagogik in Frankreich, kleine Grundschulen ohne Noten in Norwegen und England, offene Schulen in deutschen Großstädten. Oder noch früher: 1849 gründete Leo N. Tolstoi eine Freie Schule für Bauernkinder – die Schule von Jasnaja Poljana. Der Zwangsordnung der Staatsschule stellte er die freie Ordnung seiner Schule gegenüber: die Ordnung, die aus der Übereinkunft der handelnden Personen erwächst, nicht aus Verordnungen. Dem Zwangslernen der Staats-Schule stellte er das freie Lernen gegenüber: das Lernen, das aus den unmittelbaren Interessen der Lehrenden und der Lernenden entsteht, nicht aus Lehrplänen. 1862 wurde Tolstois Schule von der Polizei geschlossen.

Die Schüler von Barbiana – Sitzenbleiber und Durchgefallene, Kinder aus Arbeiter- und Bauernfamilien – schufen sich, angeregt von einem Landpfarrer, in den fünfziger Jahren in der Toskana ihre eigene Schule, eine Schülerschule: die Schüler unterrichteten sich gegenseitig. «Wir verlieren keine Zeit mit toten Sachen» – «Unsere Bildung bewährt sich überall dort, wo wirkliches Leben ist . . . entweder ihr oder wir. Einer ist auf dem Holzweg» – «Die Theorie vom Genie ist eine bourgeoise Erfindung» – «Achtundzwanzig Unpolitische und drei Faschisten macht 31 Faschisten» – «Unsere Kultur ist ein Geschenk, das wir euch mitbringen. Ein bißchen Leben in die Spröde eurer Bücher, die von Leuten geschrieben sind, die wieder nur Bücher gelesen haben» – «Im Haus eines Arbeiters haben Sie (die Lehrer der Staatsschule) nie zu Abend gegessen. Bei einem Arbeitskampf im öffentlichen Verkehrswesen wissen Sie nicht einmal, worum es geht. Sie wissen nur, daß die Verkehrsstauung Ihr Privatleben gestört hat. Sie haben diese Dinge nie studiert, weil sie ihnen Angst machen. So wie es ihnen Angst macht, der Geographie auf den Grund zu gehen. In unserem Buch stand alles; außer Hunger, den Monopolgesellschaften, den politischen Systemen, der Rassendiskriminierung» – «Es genügt eine schriftliche Arbeit im Jahr, aber diese mit allen gemeinsam erarbeitet». So schrieben 14- bis 18jährige an ihre frühere Lehrerin. Daraus spricht nicht angelesene Theorie, sondern persönliche Erfahrung. Die Schülerschule – italienische Variante des Survival School-Modells.

Schule und Pfarrhaus von Barbiana sind heute verlassen: nach dem Tode des revolutionären Pfarrers Don Lorenzo Milani wurde die Pfarrstelle nicht neu besetzt; viele Bauernfamilien waren zudem ins Tal gezogen. Die Schüler von Barbiana arbeiten heute zum Teil in Gewerkschaften, zum Teil kämpfen sie noch immer um ihre Ausbildung für offiziell anerkannte Lehrberufe. Seit dem Erscheinen ihres Buches («Lettera a una Professoressa», 1967)* arbeiten eine große Zahl von «doposcuola» (Ergänzungsschulen) in Landgemeinden, Arbeitervorstädten und unterprivilegierten Zonen, die den Bericht und die Forderungen der Schule von Barbiana alle als Grundsatzdokument anerkennen. Die Erfahrungen der Schülerschule haben auch die italienische Studentenbewegung entscheidend beeinflußt.

Der kritische Schüler wird in unseren Schulen nicht gewünscht. Welcher Schüler der ideale ist, zeigt ein Streiflicht aus Bayern: Als 1978 publik wurde, daß der Verfassungsschutz, den Hinweisen von Eltern, Mitschülern, Lehrern und Presse folgend, einzelne Schüler als Staatsfeinde in spe observierte, antwortete der bayerische Innenminister wie folgt: «*Kritische Schüler mögen ein Problem für die Schulleitung sein.* Sie sind jedoch keine Angelegenheit, mit der sich der Verfassungsschutz zu befassen hätte.»

Ich habe heute noch böse Träume, voll von Versagen und Prüfungsangst. Ich muß meine Wut nicht schüren, sie hält sich gut. Außer Lesen, Rechnen und Schreiben habe ich meiner Schulbildung eigentlich nichts zu verdanken. Sicher gab es immer wieder Lehrkräfte, die im Rahmen ihrer Möglichkeiten ausscherten und versuchten, ihren Unterricht anders und besser zu machen und die den Kontakt zu den Schülern über die Unterrichtsstunde und das Fach hinaus pflegten. Sie aber konnten nicht retten, was bereits falsch eingefädelt war. Zwei Frauen will ich stellvertretend nennen: Ingeborg Haeckel und Beate Oemann.

Ingeborg Haeckel war Direktorin des Gymnasiums in Murnau – und Biologin. Sie setzte sich, wenn nötig, über Lehrpläne und Schulbücher

* Deutsche Ausgabe: Scuola di Barbiana. Die Schülerschule. Briefe an eine Lehrerin, Berlin 1974, K. Wagenbach Verlag.

hinweg und ging mit uns in die Natur. Bücher waren für sie nur ein begrenzter Weg zur Erfahrung. Sie konnte mit den Pflanzen sprechen – wir haben das nur erst sehr viel später begriffen (manche nie). Ingeborg Haeckel ist heute pensioniert und lebt als kämpferische Ökologin.

Beate Oemann unterrichtet Kunst am Gymnasium Weilheim. Sie entwickelte in vielen von uns eine Beziehung zu Farben und Formen und schulte unser Hören und Sehen, das uns meistens 45 Minuten später bereits wieder verging. 45 Minuten: Kreativität auf Abruf.

Das vorliegende Buch ist ein Bericht zur aktuellen Situation. Bei seinem Erscheinen können bereits neue Schulen entstanden sein. Sicher haben sich die meisten weiterentwickelt. Unter Umständen wurde die eine oder andere Schule auch an der Ausübung ihres Schulbetriebs gehindert. Wie dem auch sei: die Weichen für eine indianische Schule sind gestellt; die Unterstützung von seiten der indianischen Bevölkerung und die sozialen Erfolge – Rückgang von Alkoholismus, Selbstmordrate und Jugendkriminalität – sichern den Fortbestand der selbstverwalteten Schulen.

Meine Ausführungen über traditionelle indianische Erziehung sind das Ergebnis von sechs Reisen. Im historischen Teil ist Augenfälliges der vorhandenen Fachliteratur aufgeführt; der Bericht über die heutigen Ansätze, traditionelle Erziehung wiederzubeleben, enthält pädagogische Beobachtungen während meiner Arbeit. Die Möglichkeiten für ein längeres, gezieltes Studium vor Ort – ähnlich der Feldarbeit eines Völkerkundlers – hatte ich nie. Bei meinen Recherchen galt die Aufmerksamkeit Schule und Erziehung ebenso wie Landraub, Völkermord und Philosophie. Dies entspricht im Grunde indianischen Ansprüchen, denn Survival Schools sind aus dem Kontext des Widerstands nicht zu lösen. Das Kapitel «Indianer sprechen» läßt die Betroffenen daher auch zu anderen Fragen zu Wort kommen.

Die Textsammlung «Indianer und Nicht-Indianer» ist als Lesebuch gedacht: vom gegenseitigen Verstehen und Nicht-Verstehen zweier Kulturen. Gedacht auch zum Verständnis der Gegenschulen: Was heißt es, als Kultur in einer anderen Kultur zu überleben?

Die «Stichwörter der Kultur und Zeitgeschichte» sind gleichzeitig ein Ausschnitt aus den indianischen Lehrplänen: Ob «FBI», «Souveränität» oder «Uran» – 13jährige Survival-Schüler wissen, was sich hinter diesen und anderen Begriffen verbirgt.

Uffing im Mai 1979 Claus Biegert

Überleben und lernen – Überleben lernen

Aus der Gemeinschaft des Stammes . . .

Indianische Erziehung war darauf ausgerichtet, das neue Stammesmitglied vom ersten Tag seines Lebens an in seine Welt einzufügen und ihm die Verantwortung gegenüber der Gemeinschaft sowie seine Rolle innerhalb aller lebenden Wesen zu erklären: «Nach der Geburt wickelt man die Kinder in ein weiches, weißes Stück Hirschleder, das mit zarten Schilfblütenfasern gut gepolstert ist, und schnürt sie fest in den mit Wildhufen und Stachelschweinborsten reich verzierten und befransten Hirschledersack, der an einem Brett befestigt ist. Diese reich geschmückte Kindertrage wird der zweiten Großmutter auf den Rücken gehängt, und dann wandert die würdige Frau mit dem Neugeborenen davon.

‹Du mußt mit mir kommen!› sagt sie. ‹Wir gehen zu den Vätern und Müttern, den Bäumen; du sollst sie hören in ihrer tausendfachen Sprache, damit du sie dein Leben lang verstehst. Ich will deine Wiege an der Utuhu, der Eiche, aufhängen; du sollst auch die Liebesseufzer des Tannenmädchens hören.›» (Charles A. Eastman: Winona, Frankfurt 1978, S. 9–10, Insel)

Die Stammeserziehung war bei allen Naturvölkern ein Zusammenwirken von bewußten Handlungen der Erziehungsträger und Bezugspersonen (intentionale Erziehung) und dem Vorbild der Gemeinschaft (funktionale Erziehung, kulturelle Prägung). Zwischen beiden gab es keine Widersprüche – beide waren auf das Funktionieren und die Erhaltung der Stammesgesellschaft ausgerichtet. Die Richtung war für beide Geschlechter klar, war vorgegeben durch die praktischen Lebensnotwendigkeiten: für den Mann die Beherrschung der Jagd- und Kampftechniken, für die Frau die Beherrschung der Fertigkeiten innerhalb der Familie, die ihr die soziale Arbeitsteilung zuwies. Diese Aufteilung und die perfekte Beherrschung waren für das Überleben von Individuum und Stamm gleichermaßen wichtig. Abweichungen – wie zum Beispiel Homosexualität beider Geschlechter – wurde als seltene Ausnahme von der allgemeinen moralischen Norm als ebenso «normal» toleriert und mit eigenen Funktionen versehen (Künstler, Sänger, Schamane). Die Gleichberechtigung der Frau schwand bei nomadisierenden Stämmen gegenüber seßhaften Kulturen wie zum Beispiel den Irokesen. Bei aller Arbeitsteilung aber war die Frau nie Sklavin des Mannes. Die Sexualmoral war für sie stärker, da sie ihre Ehre, entgegen den Taten des Mannes auf dem Kriegspfad oder seinem Geschick bei Jagdzügen, allein bei häuslicher Geschicklichkeit und im Befolgen der Regeln der Keuschheit und Treue erwerben konnte.

Entscheidender Moment eines beginnenden Lebens war die Namensgebung: Es gab oder gibt noch immer Namen, die nur innerhalb einer Familie weitergegeben werden. Andere wiederum entstehen durch besondere Umstände oder Zeichen bei der Geburt des Kindes. So hörte eine Blackfeet-Mutter kurz nach der Entbindung über dem Fluß einen Wolf heulen und nannte ihren Sohn «Heult mitten in der Nacht». Später konnte das Kind von Spielgefährten einen Spitznamen erhalten, der oft nicht sehr schmeichelhaft war und auf die Fehler oder Mängel desjenigen hinwies, wie zum Beispiel «O-Beine», «Toller Hund», «Laufende Nase». In manchen Fällen verdrängte dieser Spitzname nicht nur den Geburtsnamen, sondern blieb zeitlebens haften. Seinen eigentlichen Namen erhielt ein Indianer jedoch meistens, wenn er alt genug war, um in den Krieg zu ziehen, so auch indianische Krieger, die als US-Soldaten in Vietnam gekämpft hatten.

Andere Namen wiederum haben ihren Ursprung in Träumen oder Visionen. Bei vielen Stämmen war der Eintritt in das Mannesalter verbunden mit einer Namenssuche durch Vision. Unter Anleitung eines Medizinmannes verbrachte zum Beispiel ein Junge der Lakota deswegen vier Tage fastend in einer Erdgrube. Viele der alten Namen sind nicht übersetzbar oder verlieren dabei ihre eigentliche Bedeutung. Takaibodal (Kiowa) heißt übertragen «Riechende oder stinkende Satteldecke». Naheliegende Assoziation eines Europäers wäre vielleicht, daß dieser Indianer nie seine Decke gewaschen hat und somit unreinlich war. Die richtige Schlußfolgerung ist jedoch, daß es sich um einen großen Krieger handelt, der sich so oft auf dem Kriegspfad befindet, daß ihm keine Zeit bleibt, die Decke zu reinigen.

Obwohl sie durch das koloniale System gezwungen sind, christliche Namen zu führen, haben die meisten der nordamerikanischen Indianer ihre alten Stammesnamen behalten.

Erwachsenen- und Kinderwelt waren, verglichen mit unserer Zivilisation, nicht getrennt, wenn auch verschiedene Wertungen galten. Eine Baby- und Kindersprache gab es nicht; es wurde keine Gelegenheit ungenutzt gelassen, das Kind in die Feinheiten der Sprache einzuführen.

«Während der langen Winter in den hohen nördlichen Breiten, wo die Tage nur wenige kurze Stunden dauerten, verwendeten unsere Mütter einen großen Teil jedes Tages dazu, uns Kinder in Sitte und Brauch des Indianers zu unterrichten. Wie der weiße Knabe erhielten wir auch unsere Schulung hauptsächlich im Winter. Die Mütter belehrten uns täglich etwa zwei Stunden lang im richtigen Gebrauch der Stammessprache. Dies – ein fehlerloses und gewandtes Beherrschen der Sprache – ist ungemein wichtig für den Indianer, denn seine gesellschaftliche Stellung in späteren Jahren hängt davon ab. Ein Indianer, der ins Mannesalter wüchse, ohne seine Sprache mit peinlicher Genauigkeit gelernt zu haben, würde sich zu einem Rechtlosen im Stamme erniedrigen; nie dürfte er öffentlich reden, denn seine Sprachfehler könnten an andere – besonders an Kinder – weitergegeben werden und so die Stammessprache verderben. Darum mußten, weil wir weder Bücher noch eine geschriebene Sprache besaßen, unsere Mütter uns stundenlang die alten Formen und Regeln unserer Stammessprache einlernen; und das war gar nicht leicht – es gab neun Abwandlungen der Zeitwörter, vier Geschlechter und achtzig verschiedene Formen.» (Häuptling Büffelkind Langspeer erzählt sein Leben, München 1958, S. 16, List)

Die Eltern wachten darüber, daß die Spiele der Kinder sie auf ihre spätere Rolle vorbereiteten. Indianische Kinderspiele waren in hohem Maße ein Vorwegnehmen, ein Sich-Einspielen auf die Erwachsenenwelt. Seidenfaden (Indianische Erziehung, Weinheim 1969, Beltz) benützt hierfür den Begriff «Vorahmung» gegenüber der Nachahmung. Dahinter stand wieder der Druck des Systems, nämlich die Lebensbewältigung des Individuums, das die Gruppe mittrug. Eine Trennung in der Geschlechtererziehung wurde früh vorgenommen:

«Die Mutter fertigt für ihre kleine Tochter von jedem einfachen Werkzeug, das sie zu ihrer täglichen Arbeit braucht, eine kleine Nachbildung. Da ist ein kleiner Hirschhornschaber, um frische Häute zum Gerben vorzubereiten; noch ein anders geformter Schaber, ebenfalls zum Gerben, Knochenmesser und Steinhauer, um wilde Kirschen und Dörrfleisch zu zerstampfen.

Während sich die Mutter über eine große Büffelhaut beugt – sie hat sie auf der Erde aufgespannt, steht darauf und schabt mit großer Gewandtheit die Fleischreste ab –, steht die fünfjährige Winona auf einer Ecke des Felles und schabt und kratzt mit ihrem kleinen Schaber eifrig mit. Schleift die Mutter ihr Werkzeug, schleift das Kind das seine ebenfalls. Holt die Mutter Wasser – sie benutzt dazu einen getrockneten Herzbeutel irgendeines Tieres –, holt Winona in einem ganz kleinen Behälter ebenfalls Wasser. Geht die Mutter Holz suchen, lädt sich das Kind auch ein paar Reiser auf den Rücken. Sie stellt ihr Kinderzelt genauso auf wie die Mutter das große. So lernt die Kleine schon vor ihrem zehnten Jahr das Leben in all seinen Bereichen kennen. Sie lernt ihr kleines Ich als Bestandteil ihres Volkes betrachten, als ein Glied in der Kette der Geschlechter. Dabei werden ihre Kräfte aber nicht überanstrengt; man zwingt sie zu keiner Arbeit. Ihre Arbeit entspricht dem Spielinstinkt des Kindes und ist völlig natürlich. Diese Art der Erziehung zeitigt früh den Wunsch, anderen zu dienen und für andere zu leben. Die kleine Winona ist glücklich, wenn sie geben und schenken darf; sie freut sich, wenn man sie gern hat, und spart nicht mit Liebesbeweisen.

Winona spielt selten mit Knaben, kaum mit den eigenen Brüdern und Vettern, und ist sie erst zwölf oder vierzehn Jahre alt, so spricht sie kaum noch mit ihnen. Bescheidenheit wird ihr von frühester Jugend auf anerzogen. Man hat bei unserem Volke die höchste Achtung vor einem Mädchen, das die Augen niederschlägt, den Kopf senkt, leise und wenig spricht.

Ein Mädchen muß von früher Jugend an ihre langen, glänzenden Haare sorgfältig pflegen, sie kämmen, flechten und mit in Öl getauchten, wohlriechenden Blättern einreiben. Man verlangt, daß sie äußerlich sehr auf sich hält, und Schmuck und schöne Gewänder gelten viel. Glücklicherweise veralten diese Kleider nie, einmal im Besitz, behält sie die Eigentümerin für immer, es sei denn, daß sie sich bei irgendeinem ganz besonderen Fest davon trennen müßte oder als Opfergabe, wenn sie trauert.» (Charles A. Eastman: Winona, a. a. O., S. 12, 15)

Entgegen unserer eurozentrischen Weltanschauung, die Natur zu unterwerfen und unangenehme Umweltbedingungen zu bezwingen, fügten Indianer sich ein in die Härten der Wildnis. Die Abhärtung des Körpers zielte auf eine weitgehende Unabhängigkeit gegenüber den Unbillen, die das Leben im Freien mit sich brachte.

«Die Väter überwachten unsere körperliche Ausbildung, die sehr streng war. Den Hauptzweck suchten sie darin, uns abzuhärten und uns die Fähigkeit zu geben, jeden Schmerz zu ertragen. Der einzige Beruf des Indianers war der des Kriegers und Jägers. Darum galt, abgesehen von dem Unterricht in Sprache und Sitte, unsere ganze Ausbildung nur dem einen Ziel, uns zu guten und furchtlosen Kriegern zu machen.

Um unsere Körper zu stählen, peitschten in jeder Familie die Väter ihre Knaben, sobald sie morgens aufwachten. Nachdem sie uns gehörig geschlagen hatten, gaben sie uns die Fichtenzweige und hießen uns an den Fluß gehen und im kalten Wasser schwimmen. Im Winter badeten wir im Schnee. Bei jedem Regen mußten wir uns ausziehen und zu einem Regenbad hinauslaufen. All dies galt der Abhärtung unseres Körpers.

Fern lag es uns, an solcher Behandlung Mißfallen zu finden – im Gegenteil, wir Buben zeigten die Striemen auf unserer Haut mit dem größten Stolz. Manchmal baten wir sogar um mehr Schläge. Wenn wir im Winterlager lebten, ersuchten wir unsere Väter, einen Prügelbarren für uns im großen Versammlungszelt zu errichten. Zwei Pfosten wurden in die Erde gelassen; über ihnen wurde ein Barren befestigt, ungefähr in der Höhe, die ein mittelgroßer Knabe zu erreichen vermochte. Dann, an besonders kalten Tagen, wenn wir unsere Spiele und Wettkämpfe im Freien nicht abhielten, kamen wir alle zusammen und baten unsere Väter um die ‹Peitschung der Tapferen›.

Während ringsum die Leute des Stammes zusahen, entblößten wir einer nach dem anderen den Rücken, traten heran an den Barren und ergriffen ihn. Dann begann der «Peitscher», den unsere Väter dazu ausgesucht hatten, uns mit einem Bündel fester Fichtenzweige schwer zu schlagen. Man hielt das aus, solange es irgend ging, dann ließ man den Barren los; das war das Zeichen, daß man genug hatte, und der Peitscher hörte auf. Die besonders Tapferen unter uns hielten manchmal stand, bis der Peitscher seine Gerten gänzlich abgenutzt hatte. Er hörte dann von selbst auf und überreichte uns den Stummel, den wir aufbewahrten und mit großem Stolz zur Schau trugen, solange wir zu den Knaben gehörten.

Ich erinnere mich sehr deutlich an meine erste Bekanntschaft mit dem eisigen Morgenbad. Ich mag etwa fünf Jahre alt gewesen sein, da kam an einem kalten Morgen mein großer Bruder herüber an mein Schlafnest, zog mich aus dem Bettzeug und lief mit mir unter dem Arm hinunter an den Fluß. Ich strampelte, schrie und wand mich, um loszukommen. Es war sehr kalt, ich hatte keine Ahnung, was er mit mir vorhatte. Darüber sollte ich nicht lange im ungewissen bleiben. Wir erreichten das Flußufer, er schlug mit dem Fuße ein Loch in das dünne Eis und warf mich hinein – der Schreck nahm mir fast den Atem. Als er dann hinabgriff und mich herauszog, kämpfte ich heftig gegen ihn; aber er packte mich einfach unter den Arm und trug mich zurück ins Lager, als sei gar nichts geschehen.

Im warmen Tipi kam ich bald wieder zu Atem, und ich fragte ihn, warum er das getan habe; er antwortete, es sei ihm vom Vater befohlen worden. Ich ging zu meinem Vater und fragte, warum er dem Bruder befohlen habe, mir das anzutun. Der antwortete:

‹Du wirst das von jetzt an jeden Morgen selbst tun müssen, außer du willst ein Mädchen sein – dann ziehen wir dir Mädchenkleider an.› Ich beteuerte, kein Mädchen sein zu wollen, und er sprach: ‹Nun gut, dann werden wir einen Krieger aus dir machen.›

Das beglückte mich, ich widerstrebte also nicht mehr. Bald lernte ich, mich an dem Morgenbad zu freuen, und ich habe bis zum heutigen Tage kaltes Wasser gern.» (Häuptling Büffelkind Langspeer erzählt sein Leben, a. a. O., S. 16f.).

Die Vermittlung der allgemeinen Moral geschah hauptsächlich über das endlose Erzählen von Mythen und Legenden. Aufgabe der Heranwachsenden war es, das Wissen von jenen Mythen und Legenden zu seinem eigenen zu machen. Im Wiedererzählen schulte er Gedächtnis und Sprache und konnte die ersten Erfolge vor den Erwachsenen verbuchen.

Humor und Spott waren und sind wichtige Werkzeuge der Erziehung. Spott verhindert das Anstauen unterdrückter Aggressionen, er stellt die Wahrheit in den Raum, wo sie nicht gern gehört wird, er ist Abhärtung und Sensibilisierung gleichzeitig – und er gibt wieder mal eine Gelegenheit zum Lachen. Indianer lachen gern. Doch ausgelacht wird nur der Stärkere oder der Bessere, nie der Schwache. Der Gewinner im Wettlauf oder der Notensieger im Klassentest kann sich des Gespötts und der

Witze sicher sein. Er hat natürlich die Möglichkeit, seine eigene Leistung ebenfalls zu attackieren und sich in die Lacher einzureihen.

Bräuche, Riten, Zeremonien waren Bestandteil des kulturellen Lebens, gleichzeitig stützten sie das soziale und ökonomische Gefüge. In ihrem moralischen und religiösen Anspruch hatten sie gleichzeitig die nüchterne Funktion, kultivierte Lebensformen zu stabilisieren. So standen bei den nomadisierenden Stämmen der Prärien das ökonomische Prinzip des Fortgebens und das hohe Prestige der Freigebigkeit mit der Notwendigkeit im Bunde: Zum einen bestimmte der Grad der Beweglichkeit den Umfang des Hausrats, zum anderen sind Menschen, die von der Jagd leben, von der Freigebigkeit des glücklichsten und geschicktesten Jägers abhängig. Aus der Notwendigkeit wurde eine Tugend, die sich bis heute gehalten hat. Im Universum eines Sioux hat das Sparbuch keinen Platz. Der amerikanische Anthropologe H. Scudder Mekeel beschreibt es so:

«Der Gedanke der Aufbewahrung über lange Zeitperioden ist fremd. Wenn ein Mann genug besitzt, um den Hunger wenigstens fürs nächste fernzuhalten, genug Zeit zur Meditation und hin und wieder etwas zum Verschenken, so ist er relativ zufrieden . . . Wenn ein Mann knapp mit Lebensmitteln ist oder gar nichts mehr hat, so kann er sein Pferd einspannen und mit seiner Familie auf Besuch ziehen. Die Nahrung wird gerecht verteilt, bis nichts mehr übrig ist. Der verachtetste Mann ist der Reiche, der seine Reichtümer nicht an seine Umgebung verteilt. Er ist es, der wirklich ‹arm› ist.»
(H. S. Mekeel: The Economy of a Modern Teten-Dakota Community,

New Haven 1936, Yale University Press, zitiert nach: Erik H. Erikson: Kindheit und Gesellschaft, Stuttgart 1971, S. 124, Klett)

Die Wirklichkeit des 20. Jahrhunderts verlangt entgegengesetzte Charaktereigenschaften: Wer sein Geld nicht zusammenhalten kann, wer seinen Privatbesitz nicht hütet, wer keinen Gewinn anstrebt, fällt aus der sozialen Norm. Während sich also das ökonomische Umfeld veränderte, blieb die Tugend ohne Funktion isoliert erhalten.

Geben und Nehmen flossen als ethnische Normen in alle Bereiche der Erziehung mit ein. Dies reichte vom privaten Geschenk bis zur Ökologie des Lebensraums. Wer nimmt, muß auch geben. Die eigenen Gaben, je reichlicher bemessen, garantieren die Gaben anderer: die Früchte der Natur, Anteil von des Jägers Beute, Fürsorge im Alter. Was heute als indianischer Charakterzug gerühmt wird, war ein wohlbegründeter Akt für das Überleben der Gemeinschaft. Auch überschüssige Muttermilch war Allgemeinbesitz. Freigebigkeit hieß auch, soziale Pluspunkte zu sammeln. Das Anhäufen von persönlichem Besitz hätte den einzelnen Ansehen gekostet und ihn dem Spott der Allgemeinheit ausgesetzt. Freigiebigkeit selbst ist nicht als individuelle Haltung hervorzuheben, sondern die Gesellschaft setzt Freigebigkeit als hohen moralischen Wert ein.

Der Respekt vor den Stammesältesten war in allen Kulturen unumstößliches Gesetz: «Sie waren alle unsere Väter. Diese Achtung vor dem Alter wurde uns so tief eingeprägt, daß ich bis zum heutigen Tage nicht den Mut habe, einem älteren Menschen zu widersprechen. Mir sind alte Leute noch immer Halbgötter, die man stets ehren und denen man folgen muß.» (Häuptling Büffelkind erzählt sein Leben, a. a. O., S. 34).

Bevor der weiße Mann auf die Bildfläche tritt und den Frieden stört, noch einen ordnenden Gedanken: «Der Begriff des paradisischen Naturzustandes ist eine aus der fiktiven Aufhebung zivilisatorischer Nöte und Spannungen gewonnene Traumvorstellung derjenigen Menschen, die bereits von der Reflexion über ihr Dasein angefochten sind» (Seidenfaden, S. 149). Wenngleich Pierre Clastres in seiner Darstellung der Verweigerung des Staates bei – aus diesem Grunde – primitiv genannten Gesellschaften mit Recht Sehnsüchte wachruft (s. S. 215f.).

. . . in die Hände von Kirche und Staat

«Ihre Abneigung, Kinder zu schlagen», so notierte der Jesuitenpater LeJeune Anfang des 17. Jahrhunderts in Quebec, «wird uns wahrscheinlich bei unseren Erziehungsabsichten für die Jugend Schwierigkeiten bereiten.» Des Paters unverblümte Aussage traf ins Schwarze. Doch Missionare und Lehrer wußten diese «Schwierigkeiten» zu meistern. Sie nahmen den Eltern die Kinder weg und ersannen jedes Jahrhundert aufs neue die passenden Erziehungsmethoden – bis heute: In der Intermountain School in Brigham City/Utah spritzte man noch in den sechziger Jahren betrunkenen Kindern Thorazine, eine Droge, die nach Angaben des Herstellers in Verbindung mit Alkohol tödlich wirken kann. In der Internatsschule von Chilocco/Oklahoma wurden Schüler wegen Indianischsprechens 18 Stunden mit Handschellen ans Bett gefesselt. Beide Schulen unterstehen dem Büro für Indianische Angelegenheiten (Bureau for Indian Affairs), in Washington, D.C. – in indianischen Kreisen als feindliches Kürzel BIA (BiAiEi) bekannt.

Das BIA wurde am 11. Mai 1824 als Abteilung des Kriegsministeriums gegründet und am 3. März 1849 dem Innenministerium unterstellt. Seitdem kontrolliert die Behörde sämtliche Bereiche individualen und kommunalen Lebens in den Reservaten. Das BIA ist Grundstücksmakler, Bankier, Lehrer und Sozialarbeiter in einem; es leitet die Arbeitsvermittlung, Berufsbildungsprogramme, die Handelskammer, die Autobahnbehörde und das Wohnungsamt; es ist Elektrizitätsgesellschaft, Telefongesellschaft, Planungsbehörde, Landentwicklungsbehörde, Kunstförderer und Botschafter der Indianer. Es definiert, wer Indianer ist, entscheidet, wer im Reservat wohnen darf und ob Indianer einen Rechtsanwalt anrufen dürfen. Mit über 16000 Angestellten ist das BIA die aufgeblasenste Regierungsbehörde der USA. Zwei Drittel des 500 Millionen-Jahresbudgets geht folglich auch für die Gehälter drauf.

Ziel einer jeden Amtshandlung war und ist es, indianische Identität im Keim zu ersticken und mittels mehr oder minder sanfter Gehirnwäsche Orientierungshilfen für den «american way of life» zu geben. Der Erziehungsfrage galt somit von Anbeginn das stärkste Augenmerk. Und wo auch immer das BIA das Alphabet verbreitete, fand es tatkräftige Hilfe in den Kirchen, die nichts unversucht ließen, um die Philosophie der heiligen Mutter Erde gegen den schmerzhaften Rosenkranz und das Fegefeuer nebst dem Bibelwort «Machet Euch die Erde untertan» auszutauschen. Um die Kinder dem Einfluß des Elternhauses zu entziehen, legte man die Schulen immer außerhalb der Reservationen an. Jene «off reservation boarding schools» wurden zudem nur selten mit Schülern aus dem Einzugsgebiet versorgt: Noch Ende der sechziger Jahre hat das BIA Eskimos aus Alaska Tausende von Kilometern nach Oregon und Oklahoma verpflanzt.

Hinter Schule und Bildung verbarg sich in den Anfangsjahren weißer Besiedlung allein die Verbreitung des Christentums. Die Unterrichtung von Lesen und Schreiben diente dem Studium der Bibel. Sie gehörte zum Handwerkszeug der Kolonisatoren. Die aktivsten Verbreiter des Christentums waren römisch-katholische Missionare aus Spanien und Frankreich. Als erste Bekehrer sind die Patres Padilla, Desalona und

ᑯᐊᕙᑎᑦ ᓇᓚᐅᓂᓯᐅᓂᖕᒋ

ᒍᐃᓕ ᐊᑕᒥᐅᑉ ᐊᓚᑕᕐᒋᑦ

(ᐃᓄᔭᐊᒥ)...ᐊᕋᖅᑯᐃᑦ ᐊᕙᑎᐅᓚᖅᑯᑦ ᑯᐊᐸᑯᑦ ᐱᒋᐊᖅᓕᓚᐅᓯᒪᒪᑕ ᑯᐸᐃ ᑕᕋᖅᓕᓂ ᐊᒪᓗ ᓄᓇᓯᐊᒥ. ᓇᓚᐅᓂᓯᐅ- ᓂᒥᓂ ᑯᐸᐃ ᑕᕋᖅᓕᓂ ᐃᓚᒋᓴᑯᑦ ᐸᓇᐃᓂᔭ ᓯᓕᓚᒍᑎᐅᓚᑐᓂ ᓄᓇᓚᐅᔭᓂ.

ᒪᓇᐅᓂᖅᓕᓂ ᐸᓇᐃᓂᔭᑦ ᓇᓚᐅᓂ- ᐅᔭᒧ ᐊᓯᖅᒋ ᐱᒋᐊᑕᐅᓕᑕᖅᒋᑐᓯᓚ ᐅᖃᓚᐅᑐᒃ ᐸᐅᓗᓯ ᖃᓯᓗᐊ ᐊᖅᓕᔭᖃᖅᓕᑦ ᐃᓚᒋᓴᑯᑦ, ᐱᓇᓯᐊᑕᐅᖅᒋᓇᑐᓕᓗᐊ. ᐊᒪᓗ ᑯᐊᐸᐃᑦ ᓄᓇᓚ ᐃᓗᐊᓂ ᓇᒥᓂ ᐊᕿᓯᐃᒍᓇᑐ ᐱᖅᒍᐊᓂᒥ ᒍᒪᔭᒥᓂ.

ᑕᑲᓂ ᓇᓚᐅᓂᒥ ᐃᓄᐃᑦ ᐃᖅᒋᒍ- ᓯᓚᐅᒍᓇᑐ ᑯᐊᐸᐃᑦ ᒥᓴᓄ ᐊᒪᓗᓂ ᐃᖅᒋᒍᓯᓂ ᖃᓄᐃᑐᑐᐃᓇᓂ ᑯᐊᐸᐃᑦ ᒥᓴᓄᓚᖅᓕᖅᒋᑐᓂ. ᐃᒥᕈᓯᓚᐅᒍᓇᑐ ᖃᓯ- ᑐᐃᓇᓂ ᒍᒪᔭᒥᓂᒃ. ᐊᒪᓗᑕᐅ ᐃᓄᒃ ᐊᑕᐅᓯᐅᓗᓂ ᐃᖅᒋᒍᓯᓚᐅᒍᓇᑐ ᐃᓚᖃᓗ- ᓂᓗᓂ ᐃᓚᓇᒥᓂᒃ. ᓂᐱᓚᐅᑕᕕᓂᒥᓂ ᐃᖅᒋᒍᓯᓂ ᐱᔭᕆᓯᒪᓚᒍᑎᑦ ᓂᐱᓚᐅᒍᑎ- ᐊᐱᒧ ᑯᐊᐸᑯᓄᓯᒋᐊᖃᓕᔭᑐ ᓄᓇᓚᒥ ᐃᓗᐊᓂ. ᐃᖅᒋᒍᓯᒥ ᐱᐅᕆᔭᐅᓂᐸᑐᐃᓇᒥ ᐃᖅᒋᑐᕕᓂᒃ ᓂᐱᓚᐅᒍᑎᑕᓗᖅᑉ ᐊᒪᓗᓂ ᓂᔭᒍᑎᒍᑎᑕᐅᓚᑐ ᑭᓯᐊᓂ ᒪᓇᐅᓂᖅᓕᓂ ᖃᐅᕗᒪᓇᖅᒋᑐ.

ᐃᓄᒪᕆᓗ ᐱᐊᓕᐃᓗ ᐊᓚᖅᒍᐊᓚᐅ- ᑎᓚᒥᔭ. ᐃᓄᒪᕆᑦ ᐊᓚᖅᒍᐊᑕᕕᓂᖅᓕ ᐱᐅᕆᔭᐅᓂᐸ ᑕᖅᓴᕈᑎᑕᐅᓚᑐ ᒪᓴᓯᓂ (ᐃᑭᑎᑦ) ᐃᑭᑕᐅᑎᓂ, ᐊᑭᓇᒥᐅᑕᓂ, ᖃᔭᑕᓂ, ᐳᒍᑕᓂ, ᐊᐃᖃᖅᒋᑐᓂ ᐅᕕᓂ- ᒍᓂ ᐊᒪᓗ ᓴᕕᒥᐅᑕᓂᒃ. ᐱᐊᓕᐃᑦ ᐊᓚᖅᒍᐊᑕᕕᓂᖅᓕᑦ ᐱᐅᕆᔭᐅᓂᐸᖅᑉ ᐊᑭᓇᒥᐅᑕᒍᑎᑕᐅᓚᑐ.

(Aus: ATUAQNIK, einer Zeitung in Nord-Quebec)

Olmos anzusehen; sie begleiteten Coronado auf seiner Expedition 1542 ins Landesinnere Nordamerikas. Die erste protestantische Missionsstation wurde 1642 von Mayhew und Eliot in Massachusetts errichtet, knapp ein Jahrzehnt zuvor, 1663, hatte John Eliot nach zweijähriger Arbeit die erste indianische Bibel veröffentlicht. Sie war in der Sprache der Massachusetts geschrieben, erübrigte sich jedoch später, da der Stamm schon bald danach von den Engländern ausgerottet wurde. Als dankbare Hostienempfänger erwiesen sich die Huronen nordwestlich der Großen Seen. In den Neuenglandstaaten unterschied man zwischen «Praying Indians» und «Wild Indians». Ein Zentrum konvertierter Indianer war die 1740 gegründete Siedlung Bethlehem in Pennsylvania.

Auf europäische Christianisierungsversuche geht auch die Schrift der Cree in Kanada zurück. 1840 entwickelte ein protestantischer Missionar zur Vermittlung von Altem und Neuem Testament eine dem Cree – einer Algonquinsprache – angepaßte Kunstschrift aus Silbensymbolen. Heute benutzen fast 30000 Cree in den kanadischen Provinzen Quebec, Ontario, Manitoba, Saskatchewan und Alberta gemeinsam mit den Eskimos im Norden Quebecs diese Schrift und betrachten sie als Ausdruck ihrer Eigenständigkeit. Cree-Zeitungen erscheinen daher zweisprachig.

Schulen für die amerikanischen Ureinwohner forderten bald nach der englischen Besiedelung sowohl die Ideologen der Kolonisierung als auch einzelne Indianer. Gedacht war an einen Tausch von Eingeborenenland gegen europäische Zivilisation und Christentum. Ende des 17. Jahrhunderts kam es in Virginia zur ersten Gründung einer Indianerschule. In seinem Testament hatte der englische Physiker Robert Boyle, der Erfinder der Luftpumpe, 1691 einen ansehnlichen Geldbetrag hinterlassen, der zur Ausbildung von Indianern bestimmt war. So wurde um die Jahrhundertwende das College of Williams and Mary errichtet, die erste höhere Schule Virginias überhaupt. Mit dem Geld Boyles beglich man schon bald die Kosten für die Ausbildung von indianischen Kindern, 1723 wurde ein Haus für ihre Unterbringung gebaut. Das College steht heute noch; an die Vergangenheit erinnert allerdings nur noch der Name des Basketball-Teams der Schule, das sich «Indians» nennt.

In jenen Tagen wurde auch Uncas, der Sachem der Mohikaner (in der Literatur fälschlich «der letzte» genannt), zur Dreifaltigkeit bekehrt und mit Hut und Mantel «english style» ausgestattet. In Connecticut entstand Mitte des 18. Jahrhunderts ebenfalls eine reine Indianerschule. In Lebanon gründete der Missionar Eleazar Wheelock die Indian Charity School, die später als Dartmouth College bekannt wurde. Im Dezember 1754 nahm das Institut mit zwei Delawaren seinen Betrieb auf.

Wheelock in einem Brief am 4. Juli 1761 an seinen Freund George Whitefield:

«Niemand weiß, und niemand kann es wissen, ohne genügend eigene Erfahrung gesammelt zu haben, was die Schwierigkeiten angeht, einem Indianer Erziehung angedeihen zu lassen. Sie würden sich selbst durch unmäßiges Essen und Faulheit umbringen, wenn man ihnen nicht während des ersten Jahres ständige Fürsorge angedeihen ließe . . . sie sind gewohnt, sich auf den Boden zu setzen . . . sie wünschen keine weiteren Kleider als jene, die sie am Leib tragen . . . sie sind an keine normale Regierung gewöhnt . . . sie denken nicht an die Zukunft – sie sind die Einrichtung eines englisches Hauses nicht gewöhnt – sie wissen nicht, daß ein Weinglas nicht so haltbar ist wie ein Eisenwerkzeug – es wird lange dauern, bis sie den rechten Gebrauch der Partikel *a, an, the* etc. wissen . . .»

Bald durchschauten die Indianer die Doppelbödigkeit europäischer Erziehung. Das gespaltene Verhältnis vermerkte bereits Benjamin Franklin in seinem 1784 verfaßten «Traktat über die Wilden Nordamerikas»:

«Beim Vertrag von Lancaster in Pennsylvania, anno 1744, zwischen der Regierung Virginias und den Sechs Völkern, teilten die Bevollmächtigten Virginias den Indianern in einer Rede mit, daß es in Williamsburg ein College mit einer Stiftung für die Erziehung indianischer Jugendlicher gebe; und wenn die Häuptlinge der Sechs Völker ein halbes Dutzend ihrer Söhne zu diesem College schickten, würde die Regierung Sorge tragen, daß ihnen nichts fehle und daß sie in allem dem, was die weißen Männer wissen, unterwiesen würden.

Der Sprecher der Indianer erwiderte:

Aus der Gemeinschaft des Stammes . . .

. . . in die Hände von Kirche und Staat

Wir wissen, daß Ihr das Wissen, das an diesen Orten gelehrt wird, hochschätzt und daß die Versorgung unserer jungen Männer bei Euch sehr kostspielig für Euch wäre. Wir sind deshalb überzeugt, daß Ihr uns mit Eurem Vorschlag Gutes erweisen wollt, und wir danken Euch von Herzen.

Aber Ihr, die Ihr klug seid, müßt wissen, daß verschiedene Völker unterschiedliche Auffassungen von Dingen haben; und Ihr werdet es uns deshalb nicht verübeln, wenn unsere Vorstellungen von dieser Art Bildung zufällig nicht mit der Euren übereinstimmt. Wir haben einige Erfahrungen darin gesammelt; mehrere unserer jungen Leute wurden früher in den Colleges der nördlichen Provinzen erzogen; sie wurden in allen Euren Wissenschaften unterrichtet; aber als sie zu uns zurückkamen, waren sie schlechte Läufer, wußten nicht mehr, wie man im Wald lebt, konnten weder Kälte noch Hunger ertragen, wußten nicht, wie man eine Hütte baut, einen Hirsch erlegt oder einen Feind tötet, sprachen schlecht unsere Sprache, waren deshalb weder zu Jägern noch zu Kriegern, noch zu Beratern tauglich; sie waren zu überhaupt nichts mehr nutz.

Wir sind Euch nichtsdestoweniger für Euer freundliches Angebot zu Dank verpflichtet, obgleich wir es nicht annehmen können, und um unsere Dankbarkeit zu bezeigen, werden wir, wenn die Herren Virginias uns ein Dutzend ihrer Söhne schicken wollen, für deren Erziehung sorgen, sie in allem unterrichten, was wir wissen, und Männer aus ihnen machen.» (Zit. nach: Everett Reimer: Schafft die Schule ab, Reinbek 1972, S. 47, Rowohlt Taschenbuch Verlag)

Inzwischen kümmerte sich Washington um Beseitigung und Bildung der Ureinwohner. An die Stelle freundlicher Überredung trat brutale Gewalt. 1878 wurde das Hampton Negro Military Institute in Virginia, eine Schule für ehemalige Negersklaven, auch für Indianer geöffnet. 1887 gründete Captain Pratt in Carlisle, Pennsylvania, das Carlisle Institute; zur gleichen Zeit entstanden Internate in Haskell, Kansas und Chilocco, Oklahoma. 1893 wurde der Schulbesuch für Indianer obligatorisch. Wovon ein Kommissar Lea 1850 in persönlichen Aufzeichnungen nur geträumt hatte, wurde jetzt Gesetzestext:

«Der Innenminister kann nach freiem Ermessen Essensrationen, Kleidung und andere Zuwendungen indianischen Eltern oder Vormündern vorenthalten, die es ablehnen oder nicht dafür sorgen, daß ihre Kinder einen angemessenen Teil des Jahres in der Schule verbringen.» Noch in unseren Tagen rückt die Stammespolizei aus, um Schulschwänzer einzufangen.

1965 wurde unter dem Vorsitz von Robert F. Kennedy ein Senatsausschuß mit der Untersuchung des indianischen Erziehungswesens beauftragt. In seinem Bericht an die Regierung nannte der Ausschuß nach zweieinhalbjähriger Arbeit das BIA-Bildungsprogramm «eine nationale

Tragödie und eine nationale Herausforderung». Kennedy selber besuchte u. a. ein Internat in Idaho, dessen Schüler zu 80 Prozent Schoschoni waren. Er erkundigte sich bei dem Direktor, was die Kinder über indianische Geschichte und Kultur gelehrt würden.

«Nichts, die Schoschoni haben keine Geschichte», war die Antwort. Darauf Kennedy, ob die Kinder wenigstens in der Schulbibliothek etwas über ihre Vergangenheit fänden. Der Direktor bejahte und führte ihn in die Bibliothek. Kennedy fand ein einziges Buch über Indianer. Es trug den Titel «Gefangener der Delawaren». Auf dem Umschlag: ein von einem Indianer skalpiertes weißes Kind.

Der Sioux Lehman Brightman, Gründer der Organisation United Native Americans (UNA) in San Francisco, inspizierte 1971 sechs BIA-Schulen, darunter auch die Intermountain Indian School (IMS) in Brigham City, Utah, einem ehemaligen Militärhospital aus dem Zweiten Weltkrieg. Sie liegt 700 Meilen vom nächsten Reservat, dem der Navajos, entfernt und war mit 2000 Schülern einige Jahrzehnte die größte Internatsschule der USA. Heute zählt sie 700 Schüler.

Brightman nach dem IMS-Besuch: «Ein Viertel der Kinder war alkoholsüchtig. Die Schlafräume hatten zerbrochene Fenster, Türgriffe fehlten, die Wände und Böden waren dreckig, die Toiletten liefen über, Lampen waren kaputt und es gab keine Arbeitstische. 68 Kinder wurden in einen Raum gepfercht. Ein Privatleben war unmöglich.»

In Carson City, Nevada, kontrollierte die UNA-Kommission das Stewart Institute. Dort war es nicht erlaubt, daß Mädchen und Buben sich an der Hand hielten. Wurden sie dabei erwischt, strafte man die Mädchen durch Abschneiden der oft bis zur Taille reichenden Haare. Das Standardstrafystem bestand aus Punkten, die durch Zwangsarbeit wieder abgearbeitet werden konnten. Brightman: «Wir haben festgestellt, daß es beim Essen kein Nachfassen gibt. 30 Minuten Zeit für das Essen und raus. 450 Schüler in 30 Minuten. Wer beim Nachfassen erwischt wird, erhält Strafpunkte. Wir haben Maden im Fleisch und Käfer in den Nudeln gefunden.»

Das Selbstbewußtsein der Schüler wird im Unterricht auf sanfte Art gebrochen. Aufsatzthema für Ojibwa-Schüler: «Warum wir alle glücklich sind, daß die Pilgrims gelandet sind.» Indianische Geschichte oder US-Geschichte aus indianischer Sicht ist tabu. Aus dem Schulbuch «The Indian Historian»: «. . . die Siedler überschritten die Appalachen und wurden von den Indianern bekriegt. Der Präsident mußte für ihren Schutz sorgen . . . und dafür, daß die Indianerstämme, welche die Prärien beherrschten, besiegt wurden, damit die Viehzüchter und ihre Familien in Sicherheit leben konnten.»

Oft verheerende Ergebnisse bringen Intelligenztests, da die Fragebögen immer nach Kriterien weißen Denkens angelegt sind. Hinzu kommt die Schizophrenie, zwischen zwei Kulturen zu hängen. Diese Situation wird meist akut in der Zeit der Pubertät. Daraus resultierende Identitätskrisen können die Lehrer – nur 16% sind Indianer – nicht begreifen. In dem von Northern Cheyenne besuchten Internat in Busby, Montana, unternahmen von den 250 Schülern innerhalb 18 Monaten zwölf einen Selbstmordversuch; ein Beispiel, das der Kennedy-Report anführt.

Rund 35000 der 120000 schulpflichtigen Indianer besuchten eines der 77 bestehenden Internate, 16000 eine BIA-Tagesschule in oder nahe den Reservaten, 53000 gewöhnliche öffentliche Schulen mit weißer Mehrheit, wo sie meist isolierte Gruppen bilden. Daneben existieren in fast jeder Reservation Missionsschulen, die größtenteils um die Jahrhundertwende von verschiedenen Konfessionen – Katholiken, Baptisten, Methodisten, Mennoniten, Mormonen – gegründet wurden. Wer auf welche Schule geht, bestimmt das BIA.

An Geldmitteln mangelt es den staatlichen Indianerschulen nicht. 1974 erstellte das Büro für sozialwissenschaftliche Forschungen im Auftrag des Harvard-Universitätszentrums für Recht und Erziehung eine Studie über das Mißverhältnis von Kosten und Erziehung in den Schulen des BIA. Die Autoren des Reports errechneten, daß ein BIA-Schüler den Staat im Jahr 1641 Dollar kostet gegenüber 743 Dollar für den Besuch einer öffentlichen Schule.

Oklahoma zum Beispiel gibt 489 Dollar pro Schüler in öffentlichen Schulen aus, aber 2701 Dollar in BIA-Tagesschulen. In Kalifornien zahlt der Staat 719 Dollar pro Schüler, das BIA aber 2538 Dollar.

Diese BIA-Summen suggerieren teure Schulen, ausgestattet mit Spezialisten. Und gerade Spezialisten fehlen an den meisten Schulen des BIA.

Das Büro für indianische Angelegenheiten betreut 219 Grundschulen in 15 Staaten, die 49265 indianische Schüler ausbilden, welche auf und in der Nähe von Reservationen wohnen. Davon befinden sich 28296 in Internatsschulen, wovon wiederum 5322 Schüler nur am Tag bleiben. Der Rest – 15647 Schüler – geht in BIA-Schulen. Sowohl die Finanzierung als auch die Kontrolle dieser Schulen ist unabhängig von der Gemeinde, der sie dient – was einen Sonderfall im amerikanischen Bildungssystem darstellt und die Autorität des BIA zeigt.

1971 gab das US-Office for Education einen Zuschuß von 40,5 Millionen Dollar zu der Indianererziehung, von denen 26 Millionen in öffentliche und 14,5 Millionen in BIA-Schulen gingen. Im selben Jahr wurden 107,5 Millionen Dollar für die Arbeit des BIA-Schulsystems – oder 2183 Dollar pro eingeschriebenem Schüler – zur Verfügung gestellt. Davon wurden ungefähr 1641 Dollar für Tagesschulen ausgegeben, ein Anstieg von 1232 Dollar im Vergleich zu 1968. Zusätzlich erhielten BIA-Schulen 15,2 Millionen Dollar oder 312 Dollar pro eingeschriebenem Schüler vom Bildungsministerium für «spezielle Betreuung indianischer Schüler».

16000 indianische Schulpflichtige (= 14%) besuchen trotzdem überhaupt keine Schule. Die durchschnittliche Dauer des Schulbesuchs beträgt weniger als fünf Jahre. Vorzeitige Abgänge sind doppelt so häufig wie unter weißen Schülern. Nur 3 % der indianischen Studenten, die sich an einem College einschreiben, gelangen – laut Statistik der Behörden – zu einem Abschluß. Jene 3 % studieren – und sofern sie immer noch nicht integrierte, indianisch denkende Indianer sind – fast immer Rechtswissenschaften, um ihren Leuten in den Reservaten gegen die weiße Justiz beizustehen.

Das Schulsystem des BIA ist ständig unter Beschuß, doch zeigt es sich immun. Hier zwei Episoden, mit denen die «New York Times» am 22. Januar 1979 eine Abhandlung über Für und Wider des Systems der Internatsschulen einleitete, für das die Regierung 1978 157 Millionen Dollar ausgab:

«Vor einer Boarding School in der Navajo-Reservation hält ein kleiner Lastwagen. Die Kinder rennen ihm entgegen, so, wie sie an heißen Tagen den Eismann empfangen. Doch der Mann am Steuer gibt sich nicht mit Eis am Stiel ab. Er liefert der Schülerschaft Whisky und Wein.

Die Many Farms Boarding-School in Arizona wechselte in den letzten vier Jahren elfmal den Direktor. Bei einer Finanzprüfung stellte sich heraus, daß im Jahr 1977 für die Schützenmannschaft 1185 Dollar an Munition, für das Gewässer-Sicherheitsprogramm 2530 Dollar an Ausrüstung und für die Lederhandwerkskurse 7300 Dollar an Material ausgegeben wurde. Keine der angegebenen Klassen und keines der Programme existierte. Gleichzeitig mußten Lehrer für ihre 500 Schüler alte Schulbücher fotokopieren, da die Behörden sie für das neue Schuljahr lediglich mit 60 Lesebüchern versorgt hatten.»

Da sich, vor allem im Land der Navajo, kaum Alternativen* bieten, bleibt den Eltern keine Wahl, und Kirchen und BIA haben leichtes Spiel. Den Ruhm, dieses Spiel am besten zu beherrschen, gebührt den Mormonen. Die «Heiligen der letzten Tage» aus Utah sind die stärkste missionarische Macht in den Navajowüsten. Sichtbare Zeichen ihrer Gegenwart sind 26500 Missionare, die paarweise und zu Fuß durchs Land marschieren. Unsichtbare Zeichen sind finanzielle Beteiligungen an allen erdenklichen Projekten. Der reichsten Kirche der Vereinigten

* Eine Alternative ist das Navajo Community College in Tsaile, Arizona, das bis zu 2000 Studenten beherbergen kann. Seine Architektur schließt an die Struktur der Navajo-Hogans an. In diesem Zusammenhang ist auch die Deganawidah-Quetzalcoatl-Universität in Davis, California, zu nennen. (Deganawidah = Irokesenprophet; Quetzalcoatl = Atztekenheiliger), die erste Universität für Indianer und Chicanos. 1970 besetzten Aktivisten einen aufgegebenen Armeestützpunkt und beriefen sich auf einen Vertrag, der Ureinwohnern die Nutzung brachliegender Bundesländereien gestattet. Ein Jahr später wurden die Militärgebäude den Indianern überlassen. Dennis Banks gehört seit seinem Zwangsexil in California zur Fakultät der D-Q-Universität.

Staaten – Tageseinkommen: 3 Millionen Dollar – gehören Zeitungen, Fernseh- und Radiostationen, Farmland, Hotel- und Lebensmittelketten und Energiekonzerne. Emsig wie die Bienen, die sie – um einen Bienenkorb kreisend – zu ihrem Wahrzeichen erklärten, vergrößern sie laufend ihren Einfluß: Stammesvorsitzende, Bürgermeister, Richter, Polizisten – kaum eine Gemeinde, in der nicht ein öffentliches Amt von einem Mitglied der Mormonenkirche besetzt ist. Gleichzeitig zum ökonomischen Wachstum soll auch die Kirchengemeinde wachsen – hierzu wurde von den Heiligen der letzten Tage das Indian Placement Program ins Leben gerufen, ein Programm, das vorsieht, indianische Kinder für neun Monate im Jahr in Mormonenfamilien unterzubringen. Im Schuljahr 1977/78 wurden 1926 Navajo-Schüler aus Arizona und New Mexico in weiße Haushalte verpflanzt.

«Soziale Unsicherheit» und «Schäden für die Zukunft» sind die gängigen Begründungen für die Entfernung aus dem Elternhaus. «Wir geben den Kindern ein Gefühl von Identität», begründet Projektleiter Paul Encisco das Programm, «sie lernen die Werte der Familie kennen und können so später ein Führer ihres Volkes sein. Sie lernen, bei Empfängen, bei einer Konferenz und in der Kirche zu sprechen.»

Dr. Jane Van Deusen, Kinderarzt am Tuba City Arizona Hospital, sieht es anders: «Die Kinder wissen nicht, ob sie Indianer oder Weiße sind. Immer wieder muß ich sie an Psychiater weiterleiten, da schwere Identitätskrisen vorliegen. Immer handelt es sich um Kinder, die von Mormonen erzogen worden sind.»

Van Deusen, der seit 24 Jahren in der Navajo-Reservation lebt, erinnert sich an noch düsterere Verhältnisse in den sechziger Jahren: «Der schwarze Markt mit dem Handel von Indianerkindern für Adoption und Aufzucht blühte. Als wir die Indianer aufklärten, daß das Formular für den kostenlosen Schulbesuch eine Adoptionserklärung war, gingen uns die Mormonen fast an die Kehle.»

Dr. Martin Topper, innerhalb des Indian Health Service zuständig für psychische Krankheiten, nennt die Kinder nach neun Mormonen-Monaten und drei Navajo-Monaten im Jahr «Menschen ohne Identität, aber voller Probleme». Die Selbstmordquote bei «Placement»-Schülern ist die höchste in der Reservation. Kinder, die zurückkommen, sind an Air-Conditioning, Toilettenspülung und ein eigenes Zimmer mit elektrischer Heizung gewöhnt, sie ekeln sich davor, im Hogan zu schlafen, das Klo im Freien zu benützen und betrachten es als Degradierung, die Schafe hüten zu müssen.

«Wenn du als Navajomutter keinen Job hast, und deine Schafherde dich auch kaum ernähren kann, und das Land nicht mehr viel hergibt, dann bist du froh, wenn sich jemand der Ausbildung deiner Kinder annimmt», sagt Larry Emerson von Shiprock, heute Lehrer an der Albuquerque Indian School.

Eine Familie in Provo, Utah, hatte für zwei Jahre ein Kind aufgenommen. Als die Mutter 1977 ihr Kind zurückverlangte und schließlich vor Gericht ging, bekam die Mormonenfamilie das fremde Kind zugesprochen. Begründung: der Kulturschock bei einer Rückkehr in die Reservation sei nicht zu verantworten.

Die Bemühungen des National Indian Youth Council, der «Akwesasne Notes» und anderer Organisationen geht dahin, mehr Eltern zu finden, die über ihre Erfahrungen mit dem «Placement Program» aussagen, um schließlich Statistiken erstellen zu können. Die Kirche selbst gibt keine Zahlen preis. Da die betreffenden Mormonenfamilien bei der Regierung nie um Zuschüsse für das Gastkind eingeben, existieren auch von dieser Seite keine Unterlagen.

Die Situation der Navajo ist keine Ausnahme. Ein ähnliches Kräfteverhältnis zwischen Kirche, BIA und traditionellen Familien zeigt sich in allen Reservationen. In den letzten zehn Jahren führte die Eskalation der Zustände in einigen Fällen zur Gründung indianisch kontrollierter Schulen. Die verantwortlichen Personen stammten aus den Reihen des American Indian Movement. Ihre autonomen Schulen nannten sie Survival Schools: Schulen des Überlebens. Von ihnen soll auf den folgenden Seiten die Rede sein.

Think Indian – ein Reisebericht

> Meine Großmutter war auf meine Bildung versessen, daher ließ sie mich nicht zur Schule gehen. (*Margaret Mead*)
> Meine Eltern sorgten sich um meine Erziehung, daher ließen sie mich nicht zur Schule gehen. (*Leonard Crow Dog*)

Das Besondere indianischer Erziehung wurde mir erstmals im Sommer 1973 bewußt – im Six Nations Museum von Ray Fadden in Onchiota.

Ray Fadden unterhält sein kleines Museum in den Adirondack-Bergen südlich von Owl's Head, dem Redaktionssitz der «Akwesasne Notes». Ein Blockhaus, unscheinbar, neben der Straße, dahinter beginnt der Wald. Er wohnt mit seiner Frau in einem Blockhaus auf der anderen Straßenseite. Dort pflegt er verletzte Bussarde und füttert Waschbären und Braunbären. Den Schinkenspeck für den großen Bär steckt er so gegen sechs Uhr abends auf einen brusthohen Pfahl. Sobald der Bär sich die Schwarte geholt hat, springt Ray hinter der Terrassentür vor, klatscht in die Hände und schimpft laut auf den Dieb. «Jetzt ist er glücklich», erklärt Ray, «er meint jetzt, erfolgreich etwas gestohlen zu haben.»

Rays Museum ist in keinem Führer verzeichnet. Es ist ein Ein-Mann-

Betrieb ohne staatliche Subventionen. Ray Fadden ist ein Mohawk mit irischen Vorfahren und hat sich zur Aufgabe gemacht, jungen Indianern und zuhörfähigen Weißen Geschichte und Kultur der Irokesenföderation didaktisch zu vermitteln. In mühevoller Kleinarbeit sind Trachten, Waffen, Wampums, Gesetze, Verträge, Erklärungen der Zeremonien, Schmuck usw. im Haus zusammengetragen. Im dazugehörigen Garten sind in Miniatur die traditionellen Wohnformen der Waldstämme erbaut, ein Rindenkanu hängt zwischen den Bäumen, die intertribale Zeichensprache ist am Boden erklärt. Nicht vergessen darf ich Ray selbst: seine Erklärungen nämlich, sein geschichtliches Wissen, seine Interpretationen weiß-roter Beziehungen machen den Wert des kleinen Six Nations-Museum mit aus. Bei genügend Zuhörern liest Ray aus dem Fundus der Wampums vor. Es sind moderne Wampums: statt Muscheln sind Plastikperlen verwendet, die Symbole sind nicht auf einfache Ornamente reduziert, sie entsprechen der Bilderschrift der Ojibway.

Es war an einem Wochentag im Juli 1973. Mit mir waren Carl-Ludwig Reichert aus München, Roy und Ann, zwei Mohawks aus Akwesasne, und – sie traten zufällig mit uns ins Haus – eine der amerikanischen Familien, wie sie in der Hochsaison durch Schloß Linderhof laufen oder auf dem Marienplatz in München um 11 Uhr vor dem Glockenspiel im Rathausturm verharren.

Ray las eine alte Legende der Irokesen vor: Wie die Medizin auf die Erde kam. Im Verlauf der Geschichte war vom Bestrafen eines starrköpfigen Kindes die Rede. Ray schweifte ab und erklärte die Varianten der Bestrafung. Die Großmutter, die am Ende des Lebens jene auf das Leben vorbereitet, die nachrücken, wird abends das falsche Verhalten des Kindes in eine Fabel einflechten. Geduldig und immer wieder wird sie das tun. Doch auch Irokesen konnte der Kragen platzen. In Momenten, da uns die Hand ausrutschen würde, nahmen die Mütter – Schläge sind verpönt – den Mund voll Wasser und spritzen es dem Kind ins Gesicht; die Strafpredigt folgte hinterher. Aber es gab auch hartnäckige Fälle, die womöglich ein Problem für die Gemeinschaft darstellten, und Eltern mit sanften Mitteln versagten. Strafe aber war notwendig.

«Was taten sie dann?» fragte Ray und sah uns der Reihe nach an.

Der amerikanische Vater antwortete noch bevor Rays Frage seinen Mund verlassen hatte: «They killed 'em», sagte er. «SIE HABEN DAS KIND GETÖTET.»

Ich spüre die Starre dieses Moments wieder, wenn ich heute zurückdenke. Ich sah Rays Gesicht, in dem Entsetzen und Triumph waren, ich schaute die Indianer an, die schauten den weißen Mann an, ich folgte ihren Blicken. Der Mann hatte sich keinen Scherz erlaubt. Er wartete auf die Belohnung für seine richtige Antwort, wie er es vom College her gewohnt war. In Rays Gesicht deckte Triumph das Entsetzen zu. Mit ausgestrecktem Arm, der Zeigefinger wies auf den Vater, frohlockte er:

«Das tun höchstens die Weißen», er sprach laut und erregt, «wir haben es ja eben gehört.» Er kümmerte sich nicht mehr um die drei, sie waren Luft geworden.

Aber was taten die Indianer? Ray: «Wenn das Kind eine Frage hatte, wartete es vergeblich auf eine Antwort, wenn es Hunger hatte, blieb sein Teller leer, wenn ein Fest gefeiert wurde, kümmerte man sich nicht. Erst eine Entschuldigung und eine erklärte Einsicht konnten die alten Zustände wieder herstellen.»

Beeman Logan ist ein Medizinmann der Seneca und lebt in der Reservation Tonawonda nördlich von Buffalo, N.Y. Seinen Namen hörte ich in den letzten fünf Jahren an vielen Orten. Wo immer Medizinmänner und Stammesälteste zusammenkamen, deren Wort Gewicht war, war Beeman Logan dabei. Aber auch sonst konnte man seinem guten Ruf begegnen. Ich erinnere mich an einen hellen Tag im Indianersommer 1975. Im Studentengedränge der Harvard University in Cambridge roch ich plötzlich Kinni-kinnik (Indianertabak), und zwar den der Ojibway. Ich folgte meiner Nase und fand einen jungen Mann mit Maiskolbenpfeife. Wir kamen ins Gespräch, er kannte Akwesasne, er hatte den Medizinmann Lame Deer bei einer Veranstaltung in Boston getroffen, er erzählte von seiner Krankheit, die die Ärzte nicht zu heilen vermochten. Er sei jetzt bei einem indianischen Medizinmann in Behandlung, sagte er, und fühle sich bereits sehr viel besser. Ich dachte unwillkürlich an Beeman Logan. Ich hatte richtig gedacht.

Es war zwei Wochen nach dem Besuch in Onchiota, da sah ich mich unversehens am Küchentisch von Beeman Logan in Tonawonda sitzen. Leute aus Buffalo hatten Carl-Ludwig Reichert und mich ins Auto gepackt und hingefahren. Ich hatte damals keine Ahnung, wer Beeman war. Seine Gestalt war wuchtig, aber geschmeidig, sein breites Gesicht war von Gutmütigkeit und Sicherheit geprägt. Ich hatte sofort Vertrauen, ohne ihn zu kennen. Er nahm sich Zeit und sprach drei Stunden mit uns. Ich hatte nicht den Eindruck, er sei ein Mensch, der sich gern reden hört. Es war klar, daß er uns etwas zu sagen hatte, und daß er nicht immer Leute fand, die ihm zuhörten. Ich habe ihn gut verstanden, ohne jedes Wort zu verstehen. Die ersten Einblicke in die indianische Realität verdanke ich ihm. Vieles wurde mir an diesem Nachmittag klar. Ich begann, mein Weltbild, das ich über den Ozean mitgebracht hatte, an vielen Stellen zu überprüfen.

Beeman machte sich Sorgen wegen der Kinder von Tonawonda. «Die Schule und das Fernsehen machen sie stumpf», sagte er. Ihn betrübten ihre Schwierigkeiten, indianischen Prinzipien zu folgen und sich in der Natur zurechtzufinden. Er spielte mit dem Gedanken, sie aus der Schule zu nehmen und für sie und die Kinder gleichgesinnter Eltern eine Gegenschule aufzumachen. Fürs erste sollte es eine Sommerschule sein.

Beeman Logan

Wichtig sei, sagte Beeman, in den Kleinen ein Grundgefühl, eine Grundhaltung gegenüber allem Leben zu schaffen, ein moralisches Empfinden, das sie stark genug machen würde, der weißen Moral schadlos zu begegnen.

Folgende Beispiele sind mir hierzu im Gedächtnis geblieben:

- Ein Baum hat viele Bewohner. Ein Baum ist Wohnung für Insekten, Fledermäuse, Vögel, Eichhörnchen. Alle Tiere wohnen im Baum mit dessen Einverständnis. Manche Tiere leben immer dort, manche kehren nur zum Schlafen oder Nisten zum Baum zurück. Wenn du einen Baum fällst, denk an seine Bewohner. Sie werden sich alle neue Wohnungen suchen müssen: der Käfer, die Eule, die Fledermaus. Sie werden sich schwertun, denn die anderen Bäume sind bereits vermietet. Denke daran, wenn du einen Baum fällst. Tu es nur, wenn du sein Holz dringend brauchst. Erklär es dem Baum. Sprich ein Gebet. Bedanke dich bei ihm.
- Die Weißen können nicht ohne Zäune leben. Sie wollen ihr Eigentum beschützen. Wer die sichtbare Grenze ihres Eigentums überschreitet, den können sie bestrafen. Ein Apfelbaum im Garten eines Weißen mag voll reifer Äpfel hängen, mehr als der Eigentümer selbst essen kann, doch wenn ein fremdes Kind versuchen sollte, davon Äpfel zu

pflücken, wird er dies zu verhindern suchen. Ein Indianer freut sich, wenn von seinem Apfelbaum gegessen wird; zeigt es ihm doch, daß seine Äpfel gut sind. Doch der Fremde wird lediglich einen Apfel nehmen, vielleicht auch zwei, und auch nur für sich. Weiße Apfeldiebe kommen mit einem Korb, damit der Diebstahl sich lohnt. Also brauchen Weiße einen Zaun.

- Wenn du eine Blume siehst, die dir gefällt und die du mitnehmen möchtest, pflücke sie nicht. Warte, ob du noch mehr Blumen siehst. Sie könnte die einzige sein. Erst wenn du mehr von ihrer Art siehst, dann kannst du sie pflücken. Pflücke nie alle.
- Wenn du einen Garten hast und säst und züchtest, dann sprich mit den Pflanzen.

Bevor wir gingen, zeigte uns Beeman sein Maisfeld. Für den Mais und sein Wachsen gibt es eigene Zeremonien und Lieder. Beemans Mais war der höchste und kräftigste der Gegend.

Ein winziges Reservat südlich der Großstadt Syracuse, New York, ist das Territorium der unabhängigen Onondaga-Nation. Die Position jenes Irokesenstammes gegenüber der Regierung in Washington ist in der Geschichte weiß-roter Beziehungen nicht selbstverständlich. Das traditionelle Regierungssystem des Langhauses wurde nicht wie üblich durch einen mehrheitlich gewählten, von Washington bezahlten und dem BIA (Bureau of Indian Affairs) unterstellten Stammesrat ersetzt; zwischen Onondaga und Washington fungieren auch heute keine Mittelsmänner – die Häuptlinge verhandeln in allen Fällen direkt mit Senatoren und Gouverneuren. Das Langhaus verfügt dennoch über regelmäßige Einkünfte – ein wesentlicher Aspekt im Widerstand gegen Abhängigkeit. Die Pacht für eine unterirdisch verlaufende Pipeline und für die Bundesstraße 11 a, die quer durch die Reservation führt, sichern eine monatliche Summe, die der Gemeinschaft zugute kommt. Im letzten Jahr wurde mit diesem Geld ein neues Langhaus erbaut. Das Langhaus ist Ort politischer Entscheidungen und sozialer Ereignisse (Feste, Zeremonien). Der Rat und gegebenenfalls die Clan-Mütter treffen sich dort jeden Sonntagnachmittag. Fragen internationaler Politik, wie beispielsweise eine Einladung der Regierung Cubas, und Alltagsprobleme, wie beispielsweise die gestörte Nachtruhe durch den Hund des Nachbarn, werden gleichermaßen behandelt. Erst wenn ein Konsensus erreicht ist, wird zum nächsten Tagespunkt übergegangen.

Die Souveränität von Onondaga erstreckt sich auch auf das Bildungswesen. Zwar ist die Onondaga Indian School (eine Grundschule) mit Staatsgeldern finanziert, doch haben die Eltern und indianischen Lehrkräfte langsam und stetig während der letzten sechs Jahre die Schulpraxis nach ihren Vorstellungen verändert. Heute ist die Schule zweisprachig und durch ihre politisch exponierte Lage (die Genfer UNO-Konfe-

Kelly aus Onondaga

renz wurde hauptsächlich in New York und Onondaga geplant) über die Entwicklungen indianischer Anstrengungen um Land-, Vertrags- und Menschenrechte immer auf dem laufenden. Die Suche nach wilden Zwiebeln und die Hege der eigenen Büffelherde (siehe auch S. 224f) in den verbliebenen Hügeln (Onondaga = Menschen in den Hügeln) gehören ebenso zum Schülerleben wie gegenseitige klassenweise Besuche und Lacrosse-Wettkämpfe* innerhalb der Sechs Nationen.

Ich wohne in Onondaga abwechselnd bei Dewasenta (Alice Papineau) oder der Familie ihres Sohnes Ken. Dewasenta ist die Schwester des Tahodahos Leon Shenandoa und als Clan-Mutter im Langhaus vertreten. Ein Besuch in Onondaga ist nur mit Genehmigung des Rates möglich, ebenso Übernachtungen in der Reservation. Durch Empfehlungen der «Akwesasne Notes» war ich 1973 hingekommen. Nach Onondaga fahre ich seitdem auf jeder Amerikareise. Ich will eine Begebenheit während meines ersten Besuchs erzählen.

Dewasentas Haus ist nicht groß. Hinter der Trading Post – ein Blockhaus, in dem sie Kunsthandwerk verkauft – sind ein kleines Bad angebaut und zwei Zimmer, die in eine Küche übergehen. Drei Betten und ein Sofa sind auf die Räume verteilt. Es ist sehr gemütlich bei Dewasenta. Die Spuren von Entwurzelung und der damit verbundenen kritiklo-

* Traditionelles Ballspiel der Waldland-Indianer.

Kinder in Onondaga: Reiten . . .

. . . oder wilde Zwiebeln suchen

sen Übernahme propagierter Normeinrichtung, wie man sie bei Indianern im Westen findet, fehlen. Damals (inzwischen ist der Wohnteil des Hauses abgebrannt und neu aufgebaut) hingen alte Federhauben, Dekken und Kostüme an den Wänden. Die Spuren von Improvisation in allen Ecken verstärkten die persönliche, von den Bewohnern geprägte Atmosphäre. Mit Dewasenta lebten zu jener Zeit ihre Mutter, ein erwachsener Sohn und ein älterer Mann ohne Bleibe im Haus. Als Carl-Ludwig und ich eines Juliabends in die Küche traten, waren noch drei Enkel und vier Nachbarskinder da.

Die Regeln indianischer Gastfreundschaft sind in traditionellen Familien hochgeachtet. Wir wollten unsere Schlafsäcke auf dem Boden ausbreiten. Wir durften nicht. Jedem von uns wurde ein Bett zugewiesen. Auf dem Boden schliefen die, in deren Bett wir lagen. Widerspruch wäre Beleidigung gewesen. Die sieben Kinder arrangierten sich im Raum zwischen den Erwachsenen. Gegen Mitternacht wurden die Lichter ausgemacht. Am nächsten Morgen, so gegen elf Uhr, wir bekamen ein üppiges Frühstück mit Kotelett und Bratkartoffeln, schliefen die Kinder noch immer. Sie schliefen bis ein Uhr mittags. Als alle wach waren, erfuhren wir, warum.

In den ersten Morgenstunden, als die Welt noch frei von Erwachsenen war, hatten sich die Kleinen (das älteste Kind war ein zehnjähriges Mädchen) aus ihren Decken geschält und an den Herd begeben. Drei Stunden lang backten, kochten, brutzelten sie im Flüsterton ein Kindermenü mit fünf Gängen. Der zum Nachtisch vertilgte Hausvorrat an Schokolade war einziges Indiz für das nächtliche Unternehmen. Sämtliches Geschirr war abgespült und aufgeräumt. Das Gekicher über den gelungenen Streich war groß.

Dewasenta erzählte, sie habe oft an die zehn Kinder im Haus, dann gäbe es wieder Tage, da sei völlige Ruhe. Indianische Kinder treten gern «geballt» auf. Indianische Mütter hätten aber neben der Versorgung einer Horde auch wieder Tage, da könnten sie an sich denken. Als Mutter nie ohne Kind zu sein, schaffe unnötige Aggressionen und sei eine ungünstige Voraussetzung für eine glückliche Mutter-Kind-Beziehung. Zudem sei es für die Kinder wichtig, Regeln, Maßstäbe, Lob und Strafen auch aus dem Munde anderer Erwachsener zu hören.

Nach mehreren Besuchen konnte ich mir vorstellen, wie traditionelle Erziehung ohne Schule ausgesehen haben mag. Dewasenta hörte nie auf, Hintergründe und Zusammenhänge auch bei den alltäglichen Handlungen zu erklären. Nie versäumte sie eine Gelegenheit, die Bindung der Gemeinschaft untereinander und mit der Welt immer wieder zu betonen. «The Creator» – «der Schöpfer» –, sagte sie oft, «put us on earth with a purpose and a duty and we have to thank him, we have to fullfill this duty and we have to watch that all life is in balance.» Dazwischen lagen ständig kurze Frage-und-Antwort-Spiele in der Muttersprache.

Survival Schools

Minneapolis-St. Paul, Minnesota; indianische Bevölkerung: 9800. Zwischen Minneapolis und St. Paul fließt der Mississippi. Autobahnbrücken verbinden die Zwillingsstädte und ihre indianischen Gemeinden. Die Kommunikation – ansonsten ein indianisches Problem – funktioniert reibungslos: ein Indianerwagen ist mit Sicherheit gerade unterwegs. Das Indian Movement in den Städten ist von Unruhe und Bewegung gezeichnet. Heute – ein Vormittag im Mai 1977 – konzentriert sich die Aufmerksamkeit der städtischen Indianer auf Minneapolis, die Stadt westlich des Flusses. Wir sitzen in einem Hochhaus in zugewiesenen Besucherstühlen, die Eingänge sind bewacht. Es ist eine Gerichtsverhandlung von vielen: die Kläger sind weiß, die Angeklagten rot. Das Delikt: Öffentliches Ärgernis, Behinderung im Amt. Vorausgegangen ist folgendes:

Cedar Avenue, die Verbindungsstraße von Minneapolis zum Flughafen, durchschneidet Little Earth («Kleine Erde»), die selbstverwaltete Vorstadtsiedlung der Ojibway; eine Fußgängerbrücke verbindet beide Teile. Doch nur die Alten bedienen sich des Übergangs, die Kinder wählen den kürzesten Weg – und werden überfahren. Jedem Verkehrsopfer folgte der Antrag auf eine Ampel, jedem Antrag folgte eine Absage der Stadtverwaltung. Zwölfmal bisher. Der fließende Verkehr, so die Begründung, könne nicht unterbrochen werden. Beim letztenmal rea-

Die Staatsgewalt ist immer präsent

gierten die indianischen Eltern mit einer Demonstration, die weiße Obrigkeit wiederum mit Gummiknüppeln. Jetzt müssen sich die Verantwortlichen verantworten.

Hinter mir sitzt Clyde Bellecourt. Er beugt sich vor. «Das erzähl daheim in Deutschland», flüstert er, «das militante American Indian Movement kämpft um eine Verkehrsampel, weil wir nicht wollen, daß unsere Kinder überfahren werden.» Am Vortag meiner Ankunft kam es zu einem neuen Unfall, dem dreizehnten: ein 14jähriger Junge, Bein- und Armbruch, Gehirnerschütterung.

Tags drauf sorgte der Stadtrat für eine Überraschung: Für sechs Monate sollte eine Ampel auf Probe aufgestellt werden. Die Ampel auf Probe beeinflußt schließlich auch die Justiz, und so geht die Verhandlung nicht wie viele aus: Der Richter stellt das Verfahren gegen die Demonstranten ein. In den Zuschauerreihen heben sich viele Fäuste, Mütter heben ihre Babys hoch, ab und an ein schriller Ruf. Ein kleiner Sieg, den es zu feiern gilt. Mit der Trommel ziehen die Powow-Sänger von Little Earth in den Lichthof des Hochhauses, in dem Rathaus und Gericht untergebracht sind, und singen den AIM-Song. Die Büros leeren sich, die Bürokratie von Minneapolis steht für eine Viertelstunde still.

Bei der Gerichtsverhandlung sah ich auffallend viele Jugendliche. Es waren Schüler von Heart Of The Earth (Herz der Erde) und Red School House (Rotes Schulhaus), den beiden Großstadt-Survival Schools. Nicht Neugier hat sie hergetrieben, sondern der Unterricht – ihr Fach heißt «Trial» («Prozeß»). Für Survival-Schüler hat das Klassenzimmer viele Gesichter: Heute war es, wie schon viele Male zuvor, der Gerichtssaal. Manchmal reisen die Klassen dazu auch in andere Städte, wenn politische indianische Gefangene vor Gericht stehen. Meistens kommt der Verteidiger anschließend als Gastlehrer in die Schule. Wo immer möglich, versucht die Schule, Erfahrungen aus zweiter Hand, also aus Büchern oder dem Mund des Lehrers, der sein Wissen wiederum aus Büchern hat, zu vermeiden.

Die Backsteingebäude des Red School House in St. Paul und von Heart Of The Earth in Minneapolis sind ehemalige christliche Erziehungsanstalten. Seit Mitte der siebziger Jahre weht in den Klassenzimmern ein neuer Wind. Vorher hatten sich Eltern und Lehrer mit ständig wechselnden Provisorien begnügen müssen. Red School House und Heart Of The Earth unterscheiden sich kaum voneinander, Kinder aus St. Paul gehen in die Schule von Minneapolis und umgekehrt. Der Verkehr über den Mississippi ist rege. Ich habe in beiden Schulen etwa gleich viel Zeit verbracht und ähnliche Erfahrungen gesammelt. Ich trenne daher im folgenden nicht zwischen Heart Of The Earth und Red School House.

Eines Morgens reihe ich mich ein in die Schar der Schüler und werde trotz Fotoapparat und Tonbandgerät verschluckt, als sei ich einer der ihren. Der Morgen beginnt mit dem Schlagen der Trommel, alle Schüler

Red School House: Demonstrieren . . .

. . . und Pflanzen im Unterricht

stehen im Kreis und singen. Der Herzschlag der Trommel gibt den Auftakt für den Rhythmus des neuen Tages, einer neuen Woche.

Der Unterricht beginnt langsam. Zuspätkommenden wird kaum Beachtung geschenkt. Anlaß, den Lehrer zu ärgern oder dem Ausfragen oder einem Test zu entgehen, besteht nicht. Der Unterricht des Lehrers ist ebenso der Unterricht des Schülers. Der Zuspätkommende wird mit Nichtbeachtung respektiert; er wird seinen Grund haben. Die Schüler sitzen im Kreis. Fragen aus dem Kreis werden aus dem Kreis beantwortet, Fragen der Disziplin werden gemeinsam geregelt. Oft reiht sich die Lehrkraft in den Kreis ein, und ein Schüler übernimmt die Rolle des Lehrenden. Durch diesen Rollentausch begreifen die Schüler Position und Funktion des Lehrers; sie lernen so, den Älteren, den Andersdenkenden, den Andershandelnden zu respektieren.

Aus dem spielerischen Rollentausch wird bald Ernst: Zehnjährige bringen Schulanfängern das Lesen bei, und Schulabgänger halten Abendkurse für Erwachsene, die nie eine Schule besuchten, der Kreis schließt sich. Kreise schließen sich, vertraute Ordnungen heben sich auf, kehren sich um, alles ist austauschbar: Respekt läuft in beide Richtungen, alle versuchen, an der Einheit mitzuarbeiten.

Ich fotografiere in einer Klasse von Achtjährigen. Als ich fertig bin, setze ich mich auf einen freien Stuhl. An der Tafel geht es um Grundbegriffe des Rechnens, und unversehens bin ich in die Rolle des Lehrers gerutscht: Ich sehe mich erklären, korrigieren und Fragen beantworten. Ich schiele nach der Lehrerin, doch die sieht mich nicht. In der Pause kommen wir ins Reden. Sie heißt Barbara und ist als Aushilfskraft eingesprungen. «Wie du», sagt sie, «die Klassenlehrerin ist auf einer Tagung. Wir arbeiten immer in Gruppen, die Kinder sind das gewöhnt, die helfen sich auch untereinander.»

Da die indianische Wertskala den Wettbewerb nicht kennt, versucht auch hier niemand besser zu sein, um seinen Nachbarn zu übertrumpfen. Jeder will gut sein, gemeinsam wird daran gearbeitet. Bis zur Prüfung haben es dann alle begriffen. Überraschungstests gibt es nicht. Zensuren ebensowenig. Will jemand auf die Universität oder aufs College, bilden sich Arbeitsgruppen. Allein für die Schule, für Zensuren lernt niemand.

Viele Kinder kommen aus zerrütteten Familienverhältnissen oder sind ehemalige Fürsorgefälle, Alkoholiker, vorzeitige Schulabgänger; Kinder, die ihre Identität so gut wie verloren hatten. Hier werden sie jetzt ermuntert, sich als Indianer zum Indianersein zu bekennen. Diese Freiheit macht aus ehemaligen Versagern und gestörten Persönlichkeiten glückliche und gute Schüler.

Nach dem Mittagessen setze ich mich mit drei Kleinen auf den abgetretenen Rasen vor dem Haus. Das Tonband läuft. «Das Tollste an dieser Schule ist, daß auch die kleinste Stimme gehört wird», sagt Tammi

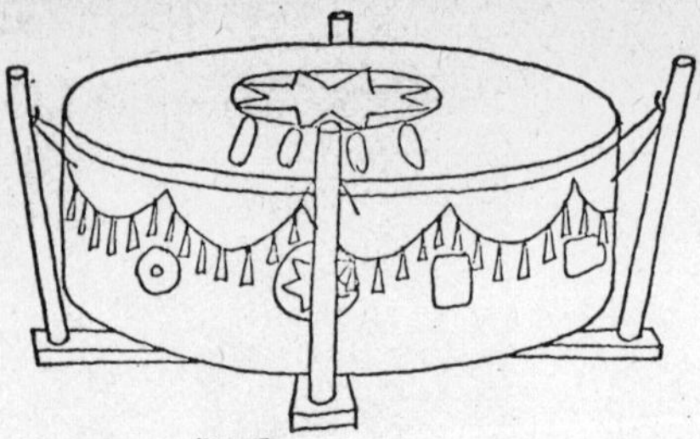

DRUM
(Day-way-gun)

BOOSHOO, I HAVE A CHANCE TO TELL YOU ABOUT MYSELF. I AM A TRADITIONAL DRUM. THESE MEN THAT MAKE MUSIC THROUGH ME ARE SINGERS.

ONE THING I WANT TO SAY IS THAT I WAS CREATED FROM THE MOTHER OF ALL THINGS AND THIS IS WHAT I STAND FOR. I STAND FOR HER. I WAS CREATED TO HONOR HER AND ALL WOMEN.

I AM ROUND LIKE THE CIRCLE OF LIFE.

THE WAY I SPEAK STANDS FOR THE HEART BEAT OF ALL LIVING THINGS. I WAS CREATED FROM OTHER LIVING THINGS IN ORDER THAT I MIGHT BE HEARD, THAT I WOULD BE A PART OF THE VOICES OF MANY.

I HAVE THE FEELINGS OF THE SOFT, SWIFT DEER THAT IS MY SKIN. I HAVE THE FEELINGS OF THE OAK TREE THAT IS MY BODY. I HAVE THE FEELINGS OF YOU PEOPLE THAT I HONOR. THAT IS WHO MY VOICE IS FOR.

THE MEN ARE ONLY ALLOWED TO SOUND ME FOR I AM THE KEEPER OF SONGS THAT WOMEN ONLY SING HALF-WAY THROUGH. WHEN THE MEN SOUND ME THEY KNOW THAT IT IS THE YOUNG ONES THAT HAVE TO LEARN TO RESPECT ME AND NOT TO ABUSE ME. THE YOUNG ONES HAVE TO LEARN THE SONGS TO CARRY THEM ON. FOR IF THEY DON'T, I WILL NOT LIVE.

DORENE DAY

Die Wandmalerei zeigt mehr als nur ein Gesicht

aus Little Earth, «wenn ich einen Vorschlag mache, wird darüber genauso diskutiert, als wenn ihn unser Dad gemacht hätte.» Dad? Dad kann Clyde Bellecourt sein oder auch Jim O'Brian, der Schulleiter. Achtung drückt sich nicht in Titeln aus.

Tammi findet noch mehr toll: Botanik ist nicht am Donnerstag um 10 Uhr. Zwar steht Biologie im Stundenplan, doch da wird höchstens der Knochenbau durchgenommen. Botanik ist draußen in der White Earth-Reservation. Dazu wird dann auch ein Medizinmann angeheuert, der neben die akademische Erkenntnis die subjektive Erfahrung stellt: die Pflanze als Wesen, Wald und Wiese als Feld des Wissens, der Kräfte und der Mächte. In einem Buch mit dem Titel «Teachings from the Indians» finde ich folgenden Satz: «Botanik ist die Kunde von Pflanzen, nicht die Kunde von Wörtern über Pflanzen.»

«Ein ganzer Monat ist besser als immer nur eine Stunde», sagt Tammi, «und im August helfen wir vielleicht beim Bau von Häusern mit Sonnenenergie.» Und wann sind Ferien? «Nie», sagt sie, «das sind unsere Ferien.» Sie lacht.

Täglich hat Tammi Unterricht in Anishinabe, der Ojibway-Sprache. Ginge sie in die Face The Enemy Survival School («Stell dich dem Feind») in der Yankton-Reservation, würde sie Dakota lernen, als Schülerin der We will remember Survival School Lakota. Alle Überlebensschulen sind zweisprachig. Fast alle: Bill Wahpepahs Schule in Oakland/California vermag diese Forderung nicht zu erfüllen – von zu vielen Stämmen kommen die Schüler der indianischen Bevölkerung San Franciscos.

Alle Schulen versuchen – noch ist dies kein Problem – überschaubar zu bleiben. Nur so kann jeder Lehrer über den Unterricht seiner Kollegen informiert sein, nur so kann die Selbstverwaltung in allen Bereichen praktiziert werden, nur so sind Alternativen praktizierbar, nur so kann Bürokratie eingedämmt werden. Nur die Schulen in der Stadt haben mehr als hundert Schüler. Sollte die Kapazität überschritten werden, wird eine neue Schule entstehen. Qualität ist eine Frage von Quantität.

Ich sitze in einer Literaturstunde über Edgar Allan Poe. Die Kinder sind 13, 14 Jahre alt. Vorausgegangen ist das gemeinsame Hören eines Poe-Hörspiels. Jetzt schreibt Ruth, die Lehrerin, Adjektive und Verben an die Tafel: laut, leise, hell, dunkel, flüstern, schreien, knistern, poltern, weit, eng . . . die Schüler sollen sich bedienen. Ruth will das Spezifische des Horror-Genres sichtbar machen. Später werden Kassettenrecorder verteilt, kleine Arbeitsgruppen stecken ihre Köpfe zusammen. Die Aufgabe lautet: Inszeniert ein Hörspiel. Während des Unterrichts sitzt eine Schülerin auf dem Kaminsims. Sie will weder provozieren noch Privilegien erheischen. Sie sitzt auf dem Kamin, wie andere auf ihren Stühlen. Nicht mehr und nicht weniger. Sie ist eine der konzentriertesten.

I like Red school... House because...

it's gooder than the old school (Aurora). You don't have to walk up all those stairs to go to lunch.
and they all pay attention to the teacher. And I like it like today. Ramon

it's good cuz they all take me on field trips. Damion

it's my favoritest school, and I like having my uncles around.
and this is my favorite day. Tanya

we go to the park Jason

Greg takes us swimming, that's fun, and he took us to Como Park.
Nancy

I like RSH, it's nice. Robert

all the kids here are nice. Vanessa

it's better than all the white schools.
Brenda

it looks nice, and we go swimming at the boys club. Royce

Eine andere Klasse. Die Gleichheit von Mann und Frau wird durchgenommen. Gleichzeitig wird auf ihre Ungleichheit und ihre Besonderheiten als Individuen hingewiesen. Gabe, ein Lehrer Anfang Zwanzig, beginnt mit Begriffen aus der Religion: Mutter Erde, Vater Himmel, Großvater Sonne, Großmutter Mond.

«Seht ihr die ausgewogene Balance zwischen Männern und Frauen?» fragt Gabe und zeichnet die sich verzahnenden Umlaufbahnen der Planeten an die Tafel. Die Zehnjährigen nicken.

Gabe lenkt das Gespräch sachte in Richtung Diskriminierung. Er fordert einen der Buben auf, das Mädchen Sweet Pea, das ihm gegenüber im Kreis sitzt, eine Squaw zu nennen. «Squaw», sagt Dennis.

«Sweet Pea schaut nicht gerade glücklich drein», sagt Gabe. «Magst du das Wort nicht, oder was ist los?» Sweet Pea schweigt. Gabe schlägt vor, das Wort «Squaw» in «Webster's Dictionary» nachzuschlagen und mit der Erklärung in einem Buch über die Herkunft indianischer Namen zu vergleichen. Im «Dictionary of the white man», wie Gabe den «Webster» nennt, steht lediglich: «Indianerfrau, indianische Ehefrau». Ganz anders liest es sich in der indianischen Literatur: Squaw bedeutet heute: versklavt, zur Gebärmaschine degradiert; das Wort kommt aus dem Französischen und ist eine Verballhornung des Irokesenwortes «otsiskwa», womit die Geschlechtsteile der Frau gemeint sind.

«Wenn ein Mann eine Frau eine Squaw nennt, dann gibt er sich überlegen», sagt Gabe, «aber ist Vater Himmel der Mutter Erde überlegen?» Die Kinder schütteln den Kopf.

Ich gehe durch die Eingangshalle. Ein kleiner Junge kommt mir entgegen. Wir kennen uns nicht. Ich baumle mit den Armen. Auf selber Höhe streckt er seinen Arm aus, und seine Hand streift die meine. Er lacht und ist um die Ecke. Sie alle lachen. «Das ist die neue Generation», sagt Clyde, «sie wird keine AIM-Führer brauchen. Sie wird stärker sein als wir. Weil unsere Schulen keine Schulen sind. Weil unsere Schulen Teil unseres Lebens sind.» Frohsinn kannten er und seine Familie nicht: Als seine Mutter beim Sprechen ihres Anishinabe erwischt wurde, mußte sie mit der Zahnbürste die Internatsküche schrubben.

«They destroyed us by education, so we fight them by education», sagt Clyde: Ethnozid durch Erziehung – Widerstand durch Erziehung. Die Umwelt ist ihnen nicht immer freundlich gesinnt; zu viele Figuren der alten Tage sind noch im Amt. Clyde nennt Wilma Victor, eine Schulleiterin aus Montana, die dem Kollegium als Rüstzeug den Satz auf den Weg gab: «Am besten, ihr macht ihnen klar, daß sie von jetzt an Weiße sind.» Örtliche Beschwerden führten 1975 zu ihrer Versetzung – und Beförderung: Sie erhielt eine leitende Stellung in der Abteilung «Indian Education» im BIA.

Die Schulen in Minneapolis und St. Paul werden mittlerweile vom Staat unterstützt. Nachdem eine Prüfung 1973 ergeben hatte, daß es sich in beiden Fällen nicht um «militärische Guerillacamps» handelte, wurden 48000 Dollar Jahresetat bewilligt. Das Geld – es kommt nicht vom BIA, sondern vom Ministerium für Gesundheit, Erziehung und Wohlfahrt – wird angenommen. «Solange wir keine Kompromisse machen müssen», sagt Eddie Benton Banai, Direktor des Red School House. Extra Gelder sind knapp gesät. Von Staat und Stiftungen sind sie durchwegs projektgebunden. «Wir werden dann als Testfälle für pädagogische Experimente benutzt», erklärt er. «Würden wir uns in das öffentliche Schulsystem eingliedern lassen, wären wir unsere finanziellen Sorgen los – unsere Ideen aber auch.» Vielleicht auch die Möglichkeit, Zehnjährigen Tips zu geben, wie sie sich bei einem unrechtmäßigen Übergriff der Polizei verhalten sollen.

Die Schule des Lachens hat auch wunde Stellen. In einer New Yorker Untergrundzeitung fand ich einen Cartoon, an den muß ich in diesem Zusammenhang denken: Zwei Gallier unterhalten sich. Sagt der eine zum andern: «Wenn du gegen die Römer kämpfst, mußt du aufpassen, daß du nicht selbst zum Römer wirst, denn dann brauchst du nicht mehr gegen die Römer zu kämpfen.» Viele Indianer im Widerstand gegen das Römische Reich des 20. Jahrhunderts tragen noch römische Züge. Auch Überlebensschulen. Ich sprach mit vielen Schülern über TV (Teewee), den uneingeschränkten Machthaber über Wahrheit und Meinung. «I would die without television» – «Ohne Fernsehen würde ich sterben» –

John Trudell

war die Antwort eines 14jährigen Schülers auf meinen Vorschlag, den Aktionsersatz durch Aktion zu ersetzen. «Er schaut oft acht Stunden am Tag», warf seine Schwester ins Gespräch. In vielen Wohnungen läuft der Fernseher vom Aufstehen bis zum Schlafengehen; das Anknipsen am Morgen ist so selbstverständlich wie das Aufsetzen des Kaffeewassers. Befremdend wirkt auf mich auch der hierarchische Chefschreibtisch in St. Paul. Später verwerfe ich den Gedanken wieder. Solange Eddie Benton seinen Sessel braucht, soll er ihn doch haben. Das Recht, anders zu sein, gilt, solange nicht die Freiheit anderer eingeschränkt wird. Womöglich hängt die Bewilligung von Subventionen am seidenen Faden des imposanten Chefzimmers.

Bevor ich ins Land der Sioux aufbreche, macht Clyde mit mir eine Kneipentour entlang der Franklin Avenue. Clyde ist nicht mehr unmittelbar in den Schulbetrieb verwickelt. Er leitet die Federation of Indian Controlled Survival Schools, eine Dachorganisation, die neugegründeten Schulen mit Erfahrungen Starthilfe gibt. Die Atmosphäre in den Bars ist gespannt, weiße Gesichter sind kaum zu sehen, viele Jugendliche haben in beiden Händen ein Bier. Ich bleibe dicht hinter Clyde. Ich soll begreifen, warum er nur Saft trinkt. John Trudell hat sich dazugesellt. John war einer der Initiatoren der Besetzung von Alcatraz. Raufereien hängen in der Luft, sind zum Greifen nah. Noch immer ist ein Viertel der männlichen Erwachsenen alkoholsüchtig. Meistens verkraften sie den Sprung in die Stadt nicht. «Wegen eines lumpigen Jobs haben sie ihr Land, ihren Stamm und ihre Familie verlassen», sagt John Trudell, «das schaffen sie nicht.» Auf der Heimfahrt kommen wir am neuen städtischen Indian Center vorbei, einem weitläufigen Holzbau mit überraschend offener, freundlicher Architektur. «Das gibt wieder Arbeit für AIM», sagen meine Begleiter, «jeden Tag schließt es um vier Uhr nachmittags, am Wochenende ist es ganz zu. Genau dann, wenn ein Indian Center gebraucht wird. Also müssen wir es öffnen.»

*

Bei der jährlichen AIM-Konferenz 1977 in Minneapolis gärte es in den eigenen Reihen. Alle Survival Schools hatten Delegationen entsandt, so auch We Will Remember aus Porcupine in der Pine Ridge-Reservation, South Dakota. Die Gäste aus der Prärie machten ihrem Unmut Luft und beschimpften ihre Gastgeber als müde, angepaßt, liberal, bemängelten die Fixierung der Schüler auf die Erwachsenen und nannten das Produkt langer, kämpferischer Jahre «scheißbürgerlich». Selber hatten sich die Schüler aus South Dakota in den letzten Wochen dazu entschlossen, den Namen «Schule» abzulegen, und nannten sich jetzt «Gruppe». Sie wollten ihre Schule selber machen, jeder sollte je nach Fähigkeiten jeden unterrichten, Leben, Lernen und Lehren sollte auf die Autonomie einzelner Gruppen und die Souveränität der Sioux-Nation ausgerichtet sein.

We Will Remember Survival Group,
Porcupine, S. Dakota

Es ging recht heftig zu, Tränen flossen. Manchmal verließ ich, obwohl eingeladen, den Raum, da mir der Streit zu intim erschien. Nach drei Tagen wurde gemeinsam die Pfeife geraucht, die Streiter der letzten Tage umarmten sich, und jeder ging gestärkt seiner Wege.

Die Mannschaft von «We Will Remember» ist ein bemerkenswerter Haufen (Jimmie Durham, Treaty Council: «Unsere Paradeschule»). Ihr beeindruckendster Auftritt war bei der UN-Konferenz in Genf. Wie selbstverständlich traten die 16-, 17jährigen vor das Mikrophon und nahmen an Arbeitsgruppen aktiv teil.

Ich kenne viele Kinder und Jugendliche der Gruppe, Schulstunden konnte ich jedoch nie miterleben. Bei meinem ersten Besuch im Frühjahr 1977 wurde der Schulbetrieb in Rapid City gerade aufgelöst und der Umzug in die Reservation vorbereitet, und beim zweitenmal, im November desselben Jahres, wurde das Holzhaus, das der Gruppe von Freunden in Porcupine vermacht worden war, gerade erweitert und für den Winter hergerichtet.

Die Geschichte von We Will Remember (eigentlich: We Will Remember Wounded Knee) beginnt im April 1974: Indianische Eltern nehmen

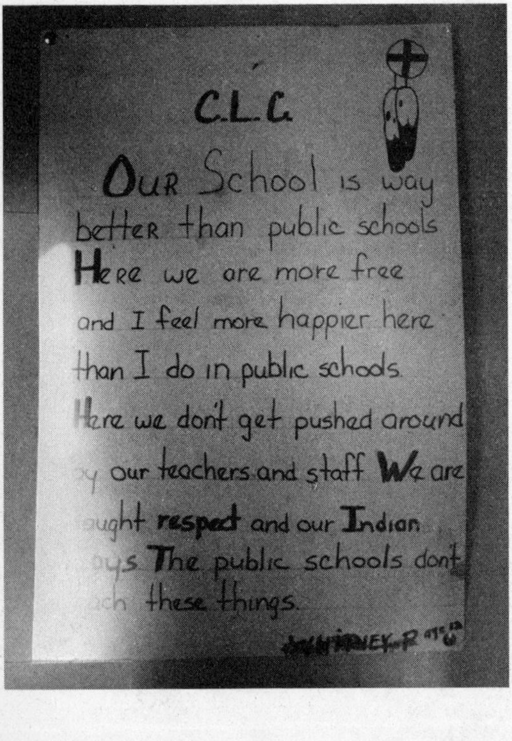

ihre Kinder aus der Schule, sofern sie überhaupt noch hingehen, und starten mit 15 Schülern einen provisorischen Unterricht im Wohnzimmer von Madonna Gilbert. Die Eltern schließen sich als Parent Advisory Board zusammen und werden vom Staat South Dakota als gemeinnütziger Verein anerkannt. Das Board übernimmt in der Öffentlichkeit die Schirmherrschaft über die Schule. Ein Gebäude wird von der Stadt zur Verfügung gestellt. Im Herbst können 30 Schüler und freiwillige Lehrer den Unterricht in einem Haus aufnehmen. Eine ausgebildete indianische Lehrkraft wird zusätzlich eingestellt und mit Geldern aus dem «Title IV Indian Education Act Program» bezahlt, einem staatlichen Förderungsprogramm. Im Mai 1975 schneit unversehens eine Spende von 10000 Dollar der Vereinigten Methodistenkirche ins Haus. Von diesem Geld werden für die nächsten zwei Jahre Räume im St. Isaac Jogues Church Center angemietet. Die Zahl der Schüler ist inzwischen auf 75, die der bezahlten Lehrer auf drei angestiegen, zwei Hilfskräfte arbeiten mit. Frühstück und Lunch stellt das Rapid City School System.

Im Herbst 1976 machen 11 der inzwischen 81 Kinder ihren staatlichen Schulabschluß und wechseln auf Colleges und Universitäten über. Im August 1977, die Vorbereitungen für Genf sind gerade abgeschlossen, zieht die Schule in die Reservation und legt den Namen «Schule» ab. Weiterhin will die Gruppe als Auffangbecken für jugendliche Kriminelle und Schulversager aus der Stadt offen sein. Die Jugendfürsorge-Institutionen von Rapid City konnten seit dem Funktionieren des Schulbetriebs einen deutlichen Rückgang des Mißbrauchs von Drogen, Alkohol und dem Einatmen synthetischer Stoffe feststellen.

Beim Jahrestreffen des American Indian Movement im November 1977 gibt die Gruppe ihre Pläne bekannt: eine sich selbstversorgende Farm- und Lerngemeinde mit Ranchbetrieb. Das «grade»-System der US-Schulen soll durch «modules» ersetzt werden. In vier «modules» sollen vier Altersgruppen erfaßt werden: Modul 1 = 3–5 Jahre, Modul 2 = 6–10 Jahre, Modul 3 = 11–15 Jahre, Modul 4 = 16–18 Jahre. Jede Altersgruppe wählt aus ihren Reihen eine/n Vertreter/in, die die Hälfte der Zeit draußen arbeiten und als Lehrer ausgebildet werden. Dies soll im monatlichen Wechsel geschehen. Das Studium der Land- und Viehwirtschaft steht vollwertig neben den sogenannten «akademischen» Fächern. Ein 1977 ausgearbeitetes Papier sieht auch vor, ständig Älteste der verschiedenen Sioux-Stämme in den Unterricht zu integrieren, um die mündlich überlieferte Geschichte des Volkes und die einzelnen Zeremonien am Leben zu erhalten. Neben Madonna Gilbert sind inzwischen noch Lorelei und Ted Means in das Projekt eingestiegen. Regelmäßige Besuche von indianischen Gefangenen in Rapid City und Pierre stehen auch auf dem Stundenplan.

Bei meinem Besuch in Porcupine war für intensive Gespräche über

Schule kaum Gelegenheit. Dafür sah ich einen scheinbar unorganisierten Haufen – die Erwachsenen waren alle grad unterwegs – das Haus streichen, eine Hundehütte bauen, die Fenster mit einem Wind- und Kälteschutz versehen, zu Pferd zum Einkaufen reiten, singen, kochen, Gäste aus Montana bewirten und ständig Blödsinn machen. Faul war keiner und gelacht wurde viel. Bevor ich abfuhr, gab mir Lorelei Means noch einen Kostenplan ihres Unternehmens: 423766 Dollar für einen Zeitraum von drei Jahren, von den Büchern über die Gehälter bis hin zu Stacheldraht und Vieh für das 224 Hektar-Gelände. Eine eigene Radiostation soll es in nicht allzu ferner Zukunft auch geben.

*

Man darf sich das optimistische Unternehmen jener Menschen nicht als Prärie-Idylle vorstellen. Der Staat South Dakota, in dem vier Präsidentenköpfe als Manifestation der Demokratie mit Preßluft in den Fels der Paha Sapa, der heiligen Berge der Sioux, eingemeißelt sind, ist noch immer Wilder Westen. Ich will einige Beispiele aus jüngster Zeit zur Illustration aufführen.

- Ich versuchte, in Rapid City ein Auto zu mieten. Ich bekam kein Auto – ich war in Begleitung eines Indianers. Ich ging mit einem Indianer frühstücken; er bekam den Kaffee ohne Milch, Zucker und Löffel. Ich rief die Bedienung. Einzeln und zögernd kamen Milch, Zukker, Löffel. Ihm wurde der Kaffee von weit oben eingegossen, so daß ihm die heiße Brühe ins Gesicht spritzte. Zwei Indianer gehen in ein Restaurant in Kadooka. Der Kellner: «We don't serve Indians.» Die Gäste: «We didn't order any, we wanna steak.» Humor als Bewältigung des Alltags.

- 1967 beschäftigte die Vergewaltigung der 15jährigen Jancita Marie Eagledeer das Stammesgericht von Rosebud. Jancita arbeitete als Babysitterin bei den Kindern Janklows, der zu jener Zeit vom Office of Economic Opportunity als Rechtsbeistand für die Rosebud-Sioux angestellt war. Eagledeer sagte vor dem Stammesgericht aus, Janklow habe ihr eines Abends nach ihrem Babysitterdienst angeboten, sie nach Hause zu fahren. Sie gab an, daß er in einen verlassenen Weg abbog, ihr drohte, eine Schußwaffe zu gebrauchen, falls sie sich widersetzen würde, und sie vergewaltigte. Sie ging nach dem Verbrechen in das Rosebud P.H.S.-Krankenhaus, dessen medizinische Aufzeichnungen die Vergewaltigung beweisen.

Das Indianermädchen identifizierte ihren Angreifer, und Pete Pitchlyn, BIA-Untersucher von Verbrechen, führte eine Ermittlung in der Vergewaltigungssache durch. Er legte seinen Bericht dem FBI vor, aber es wurde keine Anklage gegen den Anwalt erhoben. Das Mädchen ging nach Iowa, um der Schande ihrer Vergewaltigung zu entkommen, und der Vorfall geriet in Vergessenheit, bis die AIM-Führer Banks und Means 1972 beschlossen, den Fall wieder ans Licht zu bringen.

Banks erhielt vom Stammesvorsitzenden Robert Burnett und dem Stammesrichter des Reservats, Mario Gonzalez, die Erlaubnis, dem Fall durch eine Ermittlung weiter nachzugehen. Die Verfolgung des Eagledeer-Falls wurde durch die Zusammenstöße in Custer und Wounded Knee anfangs 1973 unterbrochen, und Banks konnte erst 1974 seine Anstrengungen fortsetzen. Er fand Pete Pitchlyn, der aus dem BIA ausgeschieden war, in Oklahoma City und überredete den ehemaligen Untersuchungsbeamten, nach South Dakota zurückzukehren, um vor dem Stammesgericht auszusagen. Eagledeer erklärte sich ebenfalls damit einverstanden, zur Aussage von Iowa zurückzukommen, und das, obwohl Janklow, wie sie Banks erzählte, ihr gedroht hatte, sie umzubringen, falls sie gegen ihn aussagen sollte.

Janklow wurde eine Vorladung geschickt. Er erschien jedoch nicht vor dem Stammesgericht. Der BIA-Gebietsdirektor, Harley D. Zephier, wies den Sonderbeamten für das Reservat an, keine Dokumente aus der Eagledeer-Akte herauszugeben. Nach Verhandlung des Falls schloß das Stammesgericht Janklow davon aus, auf dem Reservat sein Amt auszuüben, und sah es als erwiesen an, daß er sich zweier Verstöße gegen das Stammesrecht schuldig gemacht hätte: tätlicher Angriff mit vorsätzlicher Vergewaltigung und Unzucht mit einer

Rechts außen zensiert: Sarah Bad Heart Bull im Würgegriff

Minderjährigen unter 16 Jahren. Kurz darauf fand man Eagledeer unweit des Reservats tot auf. Sie war das Opfer eines Fahrers geworden, der Fahrerflucht begangen hatte. Janklow, der während des Prozesses seinen Wahlkampf führte, wurde zum Justizminister gewählt.

Janklow will weiter nach oben und kämpft um seine Kandidatur als Gouverneur. Sein Slogan im Wahlkampf: «Die einzige Lösung des Indianerproblems ist eine Kugel durch den Kopf der AIM-Führer.» William Janklow ist seit dem 7. November 1978 Gouverneur von South Dakota.

- Am 21. Januar 1973 wurde in Buffalo Gap der 20jährige Oglala Wesley Bad Heart Bull von einem weißen Tankwart erstochen. Der Mörder wurde des «Totschlags zweiten Grades» angeklagt und gegen eine Kaution von 2500 Dollar freigelassen. Etwa zur gleichen Zeit wurde südlich von Wounded Knee ein Weißer von einem Indianer getötet. Der Indianer wurde des «Totschlags ersten Grades» angeklagt und bekommt lebenslänglich. Zwei Wochen später protestierten Wesleys Mutter Sarah (zwei ihrer acht Kinder wurden von Weißen getötet) und vier Zeugen des Mordfalls beim Distriktrichter in Custer gegen das rassistische Urteil. Wesleys Mutter hatte AIM um Hilfe gebeten. Die Demonstranten, etwa 200 Sioux, kamen unbewaffnet. Sarah Bad Heart Bull bat auf den Stufen des Gerichtsgebäudes um Einlaß, als sie von sechs Polizisten zusammengeschlagen und verhaftet wurde –

wegen Landfriedensbruchs. Das Foto des Zwischenfalls der Associated Press wird zensiert an die Öffentlichkeit gegeben. Ein Jahr später veröffentlichen die «Akwesasne Notes» das Original-Agenturfoto.

- Todesfälle von 1973 bis 1976. Bei den mit einem Stern versehenen Namen wurde von der Polizei eine Untersuchung eingeleitet. Sämtliche hier aufgeführten Personen starben eines gewaltsamen Todes. Die Liste ist unvollständig.

Priscilla White Plume starb am 14. Juli 1973 in Manderson
Julius Bad Heart Bull starb am 30. Juli 1973 in Oglala*
Donald He Crow starb am 27. August 1973 in Pine Ridge
Aloysius Long Soldier starb am 5. Oktober 1973 in Kyle
Phillip Little Crow starb am 14. November 1973 in Pine Ridge
Allison Little Spotted Horse starb am 23. November 1973 in Oglala
Melvin Spider starb am 22. September 1973 in Porcupine
Lorinda Red Paint starb am 27. Februar 1974 in Oglala*
Edward Standing Soldier starb am 18. Februar 1974 in Pine Ridge
Roxeine Roark starb am 19. April 1974 in Porcupine
Dennis LeCompte starb am 7. September 1974 in Pine Ridge
Jesse Trueblood starb am 17. November 1974 in Pine Ridge
Elaine Wagner starb am 30. November 1974 in Pine Ridge
Robert Reddy starb am 16. September 1974 in Kyle
Floyd S. Bianas starb am 25. Dezember 1974 in Pine Ridge*
Yvette Loraine Lone Hill starb am 28. Dezember 1974 in Kyle*
Leon L. Swift Bird starb am 5. Januar 1975 in Pine Ridge*
William J. Steele starb am 9. März 1975 in Manderson
Stacey Cortier starb am 20. März 1975 in Manderson*
Jeanette M. (Waters) Bissonette starb am 25. März 1975 in Pine Ridge
Richard Eagle starb am 30. März 1975 in Pine Ridge
Hilda R. Good Buffalo starb am 4. April 1975 in Pine Ridge
Ben Sittung Up starb am 20. Mai 1975 in Wanblee
Kenneth Little starb am 1. Juni 1975 in Pine Ridge*
Jack Coler und Ron Williams (FBI) starben in Oglala am 26. Juni 1975
Joseph Stuntz Kills Right starb am 26. Juni 1975 in Oglala
Vance DuBray starb am 9. Juli 1975 in Allen*
Randy Hunter starb am 25. August 1975 in Kyle
Howard Blue Bird starb am 9. September 1975 in Pine Ridge
James Little starb am 10. September 1975 in Oglala*
Olivia Bianas starb am 26. Oktober 1975 in Porcupine
Michelle Tobacco starb am 27. Oktober in Pine Ridge
Janice Black Bear starb am 26. Oktober 1975 in Manderson*
Carl Plenty Arrows Sr. starb am 6. Dezember 1975 in Pine Ridge*

Frank LaPointe starb am 6. Dezember 1975 in Pine Ridge*
Lydia Cut Grass starb am 5. Januar 1976 in Wounded Knee
Byron L. De Sersa starb am 31. Januar 1976 in Wanblee
Lena R. Slow Bear starb am 6. Februar 1976 in Oglala
Cleveland Reddest starb am 26. März 1976 in Kyle
Anna Mae Aquash starb im Februar 1976 in Wanblee
Betty Jo DuBray starb am 28. April 1976 in Martin
Sam Afraid of Bear starb am 24. Mai 1976 in Pine Ridge
Julia Pretty Hips starb am 9. Mai 1976 in Pine Ridge
Kevin Hill starb am 4. Juni 1976 in Oglala
Betty Means starb am 3. Juli 1976 in Pine Ridge
Lyle Dean Richards starb am 31. Juli 1973 in Kyle
Sandra Wounded Foot starb an einem nicht bekannten Datum in Sharp's Corners
Marvin Two Two starb am 6. Mai 1976 in Pine Ridge
(Nach: Akwesasne Notes, Winter 1978)

*

«I walk on the spider web of the sunrise. (Ich laufe auf den Spinnweben des Sonnenaufgangs.) Ein Mann der Mächte und der Medizin muß das können. Ich bin ein Medizinmann. Ich bin ein Lehrer meines Volkes. Ich sehe mit dem Auge des Herzens. Ich werde das Wissen des Überlebens verbreiten. Ich spreche täglich mit den Geistern, den Adlern und den Bäumen. Sie sagen mir, ob ich auf dem richtigen Weg bin. I am the evidence of the western hemisphere – we are still here.»

Leonard Crow Dog spricht. Christian von Alvensleben und ich sitzen in einem türkis gestrichenen Holzhaus in Crow Dog's Paradise, einem Tal in der Prärie südlich von Rosebud in der gleichnamigen Sioux-Reservation. Crow Dog's Paradise – Where the music is: Leonards Vater Henry Crow Dog hat das Anwesen der Familie so benannt. Old Man Henry ist wohl der populärste Indianersenior zwischen New York und San Francisco. Er ist ein rüstiger Endsiebziger und die Seele seines Paradieses. Wenn er tanzt, ist er jung und aufrecht; er gehört noch immer zu den besten Tänzern seiner Gegend. Gern nimmt er einen guten Tropfen zu sich (einen «lieben guten Quartalsäufer» nennt ihn sein Freund Richard Erdoes manchmal), ließ sich aber nie vom Alkohol besiegen, gern streifte er bis ins hohe Alter durch die mitternächtliche Halbwelt von Manhattan, ließ sich aber nie von der Glitzerwelt des weißen Mannes vom Weg abbringen. Ich will kurz abschweifen, um Henrys Person etwas näherzubringen. Eine Geschichte fällt mir ein, Arlo Guthrie hat sie mir vor ein paar Jahren erzählt.

Es war während des Newport Folk Festivals 1967. Arlo war einer der Jüngsten und neu in der Folkszene, Henry Crow Dog war einer der ältesten Teilnehmer und ebenfalls neu – indianische Sänger waren bislang

Leonard Crow Dog (2. v. l.) mit Eltern und Neffen

mit Liedern kaum aus ihrer Welt herausgetreten. Am ersten Abend sah Arlo in einer Bar am anderen Ende der Theke einen alten Indianer stehen, der wie er Bier trank. «Ich konnte meinen Blick nicht von ihm lösen. Ich dachte an die Schilderungen von Freunden, die von Gurus in Indien erzählt hatten. Es wurde damals viel von Gurus geredet, ich war aber noch keinem begegnet. Als ich jetzt diesen alten Indianer sah, wußte ich, das war ein Guru. Für mich war er jedenfalls einer.»

Arlo wagte nicht, ihn anzusprechen. Beide fanden sich am nächsten Abend wieder am selben Ort ein. Wieder wagte Arlo nicht, auf den Indianer zuzugehen. Fast wäre der dritte Abend ebenso verlaufen. Doch plötzlich stand der alte Mann vor Arlo. Ohne Anrede fragte er ihn: «Did Mohammed walk here?» Arlo war verdattert und stotterte. «Mohammed, ob der hier schon rumgelaufen ist? Vielleicht, ja aber, nein, ich glaube nicht, nein, sicher nicht.»

Der Indianer: «Did Jesus walk here?» – «Jesus? Nein, ich glaube nicht, nein, sicher nicht.»

Der Indianer: «Did Moses walk here?» – «Moses? Nein, auf keinen Fall.»

Der Indianer: «Weißt du, wer hier ging?» – «Nein.» – «Ich gehe hier. Mein Name ist Henry Crow Dog. Irgendwann wirst du zu mir kommen, und ich werde dir ein Tipi bauen.» Und damit war er durch die Tür.

Zwar ist Arlo noch nicht in Henrys idyllischem Tal gewesen, doch hat er seit jener Zeit in vielen Benefiz-Konzerten die Survival Schools und den Longest Walk unterstützt – und dem bekannten Lied seines Vaters «This Land is my Land» eine Zusatzstrophe verpaßt: «This Land is Henry's Land.»

Zurück ins «Paradies»: Es ist ein trockener, heißer Junitag 1977. Der wilde Salbei und der Beifuß duften. Die kiefernbewachsenen Hügel atmen Ruhe. Adler schweben. Der Fluß vereint sein leises Raunen mit dem Flimmern der Luft. Eine Wasserschildkröte streckt den Hals in die Sonne. Grandpa Henry schiebt einen Schubkarren übers Gelände und sammelt Unverrottbares, Grandma Gertrud, ebenfalls über siebzig, kommt leise singend mit Kindern am Rock durch hohes Gras. Ich spüre den Frieden durch die Fußsohlen in mir hochsteigen. Nichts erinnert an die Toten, die morgens mit einer Kugel im Kopf am Straßenrand gefunden werden. (Drei nähere Verwandte der Crow Dogs wurden bisher auf diese Weise ermordet.) Nichts erinnert an Leonards eineinhalbjährige Gefängnistour* quer durch die Staaten.

Leonard Crow Dog sitzt mit bloßem Oberkörper auf dem Sofa. Die Wand hinter ihm ist voll von Zeremoniegegenständen, Federfächern, Leder- und Perlenschmuck. Sein breiter, massiger Brustkasten zeigt die Narben des Sonnentanzes (siehe Seite 270f.). Seine Zöpfe reichen bis zur Hüfte. Seine großen Hände unterstreichen manchmal mit einer souveränen Geste das Gesagte. Er spricht Englisch, denkt aber Lakota. Vom weißen Zuhörer verlangt das Aufmerksamkeit, Findigkeit und Einfühlung. Zudem ist es auf den ersten Blick schwierig, den Mann, der mit den Cowboystiefeln schwer auftritt, sich auf den Spinnweben der Morgensonne tanzend vorzustellen. Neue Wortschöpfungen kommen überraschend und selbstverständlich. Zwei Wochen vorher waren wir in Washington unterwegs gewesen. Crow Dog ohne Führerschein fuhr vor uns. Plötzlich hielt er an und stieg aus. Wir hatten uns verfahren. «We have to moonarize», sagte er und zeichnete mit dem Finger überm Kopf einen Kreis: «Wir müssen umdrehen. Mit dem Mond gehen.»

Eine Schule ist schon lange Leonard Crow Dogs Wunsch. Er selbst hat nie eine Schule besucht. Als kleiner Junge hatte er während einer Schwitzzeremonie Stimmen gehört, die zu ihm sprachen. Er erzählte es seinen Eltern, worauf diese sich entschlossen, ihn nicht zur Schule zu schicken und statt dessen selber gemeinsam mit Medizinmännern ihres Stammes zu unterrichten. Lesen und Schreiben brachten sie ihm nicht bei. Es hätte ihn abgelenkt, sagen sie: Die Kunst, mit Pflanzen zu sprechen, den Wind zu verstehen und sich die Kräfte der Natur zu eigen zu machen, erfordere eine hohe Konzentration von Körper und Geist. Mehrmals mußte sein Vater Regierungsbeamte, die Leonard in die Schule holen wollten, mit dem Gewehr vertreiben. Jetzt bringt ihm seine Frau Mary Lesen und Schreiben bei.

* Siehe hierzu: Claus Biegert: Seit 200 Jahren ohne Verfassung, S. 136f.

Crow Dog's Paradise

Die einschlägigen Schulerfahrungen, die ihm fehlen, hat Mary. Als sie in der Missionsschule von St. Francis einmal dabei erwischt wurde, daß sie nicht betete, mußte sie eine Woche bei Wasser und Brot in einem drei Meter hohen und eineinhalb Meter langen wie breiten Kellerraum verbringen. Als sie mit einer weißen Mitschülerin eine Hausarbeit erledigen wollte, wurde sie von deren Mutter mit der Peitsche aus dem Haus gejagt. Mary ist heute 24. Sie erinnert sich an den täglichen Rassismus, als sei es gestern gewesen. Mary erzählt: «Einmal war ich im Krämerladen von Pine Ridge. Meine Lehrerin kaufte auch grad ein. Ich hatte einen Nickel und wollte unbedingt eine Orange kaufen. Ich nahm mir eine und gab der Frau hinter dem Ladentisch das Geld. Sie aber sagte, ein Nickel sei nicht genug, und ich solle die Orange zurück in die Kiste legen. Ich lege also die Orange wieder hin, und das sieht meine Lehrerin. ‹Oh›, sagt sie, ‹müssen diese dreckigen Indianer denn immer die Lebensmittel anfassen.›»

Crow Dog will in seiner Schule den spirituellen Teil des Unterrichts übernehmen. Da seine Sprache kein Wort für Religion kennt, wird es auch der kulturelle, der philosophische, der elementare Unterricht sein: «The skills for survival as Indians» (siehe hierzu das Gespräch auf S. 139f.). Heute soll für Pedro ein Tipi gebaut werden. Pedros vierter Geburtstag soll mit einer Peyote-Nacht nachgefeiert werden. Pedro wurde während der symbolischen Besetzung von Wounded Knee geboren, doch an seinem Geburtstag war sein Vater noch immer im Gefängnis. Tipibau soll auch ein Fach in Crow Dogs Schule werden. Durch seine konische Form hält das Zelt Stürmen bis Windstärke 12 stand. Wir bau-

en zu viert. Es ist Mittag. Eine hellgraue Wolkenwand zieht im Westen auf. Nachmittags ist der Himmel nach jeder Richtung hin zu, lediglich über unserem Tal ist die Wolkendecke offen und läßt die Sonne durch. Als das Stangengerüst steht, kreist eine Schar kleiner Singvögel über den Spitzen. «Ein gutes Omen», sagte Leonard, «wenn ein Tipi steht, sollen die Vögel kommen.»

Das Zelt ist fertig. Es wird für die kommende Nacht bis zum Morgen Ort der Peyote-Zeremonie sein. Die ersten Besucher treffen ein. Der Himmel verdunkelt sich. Der Horizont ist jetzt rundum offen, dafür hat sich über dem Tal eine dunkle Wolkenbank zusammengezogen. Ein leises Gewitter ist plötzlich über uns. Die Wolken sind dicht über den Bäumen, die Luft ist angefüllt mit dünnen Blitzen ohne Donner und feinem Regen. Keiner ist ängstlich, es sieht aus, als hätten sie das Gewitter erwartet. «Glaubt ihr nicht, daß dies ein guter Platz für eine Schule ist – *a place of power*», sagt Leonard und lädt Christian von Alvensleben und mich ein, an der Zeremonie teilzunehmen. «Nach dieser Nacht», sagt er, «werdet ihr verstehen, was es heißt, Indianer zu sein und: daß ihr nie Indianer werden könnt.» Ich weiß seitdem, daß er mit Pflanzen und Tieren kommunizieren kann. Mein Körper hat es begriffen.

*

1979 nahm die Crow Dog Indian Way School ihren Betrieb auf. Mit Hilfe von Richard Erdoes wurde ein vom Staat South Dakota anerkannter Unterstützungsverein gegründet. Damit soll auch die Versuchung eingedämmt werden, eingehende Spenden für Give-aways (Verschenkzere-

monien) und Stammesfeste zu verwenden. Die indianische Unfähigkeit, mit Geld umzugehen und finanziell zu planen, hat sich durch die Jahrhunderte gehalten. «Die grüne Froschhautwelt* ist nicht unsere Welt» (Lame Deer). Neue Gebäude wurden errichtet und das Projekt um ein Heim für Waisenkinder erweitert. Mary Crow Dogs Schwester Barbara Brave Bird (siehe Interview S. 162f.) gehört zu den Schulleitern. Fernsehen gibt es im «Paradise» nicht. Vielleicht verschwinden auch die Autowracks im Fluß eines Tages. Leonard Crow Dog, ein Mann mit überdurchschnittlichem Selbstbewußtsein, ist bereit, neben dem Lehren auch zu lernen. Bisher trug er auf Reisen die Pfeife, die restliche Familie die Koffer. Vor zwei Jahren gab es Krach. Die Frauen nannten ihn einen «male chauvinist» und einen «Halbgott». Er habe sich verändert, sagte Barbara bei ihrem Deutschlandbesuch, und es laufe alles gut.

Phillip Deere traf ich das erste Mal im Mai 1977 an der University of Massachusetts in Amherst während eines dreitägigen Seminars der Wanderuniversität White Roots of Peace** aus Akwesasne. Der Medizinmann der Muskogee-Creek und spirituelle Ratgeber des American Indian Movement gehörte zum fahrenden Lehrkörper. Ihre Vorlesungen beschließt die reisende Akademie stets mit einem großen Essen, zu dem Studenten, Professoren und Anwohner Selbstgekochtes und -gebackenes beisteuern. Eröffnet wird das Essen von einem spirituellen

* Als «grüne Froschhaut» bezeichnet Lame Deer die Ein-Dollar-Scheine.

** Inzwischen umbenannt in: Voices from the Earth. Hintergründe hierzu enthalten in: Akwesasne – Wo das Rebhuhn balzt, München 1978, Trikont.

Mann; damals war es Phillip Deere. Dem Essen folgen Rundtänze, an denen sich alle Anwesenden beteiligen können.

Als Christian von Alvensleben und ich ankommen, wird gerade getanzt. Wir stehen da und schütteln noch Landstraße und Autostarre aus Kopf und Gliedern, ich suche nach bekannten Gesichtern, da streckt sich mir aus dem Kreis der Tänzer eine Hand entgegen. Ich greife zu. Die Hand ist fest und warm und angenehm. Sie erinnert mich an die Hände meines Vaters. Es ist die Hand von Phillip Deere.

Die folgenden Tage erlebe ich ihn meistens auf dem Rasen des Campus, zusammen mit dem Ökologen Coyote vom Stamm der Yaqui; beide sind ständig von Studenten umringt (siehe Gespräch S. 144f.). Immer wieder sehe ich in den drei Tagen Phillip den Finger heben: «Macht mich nicht zum Guru», mahnt er, «ihr müßt euch und die Verhältnisse aus eigener Kraft ändern. Warum wollt ihr plötzlich Indianer werden? Was ist so toll daran, Indianer zu sein? Ich kann nichts dazu, daß ich Indianer bin. Ihr könnt auch als Weiße das Glück finden. Indianer sind keine besseren Menschen.»

Er spricht über die Kraft des Geistes: «Wer leben will, lebt. Das biblische Alter der Männer im Alten Testament ist kein Wunder. Ihr Geist war stärker als ihr Körper.» Und über den Weg des Individuums und die Ideologie des alles vereinnahmenden American way of life: «Wenn zwei Falken auf einem Baum sitzen und ein Schwarm Wildenten fliegt vorbei, dann sagt auch nicht ein Falke zum anderen: ‹Schau, da fliegt die Mehrheit, das muß der richtige Weg sein, schließen wir uns an!› Sie werden weiterhin als Falken dem Weg der Falken folgen.»

Phillip Deere habe ich seitdem an vielen Orten wieder getroffen und beobachten können: Ich hörte seine brillante Ansprache vor dem Entkolonialisierungsausschuß der UNO in Genf, ich begleitete ihn danach während einer Vortragsreise der Gesellschaft für bedrohte Völker von München bis Köln, er saß in meiner Küche in München und erzählte von seiner Familie in Oklahoma, ich erlebte ihn bei der jährlichen AIM-Konferenz in Minneapolis, wir fällten gemeinsam Holz in einem Eichenwald in der Nähe seines Hauses in Okemah.

Meistens tritt er mit einem breitrandigen schwarzen Hut auf, um dem Klischee des Federindianers entgegenzuwirken, meistens hüllt ihn eine bunte Decke ein. Für das Flechten seiner langen Zöpfe verwendet er andachtsvolle Sorgfalt. Sein Profil gleicht einem Maya-Kopf in alten Steinreliefs. In seinem Gesicht wohnen Schläue und Weisheit. Er ist voll Witz und lacht gern, kann aber auch unnachgiebig Ernst fordern. Immer sind seine Worte überlegt, nie bereitet er seine Reden vor. Er besitzt das notwendige Maß an Schizophrenie (sofern es sie gibt), um in einer letztlich schizophrenen Realität zu bestehen: Ob im Kreis einer Familie oder bei einer Demonstration in Washington, ob in einer Kneipe in Köln, bei einer Konferenz in Afrika oder in einem Hörsaal in der Schweiz – er beob-

Phillip Deere

achtet seine Umgebung, die wechselnde Kultur und ihre Menschen und bleibt dabei Phillip Deere, ein in sich ruhender Pol, der seinen Platz und seine Bestimmung kennt. Seine Eloquenz, sein Durchblick und seine Weitsicht übertreffen die Gelehrtheit manches westlichen Akademikers. Ohne vorsätzliches Nachdenken geriet er in meinem Kopf zum alten weisen Indianer schlechthin. Daß es anderen auch so zu gehen scheint, zeigen die Aufgaben, die ihm das American Indian Movement zuweist: letztes Jahr übertrug man ihm die Verantwortung des Elders Council, eines Ältestenrats. Weisheit verbinde ich unwillkürlich mit abgeklärtem Alter. Doch Phillip Deere ist nicht alt.

Er ist 53, höchstens 55, er weiß es nicht genau, die Geburtsurkunde ist verlorengegangen. Früher hat er in Dallas gearbeitet, in einem elektronischen Beruf, doch als vor zehn Jahren die sogenannten Militanten anfingen, sich zu regen, gab er seinen Beruf auf und kehrte nach Oklahoma zurück. Er war mit dabei, als das American Indian Movement 1972 das BIA in Washington stürmte und Beweise des Betrugs zutage förderte. Er hat acht Kinder, die älteste Tochter macht ihre Lehre als medizinisch-technische Assistentin. Seine über zehn Jahre jüngere Frau arbeitet in Okemah. Phillips Einkommen besteht vor allem aus Vortragshonoraren an Universitäten.

Nach Okemah führt der Interstate Highway 40, einst die berühmte Route 66. Okemah ist ein Wort aus der Muskogee-Sprache und bedeutet «Stadt auf dem Hügel». Von Oklahoma City aus fährt man eine Stunde. Die Namen auf den Hinweistafeln über der Straße erinnern an die Geschichte des Landes, bevor es US-Staat wurde: Choctaw, Shawnee, Tecumseh, Seminole, Wekoka . . . (siehe auch Stichwort «Oklahoma» S. 264ff.). Anfang dieses Jahrhunderts wurde hier das Schwarze Gold gefunden – Okemah platzte aus den Nähten und wuchs über Nacht zu einer der ersten Ölboomstädte der USA. Der Folksänger Woody Guthrie schrieb über seine Geburtsstadt: «Okemah war eine der singendsten, tanzendsten, trinkendsten, gellendsten, predigendsten, walzendsten, plauderndsten, lachendsten, weinendsten, schießendsten, faustkämpfendsten, blutendsten, spielendsten, Gewehr, Prügel und Rasiermesser tragendsten Stadt.» Dann kamen Sandstürme und die wirtschaftliche Depression der dreißiger Jahre, und das Leben verschwand aus Okemah. Um so belebter wurde die Route 66 nach Westen. Steinbeck nannte sie die «Straße der Flucht».

Heute ist Okemah langweilig und durchschnittlich – eine typische Provinzsiedlung des Mittelwestens: Eine Zeitung, der «Okemah New Leader», gegründet 1923, erscheint zweimal wöchentlich mit acht Seiten; 3000 Einwohner mit Telefonanschluß, ein Kino, Supermärkte, Tankstellen, Motels, ein «Safeway»-Lebensmitteleinkaufszentrum. «Heute und morgen im Sonderangebot: Highway Applesauce – drei Dosen 1 Dollar.»

Renate Schukies und ich gehen in einen Supermarkt am Stadtrand. Wir brauchen Batterien, Reiseproviant, Tabak und Lebensmittel für die Deeres. Das ist nicht einfach: Mineralwasser gibt es nicht, auch kein festes Brot, keinen Hartkäse, keine Hartwurst, Fruchtsäfte ohne Konservierungsmittel nur in kleinen Achtel-Liter-Flaschen. Wir nehmen fünf Fläschchen, dazu Erdnüsse und Bananen, für Phillip einen Sack Kartoffeln. Am Zeitungsstand bleibt mein Blick hängen an einigen Heften mit Farbdruck auf gutem Papier. Es sieht nach Porno aus. Verwundert bin ich, da wir uns in einem Supermarkt befinden, und vor uns Halbwüchsige das Zeitschriftenangebot durchforsten. Ich nehme ein Glanzpapierheft, das «Chic» heißt und schlage eine beliebige Seite auf:

Eine blonde Frau mit großen Brüsten sitzt auf einer handgewebten Navajodecke; um die Arme, um den Hals und an den Fingern trägt sie feinen Türkis- und Silberschmuck der Navajo und Zuni; im blonden Haar hängen zwei prächtige Adlerfedern; ihre Füße stecken in hellgrauen, kniehohen Hirschledermokasins mit Fransen. Die Frau ist sonst nackt, ihre eingeölte Haut glänzt in der Sonne. Ihr Mund ist leicht geöffnet. Ebenso ihre Beine. Mit der linken Hand öffnet sie ihre Schamlippen. Die Ausbeutung des Indianers macht nirgends halt. Oder sollte man es anders sehen: Rassendiskriminierung gibt es nicht – auch beim Sex ist die Squaw dabei. Aber warum ist diese Indianerin dann blond und blauäugig?

Ich muß Phillip Deere anrufen. Wir brauchen noch Wegbeschreibungen. Im Telefonbuch steht als Adresse lediglich: «NE of Town.» «Ich habe auf deinen Anruf gewartet», sagt er. «Paß auf: Du fährst auf dem Interstate noch ein Stück nach Osten, dann nimm den Clearview Exit, bei der ersten Abzweigung fahr links, dann kommst du auf den alten Okemah Turnpike, den fahr nach Osten, die erste geteerte Straße linkerhand fahr nach Norden, der Teer hört nach etwa einer Meile auf, die Straße wird schlimm, fahr ruhig weiter, irgendwann siehst du links meinen Briefkasten an der Straße.» Ich habe keinen Stift zur Hand, die Straßen kreuzen sich beliebig in meinem Kopf, ich sage: «Okay, Phillip, see you soon.»

Irgendwie sehe ich im Geiste die Route vor mir. Wir fahren los. Ich vertraue der Sicherheit des Gefühls. Nach einer halben Stunde – wir fahren schon eine Weile durch respektable Schlaglöcher und glauben uns bereits im Irrtum –, da sehen wir linkerhand einen Aluminiumbriefkasten, auf den mit weißer Farbe DEERE gepinselt ist.

Wir fahren noch etwa hundert Meter in einer tiefen Doppelrinne. Vor uns steht ein Holzhaus, um das halbfertig eine dunkelgraue Steinmauer hochgezogen ist. Truthähne und Hühner laufen hinters Haus. Rechts steht ein Tipi, auf der linken Seite, etwas vorgelagert, entsteht das Schulhaus der Muskogee Indian Way School. Es ist fast fertig: ein runder Kuppelbau aus Eiche. Nachbarhäuser sind nicht zu sehen, ringsum ist wellige Prärie mit kleinen Baumbeständen, Eichen, Pappeln, Nußbäume. Phillip öffnet die Tür, ein einladendes Kaminfeuer wird sichtbar.

Die Eichenscheite im Kamin krachen. Wir sprechen über die Schule und das Rundhaus. Wer war der Architekt? «Architekten sind teuer», sagt Phillip, «ich habe die Pläne selber gezeichnet.» Wir gehen nach draußen. Die Konstruktion zeigt Sachverstand und Formgefühl. Ich drücke meinen Respekt aus. Er schmunzelt über mein Erstaunen. Ein Kompliment kann auch fehl am Platz sein: Traue ich ihm nicht einmal den Bau eines Hauses zu? Warum soll ein Medizinmann kein Haus bauen können? «Survival heißt überleben, der Hausbau gehört dazu.»

Wir sitzen wieder am Kamin. Das Zimmer ist heimelig. An den Wänden hängen Felle und Fotografien, über dem Sofa liegt eine abgenützte braune Decke, neben dem Telefon steht eine elektrische Nähmaschine, versteckt ein tragbares Fernsehgerät, Bücher, Papiere, Krimskrams füllen die Ecken. Phillip lacht oft, dann wird ein Goldzahn sichtbar. Er trägt ein mit bunten Bändern besetztes Hemd, darüber eine Levis-Jakke, mit Schaffell gefüttert. Seine weite Hose hängt tief unten. Seine Mokasins sind abgetragen.

Die Muskogee Indian Way School soll Wissen liefern, wenn das Wissen anderer versagt und Energiequellen und Errungenschaften der Zivilisation nicht mehr einsatzfähig sind. Phillip will seinen Schülern zeigen, wie es weitergeht, wenn nichts mehr geht. «In meiner Schule», sagt er, «werden Lehrer unterrichten, die keine Schulbildung haben. Sie werden nicht verbildet sein.» Mathematik oder englische Grammatik wird diese Survival School ihren Schülern nicht anbieten. Die Quote der vorzeitigen Schulabggänger in der Region ist relativ gering, ebenso Jugendkriminalität und Alkoholismus, Phillip muß daher keine komplette Alternative zum öffentlichen Schulsystem schaffen. «In der öffentlichen Schule lernen sie Chemie, Physik, alles Dinge, die wir ihnen nicht so gut beibringen könnten. Wir werden sie lehren, was sie in ihrer jetzigen Schule nicht lernen.» Er nennt Beispiele.

Das weiße Amerika beliefert seine Bürger mit Fertighäusern – wo werden sie wohnen, wenn nicht mehr geliefert wird? Nur Strom und Benzin ermöglichen den derzeitigen Lebensstandard – können wir ohne sie leben? Streichhölzer gehören zu unserer Alltagsausrüstung – müssen wir ohne sie auf Feuer verzichten? Wir entschließen uns zur Selbstversorgung – können wir anbauen, ernten, konservieren, zubereiten? Können wir jagen und ausnehmen? Können wir unsere Kleider nähen? Englisch ist die Sprache der Kolonisatoren und deren Kultur – wer spricht noch die Sprache seiner indianischen Kultur? Christentum (Phillip: «Nur eine Religion fürs Jenseits, nichts für hier und heute.») und Kapitalismus kommen aus Europa – was können wir dagegensetzen? Das Rundhaus soll als Platz der jahreszeitlichen Zeremonien und Zusammenkünfte der Muskogee-Stammesältesten und der AIM-Mitglieder Tag und Nacht offen sein.

Zu Phillips Lieblingsbeschäftigungen gehört das Zerlegen und Analysieren der englischen Sprache: «Ihr braucht Winkeladvokaten, um die Bedeutung eines Gesetzes zu deuten, und ein und dasselbe Wort kann Verschiedenes aussagen. Doppeldeutigkeiten führen zu Mißverständnissen. In unseren Sprachen brauchen wir länger zum Beschreiben, dafür sind wir genauer.» Geld bestimme die Sprache, sagt er: «Non-profit organization ist eine Organisation, die keinen Profit macht. Profit heißt hier Geld. Doch wenn ich schon eine Organisation gründe, dann will ich auch Profit. Ich will etwas erreichen und gewinnen, sonst brauche ich diese Organisation ja nicht. Ich profitiere vom Holzhacken, vom Nachdenken, von allem, was ich tue. Ich will eine profit organization. Das System der Weißen formt ihre Sprache.»

Sehr beeindruckt bin ich von Phillips Unbestechlichkeit. Als ich ihm 500 Dollar aus deutschen Spendengeldern übergebe, verändert sich sein Verhalten uns gegenüber nicht. Ein sachliches Danke. Über die Kartoffeln scheint er sich mehr zu freuen. Einmal hatte ihm einer 2000 Dollar geboten. Das Geld war jedoch mit Gegenleistungen verbunden. Phillip lehnte ab. «I saw the 2000 bucks goin' down the road and that made me happy. If you're speakin' about sovereignity you must be sovereign yourself.»

Draußen ist es dunkel geworden. Das Haus füllt sich mit Leben. Phillips Frau ist heimgekommen, und sieben Kinder bevölkern die Küche.

Mit ihnen spricht er ausschließlich in der Muttersprache. Auf weiße Besucher reagiert die Familie mit höflicher Scheu. Fragen befremden sie. Indianer fragen untereinander nicht nach den Hintergründen indianischen Daseins. Fragen stören und können zerstören. Zeit beantwortet alle Fragen. Wir wissen es und sprechen über die Zwänge, die uns antreiben, die uns wieder zurück nach Europa holen. Das hilft etwas. Neues Holz wird in den Kamin gelegt. Kein Fernseher stört. Er nickt verständnisvoll, als ich von meinen TV-Erfahrungen in eigentlich traditionellen Familien erzähle. Sein tragbares Gerät wird gelegentlich für die Nachrichten eingeschaltet. «Fernsehen regiert das Land», sagt er, «ich aber lasse mich nicht regieren.» – «Es ist Zeit», sagt er weiter, «daß wir anfangen, nachzudenken, ob wir diesen Weg weitergehen wollen. Wir müssen uns klar sein, wohin der Weg der Weißen führt. Fast alle Prophezeiungen der indianischen Völker sprechen von der Ankunft der Weißen und dann von einer Wiederkehr der ersten Amerikaner. Prophezeiungen meines Volkes nennen die fünfte Generation nach der endgültigen Unterwerfung als Zeitenwende. Die Schüler der Survival Schools sind die fünfte Generation.» Das Essen ist fertig. Das Telefon läutet. Das Gespräch dreht sich um Pferde. Phillip ist auf der Suche nach Zug- und Arbeitspferden, um die 100 Hektar eigenes Land voll zu nutzen.

Es gibt Eichhörnchen aus dem Sud und selbstgebackenes Pfannenbrot mit Brei aus weißem Mais, zu trinken schwarzen Kaffee und eine saure Brühe von fermentiertem Mais. Das Fleisch schmeckt stark nach Wild, dem Kaninchen ähnlich.

*

Am 20. Oktober 1978 rief Eva Henderson in der Gowanda Aldrich Street School an und ließ Arnold Brown, den Direktor, wissen, daß ihre Tochter Sheri Maybee von diesem Tag an nicht mehr zur Schule kommen werde. Die siebenjährige Sheri Maybee besucht seit 21. Oktober die Survival School der Seneca auf der Reservation Cattaraugus südlich von Buffalo, N.Y. Eva Henderson war nicht die einzige Mutter, die zur Selbsthilfe griff. Sie war auch nicht die einzige, die per Brief des Gowanda Central School District eine Woche später belehrt wurde, daß ihr Schritt illegal sei. Ich habe die illegale Survival School, deren «harter Kern» aus Barry White und seiner Frau und einer mit Mindestlohn bezahlten Lehrkraft aus Buffalo besteht, Anfang Dezember 1978 besucht. Noch spielt sich der Unterricht in den Wohnzimmern dreier Familien ab. Das Fassungsvermögen ist mit 11 Schülern ausgelastet. 50 weitere Kinder aus der Reservation haben ihr Interesse angemeldet, aus der weißen in die rote Schule überzuwechseln. Vorerst fehlt es an Lehrkräften und Räumlichkeiten.

Bei meinem Besuch wurde ich sofort in den Unterricht eingebaut. Ich

mußte von der Genfer Konferenz erzählen und Fragen über Deutschland beantworten. Die Energie, mit der die Kinder am Aufbau ihrer Schule mitarbeiteten, beeindruckte. Hier war Hilfe zur Selbsthilfe nicht mehr nötig; es fehlte lediglich an materieller Unterstützung. Ähnlich der Onggwa Ong Wayca Hennon Day Yeas Tah School in Cattaraugus entstanden in den letzten zwölf Monaten neue Schulen bei den Mohawk auf der kanadischen Seite in Caugnawaga, ebenso bei den Cayuga in Ontario, den Hupa in California, den Ojibway in der White Earth-Reservation und eine neue «Gruppe» in der Pine Ridge-Reservation.

Lernen in zwei Kulturen

Es war irgendwann im Flugzeug von New York nach Minneapolis. Der Lunch wurde serviert. Die Frau neben mir wollte wissen, aus welchem Land ich komme – «How beautiful!» –, welchen Beruf ich ausübe – «How exciting!» – und was mich in die Twin Cities führt. Ich erzählte ihr knapp von meinem Vorhaben.

«Survival Schools?» sagte sie, «Sie meinen, Indianer machen ihre eigene Schule?»

«Ja, genau», sagte ich.

Sie schwieg einen Moment und schien zu überlegen.

«Davon habe ich noch nie gehört», sagte sie, und dann: «Lernen die

Kinder denn dort auch Lesen und Schreiben?»

Später, im Kreis des Kollegiums von Heart Of The Earth erzählte ich von meinem Gespräch. Sie schmunzelten. «Das hören wir oft», war die Antwort, «nicht einmal das trauen sie uns zu. Dabei sollten sie lieber ihre eigenen Schulen prüfen, ob die ihren Kindern Lesen und Schreiben beibringen. Warum haben wir denn unsere eigenen Schulen gegründet? Weil unsere Kinder in den anderen Schulen zum Beispiel weder Lesen noch Schreiben lernten. Kein Kind verläßt unsere Schule, ohne daß es rechnen, lesen und schreiben kann.» Und alle wissen sie Schauergeschichten von weißen Schulabgängern, denen der Zutritt zu College und Universität versagt blieb, da sie des Lesens und Schreibens nicht mächtig waren.

Die Hälfte aller Amerikaner hat nie ein Buch gelesen

Washington (ddp)

Etwa die Hälfte der 215 Millionen Einwohner der USA habe nie ein Buch gelesen, und viele Erwachsene könnten mit Mühe und Not nur ihre Unterschrift schreiben. Das behauptete Ernest L. Boyer, der Leiter der Abteilung Erziehung im Ministerium für Gesundheit, Erziehung und Soziales, auf einer Konferenz des amerikanischen Außenministeriums anläßlich des von der UNESCO proklamierten Internationalen Tages des Lesens und Schreibens. Boyer bezeichnete die Möglichkeit, Lesen und Schreiben zu lernen, als «elementares Menschenrecht». Nach dem Standard der UNESCO habe sich der Anteil der totalen Analphabeten in den USA auf 1,2 Prozent verringert. Zwischen 20 und 30 Millionen Amerikaner müßten jedoch zu der Gruppe der «funktionellen Analphabeten» gerechnet werden. Sie hätten so geringe Kenntnisse in Lesen und Schreiben, daß sie weder Anzeigen, Arzneimittelvorschriften noch Versicherungs- oder Mietverträge entziffern könnten.
(Aus: Süddeutsche Zeitung, 12. 9. 1978)

Die Gewähr, nach Abschluß der Schulzeit Lesen und Schreiben zu beherrschen, ist zur Alternative in den USA geworden. An diesem Beispiel erklärt sich bereits die pragmatische Vorgehensweise im pädagogischen Konzept der Gegenschulmodelle:

Das bisherige Schulsystem versagt in der Aufgabe, Fähigkeiten auszubilden, die für die Bewältigung der bestehenden Verhältnisse Voraussetzung sind. Hinzu kam die totale Ignoranz gegenüber der fremden Kultur, verbunden mit mehr oder minder deutlichen bzw. sublimen Formen

von Rassismus. Eine neue Schule sollte also den am System Gescheiterten ihre Identität zurückgeben und ihnen deutlich machen, daß jenes System, an dem sie zerbrachen, nicht das ihre ist und die Nicht-Bewältigung seiner Anforderungen somit keine Minderwertigkeit der eigenen Person.

Das erste Ziel der Behelfs- und Nachbarschaftsschulen auf Elterninitiative stand damit fest: «Bicultural» – im zweispurigen Unterricht sollten zum einen Sprache, Werte und Struktur der dominanten Gesellschaft vermittelt, zum anderen Sprache, Werte und Struktur der eigenen Kultur wiedergeweckt werden, um als Indianer innerhalb der weißen Welt existieren zu können. In den staatlichen Schulen war das indianische Erbe aus den Büchern entfernt worden; dies hatte seine Wirkung nicht nur auf indianische Kinder – auch heute noch trifft man auf weiße Amerikaner, die nicht wissen, daß es noch Indianer gibt.

Indianische Sprachen wurden nicht ohne Grund aus dem Lehrplan der staatlichen Schulen verbannt. Sprache formt das Weltbild des Heranwachsenden. Ein Kind, das bis zum Schuleintritt sich im Elternhaus in der Muttersprache bewegte, muß von nun an neben der englischen Sprache zusätzlich europäische Werte erlernen. Schwer genug, dem reifenden Bewußtsein zwei Kulturen einzuverleiben, wird es gezwungen, das bisherige Weltbild als Irrweg zu sehen und abzulegen; ebenso die im Elternhaus erlernten sozialen Verhaltensweisen.

An die Stelle von Gruppendenken und Stammesverantwortung treten Wettbewerb und egoistische Ziele. Waren bisher sämtliche Tätigkeiten und Handlungen darauf ausgerichtet, durch eigenes Können, Wissen oder Glück den Schwachen mitzutragen und das Überleben der Gemeinschaft zu sichern, sowie Eigenschaften zu unterdrücken, die den Familienverband gefährdeten und den einzelnen isolierten, so sind plötzlich Eigennutz und Profitdenken Ziel der Persönlichkeitserziehung. In der Aufteilung des Stammeslandes in Privateigentum war bereits Vorarbeit geleistet worden.

Die weißen Lehrer stehen, sofern sie die Hybris ihrer eigenen Kultur zu überwinden nicht imstande sind, der indianischen Klasse meist hilflos gegenüber. Nicht Auflehnung tritt ihnen entgegen, sondern passive Ablehnung, kollektive Verweigerung. Traditionelle Höflichkeit untereinander ist oft die Erklärung: Ein Indianer lernt zu Hause die Kunst der Rede und die Fähigkeit des Zuhörens. Der Lehrer spricht, also hören sie zu. Ist er ein guter Redner und geben seine Worte Sinn, werden sie zuhören. Sind seine Worte sinnlos und fehlt ihm die Gewandtheit der Darstellung, so werden sie bald nicht mehr kommen. Zu Hause wartet genug sinnvolle Arbeit, zudem fragt sie dort niemand aus und benotet ihre Antworten, in denen nicht ihre Meinung, sondern die Reproduktion der

Lehrerworte gefordert wird.

Das Streben, nicht aufzufallen, das allgemeine Niveau zwar zu heben, jedoch nicht selbst darüber hinauszuragen und aus dem geschlossenen Kreis der Gesellschaft nicht auszuscheren, macht selbst indianischen Studenten noch zu schaffen. Erik H. Erikson (Kindheit und Gesellschaft, S. 110f.) berichtet darüber: Studenten mit Sioux-Herkunft ließen im Seminar den Redestrom des Professors an sich vorbeirauschen, ohne Einwände zu machen. Der Dozent glaubt, jenen Seminarteilnehmern sei die Materie nicht vertraut oder sie seien unvorbereitet. Er weiß nicht, daß ein traditionell erzogener Sioux sich niemals zu einer Frage äußert in Gegenwart von Personen, die er für besser unterrichtet hält.

Ebenso verbietet indianischer Takt, andere mit eigenem Wissensvorsprung zu verletzen, die Macht des eigenen Wissens gegen Freunde und Stammesmitglieder auszuspielen. So lieferten Reservationsschüler bei einem Test, obwohl vorbereitet, ihre Blätter leer ab, um jenen Freunden nicht weh zu tun, die die gestellten Aufgaben nicht lösen konnten.

Immer wieder klagen weiße Lehrer über die Unfähigkeit ihrer indianischen Schüler, ein Verhältnis zu Geld zu entwickeln. In irgendeiner Reservationsschule fiel ein Junge auf, den seine Kameraden mieden. Sie spielten nicht mit ihm, sie sprachen auch nicht mit ihm, sie behandelten ihn wie einen Fremden. Dabei war das Kind weder ein Streber noch streitsüchtig. Nachfragen ergaben, daß der Vater viel Geld hatte, daß er sein Vermögen zusammenhielt und emsig vermehrte, ohne etwas abzugeben. Genau dies machte ihn zum Außenseiter und führte zum sozialen Tod der Familie.

Vom Erfolgreichen erwartet die Gemeinschaft Freigebigkeit. Früher hatte der erfolgreiche Jäger einen beträchtlichen Teil seiner Beute an Verwandte, Bekannte, Freunde und Kranke abzugeben. Erst der Großzügige war wirklich reich, der wohlhabende Geizkragen blieb «arm». Der Begriff von arm und reich in den Missions- und Internatsschulen ist dem genau entgegengesetzt. Den Survival Schools stellt sich die Aufgabe, die traditionellen Begriffe zu festigen, gleichzeitig aber die Unentrinnbarkeit aus der «grünen Froschhautwelt», wie der Sioux Lame Deer den Kapitalismus zu nennen pflegte, klarzustellen. Immer wieder scheitern indianische Projekte an der Unfähigkeit finanzieller Planung und der ungebrochenen, traditionellen Freigiebigkeit.

Mit dem Entzug der Sprache wandte Washington die gleiche Praxis an wie beim Abschlachten der Büffelherden im 19. Jahrhundert: War es damals der Entzug der ökonomischen Basis, so war es jetzt die Trennung von den Wurzeln der Kultur. Mit dem Verbot der eigenen Sprachen wurde ein Weltbild getilgt, der kulturelle Völkermord war jetzt Bestandteil des Lehrplans. Diese Praxis hatte mit den Jahren auch Erfolg. Indianische Eltern, eingedenk der eigenen Schulzeit, verschwiegen ihren Kindern jenes Wissen, für das sie büßen mußten. Sie zeigten der nachwachsenden Generation den Weg des geringsten Widerstands. Das Beispiel, das Clyde Bellecourt gibt, ist bereits ein eindringliches Plädoyer für ein autonomes indianisches Erziehungssystem:*

«Es liegt erst zwei oder drei Jahre zurück, daß meine Mutter mir endlich erzählte, warum sie ihre eigenen Kinder – sieben Töchter und fünf Söhne – nicht die indianische Sprache lehrte oder die verschiedenen Zeremonien, die ihr bekannt waren, oder die Religion. Sie sagte, sie handelte so, um uns Heranwachsende zu beschützen, weil sie sich all der furchtbaren Erlebnisse erinnerte, die ihr widerfuhren, als sie in eine der Regierungsschulen gehen mußte. Ihr ganzes Leben lang, das ich bewußt miterlebt habe, haben sie ihre Knie, haben sie ihre Beine geschmerzt, wenn das Wetter umschlug, zum Beispiel im Frühling, oder wenn es regnete. Und ich habe sie stets gefragt, warum sie diese Schmerzen auszuhalten habe. Aber sie gab uns nie eine Erklärung. Bis sie sich eines Abends, als die richtig glücklich war über das, was mit dem Movement vorging und über die Arbeit, die wir in den Schulen leisteten, hinsetzte und ihrer Familie und ihren Enkeln berichtete, warum ich die indianische Sprache nicht mehr sprechen konnte. Und sie erzählte mir, daß sie – zu der Zeit, als sie in die BIA-Internatsschule gehen mußte –, jedesmal gezüchtigt wurde, wenn man sie dabei ertappte, wie sie ihre indianische Sprache benutzte, wenn sie indianische Lieder sang, sich ihr Haar zu Zöpfen flocht oder sich sonst wie ein Indianer bewegte. Eine Art, wie man in dieser Schule Indianer schikanierte, war, daß man sie den Fußboden mit einer Zahnbürste schrubben ließ. Und meiner Mutter band man Steinmurmeln unter ihre Knie, und sie sagte, seit dieser Zeit hätte sie die Plage mit ihren Beinen – so daß in Wahrheit sie dort zum Krüppel gemacht wurde, als sie 12, 13, 14 Jahre alt war.»

Neu für Indianer in der Einrichtung Schule, die an sich bereits neu war, waren auch Begriffe, die sich in die Muttersprache nicht übersetzen ließen. Dazu gehörte die Sünde. Schwarz berockte Männer zogen ein, öffneten ungefragt die Tür zu den intimsten spirituellen Bereichen und hausierten mit einem strafenden Gott und der Erbsünde. Sie bekehrten jene, die alle Handlungen bereits dem Großen Geist weihten und denen die Erde heilig war. Auch hier erklärt sich wieder der pragmatische Schritt der Survival Schools: Entfernung von kirchlichem Einfluß – Einbeziehung spiritueller Leute und Medizinmänner des eigenen Stammes in den Unterricht. Der Austausch der Inhalte bringt automatisch eine freie, nicht auf Lob und Tadel, Himmel und Hölle ausgerichtete Vorgehensweise mit sich.

* «Die Schule des Überlebens» von Gerd Hensel, WDR-Hörfunk, 2. Programm, 4. 12. 1977, 21.00 Uhr

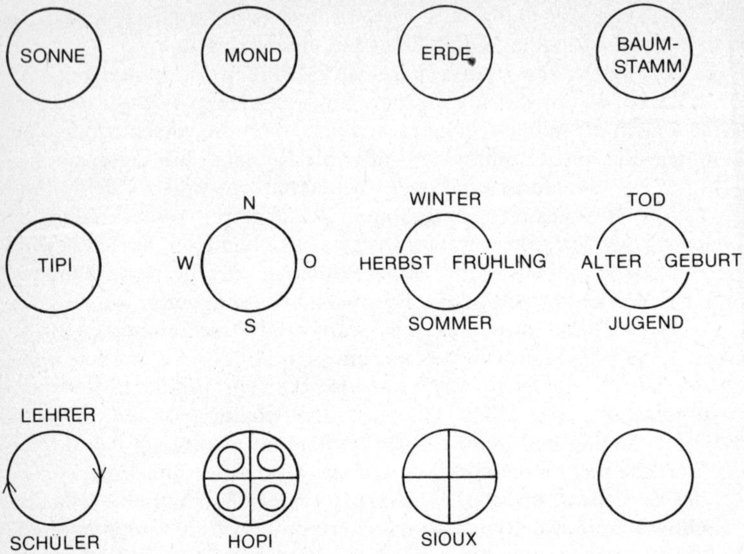

Der Kreis ist mehr als nur eine geometrische Figur. Tauchte er im bisherigen Unterricht lediglich in Geometrie auf, so greift er jetzt in sämtliche Bereiche des Lernens ein. Wenn die Schüler mit dem Lehrer im Kreis auf dem Boden sitzen, alle voneinander den gleichen Abstand haben, keiner über dem anderen steht und jeder jedem ins Gesicht sehen kann, steckt dahinter nicht das Resultat pädagogischer Überlegungen, sondern schlicht der Rückgriff auf eine tief im spirituellen Bereich verwurzelte, aber auch im gesunden Menschenverstand verhaftete Tradition. Ratssitzungen aller Stämme fanden im Kreis statt – so konnte jeder ohne Platzwechsel sprechen und wurde von allen gesehen und gehört. Der Anblick der Hinterköpfe der Mitschüler ist nach Meinung Phillip Deeres ein absolut negatives Stimulans für einen kreativen Unterricht. Der Kreis ist heilig und als solcher Symbol indianischen Denkens, das schlicht der vorherrschenden geometrischen Figur in der Natur folgt: rund sind Sonne, Mond, Erde, der Querschnitt des Baumes, des Knochens usw., im Kreis funktioniert der Ablauf der Jahreszeiten und des Lebens, wir sprechen vom Blutkreislauf.

Im Kreis offenbart sich die indianische Philosophie: Wer einen Kreis abwandert, erreicht wieder den Punkt seines Aufbruchs – also muß er die Erde in einem Zustand hinter sich lassen, der auch den nachfolgenden Menschen Lebensmöglichkeiten garantiert. Inzwischen kann Zeit

verstrichen sein, eine neue Generation geht den Weg. Die Bewegung im oder auf dem Kreis ist kein konservatives Verharren, kein Auf-der-Stelle-Treten, sondern muß als Spirale gesehen werden, auf der alles Leben fortschreitet, Veränderungen aber nur vornimmt, solange das vorgegebene Gleichgewicht nicht gefährdet wird.

Was für den Kreis gilt, gilt auch für die Ziffer 4: vier Himmelsrichtungen, vier Jahreszeiten, vier Lebensabschnitte, vier Hautfarben. Schulanfängern wird beim Rechnen gleichzeitig eine Landkarte ihres kulturellen und spirituellen Universums geliefert. In den Doppelbedeutungen von Figuren und Formeln kündigt sich gleichzeitig die Komponente der «bicultural education» an. In Magie, Tradition und Glauben verhaftete Begriffe verwässern nicht die wissenschaftliche Präzision. Im Gegenteil: sie rücken die Dinge an ihren rechten Platz und verhindern blinde Wissenschaftsgläubigkeit und stures Auswendiglernen. Einen Eindruck vermittelt der Ausschnitt «Science» (Naturwissenschaften) aus dem theoretischen Abriß des Lehrplans der Onondaga Indian School:

«Unsere Sprache könnte nicht gelehrt werden, ohne tief in ein Gebiet einzudringen, das die Weißen Naturwissenschaft nennen. Dieses Gebiet umfaßt unsere Erkenntnis von unserem Verhältnis und unserer Verbindung zu allen lebenden Wesen der Schöpfung.

Unsere Studien reichen von der uns umgebenden Luft, dem Wasser, dem Wetter bis hin zu hochentwickelten Wissenschaften von Materie, Energie und Raum, die sich von der Quelle des Lebens ableiten und benützt werden, um die Neugierde des Menschen zu stillen als auch sein wachsendes Verlangen, sie in der Natur anzuwenden.

Circle of Learning

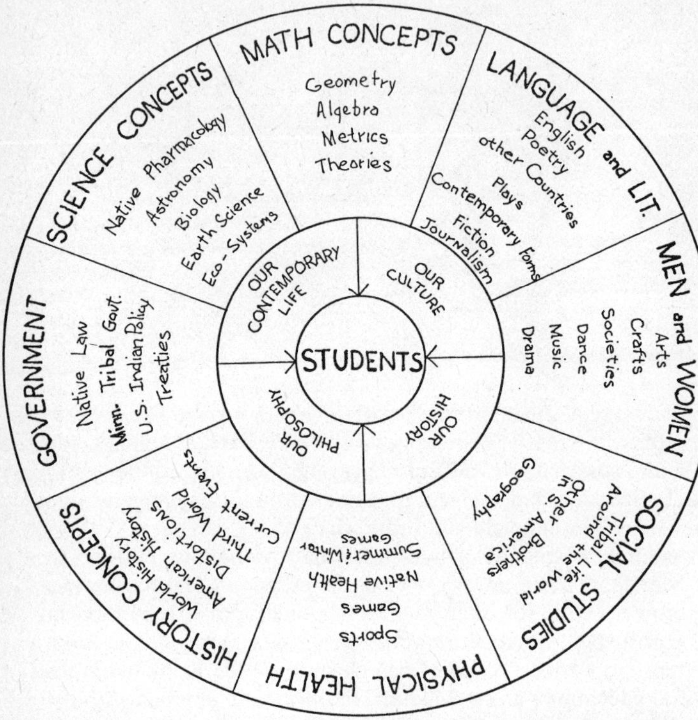

Die Onondaga-Begriffe für die wilden Tiere, die Wetterverhältnisse und der Wechsel der Jahreszeiten, die Gefühle und Erfahrungen, die wir im Laufe des Jahres in der Natur sammeln, die jeweils passende Kleidung, die Nahrung, die wir aus der Natur holen – dies alles gehört zum ständigen Lernprozeß und wird ständig geprüft. Beobachtungen in der freien Natur und das Formulieren bestimmter Vorgänge in der Onondagasprache wird vom ersten Schuljahr an praktiziert.

Wir lehren die Abhängigkeit menschlichen Lebens von den Elementen, von unserer Mutter, der Erde, vom Funktionieren der Gestirne, vom Raum, in dem wir uns bewegen, und Verständnis, Würdigung und Dankbarkeit gegenüber den Genannten.

Die Zeremonien des Jahres werden in der Klasse vorbereitet und ihre Funktion erklärt.

Erde, Sonne, Mond, Gestirne und Weltraum sind selbstverständliche Gegenstände des Unterrichts. Unser Körper und die Teile unseres Körpers werden vom Kindergarten an in unserer Sprache erklärt. Sie müssen nicht auf einmal gelernt werden, sie werden immer wieder einbezogen.»*

Mathematik und Magie widersprechen sich nicht. Zumindest nicht für Indianer. Die Fähigkeit, vom Traum zum Nicht-Traum zu springen (ich vermeide die Unterscheidung «Traum und Wirklichkeit», da für Indianer Träume lediglich eine andere Wirklichkeit sind), mag ihnen die zweispurige Erziehung erleichtern. Diese Flexibilität (Überlebens-Schizophrenie?) ist Voraussetzung für eine erfolgreiche indianische Gegenschule in einer weißen Umwelt. Den Vorwurf der Insel oder des kulturellen Gettos erfüllen sie nicht.

Gegenseitiger Respekt ist ein fundamentaler Wert indianischen Zusammenlebens, ebenso das Prinzip der Nichteinmischung. Im Rollentausch werden Kinder, die – ihrem Alter entsprechend – eigentlich gewohnt sind, Anweisungen Älterer zu gehorchen, mit Aufgaben betreut, die sie plötzlich in eine ungewohnte Machtposition versetzen. Sie lernen, Führungsrollen zu beherrschen. Außerdem kann hier bereits früh verhindert werden, was später Zusammenleben unerträglich machen kann: das Ausspielen persönlicher Macht gegen Mitmenschen. Ich habe mich immer wieder gewundert, wie aggressionsfrei und kooperativ Fünf- bis Siebenjährige zusammen arbeiten oder spielen. Sehr viel später, im Mai 1979, sah ich in Deutschland einen kurzen Film: «Stephen lernt anders». Irmgard Perl, eine Lehrerin, hatte in England den Schultag einer kooperativen Grundschule ohne Noten aufgezeichnet. Der Film war an einem beliebigen Tag entstanden; nichts war gestellt oder nachgedreht. 92 Kinder arbeiteten konzentriert und gemeinsam und mit Freude von 9 Uhr bis 15 Uhr. Im Kinopublikum herrschte anschließend Unglauben. Mir zeigte der Film nichts Neues (obschon er mich sehr bewegte), in den Survival Schools habe ich Kinder auf ähnliche Weise arbeiten sehen. Immer wieder habe ich dort Vier- oder Fünfjährige gefunden, die durch ihre Klugheit und ihre persönliche Ausstrahlung überraschten und mich als den sogenannten Erwachsenen fast in Verlegenheit brachten. Ich habe erlebt, wie reibungslos enges Zusammenleben funktionieren kann, und ich habe erlebt, wie spirituelle Kraft im Kreis Gleichgesinnter heilsam und wohltuend wirkt.

Der Gang in den Wald ist mehr als nur eine naturkundliche Exkursion. Für ein, zwei Wochen wird der Lebensraum verlegt an einen Ort,

* Summer Curriculum Work 1978, Tentative Flow Chart, Submitted by: Andrey Shenandoah, Onondaga Indian School, Nedrow, N.Y. 13120.

wo Sonne, Wind und Wetter den Rhythmus des Tages diktieren, nicht mehr Fernsehen und Geschäftszeiten. Gemeinsam installieren Schüler und Lehrer einen Stammesverband auf Zeit. Gemäß dem lapidaren Leitsatz «Nichts ist wichtiger als alles andere» (Don Juan zu Castaneda) ist zwischen dem Sammeln von Feuerholz, dem Bau des Tipis, der Jagd auf den Hirsch, dem Vortrag des Medizinmannes, dem abendlichen Tanz kein qualitativer Unterschied. Eine Revolution lebt nicht von Revolutionären. Alle uns bekannten Protestaktionen von Alcatraz bis Longest Walk wären nicht ohne die tätigen Hände Unbekannter möglich gewesen. Hier zeigt sich wieder die Gruppenideologie: persönlicher Ehrgeiz wird eingesetzt, um ein gemeinsames Ziel voranzutreiben, nicht um persönlich übers Ziel hinauszuschießen. Der Gang in die freie Natur ist für städtische Indianer die Rückkehr zum Ich, der Sprung vom Alptraum zum Traum. Eddie Benton Banai vom Red School House in St. Paul nennt die Tage im Camp recht treffend «ein Aufladen der spirituellen Batterie».

Die Themen des Lehrplans müssen nicht gesucht werden. Neben der Identitätsfindung des einzelnen richten die Schulen ihren Blick auf die Gemeinschaft aller indianischen Völker und ihrer Zukunft. Zwangsläufig gelangen dabei Uranabbau (1974 kamen 100 Prozent des US-Urans aus Indianerboden), Staudammbau (das größte Wasserkraftwerk der Welt wird 1980 die Jagdgründe der Cree in Quebec überfluten) und Gesetzgebungen, die die verbliebene Landbasis bedrohen (wie 1977 geschehen) in den Unterricht. Besprechungen mit Anwälten, Geologen, Physikern, Beteiligung an Anti-Atomkraftdemonstrationen gehören zum Schultag wie das Mitmarschieren am Longest Walk im Frühjahr 1978 nach Washington. Vorzeitig – oder vielmehr: rechtzeitig – lernen die Schüler mit öffentlichen Medien und Informationsquellen umgehen: Sie wissen, wie man sich eines Archivs oder einer Bibliothek bedient, sie müssen Statistiken auswerten, sie werden mit Autoritätspersonen außerhalb des schulischen Bereichs konfrontiert.

Lehrer von Survival Schools werden von europäischen Besuchern verschiedener pädagogischer Richtungen regelmäßig nach dem theoretischen Konzept ihres Tuns befragt – und enttäuschen mit ihren Antworten die Gäste, die sich eine exotische Trickkiste erhoffen, die sich in heimischen Klassenzimmern öffnen läßt. Lehrer und Schüler wissen, was mit ihnen los ist. Sie haben die fremde Kultur am eigenen Leib erfahren und ziehen die Konsequenz aus ihrer eigenen Biographie. Ein Blick in ihre Vorstrafenregister sagt alles.

Der Lehrplan ist im Kopf – zu Papier gebracht wird er hauptsächlich, um mißtrauische Geldgeber zufriedenzustellen. Eigentlich steht Schule als Institution und geplante Veranstaltung selbst im Widerspruch zum Survival-Konzept. In den alten Tagen lernten die Kinder im Familien-, Clan- oder Stammesverband; ein Lehrer-Schüler-Verhältnis gab es lediglich beim Medizinmann, der unter Berücksichtigung bestimmter Vorzeichen, Träume und Beobachtungen sich einen Lehrling aussuchte, der ihm für ein Jahrzehnt oder mehr auf Schritt und Tritt folgte. Jetzt wurde in der Verneinung der Schule eine neue Schule gegründet. Der Name «Schule» blieb. Nach wie vor ist er mit seiner negativen Geschichte behaftet. Die Leute aus der Pine Ridge-Reservation dachten einen Schritt weiter und kamen zu dem Entschluß, sich «Gruppe» zu nennen. Bevor man diesen revolutionären Akt vorzeitig beklatscht, sollte man sich die Hintergründe ansehen:

Die Indianer in Minneapolis und St. Paul müssen sich an der Realität der Großstadt orientieren. Viele indianische Kinder, die in der Stadt aufwachsen, werden später in der Stadt arbeiten, ihr Leben dort verbringen und in der Stadt sterben, von gelegentlichen Besuchen in den Reservationen abgesehen. Erst wenn in den Reservationen eine Alternative geschaffen ist, können die städtischen Indianer sich auf den «natural way of life» konzentrieren. Wenn die Lebensbewältigung im Alltag – Polizei, Arbeitslosigkeit, Alkohol – scheitert, kann der Traum von der Autonomie, der Schwitzhütte und der eigenen Büffelherde als trügerische Illusion wieder zu einer Spaltung führen und eine alternative Identitätskrise zur Folge haben. Die Aufgabe der Stadtschulen ist es – unter Verwendung traditioneller Muster und Werte –, Menschen auf die Stadt und auf den Tag der Rückkehr in die Reservation vorzubereiten. Die Städte werden bei allem Verfall jedenfalls noch für ein paar Generationen stehen.

Face The Enemy Survival School, Yankton Sioux Reservation

Im Wilden Westen der Pine Ridge-Reservation liegen die Verhältnisse etwas anders: Immer wieder neue, ungelöste Mordfälle verunsichern die ansonsten harmonische Atmosphäre, Stammesland ist entweder ungenutzt, an Weiße verpachtet, von Militär entfremdet oder von weißer Industrie ausgebeutet. Hier ist es theoretisch möglich, innerhalb absehbarer Zeit die Bedingungen für eine autonome Lern- und Arbeitsgemeinde zu schaffen. Lassen wir für einen Moment ihre Pläne Wirklichkeit werden: Eine Lebensmittel-Kooperative mit Mais- und Kartoffelfeldern, Gewächshäusern mit Sonnenkollektoren, Zuchtvieh, Pferden und einer Bisonherde betreibt eine Ganzjahresschule, in der die Möglichkeit zu beweglichen Lerngruppen besteht und eine ständige Fluktuation zwischen Stadt- und Reservationsschulen einen gegenseitigen Wissens- und Kinderaustausch garantiert, die ökonomische Versorgung der Stadtschulen mit eingeschlossen. Schule wird zur Selbstverständlichkeit und Nebensache – jeder holt sich das Wissen, das er wünscht und braucht.

«Erziehung alleine besagt noch gar nichts. Sie beweist lediglich, daß man fähig ist, zu lernen. Erziehung alleine macht Roboter aus den Menschen. Ohne gesunden Menschenverstand ist Erziehung wertlos.» (Phillip Deere)

Der Wolf ist mein Bruder

Die folgenden Gedichte sind von Survival-Schülern vom Stamm der Ojibway (Anishinabeg) und Sioux (Lakota). Beim Sammeln konnte das Alter der Autoren nicht immer festgestellt werden. Das Gedicht ist eine Kunstform, nach der indianische Kinder am häufigsten greifen, um sich darzustellen. Kaum ein Schüler, der nicht dichtet; Prosa ist selten. Die kursiv gedruckten Texte sind traditionelle Sioux-Lieder des 19. Jahrhunderts. Sie sind als Stil-Vergleich gedacht.

I THOUGHT I WAS A WOLF
I thought
I was a wolf
but
I have not eaten
and I
am too tired to stand up.
I thought
I was a wolf
but the owls
are hooting
and I am scared
of the dark.

Gray Hawk

WOLF
The wolf seeks through the woods
very swiftly
like the rabbit
He howls like a savage
It is his way of pain or sorrow
He cries out to the moon
He looks up at the moon
He sees the owl's shadow

Patty Wind (13 Jahre)

In Canada
A friendly wolf
told me
a secret.
About the lake, blue water
the fishes
and sharks

Nancy Benton (6 Jahre)

I like the wolf
because he is the best brother of our people
and also he howls at the moon
and that gives us good feelings.
I like how he talks to us.
The wolf, he is a real close brother to us.
He howls at night and it feels good to us.
It is beautiful.
How he howls.
Mi-gwetch.

Eddie Jaye Benton (9 Jahre)

PIGS
Pigs aren't all that bad.
Sometimes they help you
and sometimes they don't.

Two weeks ago they
shot my cousin three times
in the leg, in the back and one in the foot,
and they didn't warn him.

. . . but they were stopping him from stealing.

Mary Sundahl

ALCOHOLICS
Lost in time
on a sinking island
no where to go
only six feet under
all getting thirsty from
the hot sun
none seem to care
you can see the sadness
in their eyes
they have lost something
the only thing free for them
is their dreams and scenery
what's causing their island
to sink
why don't they build a raft
and sail away to a new
land

Joe Bigbear

So many dead Indians on the kitchen floor.
I can't open my oven to get my 10 pount turkey in.
The cranberry sauce is thick and red.
Maybe next time it won't be another Indian brother's blood.

Susie Bellcourt

Why is our language important to us?
There are many people who are not native
to this land. They are called Englishmen.
They brought many things to our land.
But all of them are nothing but
transplants to what we once had.

One of the worst things to be thrown
at us was their language. Not only did
it hurt us through pronunciation but
with all the words he labelled us.
Why is it important for us to keep our native language?
Beauty when spoken!

Buddy Medawis (17 Jahre)

Fresh smell of fire
Mosquitoes that wait to take my blood
Waters that purify me
Deer dancing through
the fields of sage
Bear that watches over me
Corn that I eat
Air that I breathe
Now! You, my brothers, mosquitoes,
you can take my blood
for I have taken much from Creation
Earth Mother, here is my body
I give it back to you
for it is from your womb
that I was born.

Sherry Blakey (17 Jahre)

Time is now
yesterday and tomorrow.
I am in the middle.
Sometimes it squeezes
me.
Other times it is not
around.
Time is asking me who
I am.
I can only answer
someone in time.

Joe Bigbear

THE PAST TIME
Why do we have time?
We never had time
in the old days.
You just went by sunrise and sundown.
You never had to hurry.
You never had to look at your watch.
You didn't have to have a certain time
to go to work.
You would do things
whenever you felt like it.
But you had to do it that day.
You had more time
because it was all one day.

Scott Eagle (11 Jahre)

SACRED SONGS
I was born part of this earth.
My Grandmother Earth.
I was born part of this earth.
My Mother, all living earth.
My Grandfather, the sky.
I was born part of this earth.
My Father, all creatures of the air.
I was born part of this earth.
The eight Grandfathers.
I was born part of this earth.
The four corners of the earth.
I was born part of this earth.
The great wind giant of the North.
I was born part of this earth.
The red road of the dead.
I was born part of this earth.
The blue and black road of destruction.
I was born part of this earth.
The old ones say
the old way's gone,
the old ones say.
Still,
I was born part of this earth.

Daniel Western

I gazed at the drum.
I felt its voices.
It came to me,
asking for my voice.
I gave it.
Many voices made one
like the winged make a flock.

Rita Meyers

SONG OF AFFIRMATION
Friends, you have said
the earth is my kingdom.

You are right!
This is my land!

DANCING IN THE MOON

Dancing in the moon
while I hear the drum beat.
The bells sound like the twinkling stars.
The feathers sound like the winds
that sweep across plains.
The singers at the drum
sound like thunder
I dance on the clouds.

Americo Martinez (11 Jahre)

WINTER
so cold
we got water
only
from beaver holes

so cold
that before they could
look in the tipis
for a place to stay
the crows fell
out of the sky

so cold
black bear stayed
with us
all winter
he was not a friend

so cold
buffalo head
got dead

so cold
the horses ate only
ashes
from the fire

so cold
starving
around the kettle
eating each other

American Horse (Winter 1827)

We circle the earth as one
But we all have a different reason
One is a circle of color
Because of race
One is a circle of faith
Because of religion
One is a circle of hope
Because of needs
But we all are one
The circle of Life

Patti Schoen

LONELINESS
There is a season of the year
which brings the snowfall
crystal shaped snow flakes falling
down
and the sun sparkles the already
fallen snow
trees bare with no leaves but covered
with a blanket of snow
this season I think is a time of
rest
like a big blanket for the
earth to rest
the snow is not like spring
it seems a lot older
maybe it's a lonely time because
of the snowman
snowman stand out in the cold alone
I go out and feel the cold air
feel my body
after a while my muscles ache in my
back
winter makes a person feel old and lo-
nely
because it makes a persons body
shake and ache

Joe Bigbear

The light
is the morning

White
and blue as sun
in the morning
The four points are
green
black
red
white

This is my star
in the sky

Kerry Jones (9 Jahre)

WAR SONG
In the middle
of the earth
I am standing
See this!
In the middle
of the winds
I am standing
See this!
Thus I take
sacred herbs
I am standing
where the four winds meet
I am standing

Bear Eagle

ECLIPSE
turning black
dying
there

the sun

my Feathers
sailing
on the breeze

Gerald Vizenor

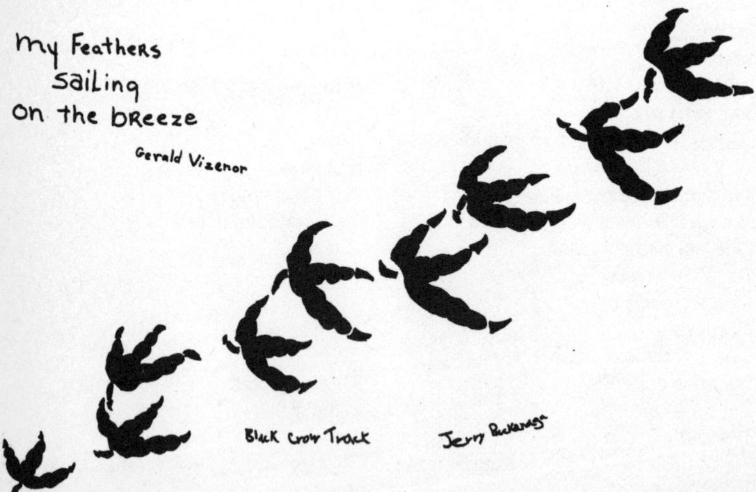

The eyes of the eagle are in me.
And the softness of the rabbit is in me.
And the swiftness of the deer is in my legs.
The sweetness of maple sugar is in my mouth.
The toughness of the bear is in me too.
The color of the pheasant is in my skin.
The call of the loon is on my tongue.
The drum sound of the partridge is in my hands.
And the stillness of the pine trees are in me too.

And then I realized that these are the signs of the
Chippewa Indian in me.

Connie Strong

Adressen der von Indianern selbst verwalteten Schulen

Die als «Kontakt» genannten Personen besorgen die Öffentlichkeitsarbeit der Schulen. Sie sind über die Schuladresse erreichbar.

HEART OF THE EARTH SURVIVAL SCHOOL
1209 Fourth Street S.E.
Minneapolis, Minnesota 55414
Tel.: 612-331-8862
150 Schüler
35 Lehrer
Finanzielle Unterstützung: Title IV, State of Minnesota, Office of Indian Education
Kontakt über: Lisa Bellanger, Susie Bellecourt

RED SCHOOL HOUSE
643 Virginia Street
St. Paul, Minnesota 55103
Tel.: 612-488-6626
120 Schüler
32 Lehrer
Finanzielle Unterstützung: Title IV, State of Minnesota, Office of Indian Education, Washington, D.C.
Kontakt über: Sherry Blakey, Mike Leith, Eddie Benton-Banai

NA-WAYEE SCHOOL (CENTER SCHOOL)
2421 Bloomington Avenue South
Minneapolis, Minnesota, 55404
50 Schüler
15 Lehrer

Finanzielle Unterstützung: Public Schools, Kirchen
Kontakt über: Eber Hampton

GAH-WAH-BIN-I-KAG ANISHINABE SURVIVAL SCHOOL
PO Box 447
White Earth, Minnesota 56591
50 Schüler
10 Lehrer
Finanzielle Unterstützung: Title IV, State of Minnesota; Office of Indian Education, Washington, D.C.
Kontakt über: Roderick High Elk, Mark Bellecourt

WE WILL REMEMBER SURVIVAL GROUP
General Delivery
Porcupine, South Dakota 57772
Tel.: 605-867-5429 u. South Dakota Treaty Office Tel.: 605-455-2563
20 Schüler
4 Lehrer
Finanzielle Unterstützung: Kirchen, Spenden, Benfizveranstaltungen
Kontakt über: Madonna Gilbert, Ted Means

FACE THE ENEMY SURVIVAL SCHOOL
PO Box 410
Wagner, South Dakota 57380
Tel.: 605-384-5588
15 Schüler
3 Lehrer
Finanzielle Unterstützung: Kirchen, private Spenden
Kontakt über: Greg Zephir, Margaret Fisher

KEEPER OF THE FEATHERS SURVIVAL SCHOOL
2409 Bashford Street
Madison, Wisc. 53704
Tel.: 608-257-4576 oder 608-241-5197
35 Schüler
6 Lehrer
Finanzielle Unterstützung: Spenden, Benefizveranstaltungen
Kontakt über: Norbert und Elisabeth Sturdevant

RETURN OF THE BUFFALO SURVIVAL SCHOOL
Box 595
Browning, Montana 59417
Tel.: 406-338-4881
200 Schüler
14 Lehrer

Finanzielle Unterstützung: Title IV, Office of Indian Education
Kontakt über: Wilbert Fish

AIM FOR FREEDOM SURVIVAL SCHOOL
1812 27th Avenue
Oakland, California 94601
Tel.: 415-534-6984
25 Schüler
5 Lehrer
Finanzielle Unterstützung: Privatspenden, Kirchen, Benefizveranstaltungen
Kontakt über: Bill Wahpepah, John Bellanger

HUPA VALLEY SURVIVAL GROUP
PO Box 275
Hoopa, California 95546
Tel.: 916-625-4815
22 Schüler
4 Lehrer
Finanzielle Unterstützung: Spenden, eigene Mittel durch Autonome Projekte, Benefizveranstaltungen
Kontakt über: Joyce Little Croy, Glen Sanchez

MUSKOGEE INDIAN WAY SCHOOL
Rt. 3, PO Box 75
Okemah, Oklahoma 74859
Tel. 918-623-2234
Im Aufbau; finanzielle Unterstützung: Spenden, Teilautonomie

CAYUGA LANGUAGE AND CULTURE SCHOOL
RR No. 2
Ohsweken, Ontario, Canada
Im Aufbau
Kontakt über: Clara Powless

ABINODJI WAKAIGAN SCHOOL
1004 North 6th
Superior, Wisconsin
Tel.: 715-394-3733
Im Aufbau

WANDERING SPIRIT SURVIVAL SCHOOL
15 Prospect Street
Toronto, Ontario M4X 1C7, Canada

Im Aufbau
Kontakt über: Vern Harper

OYATE SHA SURVIVAL GROUP
Wanblee Lakota Nation, South Dakota 57577
Im Aufbau
Kontakt über: Tim Tiger

CROW DOG'S INDIAN WAY SCHOOL
Crow Dog's Paradise
PO Box 107
Rosebud, South Dakota 51510
Im Aufbau
Kontakt über: Barbara Brave Bird

CHILDREN OF TOMORROW SURVIVAL SCHOOL
158 Mayfair
Winnipeg, Manitoba, Canada
Im Aufbau

ONGGWA ONG WAYCA HENNON DAY YEAS TAH SURVIVAL SCHOOL
PO Box 197
Brant, New York 14027
Tel. 716-549-0770
Im Aufbau
Kontakt über: Barry White

GANIENKEH INDIAN SCHOOL
Via Altona, New York 12910
Im Aufbau
Kontakt über: Kakwirakeron

ONONDAGA INDIAN SCHOOL
Onondaga Nation, via Nedrow, New York 13120
Kontakt über: Andrey Shenandoah

CAUGNAWAGA SURVIVAL SCHOOL
Caugnawaga Mohawk Indian Reservation
via Montreal, Quebec
Canada

Indianer sprechen

Interviews mit Schülern und Lehrern der Survival Schools und Aktivisten der Indianer-Bewegung*

Zu denken wagen, heißt zu kämpfen beginnen.
(*Gabriel García Marquez*)

Der Kreis ist mehr als nur eine geometrische Figur

Gespräch mit Eddie Benton Banai (Direktor des Red School House) und Sherry Blakey (Schülerin) in München, April 1978

Nortrud Semmler: Was sind Survival Schools?

Sherry: Survival Schools sind Schulen für indianische Schüler, zu denen jedoch auch weiße Kinder zugelassen werden können. Sie sind Alternativen zum amerikanischen Schulsystem. Diese Schulen bauen auf der indianischen Lebensphilosophie auf.

N. S.: Wie sieht diese Philosophie aus?

Sherry: Es ist eine Philosophie der gegenseitigen Fürsorge, des gegenseitigen Respekts, des Teilens und der Harmonie mit allen Dingen.

N. S.: Wodurch unterscheiden sich diese Survival Schools von den herkömmlichen amerikanischen Schulen? Wo liegt der Unterschied beispielsweise im Lehrplan?

Sherry: Für mich als Schülerin ist es eines der größten Probleme, mich mit der amerikanischen Geschichte und Kultur zu identifizieren, die nichts mit meinem Volk zu tun haben. Die Inhalte und Einstellungen, die sie vermitteln, heißen Wettbewerb – heißt gegen andere konkurrieren, heißt, auf die Schule bezogen, besser zu sein als deine Klassenkameraden. In den Survival Schools herrscht ein anderes Konzept – das der Zusammenarbeit, der gegenseitigen Unterstützung, Verantwortung und Hilfe.

Ed: Der Unterschied im Lehrplan ist der, daß wir eine ganzheitliche Erziehung versuchen, die ganze Gefühlswelt und Umwelt des Schülers in den Lernprozeß mit einbeziehen. Wir berücksichtigen im Gegensatz zu den amerikanischen Geschichts- und Textbüchern die positiven Dinge, die unser Volk zu diesem Land beigetragen hat – Nahrung, Heilmittel und geographische Richtlinien.

Sherry: Und es ist auch eine Sache der unterschiedlichen Gefühle, die vermittelt werden. Wenn indianische Schüler in eine öffentliche Schule gehen, wird ihnen kein Gefühl der Einheit vermittelt. Sie fühlen sich zerrissen, isoliert, es herrscht kein Gefühl der Zusammengehörigkeit. Man geht zur Schule, um zu ler-

* Die englischen Fassungen der Interviews sind zu beziehen über Claus Biegert, Blumenstr. 30 a, 8000 München 2.

nen, seine Arbeit zu verrichten, dein Lehrer ist eine höhergestellte Person, zu dem man aufschauen muß, und man kann nichts Eigenes zum Unterrichtsstoff beitragen, weil man sich genau an die Vorschriften des Lehrplans halten muß. Es herrscht kein Gefühl der Nähe, der Vertrautheit, und indianische Kinder sind von ihrem Elternhaus, von ihrer Heimat her ein Gefühl der Einheit, Ganzheitlichkeit und Zusammengehörigkeit gewöhnt. In amerikanischen Schulen existieren diese Dinge nicht, und ein indianischer Schüler tut sich ganz einfach schwer in einem solchen System.

N. S.: Gibt es Prüfungen, gibt es Noten in den Survival Schools?

Sherry: Am Ende jedes Quartals haben wir Prüfungen, aber bis dahin ist eigentlich jeder in der Lage, sie zu bestehen. Man hat ein enges Verhältnis zu seinem Lehrer, und dieser hilft dir, dich auf die Prüfungen vorzubereiten.

Ed: Unsere Art von Prüfungen unterscheiden sich wesentlich vom amerikanischen Prüfungssystem. In öffentlichen Schulen dienen Prüfungen lediglich dazu, das Gedächtnis eines Schülers zu prüfen. Bei uns läuft das anders, es geht nicht darum, Daten, Zahlen und Fakten auswendig zu können, sondern zu wissen, *warum*. Das Wesentliche ist das *Warum*. Unser Prüfungssystem baut sich auf einem viel umfassenderen, tieferen Lernprozeß auf.

N. S.: Nochmals zum Lehrplan. Welche Fächer werden gelehrt und wie sind die Übergangsmöglichkeiten zu den Universitäten und Hochschulen?

Sherry: Wir haben ganz normale Fächer – Mathematik, Englisch, Biologie, Literaturgeschichte –, aber es gibt keine vorgeschriebene Lerngeschwindigkeit, an die sich der Schüler halten muß. Jeder kann nach seinem eigenen Lerntempo vorgehen, und Schüler und Lehrer haben ein enges Verhältnis zueinander. Wir haben genügend Lehrkräfte, jeder Schüler kann also individuell betreut werden, wenn er Schwierigkeiten mit dem Lehrstoff hat. Wir arbeiten alle zusammen, so daß wir bis zum Ende der Schulzeit in der Lage sind, auf Hochschulen und Universitäten überzuwechseln.

Ed: Der Lehrplan, den wir in unseren Schulen anwenden, ist ein Lehrplan, der speziell auf unsere Kultur ausgerichtet ist. Er wurde vom Red School House entwickelt. Alle Fächer werden vom Standpunkt der eingeborenen Völker aus vermittelt. Amerikanische Geschichte beinhaltet auch die Geschichte der indianischen Völker, die in den öffentlichen Schulen völlig ignoriert oder verdreht wird. In amerikanischen Geschichtsbüchern wird der eingeborene Amerikaner als Wilder, Heide, als jemand, der sich der Zivilisation und dem Fortschritt in den Weg stellt, als Untermensch und manches mehr dargestellt. Aber die Wahrheit über unser Volk wird verschwiegen: daß z. B. innerhalb von 30 Jahren nach der ersten Landung der Weißen am Plymouth Rock bereits 17 Stämme völlig ausgerottet waren. Das wird natürlich in amerikanischen Schulen nicht gelehrt. Nicht, daß wir alle negativen Aspekte und Fakten herausfischen und in unseren Lehrplan projizieren wollen, sie werden lediglich als das, was sie sind, als Tatsachen, dargestellt. Wir haben also in einem gewissen Sinn eine breitere Bildungsgrundlage, die den Kindern ein positiveres Selbstverständnis und Selbstvertrauen gibt und ihr Gesichtsfeld erweitert und ihnen damit mehr Möglichkeiten und Fähigkeiten bietet, nach der Schule mit ihrer weißen Umwelt umzugehen, da sie ja wissen, wer sie sind und woher sie kommen.

Eddie Benton Banai
mit Sohn

Sherry: Oft ist es auch in amerikanischen Schulen so, daß Schüler abgestempelt werden – als schlechte und langsame Lerner, als Schüler, die nicht lernen wollen. Aber diese Stereotypen sind falsch. Wir wollen lernen, wir wollen die Dinge lernen, die uns interessieren und etwas mit uns und unserem Leben zu tun haben. Dadurch gewinnt der Schüler einen tieferen Einblick in die Dinge und ist fähig, mit anderen zusammenzuarbeiten und mehr zu lernen. Wir stehen zu den Dingen, die wir lernen, in direktem Kontakt. Unser Lernprozeß kommt einem Erfahrungsprozeß gleich. Wir haben beispielsweise nicht Biologieunterricht von 12–13 Uhr, sondern wir gehen dazu ins Freie, beobachten und untersuchen die Pflanzen, und die Stunde dauert dann so lange, wie wir eben dafür brauchen. Und das alles ist zugleich ein Teil von uns, weil diese Pflanzen wie wir lebendige Wesen sind.

N. S.: Das heißt, daß das Buch weniger wichtig ist als im amerikanischen Schulsystem?

Sherry: Wir zweifeln keineswegs an dem Wert von Büchern, wir glauben einfach, daß es wichtiger ist, mit den Dingen in direktem Kontakt zu stehen und sie mit eigenen Augen zu sehen.

Ed.: Wie Sherry schon sagte, sind Bücher sehr wichtig, und wir vermitteln auch Achtung vor ihnen, denn sie sind ein unermeßliches Reservoir von Wissen. Ich habe selbst eine ungeheure Achtung vor Büchern, obwohl meine Eltern nicht lesen konnten und meine Mutter und mein Großvater nicht einmal Englisch sprachen. Als ich noch sehr jung war, drängte mich meine Mutter dazu, Bücher zu lesen, und ich fing an, in ihnen nach Informationen über fremde Völker, Länder und Philosophien zu suchen. Aber Bücher können nur die Eindrücke anderer widerspiegeln – das mag zwar als Wegweiser von Nutzen sein, es kann aber niemals völlig überzeugen. Aus Büchern gewinnt man Anregungen und neue Eindrücke, aber Bildung heißt eigentlich, eine eigene Meinung bilden zu können. Und wenn es notwendig wird, einen Entschluß, eine Entscheidung zu fällen, dann müssen diese heranwachsen und reifen, sie dürfen nicht unbedacht und übereilt getroffen werden.

N. S.: Lernt ihr speziell indianische Dinge in euren Schulen, lernt ihr, wieder Indianer zu sein?

Sherry: Die ganze Schulkonzeption ist darauf aufgebaut, über unsere Kultur etwas zu lernen und sie neu zu erfahren. Wir lernen unser Volk kennen, und alles in der Schule baut sich aus der indianischen Sicht der Dinge auf – ob nun Mathematik, Biologie oder Geschichte.

N. S.: Was ist indianische Sichtweise der Mathematik?

Sherry: Wir betrachten beispielsweise die achteckige Trommel oder ein Tipi, berechnen Höhe, Länge und Breite und die Konstruktionsweise des Ganzen. Das fällt in den Bereich der Geometrie.

Ed: Der Kreis hat für uns eine spirituelle Bedeutung – die ganze Schöpfung ist ein Kreis, bildet einen Kreislauf –, und aus diesem Grund ist unser gesamter Lehrplan und Lernprozeß ein kreisförmiger Prozeß. Alles ist ein Teil dieser Harmonie und entspringt auch aus ihr. Infolgedessen versuchen wir dieses Konzept des Kreises auf unsere Lehrmethoden, unsere verschiedenen Fächer zu übertragen. Wir benutzen dieses Konzept als Hilfsmittel, entdecken die Symmetrie in der Natur und übertragen sie auf die Dinge, die wir lernen müssen, um in dieser heutigen modernen Gesellschaft überleben zu können. Dadurch erhält man einen tieferen Einblick, eine weitere Dimension der Dinge, man kommt über bloßes Kalkulieren und Berechnen hinaus, man stößt zu dem «Warum» vor – warum ist zwei und zwei gleich vier, und nicht drei oder fünf. Warum!

N. S.: Welche Sprache wird in den Schulen gesprochen – Englisch, oder die Sprache des jeweiligen Stammes?

Sherry: Eines der vielen Dinge, die dieses Regierungssystem unserem Volk angetan hat, ist, daß sie unsere Kinder frühzeitig von ihren Eltern getrennt haben, um sie auf Internatsschulen zu schicken, wo es ihnen untersagt ist, ihre eigene Sprache und ihre eigenen Sitten und Gebräuche zu pflegen – alles Dinge, mit denen sie aufgewachsen sind. Auf diese Weise versuchen sie uns dazu zu bekehren oder besser gesagt zu zwingen, uns ihrer Kultur anzupassen. Dadurch ist der Mehrzahl unserer Kinder und Jugendlichen ihre Stammessprache verlorengegangen. Aber in unseren Schulen versuchen wir sie wieder zu lernen. Vorrang hat das Erlernen unserer Stammessprache und unserer kulturellen Gepflogenheiten.

N. S.: Aber als Hauptsprache wird Englisch gesprochen?

Sherry: Ja, das stimmt. Englisch ist die Hauptsprache, in der unterrichtet wird, denn die Schüler verstehen ihre eigene Sprache noch nicht ausreichend.

N. S.: Aber Sprache ist ja nun nicht nur Kommunikationsmittel, sondern transportiert auch Kultur und kulturelle Gefühle, in diesem Fall amerikanische Kultur?

Ed.: Das ist richtig, mit unserem Volk verhält es sich jedoch etwas anders, trotz der ungeheuren Gehirnwäsche und der vielen Versuche, uns zu assimilieren, wobei Assimilation unseres Volkes im Klartext heißt, zu versuchen, uns so in die amerikanische Kultur einzugliedern, daß wir früher oder später als Volk verschwunden sein würden. Damit hätten sie sich unserer auf ‹legale› Weise, ohne Anwendung von Waffengewalt und chemischer und biologischer Kampfmittel entledigt, was sie natürlich alles schon versucht haben. Was jedoch die Tatsache anbelangt, daß Sprache der Träger und das Fundament einer Kultur ist, so gibt es etwas, was unsere Kultur trotz allem zusammenhält – die Tatsache, glaube ich, daß wir das einzige Volk in Amerika sind, dessen kulturelles Fundament dieses Land selbst ist. Obwohl unsere Sprache also zum größten Teil vernichtet worden ist, ist unser Geist stark geblieben, ist unsere Identifikation mit dem Land, mit unserer Umwelt, ist unsere Liebe und Achtung vor dem Land intakt geblieben.

N. S.: Was das Land anbetrifft – der Indianer betrachtet die Erde als Mutter, und Land ist nicht verkäuflich, nicht aufteilbar. Für den Amerikaner sieht das ganz anders aus. Wie werdet ihr damit in den Schulen fertig?

Sherry: Das ist sehr schwer. Uns ist eine große Achtung vor der Erde anerzogen worden, und diejenigen, denen dies nicht gelehrt worden ist, lernen es nun auf der Schule – daß uns das Land heilig sein sollte, daß es unsere Erdmutter ist. Wir begreifen, daß wir ohne die Mutter Erde nicht existieren können, denn die Früchte, die sie trägt, erhalten uns am Leben.

Ed: Ich sehe das alles in einem größeren Zusammenhang, als es Sherry eben zum Ausdruck gebracht hat. Trotz der Tatsache, daß unsere Kultur stark verwässert worden ist, trotz der Tatsache, daß es ein, zwei, ja sogar drei Generationen gegeben hat, für die die indianische Kultur im Hintergrund stand, ist alles noch sehr nahe an der Oberfläche. Man muß es nur antippen und schon ist es da – das Gefühl für das Land, für die Erde. Es wird von Generation zu Generation weitervererbt. Man kann ein indianisches Kind über Jahre hinweg von seiner Heimat trennen, aber in dem Moment, wo es wieder nach Hause kommt, wo es das Land wiedersieht, kehrt auch sein Gefühl für dieses Land wieder. Ein anderes Beispiel: Indianer ziehen in die Stadt und arbeiten dort 20, 30 Jahre lang, aber vorherrschender Gedanke, der Tag für Tag wiederkehrt, ist: «Eines Tages gehe ich zum Land zurück.» Es ist also alles da. Ich, als Erzieher, als jemand, der tagtäglich mit jungen Menschen zu tun hat, sehe, daß es da ist, im Herzen und in der Seele. Man muß ihnen nur die Möglichkeit geben, es herauszulassen, es zum Ausdruck zu bringen.

N. S.: Was heißt «to survive» in diesem Zusammenhang? Heißt es als Mensch zu überleben oder als Indianer in dieser amerikanischen Gesellschaft?

Ed: Es heißt, als Mensch, als Volk zu überleben, aber wir trennen nicht zwischen «Mensch sein» und «Indianer sein». «Indianer» ist natürlich eine falsche Bezeichnung, wir sind Anishinabe, das Urvolk, und das kann man mit «Menschenrasse» übersetzen. Das ist die Art von Überleben, die wir meinen, nicht unbedingt als eine gesonderte, ethnische Gruppierung, sondern als Volk, als Kinder der Schöpfung, als Kinder der Mutter Erde.

Sherry: Und, ohne daß wir unser kulturelles Bewußtsein in diesem System verlieren. Wir müssen es verstehen, unseren Geist und unsere Seele als Volk zu erhalten, denn viele von uns durchschreiten dieses System und kommen als seelenlose Wesen wieder heraus. Und Geist und Seele sind etwas, das wir nicht verlieren wollen.

N. S.: Inwieweit läßt sich das mit dem amerikanischen Alltag vereinbaren? Lernen die Indianer, sich einzufügen und auch als Indianer zu überleben, oder widerspricht sich das?

Ed: Es gibt da wohl Widersprüche, und wir versuchen unseren jungen Menschen dabei zu helfen, jenen fatalen Zeitsprung zu überbrücken. Die heutigen Generationen sind die Opfer einer ungeheuren weißen Gehirnwäsche, die vor ein, zwei Generationen stattfand. Ein Großteil unseres Volkes fiel damals auf den sog. «großen amerikanischen Traum» herein, was für sie hieß: «Schneidet euch eure Zöpfe ab, zieht euch einen Anzug und Krawatte an und ordnet euch in den ‹mainstream› ein!» Als Folge davon drehten sie ihrer eigenen Kultur, ihrer eigenen Identität den Rücken zu, schnitten sich die Haare ab und zogen los, um sich eine ordentliche «Bildung» zu erwerben. Als sie jedoch aus diesem Bildungsdschungel herauskamen, mußten sie feststellen, daß ihnen der Zugang zum «mainstream» verwehrt wurde, weil sie Indianer waren.

N. S.: Unterstützt die amerikanische Regierung die Survival-Schulen?

Ed: Innerhalb des amerikanischen Regierungssystems gibt es unzählige bürokratische Ebenen. Die US-Regierung, die Bundesregierung, unterstützt zwar einzelne Schulprojekte, aber nicht die Schule als Ganzes. Zur Zeit erprobt die Bundesregierung verschiedene Schulmodelle und verteilt jährlich Zuschüsse. Auch wir werden im Moment staatlich subventioniert, aber wir erhalten diesen Zuschuß nicht automatisch, sondern müssen uns jedes Jahr darum bewerben. Jährlich gehen 3000 Bewerbungen für dasselbe Geld ein. Man muß also, um eine solche Projekt-Subvention zu erhalten, sehr geschickt und gekonnt vorgehen. In der Beziehung hatten wir bisher großes Glück. Wir erhalten also als Test-objekt staatliche Zuschüsse, aber so, wie sie uns benutzen, benutzen wir ihre Gelder, um unsere Kinder zu fördern und unsere Schulen weiterzuentwickeln.

Das Red School House und alle anderen Survival Schools unterliegen der Aufsicht der jeweiligen Gemeinde. In St. Paul müssen also Indianer dafür sorgen, daß die Schule nicht von der Regierung kontrolliert wird. Zum erstenmal in unserer neueren Geschichte bestimmen also indianische Menschen die Erziehung ihrer Kinder und den Aufbau ihrer Schulen selbst; das ist ein ungeheurer Schritt nach vorn. Unsere Schule existiert nun schon seit sieben Jahren, und wir haben von der staatlichen Schulbehörde noch nie eine finanzielle Unterstützung bekommen; obwohl man uns schon genug Angebote in dieser Richtung gemacht hat, die jedoch alle eine Klausel enthielten – ihr erhaltet finanzielle Unterstützung, ihr könnt unsere Gymnasien, Busse und sämtliche Schuleinrichtungen benutzen, WENN ihr Teil unseres Schulsystems werdet. Für uns wäre das jedoch keine Selbstbestimmung mehr.

(Übersetzt von Janet Woolverton)

Die Weißen geben allen Dingen Namen, aber sie verstehen sie nicht

Gespräch mit Survival-Schülern aus Minneapolis–St. Paul, Mai 1977

Biegert: In welchem Alter fangen die Schüler an, die anderen zu unterrichten? Oder sagen wir mal – wenn ein Schüler den Wunsch hat, am nächsten Tag Unterricht zu ertellen, kann er das tun? Wenn in einer Gruppe jemand sagt, ich habe da ein paar Einfälle, wie man dies oder jenes machen könnte; kann er dann einfach eine Stunde abhalten?

Mark Self: Ja, das erledigen wir in unseren beratenden Versammlungen in der Schule, wo alle Schüler und Lehrer sich zusammensetzen – vom Kindergartenalter bis zur zwölften Klasse. Das Lehrerkollegium bringt das Problem zur Sprache, und wir lösen es gemeinsam. Weniger wichtige Fragen läßt das Lehrerkollegium die Schüler allein erledigen. Und das gefällt mir an dieser Schule – man hat hier eine Stimme, die auch gehört wird – hier wird nichts unter den Tisch gefegt, man wird angehört, und wenn deine Vorstellungen gut sind, werden sie realisiert und nicht nur angehört. Man wird nicht mit allen Entscheidungen konfrontiert, denn die Hälfte davon ist für die Schüler nicht wichtig. Wenn es aber um interne Angelegenheiten der Schule geht, die Arbeit in der Schule und in den Klassen, dann ruft man die Schüler zusammen, damit sie bei der Entscheidung helfen. Manchmal wird die Entscheidung fast einstimmig gefällt, denn man hat vorher alles besprochen, dann den Antrag gestellt, und davon profitiert jeder, weil alles vorher besprochen und geregelt ist.

Biegert: Wie ist in der Schule das Verhältnis zwischen Kopf- und Handarbeit, zwischen Denken und schöpferischer Tätigkeit. Ist das ausgewogen?

Mark Self: So ziemlich; wir machen in der Klasse klar, daß man einen Job haben, daß aber auch noch Platz für die eigene schöpferische Arbeit sein muß, zum Beispiel im englischen Unterricht. Die Lehrerin vermittelt uns das Wissen, aber wir können das Englisch dann zu unserem Besten nutzen. Sie zwingt uns nicht zu irgendwelchen Dingen, sie läßt uns schöpferisch tätig sein.

Biegert: Was glaubt ihr, muß man von der Trommel wissen?

Mark Self: Nun, über die Trommel muß man alles wissen, wenn man sie zum Klingen bringen will; denn uns ist immer gesagt worden, daß, wenn man mit der Trommel nicht umzugehen weiß, man sie in Ruhe lassen soll. Andernfalls würde sie dir in irgendeiner Weise nur schaden. Frauen zum Beispiel sollen nicht an der Trommel sitzen. Sie sollen hinter den Männern stehen und zum Klang der Trommel singen und tanzen, wenn sie das wollen. Aber Frauen sollen nicht selbst mit der Trommel singen, das ist ein Gesetz, das dem indianischen Volk zugleich mit der Trommel gegeben wurde – die Männer sollen mit der Trommel zusammen singen. Und wenn ein Mann die Trommel mißhandelt, dann passiert ihm oder seinen Verwandten etwas. Das wird uns in der Schule gesagt. Darum kennen wir die Macht der Trommel, wir respektieren ihre Macht und verletzen sie nicht. Wir stoßen sie nicht herum, legen uns nicht drauf und fluchen nicht da, wo sie ist – das darf man nicht. Sie ist dem Volk heilig.

Biegert: Und warum dürfen Frauen die Trommel nicht anrühren?

Mark Self Ich weiß nicht, warum das so ist; uns wurde einfach gesagt, als uns die Trommel gegeben wurde, daß Frauen die Trommel nicht schlagen sollen – das sollen nur Männer tun.

Biegert: Gibt es in eurer Stammestradition Dinge, die nur den Frauen vorbehalten sind, an denen Männer nicht teilhaben dürfen?

Mark Self: Es gibt da einige Dinge. Ich kenne sie aber noch nicht so recht. Da gibt es zum Beispiel Moccasin-Spiele – die sind nur für Männer, und dann gibt es Spiele, die nur Frauen spielen können. Nur sie. Und die Frau ist es, die dem Mann die Kleider macht und in Ordnung hält und was dazu gehört, das ganze Jahr über. Wenn so eine Frau aber sieht, daß der Mann ihre Arbeit mißachtet und auch sie als Frau nicht respektiert, dann kann er sehen, wo er bleibt, dann fertigt sie ihm eben keine Kleider mehr an. Dann muß er völlig nackt herumlaufen. So gleicht sich alles zwischen Männern und Frauen aus. (zwei Kinder verschwinden)

Biegert: Warum mußten die beiden Kinder jetzt weg? Seid ihr an bestimmte Stunden gebunden? Oder nur die Kleinen?

Mark Self: Die Stunden sind nicht direkt vorgeschrieben. Aber die Kinder müssen herkommen und was lernen – die Kinder sind unsere Zukunft. Wir versuchen, einen besseren Weg für sie zu finden, und später werden sie das für die tun, die nach ihnen kommen. In der Schule versuchen wir, die Jüngeren auf das Leben vorzubereiten, darum geht es im Unterricht in der Hauptsache. Darum helfen die älteren Kinder den jüngeren, und wenn sie merken, daß diese etwas falsch machen, dann korrigieren sie das sofort. Wir lehren die Kleineren sogar, die Trommel zu respektieren, denn viele von ihnen, die neu hier herkommen, legen zum Beispiel die Füße drauf, und dann erklären wir ihnen die Bedeutung der Trommel, warum wir sie haben, und daß sie eine der wichtigsten Kraftquellen des indianischen Volkes ist. Dann fangen sie an zu begreifen, sie sehen, wie wir die Trommel respektieren, und machen es dann einfach genauso. Wir haben sie auch gelehrt, mit der Pfeife umzugehen, wir hielten jeden Morgen in der Schule Zeremonien ab, und dadurch lernten sie, wie man mit der Pfeife umgeht und daß man sie zu achten hat. Wir älteren Schüler geben den jüngeren ein Beispiel, wie man es richtig macht – und das sehen sie. Wenn sie uns fragen, warum wir etwas tun, dann erklären wir es ihnen.

Biegert: Sagt ihr ihnen auch, was die Weißen tun und warum sie das tun?

Mark Self: Das brauchen wir ihnen wirklich nicht zu sagen. Die Kleinen sind sehr gescheit. Sie sehen es selbst, weil sie ja mittendrin stecken. Das nehmen sie von allein auf, die Eltern zu Hause müssen sich mit den Gerichten herumschlagen usw., und so sehen sie schon, wie man versucht, den Indianer aus dem Weg zu räumen. Und dann nehmen wir sie auch zu bestimmten Anhörungen mit, damit sie so was mal erleben. In der Klasse werden sie auch von den Lehrern ständig auf diese Dinge hingewiesen und vorbereitet. Ein Hauptziel unserer Schule ist, den Schüler auf den Eintritt in die Gesellschaft der Weißen vorzubereiten und trotzdem dort sich selbst treu zu bleiben und nicht dem weißen Lebensstil zum Opfer zu fallen. Bleib, wer du bist, überlebe als der, der du bist in dieser Umgebung; das versucht man, uns zu lehren.

Biegert: Wenn ihr also sagt: «Sei Indianer und stolz», dann ist das eine Art Antwort auf die jahrelange Erziehung durch die Weißen, die sagen: «Indianer zu sein ist schlecht, versuche, ein Weißer zu werden.» Ihr aber sagt zu den Kindern:

«Glaube an dich selbst.»

Mark Self: Ja, das tun wir. Und wir sagen: «Sei Indianer und stolz» darf kein bloßes Lippenbekenntnis sein. Sagt es mit ganzem Herzen und aus voller Seele. Denn es gibt Indianer, die wie Weiße denken und trotzdem sagen: «Ich bin Indianer und stolz darauf», aber der hat nicht den Glauben, nicht die Überzeugungen eines Indianers und ist darum keiner. Er ist nur ein «Apfel», wie wir das nennen, außen rot, innen weiß. Die Gesellschaft hat manchen dazu gemacht. Man kann ihnen das nicht zum Vorwurf machen, denn man muß ja in dieser Gesellschaft aufwachsen, wo es Fixer gibt und Rauschgift und das Leben für den Indianer schwer ist. Manch einer muß da einfach umkippen, wenn er dieses Rauschgift nimmt und Alkohol trinkt. Das ist eine schlimme Welt für uns, und man kann sich das nur immer wieder vor Augen halten, immer wieder auf der Hut sein, sonst geht man in die Falle. Und das fange ich schon in der Schule zu lernen an. Als ich in Denver war, lernte ich auch von den Chicanos, mich vor der Regierung in acht zu nehmen; sie sagten zu mir: «Wenn man protestiert, dann sagen sie ‹Ja› zu dir, und du freust dich schon, aber sie verstehen es, dich gegen dein eigenes Volk aufzubringen mit ihren Mitteln, und so profitieren doch wieder sie letzten Endes.» Und darum muß man immer wachsam sein, um nicht in die Falle zu gehen. Und es gibt viele Fallen für den Indianer in der Welt der Weißen.

Biegert: War Alkohol jemals ein Problem für dich?

Mark Self: Für mich?

Biegert: Also, ich meine das zum Beispiel so: Wenn du Bier trinkst, fällt es dir dann schwer, damit aufzuhören, oder trinkst du einfach nur ein Glas, und das . . .

Mark Self: Das ist schon eine schwierige Frage. Ich, also ich trinke gern. Wenn man so eine Woche hinter sich hat, dann ist das Wochenende schon eine Erholung für den weißen Mann, egal, was man davon hält. Wenn ich nun die ganze Woche zur Schule gehe und Haltung bewahren muß, dann möchte ich am Wochenende meine paar Bierchen trinken, mich entspannen, um für die kommende Woche noch mehr Kraft zu schöpfen. Aber manche schlagen dann ein bißchen über die Stränge und können mit dem Saufen nicht aufhören.

Biegert: Du trinkst also, weil es dir Spaß macht, weil du dich dann wohl fühlst, glaubst aber, daß die meisten Indianer trinken, weil sie mit dem Leben hier nicht fertig werden und es im Suff ertränken wollen?

Mark Self: So ist es meistens. Andere wieder meinen, sie könnten ihre Freunde nur in der Kneipe treffen, wenn sie sie sehen wollen, weil alle ihre Freunde saufen. Der Alkohol ist es, der jetzt den Indianer in den Klauen hält, denn sie haben schon so lange getrunken, daß es jetzt schwerfällt, diese Gewohnheit aufzugeben. Es ist fast zu einem Lebensstil geworden. Die jetzige Generation fängt an zu begreifen, was der Alkohol in unserem Volk anrichtet, und sie fangen an zu bremsen. Ich kenne so manchen, der mit Trinken usw. aufgehört hat; sie versuchen, für die kommenden Jahre einen klaren Kopf zu bekommen. In der Schule lernen wir aus den Fehlern unserer alten Leute.

Biegert: Was ist denn nun der Hauptunterschied zwischen einer öffentlichen Schule und einer Survival School oder einer Tagesschule und einer Survival School? Waren einige von euch in anderen Schulen, bevor sie in die Survival School kamen?

Sherry Blakey: Ja, ich.

Biegert: Wie war es denn? Wie war es, als du in die Survival School kamst? Es war doch eine ganz andere Welt, nicht wahr?

Sherry Blakey: Der Unterschied zwischen einer öffentlichen Schule und einer Survival School ist – ja, da gibt es viele Unterschiede. Wenn man in eine öffentliche Schule geht, dann hat man in der Klasse jemanden vor sich, der spricht zwar, hat aber zu dir keine Verbindung. Es gibt keinerlei Schüler-Lehrer-Beziehung. Der Lehrer spricht zu dir, und du begreifst das, was er sagt, oder du begreifst es nicht, was anderes gibt es nicht. Wer nicht kapiert, wird auf die hinterste Bank gesetzt oder schafft es überhaupt nicht.

Biegert: Da gibt es also nur Gewinner oder Verlierer.

Sherry Blakey: Ja, so ist es. 10 Prozent in der Klasse begreifen nur langsam. Die ganze Klasse begreift kaum gleich beim erstenmal, das ist die Regel. Viele Indianerkinder kommen aus der Reservation in die öffentliche Schule; das ist ein riesiger Unterschied, denn in der Reservation ist es wie in der Familie – man ist zusammen, und jeder spricht mit jedem. In der Schule aber gibt es plötzlich hohe Wände, und dir wird gesagt, was du zu tun hast, und das mußt du auch tun. Vieles ist anders, es ist wie ein Schock, wenn ein Indianerkind, ein Indianerschüler in die öffentliche Schule muß. In der Survival School gibt es nicht diese Kluft zwischen Schüler und Lehrer. Man kommt einfach her, um sich mit dem Lehrer zu treffen. Ich kam nur zögernd hierher, wollte eigentlich gar nicht mehr in die Schule gehen, denn öffentliche Schulen waren mir ein Greuel. Aber mein erster Lehrer hier war wie mein Bruder, mein großer Bruder. Ich hatte keine Angst, mit ihm zu sprechen, ich kam mir nicht blöde vor, wenn ich eine Frage stellte, obwohl alle andern schon begriffen hatten, weil ich wußte, er würde mir helfen, es zu lernen. Und dann hat man Kinder um sich, die sich nicht voneinander abkapseln. Da ist Zusammengehörigkeitsgefühl. Und dann gibt es in der Survival School spirituellen Unterricht, wo man etwas vom Geist des eigenen Volkes lernt; das gibt es in der öffentlichen Schule nicht. Man lernt, wo man hergekommen ist, und man lehrt uns, daß man das wissen muß, wenn man wissen will, wo man hingeht. Wir gehen zurück in die Vergangenheit, um zu sehen, wo wir herkamen, von welchem Stamm wir sind, und wir haben indianischen Sprachunterricht. In der öffentlichen Schule muß man Englisch lernen, wenn man es nicht kann. Französisch ist die zweite Sprache. Für den Indianer aber ist Englisch die zweite Sprache, in der öffentlichen Schule ist es die Hauptsprache. Es gibt viele Unterschiede. In der öffentlichen Schule sind die Bänke alle in einer Reihe aufgestellt. Einer sitzt hier, der andere dort. In der Alternativschule, wie hier im Heart Of The Earth, sitzen wir meistens im Kreis. Man lehrt uns, daß wir eine Einheit sind, daß das Leben ein Kreislauf ist, daß du, wenn du diese Welt verläßt, um in die nächste zu gehen, dorthin zurückkehrst, wo du hergekommen bist, in den Schoß deiner Mutter – der Erde.

Biegert: Wir sprachen über das Gleichgewicht zwischen Hand- und Kopfarbeit . . .

Mark Self: Er fragt, ob es in der Schule ein ausgewogenes Verhältnis gibt zwischen dem, was du mit den Händen, und dem, was du mit dem Kopf machst. Ist da noch Platz für das Schöpferische?

Sherry Blakey: Ich denke schon. Ich glaube, ich kann meine Ideen mit den Händen ausdrücken, sei es mit dem Schreibstift, einem Holzklotz oder mit dem Finger im Sand, damit kann man Gedanken ausdrücken. Da ist schon ein Gleichgewicht, und ich finde das besonders gut als Ausgleich in Fächern wie Mathematik und Englisch. Es hilft dir, als Persönlichkeit zu wachsen. Ich verstehe die Frage nicht ganz.

Biegert: Meine Frage kam aus der Situation in Deutschland heraus, wo ein Handwerker zum Beispiel vielleicht einen Zeitungsartikel nicht versteht, und der Verfasser dieses Artikels versteht wiederum nicht, ein Fahrrad zu reparieren oder einen Zaun zu bauen. Das ist etwas absolut Getrenntes. Das liegt am System. Wer mit der Hand arbeitet, der muß dumm bleiben.

Sherry Blakey: Da gibt es noch etwas in der öffentlichen Schule. Man lernt, um gute Zensuren zu bekommen. Man lernt, um die anderen zu übertrumpfen. Zwischen den Schülern gibt es kein Gefühl für Zusammengehörigkeit – man hat besser zu sein als der andere. In unserer Schule wird alles gemeinsam gemacht, gleichgültig, was.

Mark Self: Ich verstehe deine Frage mit dem Handwerker und dem Artikelschreiber als ein gutes Beispiel für solche Unterschiede. Beide sind gleichwertig, denn der Handwerker versteht seine Sache gut und ebenso der Artikelschreiber. Er drückt sich beim Schreiben mit der Hand aus, und der Handwerker tut dasselbe, wenn er einen Zaun baut oder mit Holz schöpferisch tätig ist. Beide drücken das gleiche aus. Wenn man so will, drückt der Handwerker dasselbe wie der Schreiber aus, nur in Holz. Man muß nicht besser als der andere sein, sondern nur sich selbst, um seine Ideale und Gedanken auszudrücken. Ich zum Beispiel drücke mich in Gedichten aus, ich singe gern – es gibt so viele Möglichkeiten. Frauen tun das oft durch Perlenstickereien. Aber nehmen wir einmal einen Trinker, einen richtigen Trinker. Der drückt sich auch aus, er will zeigen, daß er Hilfe braucht, und doch ist er so klug und weise wie der Präsident, egal wie man dazu steht, denn er hat wahrscheinlich mehr durchgemacht als der Präsident der Vereinigten Staaten. Nur weil der Präsident Schule und College hinter sich gebracht hat und Senator und Gouverneur war, ist er noch lange nicht der Klügste, nur weil er eben Präsident ist. Der Trinker ist klug und weise, weil er mit dem fertig werden mußte, was der Präsident ihm aufgebürdet hat. Man kommt zu mancher Erkenntnis, wenn man nur ein Weilchen nachdenkt und daraus seine Schlüsse zieht.

Biegert: Mir ist dieses Spezialistentum zuwider. Ich meine, ein Handwerker sollte auch Gedichte schreiben können, und ein Autor sollte ein Verhältnis zu Holz haben.

Doreen Day: Es sollte keine Begrenzungen geben. Wenn ich immer nur von einer bestimmten Sache etwas schreibe, dann bin ich auf diesem Gebiet zwar gut, aber ich verschließe mich allem anderen – man stagniert, man wird einseitig.

Sherry Blakey: Dazu gehört auch, wenn Eltern sagen: «Mein Sohn wird Arzt.» Wenn der Sohn dieses Ziel erreicht hat, was hat er dann noch im Leben zu tun? Er muß fähig sein, seine Vorstellungswelt zu vergrößern – das ist notwendig. Eltern sagen: «Ich will, daß mein Kind Rechtsanwalt wird», oder «Ich will, daß mein Kind dies und das tut.» Also noch mal fünfzehn Jahre Schule und Ausbildung, dann bist du Rechtsanwalt, sogar ein guter mit der Zeit, aber woraus besteht dein Leben sonst? Bis an dein Ende bist du ein Rechtsanwalt – für mich ist das nicht genug. Du mußt geistig wachsen, Teil vom Ganzen werden, dein Geist muß sich weiten und wachsen.

Biegert: Weil wir gerade vom Arzt sprechen – ich meine, hier liegt auch der Unterschied zwischen Weiß und Rot. So wie ich das sehe, behandelt der Medizinmann den kranken Menschen als Ganzes, ein weißer Arzt behandelt nur die Krankheit, er trennt sie vom Kranken als Menschen.

Sherry Blakey: Ich kenne da einen Chippewa-Medizinmann, der kannte jeden Teil des Körpers, innen und außen, ohne je einen Menschen aufgeschnitten zu haben – dafür gibt es keine Erklärung. Man darf da nicht nachforschen, denn es ist ein Teil des Mysteriums. Die Weißen etikettieren alles, sogar die Bäume. Überhaupt alles, was es gibt. Vor Dingen, mit denen man das nicht tun kann, haben die Weißen Angst. Sie wissen nicht, wie ein Medizinmann einem Menschen die Kugel, mit der dieser angeschossen wurde, aus dem Körper holen kann, ohne ihn zu berühren. Sie sagen, das sei unmöglich, das sei Schwindel usw. – aber sie müssen begreifen, daß es das gibt. Das gibt es, daran ist nichts zu drehen und zu deuteln, man hat es einfach anzunehmen, so wie es ist.

Mark Self: Was die Weißen der Welt auch nicht gesagt haben, ist, daß Indianer als erste Gehirnoperationen ausführten. Vor Tausenden und Abertausenden von Jahren taten sie das schon – wie heißen denn diese Leute, die ausziehen, um nach Knochen zu wühlen?

Biegert: Anthropologen, Archäologen?

Mark Self: Ja, einer von beiden. Sie fanden einen Indianerschädel mit deinem kleinen Loch, und das war besser repariert, als es heute ein Chirurg kann.

Biegert: Man fand ja die Instrumente und operierte damit; und es klappte.

Mark Self: Es waren sehr kluge Leute, und sie hatten riesige Büchereien.

Biegert: Sie waren die ersten Zahnärzte, die es gab, und die ersten Architekten. Die Art, wie sie die Dörfer bauten, ist unvorstellbar, niemand weiß, wie sie das schafften.

Mark Self: Und sie waren sehr ordentlich und sauber. Sie hatten auch Räume, wo sie badeten, zerstörten deswegen aber nicht die Natur, nicht ein bißchen, es war im Einklang mit der Natur. Ihre Gesellschaft war in völliger Harmonie mit der Natur aufgebaut, sie bekämpften sie nicht, sie zerstörten sie in keiner Weise. Hier in der Gemeinde erzählt man niemandem so etwas. Die Weißen denken, ihre Lebensweise sei die einzig gute. Man sagt den Indianern nicht, wie natürlich ihr Leben einmal war. Es war schwer und leicht zugleich. Es war sauber und gesund. Bevor die Weißen kamen, gab es kaum kranke Indianer.

Doreen Day: Und für die Krankheiten, die sie hatten, hatten sie auch ihre Heilmittel.

Sherry Blakey: Die Weißen brachten Krankheitserreger mit, Dreck – die Weißen auf Columbus' Schiff, die Pilgerväter auf der «Mayflower», die waren so dreckig, sie glaubten, der Dreck würde sie gegen die Sonne schützen. Sie brachten Dreck und Syphilis zu den Indianern und andere Seuchen. Die Indianer wußten, wenn ein Schiff kam, sie rochen es. Sie waren geruchsempfindlich – so wie es die Tiere sind. Die riechen den Menschen, weil er stinkt. In der Bibel steht, der

Mensch stehe über den Tieren, über den Bäumen, er sei allem überlegen, weil e Gottes Geschenk an die Erde sei. In unseren Lehren aber ist der Mensch der letzte Gedanke der Schöpfung. Die Frau war vor dem Mann da, denn die Erde ist unsere Mutter, und sie ist eine Frau. Der Mensch hatte alles Leben wie ein Geschwister zu achten, und so gesehen ist er der Rangletzte, denn die anderen Lebewesen waren früher da als er. Warum denn sollen wir uns über sie erheben? Wir sollen sie achten und in ihnen unsere Brüder sehen. Aber das steht nicht in der Bibel, daß wir alle Geschwister sind.

Mark Self: Der Mensch war der letzte; darum hatte er alles Leben vor ihm zu achten, denn er kam völlig unwissend auf die Welt. Er mußte von den Tieren, Pflanzen und allen Dingen lernen, wie man auf Mutter Erde überlebt. Darum achten wir auch die Bäume als unsere Brüder. Insekt, Hirsch, alles was lebt, ist unser Bruder.

Doreen Day: Sie töten Bäume, sie töten Ameisen, denn sie glauben an ihre Macht über alles. Wir haben hier gelernt, daß kein Mensch ein Recht dazu hat. Wenn du weißt, daß du als Mensch der letzte in der Schöpfung bist, dann weißt du, daß du kein Recht dazu hast.

Sherry Blakey: Und jeder glaubt, er hätte die Macht, zu bauen und zu zerstören. Ich sehe keinen Grund für diese riesigen Gebäude. Ich will aber damit auch sagen, man kann Menschen aufbauen, ihnen helfen, zu wachsen und den Geist zu weiten. Das tun unsere Schulen. Man kann auch Menschen zerstören, man kann ihnen sagen, sie seien wertlos, sie taugten nichts, weil man die Macht dazu hat. Man kann zum Beispiel sagen: «Mark, du weißt ja gar nicht, worüber du sprichst.» Du kannst ihn damit verunsichern, demütigen, und das hilft ihm nicht, geistig zu wachsen. Das wird ihn zum Stillstand bringen. In der öffentlichen Schule kriegst du gesagt: «Du bist schlecht in Mathematik. Was ist los mit dir, du bist ja so dumm !» Damit baut man nicht auf, damit zerstört man. Und noch etwas: der Weiße hat viele Völker durch Alkohol und Drogenmißbrauch zerstört. Die Indianer kannten keinen Alkohol, bevor der weiße Mann kam. Als er kam, brachte er Gift und Vernichtung mit. Die Weißen sagten, die Indianer seien Wilde, bösartige, barbarische Wilde – aber wo war das Barbarentum? Das gab es nicht, sie waren die Brüder der Tiere. Das war aber die Auffassung der Weißen, und auf mich wirkt das fast komisch, denn der Weiße erkennt noch nicht einmal die eigenen Menschen als Brüder an.

Mark Self: Was sie eben sagte von Bauen und Zerstören, möchte ich noch ergänzen. Der weiße Mann ist der Auffassung, daß er hier aufbaut, aber dadurch zerstört er das Land. Es ist eine totale Zerstörung. Er läßt Mutter Erde ausbluten, indem er Öl, Gas usw. aus ihr herausholt.

Biegert: Es ist immer dasselbe – indem er etwas baut, zerstört er gleichzeitig die Grundlage dessen, was er gebaut hat. Und selbst mit einer Demokratie, selbst mit Bewahren zerstört er.

Mark Self: Darum haben diese Weißen jetzt so viele Probleme; darum haben sie diese Überbevölkerung, weil sie das Land, auf dem Menschen leben sollen, zerstören. Und für die kommenden Generationen ist dann kein Platz mehr. Darum gingen die Indianer mit allem so sorgfältig um. Sie nahmen nur ganz wenig für sich, und für das, was sie nahmen, sprachen sie ein Gebet: «Es tut mir leid, daß ich dich nehmen mußte, damit ich leben kann.» Sie nahmen nur das Nötigste, sie wurden nicht habgierig.

Biegert: Mit dem Problem, mehr zu nehmen als nötig, wart ihr nie konfrontiert, weil euch das Profitdenken immer fremd war.

Sherry Blakey: Die ganze Welt spricht von Energieknappheit, Lebensmittelknappheit – alles wird jetzt knapp. Es wird soviel verschwendet, wieviel Rindfleisch wird weggeworfen, denkt einmal an die Chemikalien, die überall drin sind – wie viele Kühe starben, die mit blutenden Füßen geboren wurden. Habt ihr davon gehört? War gar nicht weit weg von hier. Da waren Chemikalien im Holz, den Zäunen, die sie für ihre Tiere gebaut hatten, und die Kühe knabberten und leckten daran, und das Gift gelangte in ihren Körper; und als sie ihre Kälber bekamen, wurden die mit blutenden Füßen geboren und starben. Das ist Zerstörung. Das ist ein völliger Mangel an Achtung vor dem Leben auf dieser Erde. Mir wurde ganz schlecht, als ich das sah, ich konnte es gar nicht fassen. Und dann die vielen toten Fische durch Quecksilbervergiftung; sie sterben ja nicht durch eine natürliche Krankheit. Auch in den Menschen ist Quecksilber – Krebs. Das alles kommt nicht aus der Natur, sondern durch Chemikalien, künstliche Stoffe. Indianer sind Naturmenschen, natürliche Menschen dieser Erde, und daran glauben sie. Und das lernen wir in dieser Schule. Auch daß der weiße Mann immer noch unser Bruder ist, obgleich er das alles getan und alle diese Krankheiten uns gebracht hat. Denn als wir auf die Erde kamen, wurde uns gesagt, daß wir alle Brüder sind.

Doreen Day: Naturvölker glauben, daß es vier heilige Farben gibt. Rot, Gelb, Schwarz und Weiß. Das sind die vier Farben der Menschen dieser Erde. Es gibt den roten, den gelben, den weißen, den schwarzen Menschen – alle diese Farben gemischt sind die Farbe der Erde. Und so müssen alle Menschen einmal die gleichen Aufträge gehabt haben, wie sie leben und für die kommenden Generationen sorgen sollten. Jeder bekam einmal am Anfang seinen Platz auf Erden zugewiesen. Da, wo er geschaffen wurde.

(Übersetzt von Anneliese Rudwaleit)

Erfahrungen in der weißen Schule

Gespräch mit Schülern der Survival School in der Cattaraugus-Reservation, New York, Dezember 1978

Biegert: Warum bist du von einer öffentlichen Schule abgegangen und in eine Schule eingetreten, die kein Gebäude hat und deren Existenz ungesichert ist. Dafür muß es doch Gründe geben, und die möchte ich gerne hören.

*Pete John:*Weil die Lehrer in den anderen Schulen gemein zu uns waren. Sie helfen uns nicht so wie den anderen Kindern. Sie mögen indianische Kinder nicht, sie behandeln sie nicht wie normale Kinder, sie behandeln uns wie ein Nichts.

Kelly Schindler: Diese Schule ist besser.

Biegert: Was hat euch in der öffentlichen Schule nicht gefallen?

Kelley: Wenn man Fragen oder Probleme hat, gehen sie nicht darauf ein. Weißen Kindern helfen sie, uns nicht.

Biegert: Was würden sie dir denn antworten, wenn du während des Unterrichts eine Frage hättest?

Kelley: Sie würden einfach sagen: «Mach's selbst, helf dir selber.»

Pete: Ja, man versteht was nicht und muß es trotzdem machen, und dann kriegt man noch eine schlechte Note.

Kelley: Sie lassen dich durchfallen – weil sie das Geld brauchen.

John Falcan: Ich bin dort weggegangen, weil es zu viele Vorurteile gab gegen Indianer . . . wenn irgendwas in der Schule passiert, waren's immer die Indianer.

Biegert: Ich verstehe – wenn also irgendwas vorgefallen war und sie keinen Schuldigen haben, wurdet ihr als erste zur Rede gestellt?

Kelley: Ja, uns schiebt man die Schuld in die Schuhe.

Lance Hemlock: Die bösen Indianer. Vor ein paar Wochen erst gab es in der Schule eine Schlägerei, und natürlich wurden *die Indianer* dafür verantwortlich gemacht. Dabei haben zwei weiße Kinder den Streit angezettelt.

Bill Crouse: Das Schulsystem ist einfach schlecht – alles ist geregelt. Da kriegt man einfach keine Luft. Sie kapieren nicht, auch nicht die weißen Kinder, daß sie Menschen sind. Sie werden den ganzen Tag von der Schulglocke durch die Gegend gejagt, und viel von dem Zeugs, was sie lernen müssen, ist einfach unnütz, und es geht zu langsam. Man lernt eine Menge Zeug, das man niemals brauchen wird. Und ich glaube, daß ich hier genau das lernen kann, was ich lernen will und schneller, weil ich es eben will. Und wenn ich dann Bescheid weiß, habe ich die Möglichkeit, es anderen Schülern zu vermitteln. Das ist eigentlich der Hauptgrund, warum ich hier bin.

Kelley: Und man lernt den indianischen Weg.

Biegert: Wie viel und bei welchen Gelegenheiten spricht ein Lehrer in öffentlichen Schulen von Indianern? In Geschichte zum Beispiel?

Kelley: Überhaupt nicht. Sie versuchen sich rauszuhalten.

John: Das Ziel dieser Schule ist es, unsere eigenen Lebensweisen zu lernen.

Kelley: Und gleichzeitig die Chance zu bekommen, an eine Universität zu gehen.

John: Genau! Hier krieg ich eine bessere Ausbildung mit, als in meiner alten Schule.

Bill: Es lernt sich leichter.

Pete: Weil es nicht so verdammt viele Schüler gibt.

Biegert: Wieviel wart ihr denn?

Kelley: Dreißig Kinder in einer Klasse.

Biegert: Das ist ganz schön viel. Und wie viele Indianer?

Kelley: Etwa zehn, dreizehn – höchstens dreizehn.

Biegert: Und es gab unter diesen indianischen Schülern auch solche, die bereit waren, den Weg des weißen Mannes zu lernen, im Gegensatz zu den traditionell orientierten?

Kelley: Die ganz gescheiten Kinder – die sind bevorzugt worden. Wenn sie mal was nicht verstanden haben, ist ihnen der Lehrer gleich zur Seite gesprungen. Aber wenn du nicht wirklich klug bist, lassen sie dich einfach verdummen.

Biegert: Und man kommt trotzdem durch?

Kelley: Manchmal – oder sie lassen dich durchsausen, weil sie das Geld wollen.

Biegert: Die Schule bekommt Geld? Die Schule muß also den Behörden melden, wie viele Schüler sie hat, und bekommt dann dafür entsprechend viel Geld?

Bill: Genau. Sie bekommen nichts, wenn du schwänzst oder abhaust – und deshalb versuchen sie dich immer am Ball zu halten, alles nur fürs Geld.

Pete: Es schert sie nicht, was aus den indianischen Kindern wird, Hauptsache, das Geld kommt rein.

Kelley: Und es kümmert sie nicht, ob du krank bist oder nicht, sie holen dich einfach.

Bill: Es könnte einer umkommen, und sie würden trotzdem das Geld kassieren wollen.

Kelley: Du kannst wirklich krank sein, und sie werden dich trotzdem anrufen und wissen wollen, warum man nicht in der Schule ist. Und so wird man jahrein, jahraus gepiesackt. Natürlich gibt es auch nette Lehrer, die Verständnis haben.

Biegert: Haben sie sich über dich lustig gemacht, wenn du mit Zöpfen in die Schule kamst?

Lance: Nein, das nicht. Sie kennen mich und würden sich nicht trauen. Sie wissen, daß ich Indianer bin und daß ich auch so lebe und denke.

Kelley: Und wenn – meine Mutter hätte ihnen die Hölle heiß gemacht.

Lance: Ich hätte die Schule angezündet.

Pete: Noch lassen sie uns in Ruhe. Sie wollen so wenig wie möglich mit uns zu tun haben. Außer wenn wir irgendwas Gutes zustande bringen.

Biegert: Glaubt ihr, daß diese Lehrer so auf euch reagieren, weil sie eine bestimmte Vorstellung von euch haben und eigentlich nicht begreifen, was los ist?

Kelley: Genau. Sie würden sich wahrscheinlich anders verhalten, wenn sie uns kennen würden.

Pete: Sie haben die Vorstellung, daß alle Indianer schlecht sind – wir nehmen Skalps und leben in Tipis und zetteln Kriege an – diesen ganzen Scheiß . . .

Kelley: Besonders die Zeichenlehrer – die indianischen Kinder sind nämlich meistens die besten im Zeichnen, und das paßt ihnen nicht. Sie hätten gern, daß die weißen Kinder gute Maler sind.

Pete: Sie geben dir eine schlechte Note?

Kelley: Und machen dir das Leben sauer – schicken dich viel vor die Türe.

Lance: Ich hatte einmal eine Lehrerin, die konnte einfach nicht malen. Sie konnte keine Farben anmischen und nichts. Und sie stritt und stritt mit mir, und dann hab ich's für sie gemacht und hab's ihr gezeigt, wie's geht, und dann endlich hielt sie den Mund. Ich mußte ihr beibringen, wie man Farben mischt. Mann, was soll die da noch?

Kelley: Manche Lehrer hassen Kinder richtig, ich versteh nicht, warum sie überhaupt Lehrer geworden sind.

Pete: In der 7. Klasse hat man uns zum ersten- und letztenmal was von den Indianern erzählt – über die Irokesenverfassung.

Biegert: 7. Klasse entspricht welchem Alter?

Kelley: Dreizehn. Viele von ihnen haben auch gelogen. Sie haben erzählt, daß

Indianer Menschen skalpiert haben, nur so zum Spaß. Und ich sitze da und schüttle den Kopf, und der Lehrer schickt mich auf den Gang, als ich den anderen klarmachen will, daß das nicht stimmt.

Bill: Meine Lehrerin hat was erzählt und mich dann immer angeschaut, ob es richtig war oder nicht. Sie konnte schon an meinem empörten Blick erkennen, wenn was nicht in Ordnung war, und dann durfte ich es richtigstellen. Sie war ganz in Ordnung. Genauso ging's meiner Schwester, sie hat praktisch den Unterricht im Alleingang geführt, weil alles falsch war.

John: Wenn man zu spät zur Schule kommt, muß man nach dem Unterricht nachsitzen. Und da sitzen immer nur indianische Kinder drin. Wenn ein Weißer nämlich zu spät kommt, dann lassen sie's durchgehen, aber wenn's ein Indianer war, dann wird er eingesperrt. Darum hat mir meine Schule nicht gefallen. Zuerst hatten wir so was wie eine Gefängniszelle im Keller ohne Licht.

Pete: Es war der Heizungsraum.

John: Da haben sie die Indianer reingesteckt.

Biegert: Wie reagieren eure Feunde auf diese Schule?

Kelley: Sie wollen alle herkommen, aber das geht nicht, weil wir keinen Platz haben. Und viele werden sich auch nicht einfügen können, weil sie nicht vom Langhaus sind, sondern Christen.

Lance: Sie wollen herkommen, um einfach von der üblichen Schule wegzukommen.

Biegert: Hattet ihr weiße Freunde in der alten Schule?

Bill: Manche haben sich wie Indianer verhalten, aber die meisten waren arrogant.

Pete: Ja, manche waren ganz in Ordnung. Zu Hause gibt es eine ganze Menge weißer Kinder, die wirklich unsere Freunde sind.

Kelley: Aber manche wollen Indianer sein und behaupten, sie wären Halbindianer.

Lance: Manche haben eine Heidenangst vor Indianern.

John: Und dann versuchen sie, sich mit dir anzufreunden.

Kelley: Ich kenne ein Mädchen, die grundsätzlich vor Indianern Angst hat, aber das stört mich nicht, ich mag sie ohnehin nicht.

Lance: Sie wollen dir nicht einmal zu nahe kommen.

Kelley: Manchmal necken sie dich – bei bestimmten Spielen. Und wenn sie entdecken, daß du nicht an ihren Gott glaubst, sind sie völlig erschüttert.

John: Wenn man nicht an Christus glaubt, halten sie dich für ein Tier oder was Ähnliches.

Lance: Sie kriegen eine verdammte Wut auf dich.

Biegert: Könnt ihr mir erklären, was der Unterschied ist zwischen dem «Indian Way» und den üblichen Lehrmethoden?

Kelley: In der Kirche muß man zum Beispiel Geld bezahlen und im Langhaus nicht. Da arbeitet man.

John: Man gibt etwas, aber nicht Geld. Vielleicht Gemüse oder Kleider.

Kelley: Aber egal, was man hineinsteckt, man bekommt auch immer was zurück. Und man muß sich nicht Lieder wie «Lobet den Herren» und so anhören.

Bill: Für den weißen Mann ist die Erde selbstverständlich, während wir danksagen, zum Beispiel für die Bäume. Aber sie gehen einfach hin und reißen die Erde auf.

John: Die Erde kümmert sie nicht, sie denken nur ans Geld.

Kelley: Sie haben Maschinen.

Bill: Es ist ihnen egal, was mit dem Land passiert. Hauptsache, sie werden dafür bezahlt. Aber die Indianer respektieren das Land.

Biegert: Und ihr meint, daß die weiße Schule die Kinder auf diese Einstellung vorbereitet?

Alle: Ja!

Pete: Das machen sie schon seit Jahren. Sie sagen uns, daß wir in die Städte gehen, einen guten Job annehmen und 'ne Menge Geld verdienen sollen. Das werde ich nicht tun. Denn unsere Religion sagt, daß man nicht viel Geld haben soll. Und das ist der eigentliche Grund, warum man in die Schule geht, um mit einer guten Ausbildung einen guten Job zu bekommen und viel Geld zu verdienen. Und dazu hab ich keine Lust.

Kelley: Man braucht eigentlich nicht viel Geld. Man kann sich zum Beispiel seine eigenen Nahrungsmittel anbauen. Es wird viel angebaut, nur um des Geldes willen, aber wenn man sein eigenes Gemüse anbaut, kann man das auch für andere in der Gemeinde mit tun.

Biegert: Ich sehe Schwierigkeiten, innerhalb der Welt des weißen Mannes die indianischen Traditionen aufrechtzuerhalten. Immerhin ist ja die Welt gegen euch. Wie schätzt ihr die moderne Technologie ein? In Deutschland werden mir immer wieder dieselben Fragen gestellt: Wollen die Indianer zu Büffeljagd und Tipi zurückkehren – man kann doch nicht die Zeit zurückdrehen. Wir leben nun mal in einem Jahrhundert mit Strom und modernen Kommunikationsmitteln und Flugzeugen usw. Ich halte es für notwendig, das zu definieren, was ihr unter «Indian way» versteht. Manchmal nehme ich mir einen Ausspruch von Sitting Bull zu Hilfe: «Laßt uns das von dem weißen Mann übernehmen, was gut ist, und uns abwenden von den Dingen, die schlecht sind.»

Bill: Das glaube ich auch. Wenn es zur Verfügung steht und uns Vorteile bringen kann, dann sollten wir es auch benutzen, aber wenn man Schaden damit anrichtet, dann sollten wir die Hände davon lassen. Aber viele Menschen können das nicht beurteilen, und so übernehmen sie blind einfach alles, was der weiße Mann uns anbietet, und das macht uns kaputt.

Biegert: Könntest du mir ein Beispiel dafür nennen, was gut ist und benutzt werden sollte und was schlecht ist und abgeschafft werden sollte.

Lance: Eine Sache, die wir unbedingt abschaffen wollen, ist der Alkohol.

Kelley: Und weg mit dem Geld, das macht die Leute nur paranoid.

Lance: Stimmt, die Leute drehen durch, weil jeder reich sein will.

Biegert: Wir wissen alle, daß wir das nicht schaffen werden, läßt uns also über Dinge reden, die wir innerhalb der nächsten Zukunft tatsächlich in die Praxis umsetzen können.

Lance: Sie nehmen uns unsere Sprache weg.

Bill: In unserer alten Schule wurden die Kinder verprügelt, wenn sie ihre eigene Sprache sprachen. Man wurde gezwungen, Englisch zu sprechen. Viele alte Leute, die ich kenne, haben ihre Sprache völlig verlernt.

Biegert: Was hältst du vom Fernsehen? Es erschreckt mich jedesmal, wenn ich in diesem Land unterwegs bin, was für eine Rolle das Fernsehen hier einnimmt. Ich glaube, ihr braucht gar keine Regierung, weil das Fernsehen die Masse schon so formt, wie sie gebraucht wird. Selbst die Nachrichten werden von Werbe-Spots unterbrochen, und die Werbung, die zwischen den Nachrichten gebracht wird, ist anders als die zwischen den «Soap operas», sehr viel ernsthafter und seriöser, man könnte fast glauben, es wären ebenfalls Nachrichten, wenn man nicht darauf achtet.

Lance: Stimmt, man merkt keinen Unterschied.

Bill: Bei uns im Langhaus ist einiges los, wir haben keine Zeit zum Fernsehen.

Kelley: Aber wenn es irgendwas Informatives oder Erzieherisches gibt, wie «Sesam-Straße», dann schauen die kleinen Mädchen schon.

Lance: In Alleghany, wo ich früher wohnte, ist man ins Haus gekommen und hat automatisch den Fernseher angedreht, ohne auch nur zuzuschauen. Und wenn man ihn abgestellt hat, wurde man, auch wenn niemand sonst im Raum war, angebrüllt. Ich würde lieber Platten oder Radio hören als fernsehen.

Biegert: Bist du von Alleghany hierhergekommen, nachdem du von dieser Schule gehört hast?

Lance: Ja.

Biegert: Bist du mit deinen Eltern gekommen oder alleine?

Lance: Alleine, ich bin von zu Hause ausgezogen. Ich lebe bei meiner Großmutter. Zu Hause hatten wir ein Haus mit Strom und fließendem Wasser und allem drum und dran, bei meiner Großmutter gibts zwar Strom, aber kein fließendes Wasser, und sie hat einen Holzofen – es ist eine ganz schöne Umstellung. Aber ich gewöhne mich daran, Holz und Wasser reinzuschleppen. Vorher haben wir in einem Gebiet mit Umsiedlern gewohnt, nicht weit von einem neuen Staudamm, und alle diese Häuser waren wirklich moderne Dinger, man ist total verwöhnt worden. Ich bin also hierher gekommen, um auf diese Schule zu gehen und von vielem wegzukommen.

(Übersetzt von Janet Woolverton)

Ich verkaufte meine Schulbücher, um leben zu können

Interview mit Pat Bellanger, St. Paul, Minnesota, Dezember 1977

Eine Frage betrifft die Rolle der Frau in der Bewegung. Es ist bekannt, daß das American Indian Movement gewisse traditionelle Werte erneuert. Die Frage wäre, ob sie auch die Wertschätzung der Frau in die indianische Gesellschaft zurückbringt. Gut, ich habe keine bestimmte Frage, laß uns einfach über die Frauen in der Bewegung sprechen.

Okay. Du weißt sicher, daß sich das Image sehr wandelt. Heutzutage sind viele Männer und Frauen stolz darauf, Indianer zu sein, und das macht einen Unterschied, sogar in der Art und Weise, wie sie für ihre Kinder sorgen. Viele Kinder bekommen jetzt traditionelle Namen. Und eine Menge verschiedenartigster Dinge, deren Handhabung die Frauen lange Zeit nicht mehr konnten, lernen sie nun wieder aufs neue. Lange Zeit wußten nur wenige von uns in der Stadt, wie man diese Dinge herstellte. Es gab nur ganz wenig Austausch von Wissen und Zusammenarbeit in der Stadt.

Und die Bewegung selbst ist nicht eine Organisation mit einem Vorsitzenden, wir haben viele Sprecher und viele Leute, die als Vertreter fungieren. Doch es ist eine Organisation in sehr lockerer Form. Die Bewegung selbst . . .

Würdest du sie als unorganisiert bezeichnen . . .?

Ja, eine unorganisierte Organisation. Und wir profitieren sehr von ihr. Jeder hat sein Bestes zu geben, wobei es wirklich keine Rolle für uns spielt, ob er ein Mann oder eine Frau ist, wenn er nur sein Mögliches tut. In der Bewegung braucht sich keiner Gedanken darüber zu machen, ob die von ihm übernommene Aufgabe typisch männlich oder weiblich ist. Die Bewegung weiß darüber Bescheid und auch jeder, der damit zu tun hat. Wir hatten keinen Ärger wegen der Sache mit der Frauenbewegung, die ich echt hasse.

Warum haßt du sie?

Weil ich glaube, daß sie Herrschaft anstrebt und nicht Gleichberechtigung. Sie würde am liebsten alles leiten; in erster Linie geht es darum, möglichst viele einflußreiche Persönlichkeiten auf ihrer Seite zu haben. Das ist verrückt. Man muß davon ausgehen, daß jeder verschieden ist und jeder eine Chance haben sollte. Ich denke, die indianische Bewegung verwirklicht dieses Ziel sehr gut. Die Frauen, die es sich zur Aufgabe gemacht haben, das Wort zu führen, sind wirklich anderen voraus, denke ich.

Nur einmal mußten wir uns darüber Gedanken machen, nämlich als wir unsere Tournee unternommen haben. Man sagte, die Leute in Deutschland oder in Irland werden Frauen der Bewegung sehen wollen, um deren Ideen folgen zu können. Das war eine Sorge, aber eine bewußte, denn man spürte, daß die Leute möglicherweise glauben könnten, daß hier die ganze Familie repräsentiert sein würde.

Wie du weißt, wollen die Männer für die Versorgung zuständig sein. Sie wollen beschützen und so weiter. Sie wollen mehr, als ihre Möglichkeiten zulassen. Was sollen sie also tun? Spreng das Krankenhaus in die Luft. Was würde es helfen? Du hättest nämlich dennoch verloren, du wärest nicht mehr fähig, eine Familie zu gründen. Außer du findest eine andere «old lady». Ich denke darüber überhaupt nur nach, wenn mich jemand ausfragt. Weißt du, jemand außerhalb der indianischen Gemeinschaft befragt mich darüber, und da muß ich versuchen, mir eine Antwort auszudenken.

Aber ich halte das für normal. Als Clyde und Phillip in München waren, stellten sie Fragen, über die ich nie nachgedacht hatte, weil sie von außen kamen. Und ich erinnere mich an eine Familie in Onondaga, die über etwas anderes Scherze machte. Ich fand heraus, daß ihr niemals über jemanden, der schwach ist, Witze macht. Ihr scherzt immer über jemanden, der stärker ist als ihr selber. Nicht wie in unserer Gesellschaft, in der man manchmal über einen Häßlichen, Unterlegenen, Einarmigen oder so Witze macht. Aber ihr macht eure Witze über jemanden, der . . .

. . . der es gut verkraften kann.

Das ist wirklich wahr, weißt du. Ich glaube, wir sprechen von Mann und Frau,

Pat Bellanger

und davon, daß der Mann versucht, Schutz zu geben. Du mußt verstehen, es war wirklich hart, bevor die Bewegung ihren Anfang nahm. Ich meine die Zeit, in der ich nach Jobs und Unterhalt suchte. In den Zeitungen hieß es immer «Indianer brauchen sich gar nicht erst zu bewerben». Man stellte sich nämlich vor, daß wir die ganze Zeit trinken und zur Arbeit nicht taugen. Ich konnte als Jugendliche nie einen Job bekommen, ja, ich konnte es nie. Und ich bekam das Gefühl, es gäbe keine Möglichkeit, eine Arbeit zu bekommen. Ich will sagen, es war eine wirklich harte Zeit, Indianer zu sein. Das hat alles dazu beigetragen, daß man den Schritt tat, stolz darauf zu werden, daß man Indianer ist. Die Bewegung begann, und viele Leute sehen jetzt tatsächlich widerstandsfähig aus, was vorher nicht der Fall war. Unter anderem fanden wir viel mehr Höflichkeit wieder, viel mehr Achtung. Ein neues Gefühl.

Ab wann hattest du mit der Bewegung zu tun? Könntest du mir eine kurze Biographie geben?

Wann ich in die Bewegung kam? Als wir in die Stadt, nach St. Paul zogen. Ich habe viele Verwandte in Minneapolis.

Umgezogen vom Reservat?

Ja, vom Reservat.

Von welchem?

White Earth, ich bin dort aufgewachsen.

Wie lange hast du dort gelebt?

Neunzehn Jahre.

Und du gingst dort in eine öffentliche Schule?

Ja.

Oder in ein Internat?

Nein, in eine Public School. Es gab eine weiße Schule außerhalb des Reservats, und die mußten wir besuchen. Sie war echt rassistisch. Es war wirklich ein schlechter Ort. Es war eine schlimme Zeit. Die Schule mochte ich nicht, und das änderte sich nicht; ich absolvierte zwar die höhere Schule, aber vor allem, weil sie mich dort nicht wollten – ich war richtig verhaßt. Ich meine, es war nicht gegen mich persönlich gerichtet, da mich viele Leute mochten, es war einfach deswegen, weil ich eine Indianerin war.

Wie viele Indianer waren in deiner Klasse?

Als wir die Schule abschlossen, waren wir fünf; begonnen haben wir mit etwa zwanzig.

Und fünf unter wieviel Weißen?

Ungefähr zwanzig, fünfundzwanzig. Es war wirklich eine harte Sache, das alles durchzustehen; man hat uns nichts leichtgemacht. Wir kamen hierher und versuchten, eine Arbeit zu finden. Ich besuchte die Universität. Das war umsonst. Sogar in der High School wurde mir angewiesen, welche Fächer ich belegen müßte. Mir wurde gesagt, daß das Büro für Indianische Angelegenheiten – und das, obwohl ich auf eine öffentliche Schule ging – mir nicht einmal das Belegen von Maschineschreiben oder Buchführung erlauben würde.

Das Büro übte also Einfluß in einer öffentlichen Schule aus?

Ja, so war es. Schau, unser Reservat liegt recht nahe bei dem Büro. So hatten sie es leicht, ihre Finger die ganze Zeit überall zu haben; folglich konnte ich weder Schreibmaschine noch Buchführung oder etwas in der Richtung belegen. Sie hätten es nicht zugelassen. Sie machten einen Berufseignungstest mit mir, um zu prüfen, welche Neigungen ich hätte. Das Ergebnis lautete, daß ich sehr schwach im Umgang mit Menschen sei und im Technischen und in Forschungsarbeit sehr gut. Und daß ich allein sein sollte in einem Forschungsinstitut, anstatt umgeben von Menschen, weil ich nicht sozial veranlagt wäre. Ich hatte fünf oder zehn Prozent, wo ich normal fünfzig hätte haben sollen; in solchen Dingen war ich sehr schwach. Deshalb steckten sie mich in Mathematik, Algebra, Trigonometrie und solchen Kram, in Chemie, Physik und ähnliche Kurse. Als «Junior» und sogar als «Senior» sagten sie mir, sie würden mir kein Geld geben. Infolgedessen konnte ich schließlich nicht zur Schule gehen. Da fochten wir es aus. Dann sagte man, ich hätte nur drei Möglichkeiten zur Wahl. Ich könnte zur Schule gehen, aber die einzigen Schulen, in die ich gehen könnte, seien drei Junior Colleges, und in keines von denen wollte ich gehen. Da ich in eines gehen mußte, wählte ich das in Duluth, und schließlich ging ich dorthin. Ich fühlte mich nicht wohl, unser Zuschuß für den Unterricht war wirklich gering; die chemischen und physikalischen Kurse kosten viel Geld – Laboratoriumsgebühren, Bücher und so weiter. Andererseits war ich dauernd dabei, meine Bücher zu verkaufen, um mir Lebensmittel zu besorgen oder etwas, das ich gerade brauchte. Daher besaß ich nie genügend Schulbücher, um die ganze Schule durchzumachen; so gab ich schließlich auf. Ab und zu ging ich in die Schule zurück, aber ich hatte nie die ernsthafte Absicht, irgendeinen Abschluß zu erreichen. Dieses Schulsystem ist ein richtiges Versagersystem, wenigstens soweit es mich angeht. Dann war ich hier in der Stadt und versuchte zu arbeiten. Es passierten viele Dinge. Dann begannen auch die Treffen auf der Franklin Avenue, ich ging gewöhnlich dorthin, um etwas zu trinken – so war es. Das alles begann in Minneapolis, und später in St. Paul ging es genauso.

Wann war das?

'67, '68, '69. 1969 begannen wir mit unserer eigenen Ortsgruppe hier in St. Paul. 1970 gliederten wir sie ein. Eigentlich wollten wir das nicht, aber es war der einzige Weg, irgendwelche Geldmittel zum Arbeiten zu erhalten. Wir fingen an, Vorschläge zu machen, und taten es gerade hier in St. Paul. So kam ich zur Bewegung. Es war ganz schön aufregend, wie wir es taten, so alles von sich herzugeben und uns durch viele Dinge durchzuschlagen. Es waren wirklich eine Menge Dinge. Wir wußten noch nicht, wie wir etwas tun könnten, und waren wütend über die Fürsorge, wenn sie einer Familie keinen Zuschuß gewährte, aber wir wußten nicht, wie wir es am geschicktesten anpacken sollten. Geh doch mit ihnen dorthin und lerne es gleich auf der Fürsorgestelle. Genauso machten wir es. Deshalb wissen die meisten AIM-Mitglieder, wie man zur Fürsorge kommt. Wir alle mußten das schließlich durchmachen, verstehst du, das ist Teil unseres Jobs. So weiß jeder Indianer, wie man mit diesen Systemen umgehen muß. Die indianische Bevölkerung lernt gewöhnlich eher das Gerichtswesen kennen. Ich verbrachte viel Zeit mit vielen Klienten auf dem Gericht, aber ich bin kein Rechtsanwalt und bin nicht offiziell zugelassen.

AIM ist zu Ansehen gekommen in Minneapolis und St. Paul, in Rapid City, Los Angeles und Milwaukee. Fünf verschiedene Orte mit guten, legalen – ach, ich weiß nicht einmal, was das Wort bedeutet – legalen Arbeitern, die gute, legale Arbeit verrichten. Wir erwarben uns dafür einen guten Ruf und bekommen daher viele Klienten, und viele von ihnen haben wirklich schwere Fälle. Somit arbeiteten wir echt hart in der Gegend des AIM-Büros hier in St. Paul. Wir sind wahrscheinlich die einzigen, die ihr eigenes Gebäude besitzen oder vielmehr dabei sind, sich ein eigenes Gebäude zu kaufen. Wir bekamen ein Tages-Fürsorge-Zentrum, eine Klinik – keine sehr große, aber sie besteht schon seit etwa drei Jahren. Wir bekamen einiges, wir eröffneten Schulen, wir stecken viel Arbeit in die Schulen, wir arbeiten viel mit vielen Menschen. Das Wohlfahrtssystem in den meisten dieser Gebiete wird es uns ermöglichen, wenn wir uns ihm anpassen, daß wir Bürgschaften übernehmen. Wir bauen also in dieser Form allmählich auf; trotzdem kostet es viel Arbeit. Viele von uns haben seit langer Zeit mit dieser

Arbeit zu tun. Wenigstens erscheint es einem als lange Zeit. Es sind ungefähr acht Jahre, aber es scheint viel länger zu sein.

Von der Franklin Avenue gingst du nach Genf.

Das ist genau der Weg, nichts liegt dazwischen. Von der Franklin Avenue nach Genf, genau das ist der Weg.

Was empfindest du dabei? Wie siehst du die Zukunft?

Ich glaube, es ist wichtig, daß wir mit vielen Leuten arbeiten werden und die Unterstützung vieler Leute gewinnen, um zu verwirklichen, was wir beschlossen haben. Offensichtlich bekommen wir diese Unterstützung nicht von den Vereinigten Staaten und ebensowenig von Kanada oder einem anderen Land. Ich glaube, zu Hause gibt es noch eine Menge an organisatorischer Arbeit. Aber im Norden, in Kanada, und im Süden können wir unseren Leuten sehr viel zeigen. Wir können ihnen mit vielem helfen, zeigen, was wir getan haben, und ihnen ein Gefühl geben von dem, was im Augenblick getan wird. Ich denke, das gehört zu den Dingen, die in Genf geschahen. All diese Leute, die Südamerikaner, sahen alle miteinander arbeiten. Das Gefühl war wirklich da, daß, wenn man jetzt nach Hause fährt, man alles darauf setzt, diese Dinge zu verwirklichen. Weiterzumachen und von nun an mit einer besseren, stärkeren Organisation. Ich glaube, dieses Zusammengehörigkeitsgefühl aller Stämme hat es zuvor nicht gegeben. So wiesen die Aufgaben, die wir uns in Genf gestellt haben, den weiteren Weg für uns alle. So wie wir in Genf vieles gesehen haben, wurde uns Indianern viel über uns selbst gezeigt. Etwas wirklich Gutes geschah, es kam wirklich ein Gefühl auf, daß wir fähig sind, zusammenzuarbeiten – wir sahen, daß es uns allen gleich geht und daß wir das alles verwirklichen können. Ich weiß, daß unsere Brüder aus Südamerika nach Hause gingen mit einem wirklich starken Gefühl der Verpflichtung; sie spürten, daß etwas getan worden ist. Sie hatten einen Kern zu sehen bekommen – es waren leider nicht sehr viele Leute dort –, aber dieser Kern hat viel getan. All diese Eindrücke nahmen sie auf ihren Heimweg mit und den Willen, zu handeln. Okay, das bedeutet für uns, daß wir jetzt etwas gewonnen haben, es ist nämlich wie bei der eigenen Familie; schau, man hat eine Familie, und manchmal trifft man jemanden auf der Franklin Avenue und findet heraus, daß er ein Cousin dritten oder vierten Grades ist, und ganz plötzlich hat man einen Vetter dazu bekommen; das ist eine hieb- und stichfeste Sache. Genau das geschah hier: Ganz plötzlich hatten wir einige Brüder und Schwestern mehr. Und wenn es nun eine Familie ist, so bedeutet es etwas, das der Mühe wert ist, etwas, worauf man sich freut. So glaube ich, haben wir damit eine Menge erzieherischer Aufgaben bekommen. Ich glaube, das ist die Aufgabe, die wir haben. Wir sehen, daß sie sich uns auf allen Ebenen stellt: Erziehung von uns selbst, den Kindern und anderen Leuten.

Was ist das Grundkonzept dieser Erziehung? Vielleicht kannst du mir einige Beispiele nennen? Vergleiche das «weiße» Schulsystem mit dem «weißen» Familiensystem. Erziehung in welche Richtung?

Weißt du, wenn ich über Erziehung spreche, wenn hier jemand, wenn ein Weißer über Erziehung spricht, hat er eine sehr einfache Vorstellung von ihr. Man geht ins Gymnasium, man geht zur High School, ins College, und das ist alles, man muß zur Schule gehen, gute Zensuren kriegen, um ins College gehen zu können. Und man muß auf dem Collge gute Noten bekommen, um einen guten Job zu finden, so daß man sein Kind auf eine gute Schule schicken kann, um gute Zensuren zu erwerben, um in ein gutes College zu gehen, um eine gute Arbeit zu bekommen, damit dessen Kinder wiederum . . . das ist ihr Kreislauf, für mich ist es ein ökonomischer Kreislauf, und wenn man von «Erziehung» spricht, ist das gemeint. Man meint damit, daß man die Schule besucht. Es gibt eine andere Art Erziehung, politische Erziehung, aber der Zusammenhang ist sehr eng, das ist also mit Erziehung gemeint. Bei uns geht Erziehung mit allem anderen Hand in Hand und zeitlich unbegrenzt. Man kann sie von nichts trennen, man lernt ständig, nicht nur, solange man klein ist. Auch die Beschäftigung mit Geschichte ist ein Lernprozeß. Dann die Großeltern und das Zuhause. Das ist unsere Erziehung. Und zur Schule gehen ist lediglich ein Teil davon. Es ist wie alles andere, weißt du, manchmal kann man sich einen Teil davon holen und nichts weiter. So stehen wir zur Erziehung, sie bedeutet nicht alles. Die Schulerziehung, die man in einer weißen Schule erhält, ist wirklich schlecht. Wir haben viele Kinder, viele indianische Kinder, die in diesem System unterrichtet werden und es gar nicht ändern wollen. Sie haben ein paar alternative Schulen, wie die offene Schule hier, die total ein alternatives System ist, bekommen, und da wollen sie die Alternative ersticken. Weil sie nicht damit umzugehen wissen. Doch jenes Erziehungssystem ist ein schlechtes System.

Wir sprechen gerade über unsere eigene Erziehung. Das bedeutet nicht, daß wir an uns selbst eine Erziehung vornehmen, sondern einfach erzählen, was geschieht. Zum Beispiel, was in deinem Leben passiert oder in deiner Gemeinde und wie du hineinpaßt. Du kennst diese Art Erziehung. Indianer sind meist wirklich scheu, nein, das ist nicht wahr. Vielleicht wie, ich muß etwas trinken. Barb, bring mir ein Bier. (Barb bringt ein Bier.) Ein Problem, das ich erwähnte, ist, daß das weiße Schulsystem für die weiße Welt ein herrliches System ist.

Ich denke, es ist ein sehr armseliges System, sogar für sie.

Nein. Versteh mich richtig. Es erzieht einen zum Korrupt-Sein. Das meine ich.

Ja. Man muß der Erste sein.

Genau. Daher ist es ein sehr passendes System, eine passende Erziehungsart für das System. Als ich in der Schule war, als ich Sozialkunde hatte, und sogar auf der Universität, als sie anfingen, über die Gründe für die Entstehung der Kriege zu sprechen und über die Gründe, weshalb dieses oder jenes geschah, sie wissen nicht, daß es aus Habsucht war. Und damit basta! Sie wollten das Land, sie wollten die Rohstoffe. Und ich wäre jedesmal aus der Klasse geschmissen worden. Sie wollten das nicht glauben. Sie sprachen über die Regierung und wie heute die Gesetzentwürfe im Kongreß verabschiedet werden, wie sie gar nicht darüber diskutieren und dann darüber abstimmen. Man überredet die Leute zu einem Gesetz, dann wird eilig abgestimmt und hin und her verhandelt. Man hört Gutachter, die gar nicht zuständig sind. So ein Gesetzentwurf kann z. B. die Indian Health Bill sein. Und mittendrin in jenem Entwurf steht ein Zusatz, und der spricht von ausländischer Hilfe für Afrika. Doch die einzige Möglichkeit für die Gruppe, die dieses Gesetz über Auslandshilfe für Afrika durchbringen möchte, besteht darin, einen Gutachter einer populären Gesetzesvorlage anzuheuern, der es bestimmt durchbringt, wenn es nicht zu viele Gegengutachter gibt. So kaufen sie sich denn gegenseitig Stimmen, nach diesem Prinzip arbeitet der Kongreß, man bekommt Stimmen für seinen Gesetzesantrag von denen, denen man seine Stimme für ihren Antrag gibt. Und es ist nicht einmal nur das, es gibt in der Regierung noch sehr viel mehr Korruption. (. . .) Und natürlich wird darüber nicht offen und ehrlich gesprochen. Daher ist das Erziehungssystem verlogen, offensichtlich belügt es die Menschen. Ich glaube, ein Beispiel, wenigstens für mich, wäre der Revolutionskrieg, der aus den Kolonien einen Staat machte. Wenn man über jenen Krieg liest, erfährt man von der Unabhängigkeit und den Aufständischen, die siegten und unabhängig wurden. Sie kämpften nämlich für eine gerechte Sache. So werden die Geschichtsbücher auf dieser Seite des großen Teichs geschrieben. Wenn man die gleiche Geschichte vom englichen Standpunkt aus liest, ist sie völlig anders. Warum sagt da keiner die Wahrheit? Sag einem die Wahrheit und erzähl, was geschehen ist, was auf jeder Seite auf dem Spiel stand, und laß die Leute selbst entscheiden, was dabei richtig und was falsch war. Es macht wirklich keinen Unterschied, weil das Geschehene bereits vorbei ist – bis auf die Tatsache, daß etwas Ähnliches zu ihren Lebzeiten geschehen könnte, daß sie fähig sein könnten, damit fertig zu werden, weil ihnen erlaubt worden ist, Entscheidungen zu treffen, wenigstens für sie selbst, was niemals in der Schule geschieht. (. . .) Jenes System ist keine Erziehung. Es ist kein Lernen. Ich weiß nicht, wie ihr es nennt, aber es ist keine Erziehung.

Habt ihr an Stelle dieser schlechten Geschichtsbücher eine Art korrigierte Geschichte, die ihr benützen könnt? Nehmt ihr die offizielle Geschichte durch und stellt ihr dann die ungeschriebene, die unveröffentlichte dagegen?

Ja. Das müssen wir tun. Das ist der einzige Weg. (. . .) Doch ist es manchmal wirklich schwer, weil es viele Dinge gibt, die wir nicht genau wissen, die verborgen sind. Wir haben eine lange Zeit gebraucht, um die Sachen, die wir jetzt predigen oder lehren, selbst zu erfahren. Manches von dem Material ist nämlich *vor uns* in Safes versteckt worden. Ein Großteil des Materials, das wir nach Genf brachten, kam aus den Safes des Büro für indianische Angelegenheiten, wo es weggeschlossen war. Es handelte sich um Kongreßaufzeichnungen, also um niedergeschriebene unumstößliche Wahrheit. Sie enthielten ein Stück Geschichte, und vieles davon war gut belegt und hätte in die offizielle Geschichtsschreibung übernommen werden sollen. Alle Gesetze (unsere Gesetze) hätten dort erwähnt werden sollen, wurden es jedoch nie. Gut, so haben wir es ausgegraben, und nun sind wir dabei, es zu lehren, aber es kostet Zeit, das alles wiederzufinden, zu untersuchen. Wir mußten einbrechen in das Büro für indianische Angelegenheiten und ihre Safes knacken, um es zu finden. So fanden wir es, und was dort passierte, ist Geschichte. Daß wir noch dazu zum Büro für indianische Angelegenheiten gingen, das steht in keinem dieser Bücher. Das war sehr bezeichnend: eine ganze Gruppe aus verschiedenen Nationen, die Verträge mit den Vereinigten Staaten geschlossen hatten, tat sich zusammen, begab sich nach Washington und legte eine 20-Punkte-Forderung vor. Das waren etwa die gleichen Punkte, die wir in Genf gefordert haben. (. . .) Manche Punkte des 20-Punkte-Antrags werden schwerlich von der Regierung akzeptiert werden, da die Regierungsleute befürchten müssen, daß sich dadurch die Kraft der indianischen Bevölkerung verstärken würde. Ihr würde eine zusätzliche Stimme gegeben werden. In diesem Land ist es Menschen nicht erlaubt, zu denken. Es ist mir gleich, wieviel Freiheit und Demokratie die Leute zu haben glauben. (. . .) Aber sie dürfen nicht denken in diesem Land und auch nichts wissen. So ist die Unterschlagung von Nachrichten über Genf, die wir mit den Zeitungen hier erlebt haben, die Unterdrückung, die wir jeden einzelnen Tag hier in diesem Land erleben. Die Tatsache, daß man uns nicht erlauben will, eine stärkere Stimme in der Regierung zu haben, muß den Leuten beweisen, daß man Angst vor uns hat. Warum haben sie Angst? Wegen des Landdiebstahls, wegen all der illegalen Dinge, die die Regierung uns angetan hat?

Auch weil ihr euch nicht in das System einfügen würdet.

Es geht um Land. Es geht immer um Land. Es ist Habgier. Immer noch. Es hat nichts damit zu tun, ob wir uns in das System einfügen. Wenn sie auf uns hören und uns eine Stimme geben würden, müßten sie auch ganz viel Land aufgeben. Und sie wollen kein Land abtreten.

Laß uns auf die Schule zurückkommen. Ich glaube, du hast an beiden Schulen gearbeitet, um das jetzige Programm zu entwickeln. Es gibt viel, was völlig verschieden ist von unserem Schulsystem. Als ihr diese Art von Schule, eine «Überlebensschule», entwickelt habt, hattet ihr da ein bestimmtes Bild vor Augen oder entstand sie durch die praktische Arbeit?

Ich glaube, das macht keinen großen Unterschied: wir haben bereits unsere eigenen Colleges geplant, ein ganzes College-System – ich halte Erziehung für wichtig, glaube aber nicht, daß man in den weißen Schulen erzogen wird. Ich denke, es ist von Bedeutung, daß Menschen für bestimmte Dinge ausgebildet werden. Wenn man in einer Schule arbeitet, sollte man einige Fähigkeiten haben, außerdem in der Lage sein, zu lehren und die Lehrinhalte zu vermitteln. Das, wogegen wir ankämpften, war das organisierte System der Schule. Wir hatten eine umfassendere Vorstellung von Freiheit in der Schule, aber wir mußten einsehen, daß die Kinder aus jenem reglementierten Milieu kamen. Die Kleinen sind bis jetzt die einzigen, die in unserem eigenen System aufgewachsen sind. Sie haben jenes organisierte System nicht erfahren. So mußten wir ein Stück zurückgehen und es ein wenig mehr organisieren für die Kinder, die bisher unter anderen Bedingungen gelebt haben. Ich glaube, wir fühlen uns immer noch nicht kompetent genug, aber es ist im Kommen. Man kann eben nicht alles auf einmal machen; man muß schrittweise vorgehen, damit das Kind eine gute Grundlage hat. Dann werden sie wirklich Fähigkeiten zum Überleben entwickeln, z. B. wie sie in den Wäldern überleben können, ohne zu verhungern, zu erfrieren o. ä.; das ist ein Teil von dem, was sie lernen müssen. Jedermann muß das lernen, und ich denke, es ist eine Überlebenstechnik, die sehr bald den Weg weisen wird.

Überlebensschule meint Überleben . . .

Aber auch das Überleben unserer Kultur.

. . . überleben in beiden Welten.

Ja. Damit wir fähig sind, unsere eigene Lebensweise zu leben. Damit wir anderen Leuten erlauben, wirklich den Weg zu leben, den sie möchten – den traditionellen. Es muß eben Leute geben, die sich diesem System entziehen können, um in der Lage zu sein, das System zu bekämpfen. Diese Überlebensmethode ist genauso nützlich wie die anderen Überlebenstechniken, sogar bis zu dem

Punkt, zu wissen, wie man das Wohlfahrtssystem selbst bekämpft, weil sie wirklich versuchen, ein Spiel mit jedem zu treiben. Wenn man das Spiel durchschaut hat, können sie es nicht spielen, und das ist ein Teil der Technik. Denn man kann nicht überleben oder das Überleben wird zumindest sehr hart sein mit einem Wohlfahrts-Scheck, wenn man keine Möglichkeit hat, sie zu stoßen oder zu kritisieren oder zu blockieren . . .

Der Versuch, den Weg, den wir leben wollen, zu leben, und dann gegen die Gesellschaft anzurennen, das ist oft hart; manche Leute können es nicht. Sie haben es wirklich sehr schwer, man kann nämlich verrückt werden, ich meine, sie können dem nicht gewachsen sein, und das ist wahr – es ist härter für einen Nicht-Indianer, doch ist es schwerer für einen Indianer als für sonst jemanden, in den Städten zu überleben. Man kann das nicht über die Schwarzen sagen, weil die Schwarzen sich selbst in das System integriert haben, sowohl auf dem Land als auch in der Stadt. Die Indianer haben das niemals getan. Sie haben ihre Lebensweise nicht aufgegeben, deshalb können sie in dem weißen System nicht leben. Das ist der große Unterschied; deshalb versuchen wir beständig, aus einem Minderheiten-Status herauszukommen, weil die Probleme – sogar in den Gettos und Städten – anders für den Indianer sind als für andere Leute. So haben die Überlebensfähigkeiten, die wir alle lernen oder auch lehren, zu tun mit dem Überleben unserer Kultur, dem Überleben als Menschen und dann mit der Fähigkeit, wirklich zu überleben. Nicht ein Leben gegen die Natur, wie es uns jeden Tag beigebracht wird, sondern wieder zu lernen, mit der Natur zu leben, wie es uns vorgegeben ist. Das ist eine ganz andere Art von Überleben, sie muß gelehrt werden, weil man sie sich auf keine andere Weise aneignen kann. Es ist gleich, welche Hautfarbe man hat, es gibt nichts, was man weiß, wenn man geboren wird. Ich meine, man kann ein Gefühl dafür haben, aber wenn man es nie gesehen oder gespürt hat oder damit arbeiten mußte, kann man es nicht wissen. Denk mal darüber nach.

Ich glaube, die meisten Kinder, die ihr in diese Schulen aufgenommen habt, kommen aus Familien, die die Probleme kennen, und ihr erreicht die noch nicht, die . . .

Obgleich wir es tun. Schau dir Alan an, wo ich arbeite. Vielleicht etwa die Hälfte der Kinder, also nicht viele, kommen von den Schulen, die übrigen gehen in öffentliche Schulen. Wenn es nur mehr Schulen geben würde; es gibt hunderte, tausende Kinder. Wir brauchen mehr Survival-Schools, viel mehr, und wir brauchen dafür viel mehr Erfahrung, aber wie ich sagte, sind wir nur ein paar Leute. Wir arbeiten erst seit acht Jahren. Ich weiß zwar nicht, wie lange es bei anderen Gruppen, in anderen Ländern dauert, bis sie ihre Aktionen entwickelten, aber in diesem Land ist AIM, von den Moslems abgesehen, die einzige Bewegung, die aktiv ist. Okay, die Panther-Partei ist so ziemlich tot. Sie bearbeiteten den Untergrund der «Weathermen» nicht. Unsere heutige Arbeit für die armen Völker, für welche auch immer, entstand aus den «Arme-Leute-Märschen». Die ganze Sache war so verworren, und sie wußten nicht, was sie drüben taten. Na gut, sie haben manches Gesetz verändert und das Denken mancher Leute, aber es gab von keiner dieser Gruppen Versuche von Dauer, auf irgendeine Weise oder Form irgendeine Art Veränderung nicht einschlafen zu lassen. Als einzige hat das die Indianerbewegung getan – und das seit acht Jahren. Sie hat sich noch nicht verändert, außer daß mehr Leute und somit ein paar Dinge mehr hinzukamen. Aber das Geld, das man benötigt, um Schulen, amtlich anerkannte Büros und ähnliches aufzubauen, wird schnell verbraucht, und es ist schwer, neue Reserven zu bilden. Die Bewegung ist wirklich stark, ein richtig zielbewußtes Organ, eine unorganisierte Organisation. Die Bewegung hat ein weites politisches Spektrum, das von Superradikalität bis vielleicht zur «Laß-es-uns-nicht-sofort-machen»-Mentalität reicht. Es ist etwas in Gang gekommen – in den Schulen und innerhalb der Bewegung selbst. Ich halte das für gesund. Die Bewegung ist nämlich nicht radikal – es ist mir gleich, was die Leute sagen –, sie mag in den Augen der Weißen radikal sein, für uns jedoch ist sie normal. Sie hat ihren Sinn.

Ja, aber in einem Punkt, nämlich, wenn ihr zu eurer eigenen Kultur zurückfinden wollt, da ist sie radikal, weil ihr gegen die herrschende Kultur arbeiten müßt . . .

Ja, aber das ist der springende Punkt. Wir haben niemals das Kämpfen aufgegeben. Es gibt zwar viele Indianer, die in weiße Internate gehen müssen, viele, die sich an die Gesellschaft verraten mußten, aber es gibt auch viele Indianer, die nie aufgegeben haben. Sie können nämlich in den Wäldern leben; ich würde dich gern mit nach White Earth nehmen, du würdest wahrscheinlich verprügelt werden, weil sie dort oben die Weißen nicht akzeptieren. Sie sind eine Ehren-Gruppe, doch sind sie Kämpfer. Ich meine, die Leute, die hier die ganze Zeit gelebt haben, schufen eine richtige Kultur. Nur ein Beispiel: die Schwarzen kamen in unser Land und wurden verdächtigt, wirklich. Mir ist es gleich, wofür sie kämpfen, hör auf Jesse Jackson, der sagt «Rechte auf Silber», nicht «Bürgerrechte». Ich meine, das ist ihr ganzer Hintergrund.

Was ist das für ein Mann?

Reverend Jesse Jackson, ich kannte ihn, solange er unbedeutend war und für die Bewegung der Schwarzen arbeitete. Diese kamen, erhielten ihre Jobs – es war eine Bewegung für die ökonomischen Bürgerrechte. Sie wollten eine ebenso gute Bildung wie die Weißen. Sie wollten die Kultur, aber auch das Schulsystem in der Art, wie es besteht, sie wollen ein solches Leben. Soweit ich das sehen kann, möchten sie weiß sein, und die paar Leute, die das nicht wollen, wurden Moslems oder so, und das ist nicht schwarz. Soweit ich das sehen kann, haben die Mohammedaner eine ganz andere Kultur als die Schwarzen. Bist du schon in Afrika gewesen?

Nein.

Ich auch nicht, aber ich habe hier Afrikaner getroffen, und ich kam wirklich gut mit ihnen aus. Diejenigen von ihnen, die auf dem Land wohnen – ich begegnete einigen von ihnen –, lebten in einem bestimmten Kreislauf, den sie auch verstanden. Sie begriffen den Stamm, die Familie . . ., ich mußte nichts erklären, ich mußte keine wirklich dummen Fragen beantworten, wie ich es tun muß bei solchen Gruppen, die wir heute treffen. Sie verstanden es eben, und das ist meiner Meinung nach «schwarz». Wofür diese Leute in den Vereinigten Staaten kämpfen, das sind – wie Reverend Jesse sagt – «Silberrechte, nicht Bürgerrechte».

Meinte er damit, daß er «Silberrechte» anstelle von Bürgerrechten will, oder übte er Kritik?

Nein. Er glaubt, daß sie eine Entwicklung auf guter wirtschaftlicher Basis brauchen, womit sie sich wirtschaftlich bis zu dem Punkt hin entwickeln können, wo sie politisch und ökonomisch stark sind. Ich verstehe das, zumindest bis zu einem gewissen Punkt; wir brauchen nämlich auch Geld. Wir brauchen auch ökonomische Voraussetzungen, aber das ist nicht das Wichtigste. Wenn wir sie erhalten, dann werden wir sie gemeinschaftlich nutzen.

Damit wäre diese Art Wettbewerb, die noch existiert, vermieden.

Richtig.

Zurück zu unseren Überlegungen. Ich sagte vorher, selbst wenn die Vereinigten Staaten euch nach eurer Art leben lassen würden, könntet ihr euch doch nicht in das System einfügen. Dann würdet ihr innerhalb dieses Systems ein anderes aufbauen, und das wäre gefährlich, oder nicht?

Ja. Ich verstand die Frage und die Antwort, und ich bin sehr stur gewesen, zu einem anderen Punkt überzugehen. Du hast schon recht. Ich denke, daß zu guter Letzt in den Vereinigten Staaten selbst eine Revolution stattfinden wird, oder daß sie von außen kommt. Es muß nämlich eine Veränderung eintreten, weil das Land den jetzigen Zustand auf Dauer nicht verkraften wird. Bei der Geschwindigkeit, in der sie das System ausnutzen, müssen sie sich selbst zwingen, ein anderes System zu finden, das funktioniert. Die Regierung überwacht dies und jenes; ich kenne den nächsten Schritt, man sieht ihn nämlich in der ganzen Welt, und auch die nächsten Schritte. Ich bin nur gespannt, was für eine Regierung dabei herauskommen wird, wenn es soweit ist. Ich möchte es gern wissen. Ich bin für jeden Weg. Aber die Bewegung selbst – wie ich sagte, ist sie erst acht Jahre alt – erreichte, daß wir Schulen bekommen haben, die seit fünf Jahren gut laufen, Kliniken, Tagesstätten, und zwar so halbwegs legal. Wir werden eine Art nationale Organisation, die so locker ist, daß sie beinahe nicht korrupt sein kann. Wir haben keine Diktatur in der Bewegung. Und genau das läßt die anderen Leute ausflippen, es verwirrt sie. Leute aus dem Ausland haben es ganz besonders schwer mit uns, weil sie wissen wollen, wer die Führer sind und zu wem sie sprechen sollen. Wir lehnen uns gewissermaßen zurück und sagen einfach, wer auch immer du bist, es gibt sicher jemanden, mit dem du sprechen kannst; denn auf diese Art bekamen wir unsere Häuptlinge. Die Weißen brauchten jemand, zu dem sie als Repräsentanten sprechen können.

Wer ist dieser Jemand?

Tja. Es ist an einem Tag der eine, irgendein anderer am nächsten Tag und wieder irgendwer am übernächsten Tag, und gerade das mögen die Weißen nicht. So war es früher, wenn wir einen Häuptling brauchten, und so ist es bis heute geblieben. Das ist der Grund, weshalb die Stammesräte auf den Reservaten so korrupt sind; wir kennen sogar mehr Formen von Korruption als die Weißen. Wir mußten uns nämlich so lange damit rumschlagen, daß wir alles kennen. Ich wette mit dir, daß du, wenn du in die Gesellschaft hinausgehst, mich alles fragen kannst über deren Regierung, über interne Regelungen; ich weiß, wie man ihre Anträge stellt, wie man zu ihren Komitees geht, ich weiß, wie man all das macht. Ich stehe damit nicht allein da; ich kenne ein paar tausend Leute, die das auch können. Wir wissen über die Vereinten Nationen Bescheid genauso wie über eine Menge inländischer Angelegenheiten auf staatlicher Ebene. Wir können Gesetze verabschieden lassen; frag irgendwen, wie man das macht, und der weiß nicht, worüber du sprichst. Wir wissen es. Wir wissen das alles, weil wir es wissen müssen und weil wir nicht Teil der Vereinigten Staaten sind. Das ist der Schlüssel. Und wie das BIA, das mir als Kind vorschreiben konnte, welche Fächer ich wählen dürfte, haben wir ähnlich ein ganz spezielles Verhältnis zur Regierung. – Wenn du nichts zu tun hast, Barb, könntest du einige Kartoffeln schälen! Und das . . . Wo sind wir stehengeblieben?

Oh, wo auch immer. Ich habe eine alte Frage: In den Survival Schools, die ihr aufbaut, gibt es ein bestimmtes Lehrkonzept; viele Dinge sind äußerst ungewöhnlich für mich. Mag sein, daß sie dir gar nicht ungewöhnlich vorkommen.

Du hast recht, man denkt nicht darüber nach, ach, für uns ist es eine ganz klare Sache.

Gut, ich nenne einige Punkte, die mich sehr beeindruckten, und dann kannst du sagen, was du darüber denkst. Angenommen, du bist der Lehrer und hier ist die Klasse. Kommt man in die Klasse, kann man manchmal nicht erkennen, wo der Lehrer ist, weil es sein könnte, daß einige der Schüler etwas erklären und der Lehrer irgendwo ist. Dadurch entsteht etwas – wie würdet ihr das nennen? Rollentausch oder Rollenspiel? Der Student lernt durch die Praxis, wie man unterrichtet, er lernt, wie man lehrt, und versteht die Rolle des Lehrers. Wenn er nun wieder Schüler ist, wird er den, der lehrt, verstehen. Das wiederum vermeidet, daß er die ganze Klasse stört, weil der Unterricht in einer Form stattfindet, die er mag. Warum sollte er etwas stören, das er akzeptiert und will? Das ist das eine. Hast du schon einmal darüber nachgedacht?

Als wir die Schulen aufbauten, haben wir noch daran gedacht. Doch laß mich jetzt etwas erzählen, das mir gerade einfällt: Als ich über die Familie sprach, erzählte ich, wie wir die Schule nach dem Familienmodell entwickelten. Das taten wir ganz bewußt. Wir entwickelten sie also, indem wir das Familienmodell als Vorbild benutzten. Ich berührte dabei auch das Problem «Respekt»; vielleicht sollte ich erst sagen, daß Respekt eines der wichtigsten Dinge ist, die wir in unseren Schulen lehren. Es ist ein Begriff, der in der weißen Gesellschaft nichts, doch in der indianischen sehr viel bedeutet. Er sollte auch in der weißen Gesellschaft mehr Bedeutung erlangen, die Auslegung des Begriffs, so wie man ihn in Lexikas findet, sollte kein leeres Wort sein, sondern einen realen Wert bekommen – für die meisten Leute ist das jedoch nicht der Fall. Eins von den Dingen, die man in den Survival Schools und innerhalb der Familie lernt, ist Respekt. Ich will dir ein Beispiel geben. Neulich brachte Judy ein Baby zur Welt, das für die Weißen nicht legitim war, weil die Eltern nicht verheiratet waren. Sie glaubten, das arme kleine Kind müsse in seinem Leben viel leiden, oder was sie eben in ihrer Vorstellung mit dem Schicksal eines nichtehelichen Kindes verbinden. So etwas regte mich niemals auf, aber als dieses Kind geboren war, kamen seine Eltern, Vater, Mutter, seine Brüder, Schwestern, alle kamen den weiten Weg von der Reservation, die oben an der kanadischen Grenze liegt, wobei man neun, zehn oder elf Stunden braucht, um den Weg zurückzulegen. Es war mitten im Winter; sie kamen jedoch, und zwar wegen des Babys. Es gibt nämlich eine Zeremonie für die Zeit, da das Kind in die Familie aufgenommen wird, und so kamen alle deshalb hierher. Als sie das Baby im Hospital abholten, hielten sie gleich dort eine Zeremonie ab mit allem Drum und Dran. Das alles geschah nur für das Baby. Auch kleideten die Frauen die Mutter ganz traditionell, das Baby lag in einer Tragetasche, und der Vater hielt es hoch und sprach dabei mit ihm. Dies war ein Kind, das in die Familie kam, und wir alle waren dabei. Wir brachten das Kind nach Hause, wobei alle mitmarschierten, Mutter, Großvater, Vater, einfach alle; jeder ging an seinem vorgesehenen Platz; es wirkte wie eine kleine Parade oder so. Ich war damals in der Nähe, und so wurde ich auch eingeladen und ging mit zur Klinik. Als Judy aus dem Krankenhaus entlassen wurde und wir alle hinausgingen, da vergaß sie ihre Arznei, Vitamine und all dieses Zeug. Ich erklärte mich bereit, zurückzurennen und es zu holen. Ich lief zurück, sprang in den Fahrstuhl und sagte, Judy habe ihre Medizin vergessen. Während ich wartete, kamen zwei Krankenschwestern die Halle entlang, und sprachen darüber, daß sie so etwas noch nie gesehen hätten. Die eine sagte zur anderen: «Wissen die nicht, daß das Baby unehelich ist?» Ich glaube, die waren regelrecht schokkiert, daß unsere Leute so eine Zeremonie für ein uneheliches Baby veranstalteten und dabei so viel Respekt bezeigten.

Wir denken nämlich anders darüber. Für uns ist ein Baby eine Person, die geachtet werden muß, und wenn das Kind sechs Jahre alt wird, bekommt es eine Geburtstagsfeier. Wenn die Weißen hier eine Geburtstagsparty für einen Sechsjährigen veranstalten, kommt eine Masse Sechsjähriger herbei, und sie balgen sich, schmeißen mit Essen, singen Liedchen, kreischen und rennen rum und machen Krach, weißt du. Aber wenn bei uns ein Kind Geburtstag hat, denkt man nicht an so eine Party. Alle aus der Familie kommen, Tanten, Onkel, Cousins, und es ist wie eine Feier. Ist eine Trommel vorhanden, dann singen sie ein Lied für das Kind; alle singen mit – außer dem Kind. Sie heben es hoch, und jemand würdigt es in einer Ansprache, der Großvater oder Onkel, oder ein anderer. Sie sprechen über das Kind oder darüber, daß es gerade sechs oder fünfzehn Jahre alt geworden ist, über Dinge, die sie dieses Jahr machen und wie sie verlaufen. Sie haben ihren Eltern geholfen und gingen zu diesem Fest und machten dies und jenes. Das ist so üblich, dann klatscht man Beifall; jeder der Anwesenden hat etwas davon. Jeder geht zum Kind, bevor er das Fest verläßt, und schüttelt seine Hand. Siehst du, sie behandeln es als Person, nicht als Kind, und das ist ein Unterschied.

Unsere Schulen sind auch so: man behandelt nämlich Kinder nicht wie Babies, sondern wie Menschen. Wir sind alle in jene Schulen gegangen, in denen das nicht der Fall war, und wissen, wie das ist. Wir machen diese Dinge ganz bewußt, nahmen jene Veränderungen vor, und der Respekt ist der Respekt, den man für seine Eltern und Großeltern hat. Wie zum Beispiel Bill Chatfield, der nicht mit unserer Familie verwandt ist, ich weiß nicht, vielleicht doch, aber es liegt weit zurück. Wir kannten ihn, wir trafen ihn, er war einer der alten Kameraden draußen auf der Straße. Du hättest ihm begegnen sollen, er ist ein großer Mann, ein wirklich großer Mann. Und er ist ein alter Mann, und so begannen wir, ihn einige Male in das Gemeinschaftszentrum mitzunehmen, und bei jedem größeren Mahl ist er bei uns. Wenn das bei mir stattfindet, kommt er zu mir; wenn es bei meinem Bruder ist, dann kommt er dorthin. Er ist ein Großvater geworden für alle Kinder, und jeder spricht von ihm, als wäre er es wirklich, obwohl er kein Mitglied unserer Familie ist. Aber er hat sich das verdient, er erzählt uns über die Kultur und so, weißt du, er tat also viele Dinge. Daher ist er für uns der Großvater. In den Schulen ist ähnliches geschehen. Wir haben jenes Familienmodell benutzt, und man bekommt Brüder und Schwestern, wenn man zur Schule kommt. Das war eines der ersten Dinge, die in der Schule eingeführt wurden. Man ist schon noch Lehrer, aber kann Tante, Onkel oder ähnliches sein, Mutter, Großmutter. Man kann aber nicht einfach hereinkommen und sagen: «Jetzt bin ich euer Lehrer und jetzt bin ich euer Onkel», das geht dort nicht. Das nämlich nehmen die Kinder einem nicht ab, sie würden einen gleich wieder hinausschmeißen. Nein, man muß sich das verdienen, und wenn jener Respekt auf beiden Seiten gezeigt wird, gibt es nur gleichwertige Persönlichkeiten. Jener Respekt ist in jeder Hinsicht bewußt und offensichtlich. Wir bemühen uns sehr, sie diesen Respekt auf jedem Weg zu lehren, weil er ihnen nicht von außen gegeben wird. Sie können jenes Empfinden dafür nicht bekommen, oder es wird sie «weißer Respekt» in einer weißen Schule irgendwo draußen gelehrt. Wir haben den Respekt gut bewahrt, ich glaube, das haben wir, wir mußten auch einige Kämpfe dafür durchstehen und dreihundert Morde.

Welche dreihundert Morde?

Es sind auf jeden Fall seit Wounded Knee 1973 so viele gewesen.

Und was meine Eltern und Großeltern erlitten, ist wirklich, wirklich schrecklich. Die Internate und all das, was sie mitmachen mußten. Viele von ihnen sind daran zerbrochen, weißt du, man kann das nicht tagtäglich mitmachen, die meisten von ihnen konnten es nicht. Es gab ganze Generationen von Alkoholikern, sie konnten es nicht verkraften, man konnte da nicht herauskommen, nur so konnte man der Realität entfliehen. Das konnte man. Ich weiß, daß es genau das war. Es ging nicht anders, man muß es einfach tun, denn diese Realität war allgegenwärtig, und sie sahen ihr ins Gesicht, ich weiß es. Es war eine schwere Zeit für sie. Die ganze Zeit über wurde ihnen gesagt, daß es schlecht, heidnisch und schmutzig sei, ein Indianer zu sein. Man erlaubte uns nie, unsere Sprache zu sprechen; schon deshalb würden sie sie nicht lehren. Manche dieser Geschichten sind nämlich bekannt, und ich habe sie gehört. So machte diese ganze Generation oder auch jene zwei, drei oder wieviel es gewesen sein mögen, eine Menge durch. Jetzt sagen hier Leute wie ich, daß wir es so gut hätten. Wir haben es nicht wirklich so gut, aber zumindest besser als sie, weil wir wenigstens jetzt etwas erreicht haben; wir haben dem indianischen Volk gesagt, es sei nicht schlecht, daß wir Indianer sind. Daß man Indianer sein und stolz darauf sein kann, ist die Hauptgrundlage der Schulen und der Bewegung. Von ihr sind wir von Anfang an ausgegangen, und das ist ein Grund, weshalb diese Schulen noch gut laufen. Das Red School House bekommt jetzt viel Geld, nein, nicht viel, aber es erhält eben Geld. Aber diese Schule lief drei Jahre ohne jegliche Zuschüsse. Ich weiß nicht, von wie vielen Schulen man sagen könnte, daß so viele Leute für so lange Zeit ohne Unterstützung den Betrieb in Gang gehalten haben. Das bedeutete nämlich eine große Verantwortung: Man mußte gegen Gerichtsbeschlüsse ankämpfen, gegen die anderen Schulen und die Entscheidungen der Wohlfahrt. Die Wohlfahrt kann einer Familie zum Beispiel den Zuschuß verweigern, wenn ein Kind in unsere Schule geht, mit der Begründung, daß dadurch den staatlichen Unterrichtsbestimmungen nicht Folge geleistet würde. Deshalb liegen sie außerhalb des Wirkungsbereichs der Sozialgesetze. «Wir geben Ihnen nicht mehr Geld, außer sie bringen das Kind in die Schule zurück», heißt es dann. Eine Menge Druck von einer Menge Leute, und wir gingen hindurch, weißt du, aber damit haben wir gerechnet.

Ich würde sagen, wenn man das Wort «indianisch» von der Survival School trennen würde, wäre sie eine Art humaner Überlebensschule, deren Methode bei allen Menschen durchführbar ist. Was meinst du?

Unsere Schule bedeutet nicht nur Lehren, sondern auch Leben. Ich meine, die Leute müssen sich achten. Es ist Tatsache, daß die Weißen die Schwarzen haßten, weil sie sie nicht kannten, und daß sie die Indianer aus demselben Grund haßten. Jeder haßte jeden in dem einen oder anderen Punkt, weil sie sich gegenseitig nicht kannten, wie es scheint. Was fehlt, ist der Respekt, und das ist ein Grund, warum nicht alle Weißen vernichtet wurden, als sie in dieses Land kamen: weil nämlich Respekt vorhanden war und sie auch ein Teil der Mutter Erde waren. Nur die andere Seite konnte das nicht so empfinden. Deshalb weiß ich nicht, ob diese Schulen bei den Weißen lebensfähig wären, weil ihr das alles erst lernen müßt, sie ist eben ein lebendes Modell. Ich sehe manche wirklich guten Veränderungen, die bei vielen Kindern wirklich stattfanden. Man muß verstehen, daß diese Kinder – ich meine die «Kinder der Bewegung» – außerhalb der Einflüsse der Gefängnisse, der Schulen, der Nachfragen der Lehrer, der Gesuche der Schulen stehen; sie sind außerhalb solcher Schulen. Die meisten Kinder werden als Abschaum betrachtet. Es sind Kinder, die keiner möchte. Niemand kann mit diesen Kindern fertig werden, man kann sie nicht belehren, nicht mit ihnen sprechen, sie nicht disziplinieren – man kann nichts für sie tun. Man sperrt sie ein, und sie laufen weg, und so kommen unsere Schulen zu diesen Kindern, die keiner möchte. Das ist auch der Grund, weshalb jeder vor den Schulen Angst hatte, weil man wußte, daß das die Kinder waren, die zu uns kamen. Du hast diese Kinder gesehen.

Ja.

Aber sie sind nicht so; ich meine, als sie hierherkamen, waren sie fast so. Eine Änderung trat ein, als sie begannen, Respekt zu lernen, und auch, was das Wort bedeutet, und für sich selbst gewannen sie ein bißchen Respekt wieder. Ich denke, das ist für sie die andere Seite davon. Wie du weißt, werden sie nicht wie Babies behandelt, es wird ihnen nichts befohlen, es gibt viel Bewegungsfreiheit in dieser Schule, im ganzen Schulsystem. Wir haben Kinder, die wirklich stolz auf sich selbst sind, es ist ihnen erlaubt, frei zu sprechen, und die Eltern hören ihnen zu. Kannst du dir vorstellen, was das für eine Wirkung hat? Das habe ich gemeint, als ich den Geburtstag erwähnte, wie das ist, wenn man sechzehn Jahre alt wird, wenn die Leute kommen, deine ganze Familie versammelt ist und sagt, was für ein guter Kerl du bist und so. Wird das nicht deine ganze Einstellung verändern? Hier haben Menschen nämlich ihr Vertrauen auf dich gesetzt.

Sicher, das bleibt nicht ohne Wirkung.

Ich meine, daß wir Dinge anzubieten haben, die auch andere Leute lernen sollten. Weißt du, während wir über Erziehung sprechen, wollen sie unseren Weg in die weiße Schule bezahlen. Sie wollen meine Harvard-Karriere bezahlen; das bedeutet für mich nichts, und sie können sich nicht vorstellen, warum ich so etwas abschlage. Und schon bin ich suspekt.

Du bist bereits ohne eine Kreditkarte verdächtig.

Ja.

Hast du eine?

Oh, ich hatte mal eine.

Mir passierte manchmal, daß die Leute befremdet waren, wenn ich mit Bargeld bezahlen wollte. Es ist schon so, daß man eine Karte, eine Kreditkarte haben muß, sonst gehört man gleich zu den unteren Zehntausend.

(Das Telefon läutet. Barb hebt ab. Der Anruf ist für Pat.)

Sag ihr, ich werde sie zurückrufen. Sag ihr, ich bin dabei, ein Interview zu geben und einen Truthahn zu braten. Sag ihr, sie ist dabei, einen Truthahn zu interviewen! Danke, Barb. Ich werde gleich zurückrufen.

(Übersetzt von Karina Szulc)

Ich versuchte, Teil des Systems zu werden, und bin fast daran gestorben

Interview mit Bill Wahpepah, Oakland, California, November 1977

Ich möchte allen versichern, daß wir ihre Hilfe und Gedanken schätzen und daß wir, wie das schon früher gesagt wurde, siegen werden. Es ist nur eine Sache der Ausdauer, des Nicht-Aufgebens; man muß daran glauben, daß die Zeit für eine neue Welt gekommen ist. Ein neues Leben, ein Leben in Freiheit und mit der Unabhängigkeit aller Rassen. Aller Rassismus wird sterben, wenn die Menschen einen gewissen Grad an Vollkommenheit erreichen. Dies möchte ich in meine Botschaft an die Brüder und Schwestern in Europa und an meine engen Freunde einschließen. (. . .)

Unser Dasein sollte erfüllt sein mit Leben und Lachen, ohne sich um ein System zu kümmern, das das Leben nicht mehr respektiert, ein System, das nur darauf aus ist, Leute und Umwelt auszunutzen. Das ist es, was wir vom AIM in Oakland dir sagen wollen, daß wir euch gerne haben und hoffen, daß ihr uns weiterhin schreibt, obwohl die Antwort manchmal auf sich warten läßt. Vielleicht werde ich auf einer Bandkassette antworten, das ist noch besser, denn ich möchte gerne eure Stimmen wieder hören. Das bedeutet mir etwas. Ich könnte jetzt vielleicht die Änderungen, zumindest einige davon, beschreiben, die mein Leben beeinflussen, seit ich wieder zurück bin. (. . .)

Was mich betrifft, so hat die Genfer Konferenz jedenfalls mein Ansehen in der Gemeinschaft gesteigert, und oft ist es für mich überraschend, wenn fremde Leute kommen und mich über Genf ausfragen, denn für einen Durchschnittsbürger wie mich bedeutet das eine große Veränderung in meinem Leben. Zuerst dachte ich, das Ganze sei ein einfacher Europabesuch, aber dann begriff ich den tieferen Sinn und die Wichtigkeit dieses historischen Treffens in Genf und der weiteren Treffen danach – unsere Begegnungen mit denen, die uns in Europa unterstützen, unser Ideenaustausch, der bewiesen hat, daß wir nicht die einzigen sind, die sich mit der Unabhängigkeit und der Änderung unseres Wertsystems befassen. Wie man ein System ändern kann, das Leute und Umwelt ausbeutet, diese Erkenntnis hat mein Wissen und mein Leben positiv beeinflußt. Dies ist ein Teil meines Lebens, den ich immer geschätzt habe, Freundschaft und Verständnis. Vielen Weißen zu begegnen, die keine Rassisten sind. Dies brachte mir als Mitglied des Sun Dance eine neue Vorstellung in meine Gebete, wenn ich also für die vier Farben bete, ist weiß jetzt mit dabei. Vielleicht ist das sogar das Bindeglied, vielleicht haben wir, weil wir von den Weißen getrennt worden sind, sie nicht genügend in unsere Gebete eingeschlossen. Vieles haben wir uns selbst zuzuschreiben, durch «roten Leerlauf» oder dadurch, daß wir selbst eine rassistische Haltung eingenommen haben. Vieles davon ist jedoch aus meinem Leben verschwunden. Und ich muß mich nicht reinwaschen, wenn ich Weiße treffe, ich kenne Tausende, die sich um mich und meine Leute Sorgen machen. Ja, wir werden gewinnen, wir werden gewinnen, weil wir eine Nation sind. Darüber hinaus möchte ich den Survival Schools sagen, daß wir uns freuen, auf das, was kommt, was wir zu lernen haben, was wir mit oder ohne Bücher lernen, darüber, daß wir Studenten und Lehrer sind. Alles ist für uns neu und fast alles von Bedeutung, mit Ausnahme natürlich der üblichen amerikanischen Scheiße. Aber mir wurde klar, daß viele, viele Leute sich etwas aus uns machen. Das möchte ich meinen Leuten übermitteln und werde das immer tun, vielleicht müßte ich eines Tages zurückkommen und dich besuchen, ich würde das sehr gerne tun, einige meiner Kinder und andere Leute mitbringen, nicht Bürokraten oder Fachleute, sondern einfache Leute, Leute aus den Reservationen, wie ich selbst. Einfach Menschen. Damit sie die Botschaft weitertragen können. Sie könnten dann wirklich selbst sehen, weißt du, daß ihr gute Seiten habt. Das bedeutet uns etwas, für mich bedeutet es etwas ganz Besonderes. Ich möchte sagen, daß ich es niemals vergesse, weil es immer besteht. Ich habe Briefe aus ganz Europa erhalten, einige habe ich beantwortet, einige nicht, aber die meisten, die ich noch nicht beantwortet habe, sind die, wo ich noch nicht weiß, was ich sagen soll. Ich weiß nicht, wie ich es ihnen sagen soll, daß sie dazu beigetragen haben, mein Leben zu verändern. Das bedeutet sehr viel, und ich hoffe, daß sie weiterhin mit uns sind, denn auch wenn wir nicht mehr dort sind, heißt das nicht, daß wir nicht mehr bei euch sind, auch wenn ihr uns nicht mehr sehen könnt. Denn du bist mit mir, bei allen Zeremonien, die ich besuche. Du bist in den Gruppen, zu denen ich spreche und sprechen werde. Morgen abend werde ich, wie ich auf meinem Kalender sehe, in San Francisco reden. So werde ich dort von dir sprechen. Es ist gut so. Das Hin- und Herfliegen in den letzten Monaten hat mir ebenfalls neue Ansichten vermittelt. Meine Freunde, die mir etwas bedeuten, kommen und gehen in meinem Leben ein und aus. Aber ich vermute, daß das ein Teil unserer Aufgabe und der sozialen Veränderung ist, der Veränderung, die wir bewirken wollen. (. . .)

Beim Umherziehen hast du, hoffe ich, die verschiedenen Methoden der Survival Schools wahrgenommen. Unterschiede bedingt durch die Verschiedenheit der Leute und Orte. Im nördlichen Teil von Kalifornien haben sie eine sogenannte liberale Gemeinschaft, wie sie es nennen, eine Gemeinschaft mit verschiedenen Rassen, sowie eine internationale Gemeinde in San Francisco. Aber weiter nördlich in den ländlichen Gebieten existiert immer noch Rassentrennung. Die Wohngelegenheiten der Indianer sind dort vergleichbar mit denen in der Reservation, in Kalifornien werden sie Rancherias genannt, allerdings besuchen wir diese Gebiete selten. Wir haben Kontakt zu AIM-Leuten, die für die Belange ihrer eigenen Ge-

Bill Wahpepah

meinden zuständig sind. In Stadtbezirken wie Oakland und San Francisco stößt man eher auf primitive Wohnungen und arme Leute. Die Bezirke in den Hauptstädten sind Halb-Slums, so daß wir uns mit ganz anderen Problemen zu befassen haben. Da geraten zum Beispiel Kinder mit dem Gesetz in Konflikt.

Wir haben große Schwierigkeiten in unserer Schule, jede Unterstützung ist willkommen. Unser Geldbedarf ist immer dringend, allerdings war das so seit jeher, und es gibt uns trotzdem immer noch. Ich würde Geld von unseren Freunden in Europa annehmen, ich würde es wirklich, denn wir haben noch ungefähr für drei Monate Reserven. Wir sind wirklich in Schwierigkeiten. Auch sind unsere

Methoden anders, viele Leute verstehen nicht, was Survival Schools sind, und versuchen, sie mit einem System zu bewerten, das von den öffentlichen Schulen stammt. Vor allem durch das Erziehungssystem, das hier in den USA besteht, wird vieles, was wir zu erreichen versuchen, falsch verstanden. Es ist dieselbe Situation, wie soll ich sagen, wie wenn ich versuchen würde, die Gefühle einer Mutter zu beschreiben, die ein Kind bekommt. Ich kann das nicht, weil es für mich unmöglich ist, ein Kind zu haben. Diese Art Schwierigkeit ist es, die wir haben. Ein anderes Problem in der Gemeinschaft ist, daß die politische Erziehung nicht so glatt vor sich geht, wie wir das gern hätten. Ich möchte verschiedenartiges Werkzeug anbieten, einiges würde wahrscheinlich den einen Stempel tragen, anderes wieder einen anderen. Ich glaube, es ist an der Zeit, daß jegliches geistige Werkzeug, das wir brauchen, den Leuten, ob sie nun kritisch sind oder nicht, zur Verfügung stehen sollte, selbst wenn es mit einem Stigma behaftet ist. Das müssen wir bei diesem System erwarten. Aber du hast gesehen, Claus, die Art, wie wir uns mit einigen Dingen befaßt haben, beweist, daß wir uns gegenseitig und unser Heim sehr mögen. Du hast heute auch gesehen, wie wir gegen die Bürokratie, vorgehen und hast einige der internen Schwierigkeiten kennengelernt. Diese Schwierigkeiten sind wahrscheinlich politischer Natur oder Identitätsprobleme. Der Kampf ist ein Befreiungskampf, und viele unserer Brüder und Schwestern, die mit den Regierungsprogrammen arbeiten, glauben wirklich, daß der Weg zu unserer Unabhängigkeit eine Reform ist, die das Gegenteil einer radikalen Veränderung ist. Beides kann richtig sein, aber in der Zwischenzeit müssen wir unsere Kinder auf die Umstellungen in unserem Leben vorbereiten und sie lehren, die Gesetze zu kennen. Es ist schwieriger hier als in den Reservationen, das Gefühl zu bekommen, die Selbstbestimmung sei nahe, und trotzdem würde ich meine Kinder, die hier in den Städten leben, nicht verlassen, es sei denn, ich lasse einen anderen Gall, einen anderen Chief Joseph, Black Hawk oder irgend jemanden im Stich. Weißt du, denn in all diesen Menschen ist die Gesinnung ebenfalls vorhanden, und was ich tun möchte, ist, diese Kinder vorzubereiten und sie ermutigen, in die Reservationen zurückzukehren, wenn ich der Meinung bin, daß auch sie daran glauben. Es tut mir leid, aber du siehst, das ist eines der Dinge, die ich lerne, ich sage «ich» statt «wir». Wenn wir also glauben, jemand sei bereit, zurückzugehen, ist diese Person bereits schon zu Hause. Das ist schon dreimal vorgekommen, und für mich bedeutet das etwas, was man nicht so leicht beschreiben kann, wenn sich jemand seelisch auf die Rückkehr vorbereitet, jemand, der seit Jahren hier gelebt und wahrscheinlich zu seiner Kultur keine Beziehung mehr hat, und der dann plötzlich mehr darüber wissen will. Das geht so weit, daß er sich durch die Zeremonien und die Bewußtseinserweiterung in manchen Dingen, die es in der unterdrückten Welt gibt, in der wir leben, geborgen fühlt. Er gibt etwas auf, kehrt zurück und findet in der Gemeinschaft eine neue Heimat. Das ist meine Aufgabe hier. Ich glaube, es gibt eine ganz bestimmte Rolle, die die städtischen Indianer in unserem Kampf spielen. Aber ich glaube, im Moment sollte ich eher über das Leben reden. Ich würde sagen, wir sind ein Puffer, ein Puffer zwischen dem Unterdrücker und den Menschen und der Religion, die uns Kraft gibt. Das bedeutet es, wenn ich sage, ich gehe den vollen Weg. Es bedeutet, daß ich alle diese Straßentricks kenne, alle diese Überlebensmöglichkeiten in einer Stadt, die die Kinder auch kennen. Ich muß ihnen nur zeigen, daß es dasselbe ist, mit der Ausnahme, daß wir nun nicht als einzelne, sondern als Ganzes überleben wollen. Wir wenden diese Techniken nicht für uns persönlich an, sondern für alle, wir unterstützen sie, wenn sie juristische Hilfe brauchen, wir sind da, wenn sie uns brauchen, um etwas in die Nachrichtenmedien zu bringen, weil sie selbst keinen Zugang dazu haben.

Darf ich dich unterbrechen?

Ja.

Wie war dein Leben?

Wie mein Leben war?

Ja.

Ich war drogensüchtig während 12, wahrscheinlich 14 Jahren, vielleicht mein ganzes Leben. Daneben war ich Alkoholiker. Ich besuchte ein Internat, davor, als ich noch jünger war, die Schule in einer Kleinstadt, bis sie mich in das Internat schickten. Ich kehrte aber wieder in die Kleinstadt und ins öffentliche Schulsystem zurück, wurde hinausgeschmissen und landete in einem anderen Internat. Das verließ ich, um mich bei der Air Force zu melden. Dort wurde ich wieder hinausgeschmissen, landete im Gefängnis und schließlich hier. Ich versuchte verdammt hart, ein Teil des Systems zu werden, und als Resultat bin ich fast daran gestorben. Ich versuchte, Schwarzer, Mexikaner und Jude zu sein, ich versuchte, alles mögliche zu sein. Es ist nun sechs, sieben Jahre her, daß ich die Drogen aufgegeben habe.

Welche Art Drogen?

Alle. Heroin, Amphetamine. Dann begann ich, stark zu trinken, ungefähr drei Jahre lang, ich war zwar immer Aktivist, aber ein sehr unzuverlässiger. Weißt du, ich war es nicht wirklich, ich war nicht mit Leib und Seele dabei, vielleicht war das auch ein Teil meiner Erziehung. Erst nach dem Scheitern meiner Ehe, ich war ein sehr beschäftigter Aktivist, begann ich zu verstehen, daß man von vielem Abstand haben sollte, und daß man, um den Leuten die Wahrheit verständlich zu machen, selbst die Wahrheit erzählen mußte. Es war nicht möglich zu sagen, ich glaube an das, und sich dann betrinken zu gehen. Oder sagen, ich glaube daran, und dann nicht zu erscheinen, zum Beispiel zu einem Treffen, das vielen Leuten etwas bedeutete. Jetzt bin ich oft zu beschäftigt, ich verpasse ebenfalls einige Treffen, aber das gehört immer noch zu meiner Erziehung. Ich muß immer noch lernen, damit fertig zu werden. Es war, glaube ich, vor drei Jahren, als ich in einer Entziehungskur landete. Ich kam regelmäßig betrunken hierher. Bevor ich Direktor war, arbeitete ich hier als Gemeindehelfer, und die Leute hier hatten eine Menge Geduld mit mir, weil ich viel und hart arbeitete. Was sie taten, war, mich zum Revolutionär zu stempeln, aber du weißt, daß ich das nicht bin, ich bin Aktivist. Ich treffe Leute, die mich revolutionär nennen, aber rein rhetorisch, denn für mich passiert jede Veränderung auf natürliche Weise. Es geschieht einfach, und deshalb gibt es viele Indianer, die nicht von Revolution reden, weil jede Revolution natürlich ist.

Ich kam also ganz schön gedopt zur Arbeit, ich hatte diese Beziehung zu einem alten Mann und ich fragte mich langsam, was zum Teufel mit meinem Leben geschehen würde, so spät noch. Was passierte, war ein politisches und geistiges Wachstum. Ich streifte die alte Haut ab, und tat einen Schritt vorwärts in der Entwicklung meines Lebens. Großvater war eine Hilfe, wenn ich krank war oder wenn ich Depressionen hatte, half er mir, gewisse Dinge besser zu erkennen. Weißt du, ich wurde krank, war aber nicht betrunken, denn die meiste Zeit meines Lebens ging es hart auf hart, ich wollte alles haben. Ich nahm nicht nur ein wenig von den Drogen, denn ein nur mittelmäßig Süchtiger würde überschnappen. Ich konnte nicht einfach in Gesellschaft ein wenig nippen, wenn ich mich betrinken wollte, hatte es keinen Sinn, einfach herumzusitzen und darüber zu quatschen. Wenn du dich besaufen willst, tu es, bring es hinter dich. Aber schließlich war ich täglich betrunken und landete in einer Entziehungskur. Während all der Zeit kannte ich die Leute von der Bewegung, Russell (Means) und die anderen, ich traf Dennis (Banks) ein paarmal. Ebenso Vern und Clyde (Bellecourt), glaube ich. Aber ich war nie wirklich aktiv, und sie konnten nicht auf mich zählen. Als ich also vor ein wenig mehr als drei Jahren in der Entziehung landete, schämten sich meine sogenannten Freunde. Als ich in meinem Bett aufwachte und dachte, ich sei gestorben, waren alle, die ich erkannte, Mitglieder des AIM. Ich hätte auch tot sein können, denn ich erbrach Blut, meine Nase blutete, weil der Blutdruck zu hoch war, und ich hustete Blut. Aber alle, die ich beim Aufwachen sah, waren vom AIM. Sie, meine Brüder und Schwestern, ermutigten mich und sagten: «Es geht dir jetzt besser, steh auf, wir brauchen dich. Dieses Kapitel ist jetzt vorbei, du hast es überstanden.» Ich blieb drei Wochen, etwas mehr, im Krankenhaus. Ich ging dort spazieren und dachte nach, dann begriff ich, was es war. Ich begreife nun, daß, wenn du dein Leben Schritt für Schritt rekapitulierst, du dann plötzlich merkst, woher die ganze Scheiße stammt. In meinem Leben habe ich beinahe alles auf mich genommen, fast jede Variante von Einsamkeit und Schmerz im Leben eines Indianers. Und ich konnte zurückverfolgen, woher der Ursprung des zerrütteten Heims, der Alkoholismus, die Drogensucht, das Weglaufen, die Scheidung, der Selbstmord, die Homosexualität stammten. Nicht daß ich negativ über die Homosexualität sprechen möchte.

Nein, ich verstehe.

Das Getto, die Lebensbedingungen, die Todesrate, die Sterblichkeitsrate der Kinder, all das, worüber wir immer reden. Persönlich ist es eher die Einsamkeit meiner Mutter, der drohende Hungertod einiger dieser Kinder, die Nächte, in denen ich meine Mutter weinen hörte, wenn sie dachte, niemand könne sie hören. Die Einsamkeit meiner Schwestern oder wenn ich meine Mutter geschlagen hatte, wenn sie oder meine Schwester Schläge bekamen. Nicht Qual und Schmerzen, die ihr die Schläge verursachten, machten mir am meisten zu schaffen, sondern die Schuld und Pein, die man fühlt, wenn man jemandem so etwas antut. Alle diese Dinge gehen zurück aufs System. Und als mir all das aufging und ich zu verstehen begann und mir sagte «Du Dummkopf», fing ich an, mich über den Widerstand zu wundern. Wieso handelte ich nie wie die anderen? Ich dachte oft, ich sei verrückt. Das war, weil ich Widerstand leistete. Vieles wurde mir klar, als ich mich mit anderen Indianern besprach und sagte «Alles was ihr tut, ist politisch gefärbt und ist Politik». Als ich ins Gefängnis kam, sagten sie: «Du hast Widerstand geleistet, du willst nicht sein wie andere, du kannst gar nicht sein wie andere Leute.» Seither ist meine Politik eine andere, manchmal sogar sehr kaltblütig, wenn ich Leute ausgenutzt habe, die in Positionen waren, die mir nutzen konnten. Das war aber nicht für mich, ich habe keine persönlichen Vorteile erhofft, als ich diese Leute ausgenutzt habe. Ich tat es für den Kampf unseres Volkes, und wenn ich alles, was ich in den letzten drei Jahren getan habe, nochmals wiederholen müßte, würde ich es genauso machen, sogar noch mehr dazu, wenn ich die Gelegenheit hätte. Ich würde Leute, die Verbindungen und Stellenangebote haben, die für Indianer vorteilhaft sind, ermutigen, in der gleichen Richtung zu arbeiten.

Dazu kommt unsere Religion, die mich in den letzten Jahren stark geprägt hat. Sehr schnell auch, denn am Anfang war ich auf der Suche danach und habe darüber gelesen, weil ich aus meiner Kultur, meiner Sprache und Religion herausgerissen wurde, als ich auf die Internatsschule gehen mußte. Ich will «Regierungsschule» sagen, denn wenn jemand das liest und nur europäische Schulen kennt, könnte er mich falsch verstehen. Es ist schwierig, meinen Weg den jungen Leuten zu schildern, die so handeln, wie ich es damals getan habe, wenn sie das Gefühl haben, jedermann sei gegen sie. Wahrscheinlich sind auch zwei Drittel der Welt gegen sie. Aber weißt du, trotzdem ist das alles nicht einfach Mist, denn noch vor zehn Jahren waren es sieben Achtel der Welt, die gegen sie waren. Und nun vielleicht noch zwei Drittel. Vielleicht in einem Monat sogar nur ein Drittel, außer natürlich für uns sogenannte Anführer. Ich hasse es, so genannt zu werden. Aber es ist so, selbst wenn ich meine eigene Terminologie brauche, um mein Image aufzubauen. «Stell dir vor, du bist ein Anführer.» Ich muß das Wort brauchen, weil es das einzige ist, das ich kenne. Siehst du, wieder ein Beispiel von Unterdrückung.

Ja.

Wie der Kolonialismus, aber ohne ihn würde ich kein Englisch verstehen. Die Rolle, die ich übernommen habe, ist für mich in meinem Alter eine schwierige. Ich bin und fühle mich zwar nicht so alt, aber gestern zum Beispiel hatte ich einen 19-Stunden-Tag. Und die vergangenen Tage arbeitete ich zwischen 16 und 18 Stunden. Ich beklage mich nicht darüber. Es ist einfach so, ich fühle mich wohl dabei, es gibt mir eine Bestätigung. Ich habe eine Aufgabe, einen Grund zu leben. Nach all den Jahren des Suchens und Versuchens, des Umherirrens weiß ich nun, was die Wahrheit ist. Nicht die volle Wahrheit, denn die gibt es nicht, bevor wir unsern Großvätern die Hand geben können. Ich kenne den Einsatz von Dennis Banks, Russell Means, Greg Zephir, Bill und Ted Means, von Vernon, Clyde, John Trudell, Leonard Pelletier, den politischen Gefangenen. Ich vergesse auch die Frauen nicht, ich will nicht, daß jemand sagt, ich hätte nur Männer erwähnt. Aber ich will mit ihnen beginnen, weil ich sie und ihren Einsatz kenne und persönlich mit ihnen gesprochen habe. Ich habe auch gesehen, wie sie mit anderen Leuten umgehen. Oft mögen sie grob erscheinen, aber es ist keiner unter ihnen, der sein Volk und seine Kinder nicht liebt. Auch wenn sie an den Versammlungen oder ihren Verhandlungen in der Öffentlichkeit kaltblütig scheinen, können sie immer noch ein Indianerkind in die Arme nehmen und zärtlich sein, sie finden immer noch Zeit für die Kinder, ich finde das toll.

Nun will ich von den Frauen sprechen, nicht weil sie an zweiter Stelle kommen, sondern weil sie etwas Besonderes sind. Letztes Jahr habe ich mich damit beschäftigt, eine ganze Reihe chauvinistischer Ideen loszuwerden, die ich in meiner Führerrolle hatte. Es ist nicht einfach, sich in einer Position zu finden, wo junge Frauen einen direkt ansprechen; das Tier in einem, dein Ego und alle Dinge, die man dich über Männlichkeit gelehrt hat, kommen zum Vorschein. In dieser Situation erinnerst du dich, wofür die Zeremonien sind. Sie haben viel mit dem heiligen Kreis, der Läuterung und Frauen zu tun. In diese Richtung habe ich im letzten August hart gearbeitet, ich versuchte, meine Gefühle und meine Lebensweise dahin zu steuern, ich nahm auch am Sun Dance teil und werde es auch im nächsten Jahr tun. Wenn ich mit Linda, Russell, Dennis und den anderen spreche, verstehen sie mich und das Gefühl, das mir mein Einsatz gibt. Ich möchte nicht als religiöser oder nationalistischer Fanatiker gelten, wie das auch schon geschehen ist. Wenn die Leute wüßten, was der Sonnentanz bedeutet, würden sie ein anderes Bild von uns haben. Ich will versuchen, dir einiges zu erklären, nicht alles, dazu bin ich nicht imstande. Was die Verpflichtung am Baum anbelangt, er ist das Symbol für das Volk. Das Zerreißen der Haut bedeutet die Geburt in vielen Leben. Eine Frau nun zerreißt ihr Fleisch bei der Geburt. Das ist die Bedeutung des Tanzes, und es ist gut, wenn man ein Teil davon ist. Wenn du dann davon zurückkommst und die Leute dir danke sagen, dich jemand beiseite nimmt und sich bedankt, weil du für sie getanzt hast, dann bedeutet das einem sehr, sehr viel. Diese Erschöpfung, die Kraft, die daraus entsteht, die vom Fasten und Dursten kommt, läßt einen erst verstehen, wieso diese Kerle und ich 18 Stunden und mehr am Tag kämpfen können. Denn wir sind alle schon erschöpfter gewesen, wenn wir ohne Essen und Trinken den ganzen Tag getanzt haben. Diese Erfahrungen kann man brauchen, ich bin sicher, daß auch Leute wie Pelletier davon profitieren. Alle diese Kerle zehren davon, einige Tänze sind sogar ihre Religion. «Er ist bei mir» oder «Unser Schöpfer ist mit uns». Ich will nicht «er» sagen, sondern «Schöpfer» oder auch «Großvater». Diese Macht ist mit uns, mit dir. Viele Leute wissen das nicht, sie schieben diese Erkenntnis einfach beiseite. Sie bemerken die Botschaften, die vom Schöpfer zu ihnen gelangen, nicht, sie bemerken nie den positiven, aber um so eher den negativen Aspekt. Wir leben in einem negativen System. Das bedeutet negative Handlungen wie: die Leute manipulieren, nehmen anstatt geben. Das war schon immer so, seit ich mich erinnern kann, das System funktioniert nur mit Nehmen. Sie nehmen deine Arbeitskraft, dein Geld, dein Land, deine Mittel. Das Volk hat nichts mehr davon, diese Einstellung breitet sich aus, auch in dein Land, Westdeutschland ist beinahe wie ein 51. Staat der USA. Das Verhältnis zwischen Nehmen und Geben ist unausgewogen. Wenn man einmal anfängt, nur noch zu nehmen, bleibt bald nichts mehr übrig, wovon man auch noch profitieren kann. So geht es dem System, in dem wir leben, es ist wie bei einem Fixer, der keinen Stoff mehr hat, alles ist aufgebraucht. Man kann auch nicht einfach in ein anderes Land gehen und sagen: «Ich möchte dein . . .», weil niemand mehr einen will. Oder es ist wie eine Liebesaffäre, wie wenn ich zu meiner Freundin gehe und sage: «Laß uns miteinander schlafen», und ich dann nur nehme, so etwas wäre ein trauriges Liebeserlebnis. Wenn ich dann weiterhin immer nur nehmen wollte, wäre die Beziehung bald zu Ende. Das kann einem auch mit anderen Leuten passieren, deiner Mutter, Schwester, Brüdern, selbst mit deinem Hund. Wenn du nichts gibst, du einfach deinen Hund nimmst, die Zeitung holst und ihm befiehlst, «Platz» zu machen, zu rollen, zu springen, dir zu folgen und mehr, dann wird dieser Hund wohl alles tun, dich aber nicht mehr mögen. Und wenn du dann sagst: «Komm, laß uns spielen», dann will der Hund nichts mehr mit dir zu tun haben. So also sieht unser System aus, es berücksichtigt die Leute nicht. Die Zeit ist reif für eine Veränderung. Sie wird eintreffen, obwohl viele Leute mir sagen: «Du bist ein Romantiker, man hat von jeher versucht, die Welt zu ändern, es hat immer Leute wie dich gegeben.» Dann sage ich: «Um so besser, ich hoffe, daß das auch so bleibt.» Ich bin in einer Position, wo ich viel mit sogenannten berühmten Anführern zusammenkomme, die meisten von uns sind ehrliche Aktivisten, nur einige von den Linken, finde ich, könnten mehr tun. Ich finde, sie sollten flexibler sein. Die Marxisten sollten etwas flexibler sein, um ihre Theorie in dieser Umgebung wirkungsvoller zu machen. Ich finde, die kommunistische Partei in diesem Land ist wirklich ein alter Hut. Ebenso gilt das für unser Volk in deinem, meinem Land, den USA. Ich rede jetzt vom nördlichen Teil der westlichen Hemisphäre. Wir müssen nicht eine oder die andere Machtstruktur annehmen und damit unserer Vorstellungskraft Grenzen auferlegen. Der Glaube an einen Mann, das heißt an eine Person, tut unserem Volk Mißachtung an. Ich muß Volk sagen, denn ihr habt mir geholfen, menschlicher zu werden. Wir beten auch immer darum. Wir bitten, zuerst ein guter Mensch zu werden, und sagen, daß wir dankbar sind für unser Leben. Zuerst will ich ein guter Mensch, dann zufällig ein Indianer und später erst Wahpepah sein – zuerst ein guter Mensch, der seinem Volk dient. Jetzt ist mein Volk größer geworden, ich bin geistig gewachsen. Ich kann nicht sagen: «Ja, ich will der größte Kommunist sein, den es je gegeben hat» oder: «Ich will der reichste Mann der Welt werden», ich finde, das ist eine Begrenzung unserer Vorstellungskraft. Ich glaube, die Zeit wird kommen, in diesem Leben, dieser Epoche, wo ein Kind aus der Getto-Schule ausbricht und sagt: «Wißt ihr was? Ich will ein neues politisches System gründen, das nichts mit den bisherigen zu tun hat.» Eine Idee, die vielleicht schon immer vorhanden war, basierend auf dem Respekt vor dem Leben, vor allen Lebensformen, vor dem Universum und vor allen unseren Brüdern und Schwestern, ungeachtet ihrer Hautfarbe. Daran muß man hart arbeiten. Wer sagt, daß das nicht möglich sei? Ich meine, wieso sollte nicht von einem Kind so was kommen, wenn man doch auch an einen einzelnen Mann wie Marx oder Engels glauben kann? Man glaubt an neue Erfindungen, neue wissenschaftliche Theorien. Es könnte auch eine neue Erkenntnistheorie geben, die sich in die Praxis umsetzen läßt, die alle wissenschaftlichen Theorien ebenso umfaßt. Das wäre besser, als wenn wir zwischen zwei Systemen stagnieren, die offensichtlich wirkungslos sind, es sei denn, man greift zu den Waffen. Ich würde meinen Kindern all das erzählen . . .

Wie viele Schüler hast du?

Oh, das schwankt. Wir betrachten uns heutzutage alle als Schüler. Begreifst du das?

Ja.

Gut. Gerade heute haben sie mich belehrt. Sie schrieben Dinge an die Wandtafel, einige davon trafen wirklich auf das zu, was ich unterlassen hatte zu tun und hätte tun sollen. Es sind etwa 30 Schüler, die am Unterricht teilnehmen, und etwa ein halbes Dutzend Erwachsene. Unser allgemeines Ziel ist, wir haben das heute auch wieder erwähnt, diese Kinder darauf vorzubereiten, ihre Schule einmal selber zu leiten. Sie würden dann ein Beratungsgremium von Erwachsenen zur Hand haben. Leute wie Dennis oder ich oder die Erwachsenen des Verbandes könnten das sein, weil wir älter sind. Sie sollen uns als Respektspersonen ansehen, und wir wollen die Leute, die älter sind als wir, als ebensolche akzeptieren. So wird alles ein kontinuierlicher Vorgang. Ich habe sie aufgefordert, alles Material über die Survival Schools zu lesen, über die Alternativerziehung und die Vertragsrechte.

Ich habe bei meinem Besuch in Minneapolis und Porcupine gesehen, wie diese Kinder sich behauptet haben, und sie waren kleine freie Indianer. Ich schätze das. Ich möchte wirklich, daß sie hier lernen, wie sie ihre Schule selbst führen können, und sie sollen als erste Mit-Direktoren einer Survival School hier haben, und wir würden das beratende Gremium sein. Sie selbst sollen Lehrer sein und diejenigen selbst wählen, die sie unterrichten sollen. Ich glaube, wir werden das erreichen.

Gibt es Punkte, die deine Schule von den andern Survival Schools unterscheiden?

Ja. Keine andere Schule hat zur Hälfte schwarze, zur Hälfte indianische Kinder. Dazu kommt, daß in unserm Gebiet wahrscheinlich mehr Stämme vertreten sind als in den anderen Schulen.

Das heißt also, eure Schulen sind nicht zweisprachig?

Ich kann das nicht.

Wie behandelt ihr dann das Sprachenproblem?

Nun, wir tun, was wir immer getan haben, wir ermutigen sie. Die Hauptvertreter hier sind Navaho und Sioux, weil sie die bekanntesten Stämme sind, eine andere Sprache haben wir bisher noch nicht. Einige der Kinder kennen ihre Sprache bereits, das ist gut so. Ja, wir breiten uns auch auf die Gemeinde aus, denn die Schüler sind alt genug, um sich anwerben zu lassen, ich hasse zwar diesen Ausdruck. Sie müssen in die Gemeinden gehen, sich dort betätigen und Verantwortung für die Gesellschaft auf sich nehmen. Mit der zweisprachigen Erziehung müssen wir uns auseinandersetzen, wenn es hier damit soweit ist. Im Moment möchte ich die Schüler eher politisch schulen. Im Gebiet um San Francisco und Oakland sind viele internationale Befreiungsgruppen vertreten. Auch dies könnte ein Beitrag sein an die Survival School, unsere Schüler könnten im Austausch von denen in Porcupine lernen. Die andern wiederum könnten hierher kommen und etwas über den Befreiungskampf in Südwestafrika, Chile und all die andern internationalen Bewegungen lernen. Denn hier findet man sie alle. Wenn wir den kulturellen Veranstaltungskalender unserer Umgebung von heute abend ansehen, können wir uns über die Vorgänge in aller Welt orientieren. Fast jeden Nachmittag oder Abend gibt es eine solche Veranstaltung. Man kann einen Film sehen oder einen Diavortrag und anderes mehr. Das gibt es nur hier und sonst nirgendwo. Ich will nicht aufschneiden, ich sage nur, es ist so.

Was die Sprachen anbelangt, so muß ich die Kinder ermutigen, ihre eigenen und andere Familien in den Gemeinden zu besuchen, wo ihre Sprache gesprochen wird.

Hast du Schwierigkeiten, Lehrer zu bekommen, die richtigen Lehrer?

Ja. Wir möchten gerne Leute, die sich engagieren, im allgemeinen ist es schwierig zu verstehen, welche Verpflichtungen den Beruf begleiten. Durch die Entwicklung, die in den letzten drei bis vier Monaten stattgefunden hat, bin ich persönlich eingeschränkt, weil ich dauernd für etwas anderes gerufen werde.

(Übersetzt von Mariemonique Scheidegger)

Ich habe eine universelle Universität in mir

Interview mit Leonard Crow Dog, Crow Dog's Paradise, November 1977

Claus: Was heißt überleben für dich?

Crow Dog: Überleben heißt: wie überlebt man in diesem Land und auf diesem Kontinent; wie überlebt man auf diesem Planeten, wie überlebt man, um die Nation zu planetisieren (planetize) – wer ist überhaupt die Nation? Es ist die Generation. Und was ich in meinen Visionen sehe, das habe ich auch für mein Volk ausgesprochen, für jene, die das Wort vom Überleben verstehen. Jetzt bieten wir es als Überlebensschulen an. Wie kamen diese Schulen zu uns? Als die Schulen uns das erste Mal mit dem Wissen um das Überleben versorgten. Sehe ich die Schulen überleben? Warum habe ich die Schule? Es gibt die Erziehung, und es gibt das Überleben. Warum konnten sie meine Überlebensworte nicht ehren? Bis heute habe ich zu meinem Volk viele Male gesprochen, daß es das Überleben ist, was ich ihnen zeigen kann.

[Er spricht über sein gespaltenes Verhältnis zu AIM] – Die Führer des American Indian Movement wechseln ihre Pferde. Ich wechsle nie die Pferde in meinem Leben, was ich auch immer plane. Warum? Ich überlebe. Ich muß überleben. Also: Überlebens-Schule und Überlebens-Lehrplan und Überlebens-Erziehung und Überlebens-Lehrer. Ich brauche gute Empfehlungen an den großen Schöpfer. Ich muß wissen und ich muß verstehen. Ich muß die Sprache sprechen, um zu überleben. Wieviel Sicherheit wird mir vom Macher zugesichert, vom Erdmacher? Aber heute, in der heutigen Welt sprechen wir alle die fremde Sprache. Es gab eine Zeit, da konnten wir unsere Sprache nicht mehr sprechen, einige können sie heute auch nicht. Wie also bauen wir unsere Überlebensschule hier auf? Ich war immer der Meinung, das die Überlebensschulen für die Generation von heute sind. Wir konnten nicht sehen, daß der rote Mann sich selbst gezeigt hat. Jetzt, heute, zeigt er sich in einer neuen Erscheinungsform. Aber wie konnte ich das sehen? Ich habe immer schon davon gesprochen, wie das American Indian Movement, wie die Bewegung sich bewegen sollte, um das Überleben zu gewährleisten. Und durch Behüten und Überleben rettest du dein indianisches Erbe, dein indianisches Wissen, deine indianische Erziehung, derart, daß du heute in diesem Leben und in diesem System leben kannst. Die Lehrer müssen einen Teil dieser Welt kennen, die Teil dieses Systems ist. Was ist Uran wirklich wert für uns? Wenn es Teil von uns ist, so müssen wir es hüten, müssen diese Kraft bewahren. Vor allem mußt du verstehen. Ich spreche hier jetzt nicht als einer der Führer des American Indian Movement, sondern als ein anderer Mann: Mir wurde der Häuptling gegeben. Ich bin Häuptling Crow Dog der 8. Reservation der Sioux-Nation. Was ich bewahren werde, ist meine Sprache, und was ich zeigen werde, ist, wie man mit diesen Nationen überlebt. Ich glaube, ich habe eine universelle Universität in mir und ein universelles Wissen, das aus dem Wissen kommt, das in mir wächst, und das muß ich geben. Ich habe damit nicht erst gestern begonnen, es wurde in mir geboren, damit ich dieses Wissen meiner Generation gebe. Wir sind das Sonnenvolk, das Volk des Sonnenaufgangs. Wie also verständigen wir uns mit dem Wort Sonne, mit dem Mond? Wie lernen wir den Planeten kennen, und wie wissen wir, daß es einen anderen Planeten gibt, den wir alle die «glücklichen Jagdgründe» nennen? Dies sind sehr wichtige Dinge, Dinge des Wissens, von denen ich gesprochen habe. Aber wie vermitteln wir dieses Wissen, das müssen wir wissen. Ich muß auf eine spirituelle Weise arbeiten, ich muß mein Volk führen und meine Überlebenden, damit sie die Überlebens-Erziehung träumen. Wie soll der Lehrer sich verhalten? Jerry?

Jerry: Zu seinen Schülern?

Crow Dog: Ja.

Jerry: Ich denke, die Zukunft der Schüler bestimmt das Sein der Schule. Womit wir es bislang zu tun hatten, waren Anti-Survival Schools, verstehst du, das totale Gegenteil: die Genozid-Schule. Du berührst also einen entscheidenden Punkt, wenn du von den Lehrern sprichst. Welche Maßstäbe legen wir an, wie gehen wir vor, um zu beurteilen, daß ein Lehrer geeignet ist, unsere Kinder, die zukünftige Generation zu unterrichten. Also werden wir uns selber verbessern müssen, uns und die Lehrer. So sehe ich es. Was werden wir sie lehren? Wir werden die Wahrheit lehren.

Crow Dog: Die Lehrer müssen die Geschichte ihres Volkes kennen. Und die Geschichte des Volkes wird sie zum Nachdenken führen, sie werden dann ihre Kultur kennenlernen, ihre Sprache, ihre Erkenntnisse, ihre Visionen, ihre lebende Seele des Geistes. Auf welche Lehrer und auf welche Ziele müssen wir uns als Lehrer der künftigen Nation also konzentrieren? Welche Auszeichnungen geben wir unseren Lehrern? Was ist die höchste Auszeichnung in der weißen Welt?

Red: Professor.

Crow Dog: Was noch?

Red: Ein akademischer Grad.

Crow Dog: Was noch?

Red: Du meinst den Talar der Universitäts-Absolventen?

Crow Dog: Ja. Wie zeichnen wir die Lehrer aus, die unsere Kinder unterrichten? Welche Qualifikationen, welche Auszeichnungen werde ich den Lehrern und Schülern geben hier in Crow Dog's Paradise? Könnt ihr euch Federn als Anerkennung und Auszeichnung vorstellen. Wir haben alle möglichen Vögel um uns. Mit welchem nationalen Vogel sollen wir unsere Lehrer schmücken? Wir können ihnen nicht sofort Adlerfedern geben. Sie werden Schritt bei Schritt ausgezeichnet. Wie fangen wir überhaupt an? Was unterrichten wir in den einzelnen Klassen der Grundschule, der weiterführenden Schulen?

Jerry: Ihr Wissen wird ihre Abschlüsse bestimmen: das Lesen und Schreiben wird das erste Jahr ausfüllen.

Crow Dog: Das wär das eine: Lesen und Schreiben. Und wenn sie dann soweit sind, daß sie Indianisch lesen und Indianisch schreiben können – dann gibt es bereits eine Menge Federn. Da werden wir hier eine Menge Federn verteilen. (...) Wir müssen die ganze Erziehung umkrempeln, von Anfang bis Ende. Wir werden einen Stein werfen und einen Pfeil abschießen, und wir zielen auf ein und dieselbe Sache. Wir werden einen Baum des Lebens wachsen lassen, mit allen Ästen der Generationen. Wie aber präsentieren wir unser Vorhaben unserem Volk? Wie stellen wir unsere Überlebensschule vor, unsere Schule des indianischen Weges? Wir brauchen einen Mann wie Wallace Black Elk – der Mann mit der indianischen Intelligenz, der mit den Kräften Verbindung aufnehmen kann. Einmal war er da und legte einen Stein auf den Boden, und auf den Stein legte er eine Kohle, und in seiner Hand hatte er einen Feuerstein, und er sprach mit der Sonne, und die Sonne traf den Feuerstein und die Kohle brannte. Wieviel Kommunikationskraft Black Elk hatte! Auf jeden Fall brauchen wir Lehrer wie ihn. Wer Kunst unterrichtet, muß seine Schüler zu Träumen verhelfen können. Wie? Mit welchem Pinsel wird er dich malen? Er wird dich mit dem Pinsel durch die Welt führen und dir die Kunst zeigen und er wird dich zum Träumen bringen. Dann wird er Worte benutzen und dann wird er sein Wissen vor dir ausbreiten. Haben wir solche Lehrer in unserer Überlebensschule? Nein. Also müssen wir sie holen. In dieser Überlebensschule, die wir hier vorhaben, brauchen wir solche Lehrer. Dann die Vögel – die Lieder, die sie vor Tausenden von Jahren gesungen haben, die singen sie heute noch. Also brauchen wir auch Musikwissenschaftler; die deinen Geist massieren, dein Bewußtsein, deine Stimme, dein Alles. Damit tauchst du ein in Musikwissenschaft. Gibt es das schon, Jerry?

Jerry: Nein, in den Schulen, in denen ich war, sangen sie nur ein paar Power-Songs. Das ganze indianische Sein, das heute existiert, ist nur eine kleine Vision, ein Schimmer von dem, was wir alle lernen müssen.

Crow Dog: Vielleicht könnten wir eine Quelle sein und alle verschiedenen Stämme hier zusammenbringen. Das müssen wir tun. Neun Monate lang müssen wir die Lehrer unterrichten. Ich habe eine Enzyklopädie fertig, die noch nicht veröffentlicht ist. Wie psychologisierst du dein Hirn, um zu erklären, was wirklich vorgeht. Das Wort «kauen», was fühlst du, wenn du schluckst – es gibt einen fortgesetzten Un-Geschmack, der einen eigenen Geschmack hat, dazu brauchst du die Theorie dieses Geschmacks. Haben wir überhaupt diese Art von Theorie, eine Technologie, die das Wissen vom Uran in sich hat? Wir brauchen einen von diesen Lehrern in unserer Schule des indianischen Weges. Und was noch? Was ist mit der Sprache?

Jerry: Wir brauchen zweisprachige Klassen.

Crow Dog: In den meisten zweisprachigen Klassen, die ich kennengelernt habe, haben die Lehrer nur «Hau» gesagt. Das erste und einzige, was sie wußten. Und wie steht es mit dem Gesetz? Eine indianische Bibliothek mit Gesetzesbüchern. Eine Seite unserer Hand muß als Bibliothek fungieren und die andere Seite als Enzyklopädie, Material zum Nachschlagen auf beiden Seiten. Und ein Wörterbuch. Was noch?

Red: Kräuter.

Crow Dog: Haben wir alles. Auf jeden Fall brauchen wir einen Medizinmann, aber keinen, der sich in einem Sarg begraben läßt. Wir wollen einen Medizinmann, der sich auf die traditionelle Weise bestatten läßt. Es gibt um die hundert Medizinmänner in South Dakota. Aber ich werde sie fragen, wie wollt ihr begraben werden, eines Tages, wenn ihr sterben müßt. Und wie heilt ihr diesen Krebs? Vor vierhundert Jahren, wie wußte er da, wie man eine Lungenentzündung heilt, eine Arthritis, einen Rheumatismus, eine Syphilis? Ist er fähig zu dieser Medizin? Wir brauchen einen Medizinmann, der das auch alles theoretisiert. Er braucht ein spirituelles Labor. Ich denke dabei an einen Rauch, einen Rauch zur Theorie . . . es gibt da ein Wort, es gibt einen Geist des Wohlbefindens. Wie viele Überlebensschulen hast du besichtigt, Claus?

Claus: Drei bis jetzt.

Crow Dog: Und was waren deine Erfahrungen?

Claus: Ich habe es immer mit dem Schulsystem zu Hause verglichen, und da fiel mir vor allem die Freiheit der Kinder auf, daß die Stimmen der Jüngsten genauso gehört werden wie die Stimme des Lehrers und daß sie durch Erfahrung lernen und nicht durch Wissen aus zweiter Hand. Bücher werden nur benutzt, wenn es keine andere Möglichkeit der Erfahrung gibt. Dann das Sitzen im Kreis, das garantiert, daß sich alle auf der gleichen Ebene befinden und daß der Lehrer zum Schüler wird und umgekehrt – jeder lernt. Lehrer und Schüler arbeiten Hand in Hand, und keiner behauptet, alles Wissen zu besitzen.

Crow Dog: Wie viele Kinder gehen auf die einzelnen Schulen?

Claus: Einhundertfünfunddreißig auf die Heart Of The Earth-Survival School und ungefähr hundert ins Red School House. In Madonna Gilberts Schule sind es so um die zwanzig. Wichtig für mich war auch, zu sehen, daß das Lernen eine Einheit darstellt, daß die einzelnen Fächer nicht immer getrennt werden. Wenn sie also über das Wasser sprechen, in Chemie z. B., dann nicht nur im chemischen Sinn, sondern auch darüber, was das Wasser für die Menschen bedeutet und wer es zerstört, und dann sind sie bereits bei einer Analyse des Systems, das das Wasser zerstört. Und dann, das wichtigste: die Identität als Indianer.

Crow Dog: Unterrichten sie die richtigen Worte?

Claus: Ich denke doch.

Red: Die Ziele sind in allen Schulen die gleichen, aber dein Programm, Leonard, das nimmt sich mehr vor als die anderen. Ich nehme auch an, daß die anderen das wollen, was du auch willst, denn die wissen ja auch, was überleben und als Nation zu leben heißt. Die Überlebensschulen in der Stadt sind eigentlich eine Vorschule für das, was du hier vorhast, Leonard. Sobald die Indian Way School hier fertig ist, werden die Schüler auch lernen, in einem Lager zu leben. Denn in den nächsten fünfundzwanzig, dreißig Jahren wird auf der ganzen Welt die Hölle los sein.

Crow Dog: Sehen wir das ganze aus menschlicher Sicht. Wenn Europäer jetzt ihre Kinder auf unsere Überlebensschulen schicken wollen, was sagen wir ihnen? Oder auch Schwarze, wenn auch sie ihre Kinder zu uns schicken wollen, in Anbetracht dessen, was auf uns zukommt, was machen wir da? Für die Schwarzen dürfte es schwer werden, wenn wir afrikanische Kultur und Sprachen unterrichten sollen – aber die Frage ist hauptsächlich, wie bewahren wir unser System und wie schützen wir unsere Generation, seht ihr es auch so? Oder lassen wir allen die gleichen Lehren zuteil werden? Wenn wir das tun, diktieren wir. Aber wir haben ja alle das gleiche Ziel vor Augen. Was wir brauchen, sind qualifizierte Lehrer. Das braucht Zeit, oder sind sie, sind wir schon qualifiziert? Red, z. B., Red ist seit 1973 hier, und er müßte eigentlich einiges von meiner Sprache wissen und auch einige Lieder, wie man sie in diesem Teil der Reservation singt. Wie lange hast du gebraucht, um ein Lied zu singen, Red? Wann hast du ein Ohr dafür bekommen?

Red: Vier Jahre. Nach zwei Jahren fing ich an, aber richtig geklappt hat es erst nach vier Jahren.

Crow Dog: Und jetzt singst du die Lieder unserer Nation. Du ißt mit uns, du trinkst Wasser mit uns und du kämpfst mit uns den Kampf ums Überleben. Wie siehst du den Kampf?

Red: Die ganze Erde wehrt sich und kämpft. Was hier passiert, passiert auf der ganzen Welt, wir sprechen hier halt nur vom roten Mann, aber in Europa und Asien gab es in der Vergangenheit für Stammesvölker die gleichen Schwierigkeiten. Und da drüben hatten sie auch eine Medizin, die unserem Peyote gleichkommt, und sie wurde ausgelöscht von den Leuten, die die angloamerikanische Zivilisation gegründet haben . . . Der Kampf hier ist der Kampf der westlichen Hemisphäre, und in dem, was du sagst, liegt Wahrheit.

Crow Dog: Welche Bestattung soll ein Medizinmann haben, um welche Zeremonie, um welchen Platz muß er sich kümmern? Jeder von uns wird wieder zu Erde, das wissen wir alle, aber wie nähern wir uns der Erde, wie bringen wir uns zur Erde?

Red: Wie du stirbst, so lebst du.

Crow Dog: Ja. Aber wie? Meinst du, weil wir in viereckigen Häusern wohnen, müssen wir in einem Sarg begraben werden? Ob wir es wollen oder nicht?

Red: Eine Sache ist diese Flüssigkeit zur Einbalsamierung, die sie dir einspritzen, das ist bereits schon ein Gesetz. Damit will ich nicht begraben werden – mit Konservierungsmitteln!

Crow Dog: Die Regierung vergewaltigt dich, von der Geburt bis zum Tod. Sie sezieren dich, ohne dich zu fragen, sie reißen dich auf, nehmen deine Därme und vergewaltigen dich. Sie mißbrauchen dich, bis du tot bist. Das tun die Vereinigten Staaten meinen Indianern an. Das ist keine Lüge. Sie mißbrauchen dich, auch wenn du bereits gegangen bist, darum können sie dir zweimal lebenslänglich verpassen. Das ist Völkermord. Du wirst umgebracht. Dieser Mord ist doppelt gefährlich. Was also passiert? Wie will meine Sioux-Nation, daß ich begraben werde? Was erwartet mein Volk von mir? Wenn ich tot bin, soll ich dann einen Anzug anbekommen und eine Krawatte und einen Haufen Laub um mich rum? Wenn ich im Geschäftsanzug im Sarg zu Grabe getragen werden soll, dann kann ich jetzt schon meine Sachen packen und ein Weißer werden. Ich sage: Nein. Das ist eine Sache, die wir den Weißen klarmachen müssen. Und wie verwirklichen wir dies dann in unseren Schulen? Wir brauchen einen eigenen Begräbnisplatz. Dann, was ist mit den weiblichen Lehrkräften, gab es die vor tausend Jahren? Wie steht es mit den Frauen, welche Aufgaben kommen ihnen zu? In welche Richtung soll die Erziehung unserer Kinder laufen? Der weiße Mann verübt an uns Völkermord. Haben wir etwa Abtreibung und Sterilisation eingeführt? Unterstützen wir den Völkermord oder was? Viele unserer Frauen wurden gegen ihren Willen unfruchtbar gemacht. Wie also lehren wir unseren Kindern hier das Überleben? Wir brauchen auch einen Arzt hier, einen Pflanzendoktor.

Red: Die Survival Schools, die ich bis jetzt erlebt habe, lehren das indianische Erbe, das Kunsthandwerk und die Lieder, und sie nehmen die Schüler mit zu verschiedenen Zeremonien, um schließlich auf der geistigen Ebene zu landen, auf der diese Schule hier wahrscheinlich ablaufen wird. So wie ich es sehe, fangen die Schulen jetzt an, ein Konzept zu entwickeln, von dem Crow Dog schon vor zehn Jahren gesprochen hat. Verglichen mit der künftigen Schule hier sind die existierenden Schulen einfach Vorschulen. Sie werden hierher kommen und sich praktisches und spirituelles Wissen aneignen, all die Dinge, die sie in der Stadt nie lernen werden: wie man eine Axt schwingt, wie man ein Feuer draußen macht, wie man sich warm hält und all die Überlebenspraktiken. Elektrizität zum Beispiel, die werden wir nicht auf ewig haben.

(Übersetzt von Claus Biegert)

Seminar im Gras

Im Mai 1977 traf ich die White Roots Of Peace, die Wanderuniversität der Mohawk von Akwesasne, an der University of Massachusetts in Amhurst. Zum Lehrkörper gehörten Indianer aus den USA und Guatemala. Folgendes Gespräch mit Phillip Deere und Coyote ist der Ausschnitt aus einer Vorlesung auf dem Rasen des Campus.

Coyote: Alles war fertig und erledigt, und er schien auf den Bus zu warten. Und so haben diese Dinge eigentlich immer eine Menge Ähnlichkeit mit dem Heim eines Menschen – wenn alles fertig ist, ist man auch fertig. Und darum arbeite ständig an deinem Haus. Biete dem Schöpfer niemals den Anblick, daß du dich hinlegst und sagst: «Ich kann nicht mehr!» Denn er könnte dich wegräumen. Er könnte dir den Bus schicken. Darum tu immer was. Tu etwas für deine Familie oder dein Volk. Du mußt immer etwas tun. Denn du bist nie fertig. Du mußt ihm sagen: «Ich habe hier noch etwas zu tun. Ich hab noch einen Garten zu pflanzen. Ich freue mich auf den Frühling. In diesem Jahr werde ich etwas anderes anbauen.» Und sprich mit dir über diesen Garten – denn wenn du sagst, ich hab's geschafft, ich bin fertig, mein Haus ist fertig, bezahlt, meine Hypothek ist bezahlt, mein Darlehen ist bezahlt, dann ruft der Schöpfer dich ab.

Student: Das klingt sehr ermutigend, denn vor ein paar Jahren habe ich ein Haus gebaut, aber ich finde immer wieder etwas, was noch fehlt. Es gibt immer wieder etwas zu tun.

Coyote: Ja, das ist es, was du mußt, denn dein Haus ist nie fertig. Ich will in diesem Sommer eines bauen, und ich werde gefragt: «Hast du vorher schon einmal eines gebaut?» oder: «Was glaubst du, wie lange das dauern wird?» Nun, bevor der Winter kommt, werde ich ein Dach über dem Kopf haben. Das Haus wird nie fertig werden. Es wird ein Adobe. Meine Frau ist aus Neu-Mexiko, und mein Sohn ist jetzt dort. Und so muß ich beim Bau manches beachten, was ich vorher nicht brauchte, denn wo ich herkomme, gibt es Rotholz und Berge, und wir sind Zimmerleute, wenn man es so sagen will Holzschnitzer, und bauen mit Holz. Ich hatte einmal Gelegenheit, ein Dorf in Guatemala zu besuchen. Es heißt Torosantos, und die Marimba-Leute kommen von da her. Als ich über den Paß im Hochgebirge war und durch den Canyon nach Torosantos hinabstieg, sehe ich plötzlich Bretterhäuschen mit schrägen Dächern und hohe Bäume. Mir war, als käme ich heim . . . wie vor etwa dreißig,

vierzig Jahren. So war das. Bevor die Regierung anfing, für alle diese hundertprozentig elektrifizierten Häuser zu bauen mit Spülklosett und vier Badezimmern.

Student: Hat eigentlich jeder eine eigene Vorstellung von seinem Haus, oder gibt es da festgelegte natürliche Gesetze, die für ein Tipi oder was es sonst sein mag Geltung haben?

Coyote: Alles richtet sich nach der Sonne und ihrer Bahn, gleichgültig, wo man lebt, und fast jeder orientiert sich nach Osten. In den anderen großen Häusern, die nicht mehr so sind, wie es hierzulande üblich war, ist das anders. Aber weil jene Menschen darüber nicht mehr sprechen, tue ich das auch nicht. Ich weiß nicht, warum sie darüber nicht mehr reden, aber vielleicht haben sie das Gefühl, daß die Menschen nicht mehr zu verstehen bereit sind, und darum tun sie es auch nicht mehr. Es gibt eine Geschichte aus alter Zeit von einer Kranichfrau, die einen Adler heiratete und einen kleinen Sohn hatte, der ein Adlerjunge war. Er starb, sein Vater starb, und die Frau hatte einen anderen Mann geheiratet, ich glaube, es war ein Vielfraß, und dieser kleine Junge war ein Sänger und wollte ein Führer werden. Aber dieser Vielfraßmann war sehr neidisch auf den kleinen Jungen und dessen Vater. Darum behandelte er ihn sehr schlecht. Und er warf ihn aus der Höhle. Der kleine Junge versuchte, auf das Dach zu klettern, und er sang ein Lied. Und immer, wenn wir eine Zeremonie beginnen, singen wir das Lied von dem kleinen Jungen, der einer unserer großen Führer und Lehrer wurde. Er wurde aus dem Haus geworfen, in dem wir unsere Andacht verrichten, und darum klettert er hoch – er ist ein kleiner Junge, und man hört ihn singen und sieht ihn hochklettern, und wir lassen ihn wissen, daß er willkommen ist, und lassen ihn ein. Er kommt immer noch, aber ich weiß nicht, wie ich es euch beschreiben soll, es ist so, als sei es gestern gewesen.

Nicht wie vor hunderttausend Jahren. Es gibt also viele wichtige Dinge in diesen Häusern, die wir bauen. Jedes aufgemalte Zeichen hat eine Bedeutung. Wenn auch nur ein roter Fleck aufgemalt ist – er hat seine Bedeutung. Alle diese Dinge beziehen sich auf die verschiedenen Plätze, an denen etwas geschieht, und auf die Art, in der dieses Haus davon berührt wird. Eines Tages wird man vielleicht imstande sein, die Dinge zu verstehen, wenn man weiß, wo man hier eigentlich sitzt, aber jetzt können wir das nicht erklären. Wir können jetzt nur sagen, daß das hier verwendete Kunsthandwerk, die Perlstickereien und all das sehr hübsch, sehr schön und sehr diffus ist. Aber in allem ist eine bestimmte Bedeutung. Und die Geschichten dahinter werdet ihr in diesen alten Häusern sehen oder auf einer kleinen Struktur, vielleicht ist es nur ein Brettchen, auf dem etwas festgebunden ist. Vielleicht kommt ihr mal irgendwo in die Berge und seht da so ein Brettchen, auf dem etwas festgebunden ist, und es ist sehr hübsch bemalt, und es hat einen Zweck, und viele von diesen Dingen haben wir verschwinden sehen und in irgendwelchen Wohnungen oder einem neuen Museum landen. Wir brauchen keine bösen Wünsche auszusprechen, denn das bloße Ansichnehmen solcher Gegenstände bringt euch in Gefahr, aber auch das Nachahmen, und darum sagen wir euch: Versucht nicht, euch in Indianer zu verwandeln. Sucht eure eigene Kultur, findet sie hier, irgendwo versteckt gibt es auch bei euch eine Sippe in eurer Gesellschaft, eurem Leben, wo ihr hingehört. So ist es in der ganzen Welt. Alle Menschen in der ganzen Welt haben noch ihre Sippe, ihre Gesellschaft, ihren Wappenschild, wie man das in Europa nennt. Ihr habt da ein kleines Tier auf der einen Seite, und die andere Hälfte zeigt ein Pflänzchen oder einen Baum, eine Blume oder etwas anderes – das sagt euch, wer ihr ward, was eure Familie ist, was eure Sippe ist, eure Gesellschaft – jeder in der Welt hatte das. Wir haben das alles noch, und das wird euch helfen. Vielleicht, ich weiß nicht, aber ist es nicht so, als ob man euch damit sagte: «Kehrt um, geht zu euren Anfängen zurück, das wird euch für die nächsten drei- bis vierhundert Jahre von unserem Lebensraum fernhalten!» Das ist nicht böse gemeint, ich meine damit nur, dort ist euere Lebensgrundlage, auf die ihr bauen müßt. Da ist eine Familie, irgendwer, irgendwo jemand von den alten Leuten, manches in Museen, manches in Büchern. Da sind diese Dinge, die in Boston geschahen, als sie alle diese angeblichen Hexen töteten. Woran glaubten sie? Warum wurden sie von der Gesellschaft als Hexen gebrandmarkt? Was lehrten sie, was wollten sie, worum kämpften sie? Wer waren diese Menschen? Wie lebten sie, wie wurden sie umgebracht? Und haben alle diese Hexen die anderen auch Hexen genannt und umgebracht? Für das alles braucht ihr einen Kalender. Bei uns gibt es Dörfer, die in einer Linie mit den Bergen liegen, und dadurch erkennen wir, wann und wie weit die Sonne ihre Bahn durch den Norden zieht, und wir bereiten uns auf ihre Reise nach Süden vor. Alles ist festgelegt, wir stellen keine Schilder auf und sagen, das gehört zum Dorf, wir stellen die Zeit im Dorf durch die Sonne fest, durch Beobachtung. Und das gab es auch bei euch in der Vergangenheit. Dieses Land hat eine traditionelle Musik, eine sehr gute Musik. Es gibt einen Lebensstil, sogar mehrere, die sich in 500 Jahren in diesem Land entwickelt haben. Sie sind gut, man braucht nicht nach Europa zu gehen, um das zu finden, ich glaube, die Europäer wußten, aus welcher Sippe und Gesellschaft sie kamen, als sie hier landeten. Sippe und Gesellschaft verboten Inzucht, was einmal an europäischen Königshöfen üblich war, als man Schwestern und

Vettern ersten Grades heiratete und Werwölfe geboren wurden. Da steckt etwas Reales hinter diesen Vorstellungen. Warum gab es Druiden, und wer waren sie, die in der freien Natur Gottesdienst abhielten, und warum wurden alle getötet? Wer tötete sie, jene Stammesvölker, die auf einen Platz mit einem Ring aus Felsen gingen? Und immer wieder gingen sie zu diesen in Europa sehr heiligen Plätzen, und sie wußten, warum diese heilig waren. Warum wurden sie getötet? Wer tötete sie? Wenn ihr zu eurer eigenen Spiritualität zurückgeht, werdet ihr euch selbst wiederfinden, ihr braucht nicht Philipp oder einem anderen unserer spirituellen Führer zu folgen. Das ist die Antwort, die gegeben werden muß. Findet einmal heraus, warum diese Gesellschaft heute Kinder verstößt. Warum diese hohe Kriminalität, warum diese Nichtachtung des Mitmenschen.

Deere: Warum enden englische Geschichten immer tragisch? Unsere indianischen Geschichten hingegen nicht? Jack und Jill enden tragisch. Humpty-Dumpty endet tragisch. Solche Dinge vergessen wir nicht, gleichgültig, wie alt wir werden. Ich bin jetzt 50 Jahre alt und habe vergessen, was mein Lehrer mir erzählt hat, aber Humpty-Dumpty und all die anderen Geschichten, die ich gehört habe, die weiß ich noch, aber alles andere, das habe ich vergessen. Und wie kommt es, daß diese Geschichten so enden?

Student: Man sagt, weil Kinder unschuldig sind, akzeptieren sie Gerechtigkeit. Am Schluß von vielen unserer Geschichten ist die Gerechtigkeit sehr hart, die Hexe z. B. wird in den Ofen geschoben. Kinder akzeptieren das, aber Erwachsene wollen Barmherzigkeit, denn sie sind nicht unschuldig.

Deere: Warum erzählt man den Kindern von Gerechtigkeit? (. . .) Das ist eines der Probleme, das ich hatte, als ich zu den europäischen Wurzeln zurückging. Wäre es mir gelungen, dann hätte ich gewiß gemerkt, daß es weder gut noch notwendig ist, dorthin zu gehen, denn durch sie sind wir in ein unheilvolles Kapitel Geschichte hineingeraten. Vielen Menschen wurde dadurch großer Schmerz zugefügt, und es gibt schrecklich viel Menschen, die wirklich nicht viel von ihrem Erbe wissen, und es scheint mir nicht so, daß man sie deswegen verdammt. Es gibt einiges, was wir mit dem Leben hier anfangen können. Das ist eure Aufgabe. Ihr müßt zu jener Zeit zurückkehren. Geht nur zurück zum Anfang der Zeiten, zu dem, wovon ihr wißt, was es früher einmal war. Kanntet ihr damals so etwas wie Jack-und-Jill-Geschichten oder Humpty-Dumpty? Nein, nichts dergleichen, auch nicht in den letzten 50 Jahren oder noch weniger – etwa zu Zeiten der «Pilgerväter». Ich glaube, sie hatten keinerlei Wohlfahrtseinrichtungen, keine soziale Sicherheit, wie halfen sie sich? Es dürfte ihnen in den ersten paar Jahren schlimm ergangen sein, aber sie lernten, wie man hier in Amerika lebt. Sie fingen an, auf eigenen Füßen zu stehen, bauten sich ihre Nahrung an, sie brauchten sich auf die Regierung nicht zu verlassen – sie lernten, hier zu überleben.

Student: Aber sie kamen mit Missionaren und so einer verkrampften Lebenshaltung.

Deere: Das ist noch heute so. Das ist auch die Gefahr in Mittel- und Südamerika und ebenso hier. Viele konservativ gesinnte Leute, schlimme Rassisten, haben den Nutzen davon, wenn sie die Kultur eines Volkes zerstören, seine Religion verunglimpfen, seine Regierung beseitigen und dann auch noch sagen: «Jetzt werden wir für euch sorgen.» Und dann sehen sie plötzlich, daß in China und anderen Ländern eine Sozialreform stattgefunden hat, die den Leuten, denen man auch Kultur, Religion und Regierung genommen hatte, sehr gefallen hat, und dann schnappen sie über und schreien: «Die werden alle Kommunisten! Wir müssen ihnen Auslandshilfe gewähren! Damit sie von uns abhängig bleiben.» Ihr seht, was aus den Vereinigten Staaten den lieben Gott macht: den Menschen alles wegnehmen und ihnen dann einen Ersatz geben. Wer sind die Menschen in den Vereinigten Staaten? Wo kommen sie her? Wo ist ihr Anfang? Was wir sagen, stammt von der Schöpfung her, von der Schöpfung bis 1976. Bis heute kommt alles von der Schöpfung her. In unserer Vergangenheit ist kein Leerlauf. Wir wissen, wo wir waren, wo wir sein werden. Das ist, was sie nicht wissen. Daher diese Denkweise, diese Unrast, diese Angst – aber es ist nicht so hoffnungslos. Man muß kein indianisches Haus bauen, um darin leben zu können. Man kann Kinder lehren, nicht drillen, sondern erziehen, ihr Denken anregen und öffnen. Sagt ihnen ehrlich, daß ihr nicht wißt, wo ihr herkommt. Sagt's ihnen: «Kind, ich weiß nicht, von wo ich herkam. Ich weiß nicht, war es hier, war es dort . . . ich bin einfach da. Kreide mir das nicht übel an, Kind.» So pflügen wir den Acker auf dieser Erde, so bauen wir unsere Häuser, und so werden wir leben. Und versucht nicht, die Welt zu verändern. Denn so ist die Welt gut. Sie war immer gut. Sie braucht nicht verändert zu werden. Darum geht es. Sage nur den Kindern: «Hier ist es, wo wir unser Haus bauen wollen, hier ist von jetzt an die Heimat.» Und dann werden diese Kinder eine Nation aufbauen, eine Religion, eine Weltanschauung. Das werden die Kinder. Aber wir müssen ihnen sagen, daß sie arbeiten müssen.

Es gibt eine Menge Fragen, wie man das System oder die Gesellschaft ändern kann, und die Menschen stellen sie auch. «Wie können wir das ändern, der Zustand in den Städten, in der Gesellschaft ist zum Erbrechen, was können wir dagegen tun?» Manche glaubten, daß vielleicht Präsident Carter eine Erklärung abgeben und allen empfehlen sollte, zurück zur Natur zu gehen. Wir wissen, daß das niemals sein wird, und wir meinen, es ist an der Zeit, daß jeder bei sich selbst anfängt. Jeder. Jeder einzelne. Sieh dich an und frag dich, wo du stehst, und dann erst zerbrich dir über die Gesellschaft oder andere den Kopf. Wir müssen bei uns selbst anfangen. Was geschieht denn, wonach streben die Menschen heute – sie schieben sich auf der Autobahn von einem Ort zum anderen, reisen um die Welt und, wie Coyote sagte, wollen hier was von Asien und dort was von den Indianern und wissen im Grunde nicht, was sie überhaupt wollen. Zufriedenheit bekommt man nicht durch den Kongreß und nicht durch das Weiße Haus, wir finden sie nicht in Asien oder China oder sonst irgendwo. Wir müssen sie in uns selbst finden.

Coyote: Wir wissen genau, was die Wahrheit ist. Das ist der Anfang, und das ist das Ende. Sie haben nicht verstanden, was ihr großer Lehrer Jesus ihnen zu sagen versuchte, und sie schlugen ihn ans Kreuz. Er versuchte ihnen zu sagen, daß dies die Antwort auf alles sei. Er versuchte zu erklären, warum er der Sohn und der Vater sei und wie man zum Leben stehen soll, und wir, die wir hier sitzen, sind die Ahnen und die Enkel anderer.

Deere: Das alles müssen wir begreifen, gleichgültig, wo wir sind. Wir müssen begreifen, wer wir sind, und anfangen, den Kindern die Wahrheit zu sagen. Es ist nicht wichtig, ob ich hier lebe oder in Oklahoma oder in China oder sonstwo – wenn ich nur weiß, wer ich bin, was ich tue, was das Leben bedeutet. Was die

Absicht des Lebens ist. Aber solange ich mir den Kopf zerbreche, wie ich die Welt ändern kann, werde ich nicht zu mir selbst finden, weil ich mich zuviel um andere kümmere. Wir sehen ja, was hier im ganzen Land praktiziert wird, wie sie, solange ich denken kann, sich als Weltpolizisten aufspielen. Immer wenn anderswo etwas passiert, sind sie schon auf dem Sprung hinzugehen und sich in anderer Leute Angelegenheiten einzumischen. Und was ist mit dem Dilemma hier? Was ist mit unserer jungen Generation, die so ratlos ist, daß ihnen nicht einmal die Eltern einen Weg zeigen können? Und ich wurde, wie ich schon erwähnte, in eine Tagesschule gesteckt, aber vor dem Schulabschluß ging ich nach Hause, wo ich jemanden hatte, der mich unterrichtete. Meine alten Leute lehrten mich die indianische Weltanschauung und Lebensweise. Oft scheint es mir, wenn ich das sage, daß ich die Schüler ermutige, die Schule zu verlassen, aber das will ich damit nicht sagen. Ich hatte jemanden, der mich lehrte. Ihr aber geht nach Hause und habt vielleicht niemanden, der euch lehren kann. Dann wäre es nicht gut, mir zu folgen und die Schule zu verlassen, weil ihr keinen Großvater habt, wie ich ihn hatte. Man muß also schon wissen, was man tut. Wollt ihr weniger abhängig sein, dann tut was dafür. Wollt ihr euch selbst versorgen, selbst helfen, alles selbst in die Hand nehmen, dann tut es auch selbst. Die Gesellschaft kann das nicht für uns tun. Änderungen kommen nicht über Nacht, aber sogar in einer gemeinschaftlichen Lebensform gehen viele junge Leute in die Berge, um mit der Natur zu leben. Ich finde das gut. Zumindest versuchen sie, etwas zu tun, selbst wenn ihre Eltern es nicht tun. Ich sehe, daß die jüngere Generation neue Ideen und Gedanken hat, ich freue mich darüber, und auch daß sie dieses falsche Wertdenken ablegt, das wir so viele Jahre hatten, und wieder ein Naturvolk wird. Wenn ihr wieder Naturmenschen werdet, dann findet ihr auch eure Religion wieder. Die Kultur kommt von allein dann wieder. Das ist alles, wofür wir zu sorgen haben. Daß wir dorthin zurückgehen, wo wir hergekommen sind. Und wie Coyote sagte, müssen wir natürlich auch zum Anfang der Zeit zurückkehren. Wie entstand der Mensch? Wie war das Leben? Die Natur zeigt uns immer noch, daß wir ihren Gesetzen folgen, die uns gegeben wurden und für uns immer noch fortwirken. Nur wir Menschen sind es, die sich von diesen Gesetzen entfernt haben. Wir haben aber nicht mehr das rechte Gefühl dafür. Es gibt keine Verbundenheit mehr zwischen uns. Selbst in unseren Schulen sehen wir uns nicht mehr ins Gesicht. Wir sitzen hintereinander und sehen über unsere Köpfe hinweg. Wir sehen uns nicht mehr ins Gesicht, um zu verstehen, was es heißt, Mensch zu sein. Wir haben dafür kein Gefühl mehr. Stämme werden aufgeteilt; eben hat die Regierung für Coyotes Stamm bestimmte Gesetze aufgestellt. Sie hat wiederum andere Gesetze für mich, andere für Lalahuquas, und so werden die Indianer auseinandergerissen. Und darüber hinaus sehen wir, daß sie auch unsere Familien teilen. Wir wissen nicht mehr, wie es ist, die Kinder zu Hause den ganzen Tag um sich zu haben, den ganzen Tag mit den Kindern zu verbringen. Das wissen wir nicht, weil wir sie in fremde Häuser geben müssen. Fremde kümmern sich um sie für uns. Nur am Abend sind sie bei uns. Wir können sie nicht herauslassen, um ihnen die Schöpfung zu zeigen. Wir haben alle diese Internate, die unsere Familien auseinanderreißen. Wir haben den Großvater im Altenheim, denn wir haben für ihn keine Verwendung mehr. Und was soll aus dem

Leben auf diese Weise werden? Wenn wir das alles bedenken und anfangen, wieder zusammen zu leben, wieder Gefühle zu haben, Liebe und Achtung füreinander zu empfinden, dann befinden wir uns auf dem richtigen Weg. Und dann sind wir eines Tages wieder zu Hause. Dann haben wir wieder unsere Heimat, unsere Seelenruhe und Zufriedenheit, weil einer den anderen versteht. Wir empfinden wieder Achtung und Liebe füreinander auf dem Boden von Kultur und Religion.

Phillip Deere beim Longest Walk

Präsident Carter ist nicht Herr über Frost und Schnee

Gespräch mit Phillip Deere während der jährlichen AIM-Konferenz, Minneapolis–St. Paul, Oktober 1977

Menschen sind am Verhungern, und ich breche in einen Laden ein. Ich breche damit das Gesetz des Menschen, was ein Verbrechen ist, wie sie es definieren. Aber nach dem Gesetz der Natur bin ich kein Verbrecher, denn ich erhalte das Leben . . . Verbrechen, Sünde, Christentum, Religion, Kultur – über das alles haben wir gesprochen, und um alles zu verstehen, müssen wir zum Anfang der Zeit zurückkehren und wieder natürliche Menschen werden. Wenn wir das nicht tun, gibt es keinen Ausweg. Ihr werdet an dieser Sünde oder jenem Verbrechen sterben, ihr werdet mit der Gesellschaft und in ihrem Schmutz sterben, an dieser verderbten Welt werdet ihr sterben. Es gibt da keinen Ausweg. Aber wenn ihr wieder natürliche Menschen werdet, dann wird die Religion alles leiten, die Kultur, denn nur so ist der Anfang. Auch für den einzelnen ist das der Weg, der hinausführt. Einen anderen gibt es nicht.

Aber euer Volk ist der natürlichen Lebensform noch näher, ich glaube . . .

Warum ist Jesus drüben gekreuzigt worden und nicht hier? Er ging zu den Verlorenen. Wir hier folgen noch den Urgesetzen des Lebens, zu uns brauchte er nicht zu kommen, hier in den Vereinigten Staaten hätte er nichts zu tun gehabt.

Nein, was ich sagen wollte, ist, daß euer Volk noch enger an die natürliche Lebensweise gebunden ist, aber schon ihr wißt es besser als wir, wie schwer es ist, die natürliche Lebensweise zu lehren. Wieviel schwerer ist es für uns, sie zu erlernen, denn bei uns liegen zwischen dieser Lebensform und dem Heute Jahrtausende.

Stimmt. Aber ich habe die Hoffnung nicht aufgegeben. Ich sehe trotzdem, daß die Zivilisation am Ende ist und ein Wandel sich anbahnt, sei es durch das American Indian Movement, durch mich oder etwas anderes. Das ist wohl nicht so wichtig. Dieser Wandel kommt, und was wir für die Zukunft voraussehen, wird eintreten, ob es euch gefällt oder nicht, ob es die Gesellschaft akzeptiert oder nicht – wenn die Zeit kommt, dann haben sie sich damit abzufinden. So ist alles, was wir sagen, eine Warnung an die Gesellschaft. Wer mir heute zuhört, wird sich für morgen viele Kopfschmerzen ersparen, denn dieser plötzliche Umschwung wird verheerend sein. Denn keine Regierung auf Erden kann die Welt wieder in Ordnung bringen und das Gleichgewicht wiederherstellen. Keine Regierung der Welt kann die aus den Fugen geratenen Klimaverhältnisse wieder einrenken. Wir sehen diese Dinge nicht als irgendwie übernatürlich an. Das kommt alles auf ganz natürliche Weise und bringt den Wandel. Und es gibt kein Entrinnen. In den Vereinigten Staaten z. B. sind im vergangenen Jahr die Menschen in New York fast erfroren. Präsident Carter konnte nicht hinfliegen und anordnen, daß der Schnee abends um 9.00 Uhr aufzuhören habe. Der Frost kam bis nach Florida, die Ernte erfror, die Orangen, alles was dort angebaut wird – normalerweise gibt es dort keinen Frost, und Präsident Carter konnte nicht hinunterfliegen und sagen, der Frost solle in Minnesota stehenbleiben. Das sind einige der Kräfte, die keine Regierung der Welt in Händen hat. Und darum wird alles geschehen, was wir für die Zukunft voraussehen. Wenn wir in Universitäten oder anderswo über diese Dinge sprechen, verstehen uns die Menschen überhaupt nicht. Sie sehen keine Veränderungen, denn sie sind ja eine verlorene Gesellschaft. Sie haben keinen Boden unter den Füßen, keine spirituelle Grundlage, nicht die geringste. Sie haben keine Hoffnung für die Zukunft und wissen nicht, was sie tun sollen.

Vielfach ist der Grund, warum diese Menschen nicht verstehen, nicht in den falschen Voraussetzungen zu suchen – in der Angst oder dem Wunsch nach etwas Neuem, sondern weil die Vorträge an Universitäten, oder wo auch immer ihr hingeht, gewöhnlich nur kurz sind. Manchmal sagen sie auch: «Ach, das steht ja alles in unseren Büchern über Ökologie.» Aber sie lernen wahrscheinlich nicht so schnell, wie es nötig ist.

Die lernen schon in gewisser Weise. Und es gibt ein Verständnis im Bewußtsein der jungen Menschen, ohne daß ich sie dazu ermutige. Im Bewußtsein der jungen Generation gibt es Verständnis, auch wenn sie nicht darüber sprechen. Auch wenn sie deswegen keine Versammlungen abhalten. Da ist bei ihnen ein Verständnis für das Miteinander-Teilen, vielleicht durch Leben in einer Gemeinschaft. Diese Haltung ist da und sie wirkt schon für die Zukunft.

Auch auf den Universitäten wissen sie schon, was sie eigentlich suchen, und ob sie es nicht dort finden können. Und wie du sagst, wissen auch wir, daß der Präsident niemals die Abschaffung des Fernsehens anordnen wird. Das weiß jeder. Man weiß auch sehr wohl, warum. Und mit diesem Verständnis wird die Einheit in der Zukunft geschaffen. Die Menschen sprechen über Einheit, Solidarität, aber Einheit ohne Verständnis gibt es nicht. Und wie kommt dieses Verstehen bei unserer jüngeren Generation zustande? Wie ich schon erwähnte, gehen wir wieder in den Kreis zurück. In diesem Kreis finden wir unser Volk – im Kreise sitzend, sie sehen sich ins Gesicht und verstehen sich und können so miteinander sprechen und planen. Weil sie im Kreis sitzen, versteht einer den anderen. Aber wie ist es mit den Weißen oder den Nichtindianern? Warum denken da die Jungen anders als die Alten? Auch sie wollen in den Kreis zurück. Wie sitzen sie denn, wenn sie Gras rauchen? In einem Kreis. Und warum tun sie das heute immer häufiger? Um sich zu verstehen, und dieses Verstehen bringt den Wandel. Mir ist gleichgültig, was die Regierung sagt und wie mächtig sie ist. Der Wandel kommt. Er kann von den Menschen herkommen, er kann durch den Wechsel des Klimas kommen. Egal wie – er kommt. Und darum hat der Kreis wieder eine Bedeutung, wenn das ganze System, das aus Menschen Roboter macht, zusammenbricht, weil die Erziehung wieder gesunden Menschenverstand aufweist, vielleicht in die entgegengesetzte Richtung weist und wieder inhaltsreicher wird, als sie in den letzten vierzig Jahren war. In der Vergangenheit saß jeder nur da, starrte auf den Lehrer und meinte, der sei was Besonderes, dem brauchte man nur zuzuhören. So ist das nicht mehr. Auf allen meinen Reisen stellte ich fest, daß die Lehrer weniger wußten als ihre Schüler. Und ich glaube, daß alle jungen Leute mir das abkaufen, denn ich habe mit ihnen engen Kontakt. So haben wir gleich die praktische Erfahrung dessen, worüber wir in bezug auf die Dinge des Lebens sprechen. Es ist die Art, wie Menschen leben. Wo kommt der Mensch her? Wie wurden eure Vorfahren? Diese Frage will ich allen Völkern stellen, ich möchte wissen, wie bei ihnen das Leben begann, ob es irgendwie anders war. Und wenn nicht, dann ist das eben *die* Lebensform des Menschen. Wenn wir dann vom indianischen Rundtanz sprechen – es ist des *Menschen* Art zu tanzen.

Man findet in der bäuerlichen und auch in der weiterentwickelten Gesellschaft immer noch Rundtänze und viele Anzeichen . . .

Das sage ich ja. Jeder in der ganzen Welt verstand einmal diesen Kreis. Aber sie gaben ihn auf. Als das andere Wertsystem kam, das Gelddenken, und dann, besonders hier in den Vereinigten Staaten, findet man auf jeder Münze die Inschrift: «Wir vertrauen auf Gott», da wurde dieses Geld vor langer Zeit der Gott der Menschen. Wenn sie auch noch von Gott reden, jener Gott ist mächtiger.

Auf unseren Münzen steht «Einigkeit, Freiheit, Brüderlichkeit». Ich meine auch, ein Schritt in Richtung auf diese Entwicklung war die Schriftsprache; man schreibt ein Gesetz auf und läßt es in Kraft treten. Die ersten Niederschriften unserer sich entwickelnden Schriftsprache waren Aufzählungen von Angaben. Es gab noch kein Geld, das entwickelte sich später, es war leichter, Geld wegzunehmen und wegzuschleppen als die Ernte.

Mit dem Aufkommen des heutigen Wertsystems wurde der Mensch von seiner natürlichen Lebensweise entfremdet, Schritt für Schritt. Und so haben wir heute einen Platz für den Großvater und einen Platz für die Kinder und können selber hinter dem allmächtigen Gott herrennen. Da wir kein natürliches Leben mehr führen, wissen wir auch nicht, was Familienleben ist. Die heutigen US-Bürger merken auch nicht, was die Regierung mit ihnen anstellt, indem sie Altersheime und Kindertagesstätten baut. Der Weg zum Geld wird geebnet, und der Weg zur natürlichen Lebensweise der Menschen wird verbaut. In uns verkümmert das Gefühl für unsere Mitmenschen, wir haben nur mehr uns selbst vor Augen. Warum? Weil wir in Schachteln groß gezogen wurden und in Schachteln bleiben, bis wir sterben. Unsere Kinder kommen in extra Schachteln. Und alle natürlichen Gedanken, die eigentlich in unsere Köpfe gehören, nehmen sie uns. Und die Gesetze wurden nur gegen die Ohnmächtigen und Schwachen eingerichtet. Leute mit Geld können sich Gerechtigkeit kaufen. Der Reiche muß keine Strafen fürchten, wenn er tötet. Er darf auch stehlen und betrügen, denn er kann sich die Freiheit erkaufen. Das ist das Gesetz des Menschen. Das natürliche Gesetz ist anders.

(Übersetzt von Anneliese Rudwaleit)

Wenn ein Neandertaler einen neuen Mantel brauchte, ging er raus und fing sich einen

Interview mit Sotsisowah (John Mohawk), Akwesasne Notes, Owl's Head, N. Y., Mai 1977

Mark Twain hat immer behauptet, daß die Schule dich in deiner Entwicklung behindert, und ich glaube, in dem liegt mehr als nur ein Körnchen Wahrheit. Unsere Schulen sind nicht so aufgebaut, daß sie dem Menschen eine gute, weitgefächerte Ausbildung bieten, sondern haben die Aufgabe, dich zur Disziplin zu erziehen, dich für ganz bestimmte Aufgaben zu schulen, aber nicht, dir eine über-

John Mohawk

zeugende und umfassende Einsicht in diese Welt und ihre Zusammenhänge zu vermitteln.

Das Problem fängt schon dann an, wenn man in *einer* Kultur, nämlich einer monolithischen Kultur aufwächst, sei es nun die europäische, die asiatische oder die der amerikanischen Indianer – egal, sobald man mit nur einer kulturellen Perspektive bekannt gemacht wird, wächst man auch schon mit Scheuklappen auf. Wenn der Begriff «Erziehung» fällt, hat man nur eine Definition für dieses Konzept.

Beim Begriff der «Erziehung» fallen mir etliche Ausformungen ein. Eine davon ist Erziehung nach indianischen Maßstäben. Die englische Auffassung von Erziehung ist dagegen destruktiv – sie deckt sich mit «Entziehung». Im Grunde bedeutet sie Sozialisation nach englischen Maßstäben. Das war auch das Ziel der Schulen, die für eingeborene Völker auf diesem Kontinent eingerichtet wurden, wie auch in Afrika und Asien. Der Begriff «Erziehung» ist also europäisch. Ich glaube, es wäre der Mühe wert, wenn die Leute sich mal überlegen würden, was Erziehung eigentlich bedeutet und was sie bedeuten sollte. Bei uns heißt es einfach: «Wie beschaffe ich mir einen Job?» Sie bringen dir sprachliche Fähigkeiten bei und ein paar dürftige Kenntnisse in Sachen Weltanschauung. In diesem Kulturkreis läuft ein immens großer Teil der Sozialisation, die dir ermöglicht, Konsument zu werden – abhängig von deinem Lebensstandard, ja von deiner Klassenzugehörigkeit – auf Technologie, auf manuelle Fertigkeiten, auf Kenntnisse im Haushalt etc. hinaus. Aber ich frage mich, in welchem Zusammenhang steht Erziehung zu menschlichen Werten, was bedeutet sie für die Menschheit? Ich glaube, das, was uns am stärksten unterscheidet von anderen Lebewesen auf dieser Welt, ist die Tatsache, daß wir, egal wo, zu keinerlei physiologischer Anpassung an unsere Umwelt fähig sind. Jedes Lebewesen, ob nun der Bär mit seinem dikken Pelz, die Fische mit ihren Kiemen oder die Vögel mit ihrem Federkleid – jedes Lebewesen auf dieser Erde besitzt eine stark ausgeprägte Fähigkeit, sich an die Bedingungen seiner Umwelt anzupassen – nur die Spezies Mensch nicht. Es gibt wenige Plätze auf dieser Erde, an die sich der Mensch anzupassen vermochte. Wir stammen höchstwahrscheinlich von auf Bäumen lebenden Affen ab, die ursprünglich in tropischen Wäldern lebten und die Bäume verließen, um sich in einer tropischen Savanne niederzulassen. Und irgendwann vor vielen Millionen Jahren veränderte sich dann diese Umwelt grundlegend, und eigentlich hätten wir dann als Spezies aussterben müssen. Ich meine, wir haben doch wirklich als Spezies keinerlei Überlebensfähigkeiten: Wir sind nicht schnell genug, um uns unsere Nahrung zu fangen; wir sind unfähig, uns an physische Veränderungen in unserer Umwelt anzupassen – dazu sind wir schlicht und einfach zu langsam. Und wir haben einige schwerwiegende Probleme – Kleinkinder mit unglaublich langen Entwicklungszeiten, unglaublich langen Zeitperioden, bis sich das Nervensystem voll entwickelt hat und bis sich das menschliche Wesen dann selbst versorgen kann.

Die Menschen haben sich nicht angepaßt, haben sich nicht an die Regeln der Evolution gehalten, zumindest nicht an die der physiologischen Evolution. Menschen mußten lernen, in einer völlig neuen Umwelt zu überleben – für uns war Anpassung also ein Lernprozeß. Wir haben gelernt, in der Wüste zu überleben, wir haben gelernt, am Polarkreis zu leben, wir haben gelernt, im Regenwald zu leben und in tropischen, subtropischen und gemäßigten klimatischen Verhältnissen. Wir haben gelernt, uns an eine Vielzahl verschiedener Lebensbereiche anzupassen, und haben fast die ganze Erdoberfläche erobert. Und wir bilden uns ein, gelernt zu haben, uns an eine moderne technologisierte Gesellschaft anzupassen. Ich glaube also, daß wir uns in Sachen Erziehung der Frage zuwenden sollten: Was ist das für ein Prozeß von Sozialisation und Ausbildung, der diesen jungen Menschen ermöglicht, in jeglicher Umwelt, mit der sie konfrontiert sind, zu überleben?

Ich frage mich, inwieweit diesem tatsächlichen Prozeß Genüge geleistet wird. Wenn man genauer hinsieht, wird man erkennen, daß Menschen aus anderen Kulturkreisen zu dem Schluß kommen müssen, daß unser Kulturkreis diese Funktion in einer sehr trügerischen Weise erfüllt. Wir leben vermutlich in einem Zeitalter, in dem der Mensch an seine Grenzen gestoßen ist, was die Kenntnis seines eigenen Wesens anbelangt. Uns stehen ungeheure Mengen an Information zur Verfügung, aber so gut wie nichts auf dem Gebiet der kreativen Entwicklung.

Keine menschliche Entwicklung?

Genau. Und wir sind wirklich erstaunliche Lebewesen. Wir haben uns in irgendeiner merkwürdigen Maschinerie vom Daumen zu den vorderen Gehirnlappen hochentwickelt, zur nahezu unglaublichen Koordinationsfähigkeit des Gehirns und dessen Möglichkeiten, Abstraktes umzusetzen – eine erstaunliche Maschine, die sich über einen wirklich langen Zeitraum weiter entwickelt hat. Wir haben Phasen der Evolution durchlaufen, um als das hervorzutreten, was wir heute sind: Allesesser – wir leben von Nahrungsmitteln, die es vor tausend Jahren noch nicht gegeben hat. Es ist eine wunderbare Anpassung des Körpers an Nahrung, aber eine weniger gute des menschlichen Körpers an seine Umwelt.

Aber die Zeit, die Notwendigkeit ist gekommen, daß wir unsere Aktivitäten auf die Fragen nach einem Überleben gemäß unserer Spezies reduzieren, anstatt anzunehmen, daß wir irgendein wundersames Wesen sind, das ungeachtet der Naturgesetze existieren kann und im Gegensatz zur restlichen Welt eine Art Unsterblichkeit besitzt. Der Planet kann auch ganz gut ohne uns überleben – ein erschreckender Gedanke. Der Planet hat eine Geschichte von Hunderten von Millionen Jahren hinter sich, und wie verschwindend gering sind im Vergleich dazu doch die Lebensjahre dieses zweibeinigen Wesens, das mit einem so immensen Ego darauf herumspringt! Der Mensch bildet sich wirklich ein, daß er das Anfangsglied der Kette ist, aber vielleicht ist er in Wirklichkeit nur eine Art parasitäres Gewächs, das auf diesem Planeten wuchert. In geologischer Zeit gerechnet ist erst eine Minute seit der Eiszeit vergangen, und es ist noch eine Minute bis zur nächsten. Geologisch gerechnet, sind wir erst seit ein paar Stunden auf dieser Erde. Die Dinosaurier, von denen wir gesagt haben: «Mann, schau dir die an, *die* haben nicht überlebt!», haben in Wirklichkeit sehr lange auf dieser Erde überlebt; länger als wir jemals hier gewesen sind, und ihre Selbstbehauptung war nach unseren Maßstäben einfach unglaublich. Wir leben seit knapp einem Tag auf diesem Planeten, und sie waren alt, unglaublich alt. Und es gibt immer noch welche, die irgendwo im Schlamm herumpaddeln – sie sind noch nicht alle ausgestorben. Aber unsere Spezies gab es vor 15 Millionen Jahren nicht einmal nur andeutungsweise, es gab nichts, was ihr nur annähernd glich – nichts Aufrechtes, nichts, was man nur annähernd menschlich nennen kann. Unsere frühen Vorfahren ernährten sich zu einem bestimmten Zeitpunkt von Insekten und gingen auf allen vieren, bevor sie überhaupt nur lernten, auf Bäume zu klettern. Wir befinden uns jetzt in einer Phase, in der wir die einzigen sind, die eine Art bewußte Einsicht erreicht haben, daß wir in eben jenem Verhältnis zum Universum stehen. Sehr winzig, sehr kurzlebig, sehr jung und ohne Garantie, daß wir diese Epoche überleben werden.

Keine Garantie?

Die einzige Garantie, die ich sehe, ist die, daß das Leben wahrscheinlich noch ewig weitergehen wird. Aber selbst wenn wir alles Leben bis auf seine primitivste Form reduzieren würden, es hätte dennoch die Zeit, sich wieder bis zum Evolutionsstand der Affen hochzuentwickeln. Die Erde hat solche Kräfte, sie hat eine solche Lebensspanne, daß wir alles auf mikrokosmische Größe reduzieren könnten, und dennoch wäre in einer weiteren halben Milliarde Jahren wieder allerhand höheres Leben möglich. Es würde nicht einmal etwas ausmachen. Wir rotten alle großen Tiere aus, und die Evolution wird dafür sorgen, daß es wieder neue gibt. Wir bilden uns immer ein, wir wären das Hauptglied der Kette, aber dafür gibt es keinerlei Beweise. Wir sind alle im Grunde Eingeborene dieses Planeten, und wenn man nach Europa schaut und sich dort mit den Menschen unterhält, wird sich herausstellen, daß sie vor acht- oder neuntausend Jahren selbst Langhäuser hatten. Die Zeremonien und die religiöse Haltung der Menschen, die die Höhlen von Frankreich bewohnten, waren dieselben wie die unsrigen. Es gibt archäologische Beweise, daß diese Höhlenbewohner eine Religion hatten, die der unsrigen heute sehr ähnlich ist, daß die materiellen Kulturbezüge nicht so verschieden waren von den unseren. Die Menschen in Europa, selbst die Neandertaler und Post-Neandertaler, hatten im Grunde die gleiche Religion wie die Buschmänner Australiens heute. Zu einer bestimmten Zeit hatte die ganze Welt ein und dieselbe Kultur.

Es ist eine Welt.

Es ist eine Welt. Und es gab in Europa Schamanen, die sich in nicht viel von denen unterschieden, wie wir sie hier kannten. Manche Zeremonien und die Art, wie sie ihre Toten begruben oder ihrer Arbeit nachgingen, kennen wir immer noch. Wir sind in gewissem Sinn alle Erben dessen, was man für einen sehr langen Zeitraum «menschliche Kultur» nannte. Aber es hat sich einiges verändert, und ich glaube, die Fragen, die wir uns heute stellen müssen, sind, ob wir in der Lage sein werden, den Schein von Menschlichkeit über die nächste Phase von Veränderungen hinweg zu retten. Das ist es, wo wir jetzt stehen. Und ich glaube, daß die akademische Welt anfangen muß, die Dinge auf folgende Fragen zu reduzieren: Wenn es den Menschen schon seit vielen Tausenden von Jahren auf dieser Welt und in dieser momentanen Form gibt, wenn das zutrifft, dann kann unsere Zeitphase nicht die Wesensgrundlage menschlicher Existenz sein. Es muß jene geologische Zeitphase sein, die uns bestimmt – es kann unmöglich die Zeitauffassung des 20. Jahrhunderts sein. Es müssen die Auffassungen der geologischen Zeitphase sein, die die Richtschnur der Menschheit setzen. Das ist meine persönliche Meinung. Wenn wir uns fragen: «Was machen wir?», müssen wir uns diese Frage mit genau dem Hintergrund stellen. Ich glaube, der Gedanke, daß alles vergänglich ist, daß diese Periode, dieses Jahrhundert, vergänglich ist, löst jene merkwürdige Haltung des Stoizismus aus. Das Problem ist nur, daß die Spezies Mensch ebenso vergänglich ist. Aber, um ehrlich zu sein, ich glaube trotzdem nicht, daß es so weit kommen wird. Wenn wir so weitermachen mit diesen ganzen Atomgeschichten, dann werden irgendwann mal einige Leute ihren Abschied von dieser Welt nehmen müssen. Das ist vermutlich die größte Gefahr, der wir gegenüberstehen – nicht die Atombombe, so weit muß es nicht kommen, sondern der ganze atomare Müll. Es wird so was wie ein weltweites nukleares Unglück geben. Aber die Menschen sind ziemlich zäh, es gibt immer welche, die es schaffen, zu überleben.

Eines Tages werden wir lernen, daß es auch Gras zu essen gibt, wenn uns die Hamburger ausgegangen sind. Natürlich wird das noch einige Zeit dauern, aber in der Zwischenzeit sollte man ruhig die Leute daran erinnern, was in Millionen von Jahren los sein wird, und sie ab und zu darauf hinweisen, daß unser Zeitalter kein ungewöhnliches ist. Unsere ganze momentane Geschichte befindet sich auf dem Höhepunkt einer Zwischeneiszeit von 10000 Jahren, und es wird vermutlich wieder kälter werden. Und wenn das eintrifft, können wir sicher sein, daß wir uns verändern werden. Trotz aller strittiger Fragen wissen wir eines mit Gewißheit: Er wird sich verändern, es wird nichts so bleiben wie jetzt. Und manche Kulturen werden sich anpassen, manche Menschen werden sich anpassen und überleben, sie werden dominieren, ähnlich wie die Menschen, die sich dieser industriellen Zivilisation angepaßt haben, und jemand anderes wird daherkommen und wieder dominieren. Aber es gibt in Europa und Amerika eine sehr kleine Gruppe von Menschen, die sich darin einig sind, daß das Überlebenspotential in den Händen derer liegt, die in der Lage sind, sich zu Stämmen zusammenzuschließen. Und das ist ein Gedanke, der seit einer wirklich langen Zeit im Westen noch niemandem in den Sinn gekommen ist.

Ich denke heute auch Gedanken, von denen ich vor 10 Jahren nicht gedacht hätte, daß ich sie je denken werde . . .

Wir sind wahrscheinlich die radikalste Zeitung Nordamerikas. Wir sind die einzigen, die das abdrucken können, was selbst die Zeitungen, die sich für ausgesprochen radikal halten, niemals abdrucken könnten – einfach weil ihre Leser es nicht für gut befinden würden. Sie sind zum größten Teil in einer Phase der kulturellen Entwicklung verfangen, die das von vornherein ausschließt. Und die Zeitungen, die kommerziell gebunden sind, würden das sowieso nicht wagen. Und dabei sind wir sogar noch ziemlich konservativ, in dem, was wir schreiben. Wir platzen nicht einfach mit allem heraus, was uns in den Sinn kommt – aber wir werden es noch tun, das garantiere ich euch.

Die meisten Leute glauben, daß die Idee der Spiritualität sehr radikal ist, und dennoch – die Hopi würden uns als feige bezeichnen, als schwach und verwässert. Und das stimmt auch. Aber wir publizieren auch das, was man uns vorlegt. Wenn die Hopi was in der Öffentlichkeit machen, werden wir es auch publik machen, so offen und geradeheraus wie nur möglich. Aber das Problem mit den Hopi ist, daß, wenn sie den Leuten vorwerfen, daß sie die Welt kaputtmachen, sie eigentlich meinen: «Ihr müßt damit aufhören, das ist alles einfach ungeheuerlich!» Die Hopi versuchen jedoch nicht, der Welt die Geheimnisse zu offenbaren, die sie offenbar hüten, und darin fühlen sie sich ganz schön stark. Sie sind einfach ziemlich zugeknöpft, wenn es um diese Sache geht. Ich sehe in der Zukunft eine Phase – zwar keine sehr lange –, in der unser bisheriges Theoretisieren über das, was wir tun sollten und wie wir es anpacken sollten, endlich Wurzeln treiben und seinen Weg ins Praktische finden wird. Bis jetzt haben wir einfach was ausgearbeitet, ohne es praktisch zu verwirklichen. Zum Beispiel der Begriff «Rückkehr zur Stammesstruktur»: der bedeutet einfach wesentlich mehr, als wir uns jemals vorgestellt haben – nicht einfach zurück in die Wälder mit 'ner Menge Leute herumspringen u. ä. Der alte Begriff des Stammestums ist aus einer Jahrhunderte währenden Phase erwachsen, in der es nicht nötig war, stabile menschliche Gemeinschaften zu bewahren. Der Reichtum der Erde war damals so groß, daß man einfach auseinanderging und eine neue Gruppe bildete, wenn man sich über irgend etwas nicht einig werden konnte. Da stand unvorstellbar viel Land zur Verfügung, und ganz im Gegensatz zu Überlieferungen der moderneren Mythologie gab es Fisch und Wild und Früchte in Hülle und Fülle, ohne daß man auch nur einen Pfennig dafür bezahlen mußte. Die ursprüngliche und stabilste Überflußgesellschaft gab es vor 20000 Jahren. Wohingegen sich der arme Neandertaler auf Bildern nur so dahinschleppt. Der arme Neandertaler hat viel besser gegessen als wir heute! Er hat es überhaupt viel besser gehabt als wir! Es hat nachweislich reichlich Wild gegeben; wenn sie Hunger hatten, brauchten sie nur rauszugehen und sich was zu fangen; wenn sie einen neuen Mantel brauchten, gingen sie raus und fingen sich einen. Wenn wir ehrlich sind, gab es einfach einen ziemlichen Reichtum, auch hier in Nordamerika. Es gab einfach alles – man brauchte nur in die Wälder zu gehen und es sich zu holen. Sie fingen an, Feldfrüchte anzubauen, als sie sozusagen auf den Geschmack gekommen waren, nicht weil sie es zum Überleben gebraucht hätten. Mais entsprach ihrem Geschmack, also aßen sie viel davon. Sie kannten sogar etwas Ähnliches wie die Wassermelone. Wir werden noch eine Zeit der extremen Verknappung erleben, und es wird bei weitem nicht so schön sein wie vor 20000 Jahren. Wenn wir von «Rückkehr zum Stammestum» sprechen, meinen wir etwas sehr Komplexes. Diese verdammten Stammesangehörigen sollen einfach und unwissend sein – wenn wir uns mal einen Ureinwohner von Australien genauer ansehen, werden wir feststellen müssen, daß er ein ganzes Arsenal von Kenntnissen in sich trägt. Befasse dich mit der Kultur der Buschmänner, und du wirst feststellen, daß du zwanzig Jahre brauchst, um richtig einzusteigen. Diejenigen, die angeblich einfach sind, leben in Gesellschaften, die so verwickelt sind, daß nur sie sie wirklich begreifen können. Hinter ihren Handlungen verbergen sich Gründe, die wir nicht nachvollziehen können. Sie bleiben 8000 Jahre an einem Platz leben, um ihn wirklich kennenzulernen. Sie wissen, warum sie etwas tun; alle anderen sind es, die es sich nicht erklären können – «seltsame Bräuche» sozusagen. Und doch steckt hinter all diesen Dingen eine Motivation, eine lange Entwicklungsgeschichte, die wir nur nicht nachvollziehen können. Aber die Zeit ist gekommen, da Menschen in Europa und Nordamerika wieder an eine Rückkehr zum Stammestum denken werden, und ich kann euch gleich sagen, es wird die schwierigste Aufgabe sein, die uns bevorsteht.

Glaubst du nicht, daß Marx, wenn er heute noch leben würde, es als merkwürdig empfinden würde, daß seine Anhänger nicht begreifen, daß sich die Zeiten geändert haben. Ich bin sicher, daß auch er heute so denken würde wie du.

Marx hat im Alter die Marxisten verflucht. Er konnte es nicht glauben, daß es so weit kommen würde. Ich habe ein sehr zwiespältiges Verhältnis zu Marx, weil er einfach zu oft zitiert wird. Ich hab auch einiges von ihm gelesen, natürlich nicht alles, aber immerhin etwas; wahrscheinlich mehr als die meisten sogenannten Marxisten. Ich habe festgestellt, daß es auf allen Seiten die bezeichnende Tendenz gibt, sich auf einen kleinen Aspekt des ganzen Marxismus zu fixieren und diesen dann zur Theorie an sich zu deklarieren. Mit den Ursprungstheorien über Gesellschaft war alles in Ordnung, er hat alles so dargelegt, wie es ist und warum es sich so entwickeln mußte. Und das auf einer sehr kleinen Informationsgrundlage, verglichen mit dem, was uns heute zur Verfügung steht. Er hat sich einfach hingesetzt, sich Morgans Buch über die Irokesen durchgelesen und ist dann zu den unglaublichsten Erkenntnissen über das Wesen kommunistisch organisierter Gesellschaften gekommen – Stammesgesellschaften, wenn man so will. Und er hat so viel Weitblick gehabt, um voraussagen zu können, daß die industrielle Gesellschaft den Menschen nicht behagen würde. Und er fand auch noch die richtigen Erklärungen dafür. Ich hab an alldem nichts auszusetzen, aber wenn du den Morgan liest, wirst du nicht zu solchen Ergebnissen kommen, ohne eine ganze Menge nachdenken zu müssen. Und Morgan war nicht derjenige, der bemüht war, ein positives Bild von den Indianern zu zeichnen. Ich denke nur an sein Buch über die Bautechniken von Eingeborenen, in dem er sich förmlich empört über die Tatsache, daß sie auf Lehmböden hausen. Das haut ihn wirklich um, er gibt glattweg zu, daß er diese Indianer für völlig umnachtet hält – Überbleibsel der Dinosaurier. Und Marx hat das alles durchschaut und etwas völlig anderes hineingelesen. Nun, ich denke, es wird auch jemand kommen müssen, der etwas völlig anderes in Marx hineinliest. Die arbeitende Klasse wird sich niemals erheben. Der Grundwiderspruch, dem wir uns gegenübersehen, ist der, daß die zivilisierte Welt in sich umkippt und die Erde zerstört. Und das ist nicht einmal, um ehrlich zu sein, der wesentliche Widerspruch – denn der ist im religiösen Bereich zu finden: Was wirklich passiert, ist, daß Menschen angefangen haben, in Prozesse einzugreifen, die ehemals den Geistern, Göttern oder was auch immer vorbehalten waren. Es gab Zeiten, da der Lauf der Gewässer der Natur oblag, jetzt ist er Sache der Wasserbau-Ingenieure; es gab Zeiten, da die Vermehrung der Tiere sich lediglich in den Wandmalereien der Neandertaler in Frankreich niederschlug, wo sie noch dem Geist der Tierwelt überlassen war. Und dann haben die Menschen angefangen, in jene lebenswichtigen Prozesse einzugreifen.

Es ist an der Zeit, daß wir eine intellektuelle Tradition mit anderen Gesichtspunkten auf der Linie des Marxismus entwickeln. Mir gefällt die Lehre des Materialismus, der materialistischen Dialektik, aber ich muß mich dauernd wundern, wie einseitig sie angewandt wird. Wenn man den Kapitalismus nur einmal mit Technologie in Beziehung setzen würde, würde man auf einige interessante Dinge stoßen. Die Technologie, die tatsächliche Bewegung des Materials, die Technik, die Art und Weise, mit der die Menschen die Natur umwandeln, ist historisch, wirtschaftlich, gesellschaftlich gesehen, genauso analysierbar wie die soziale Technologie, die wir Ökonomie nennen. Wende auf die materielle Technologie die gleiche Methodik an wie auf die Ökonomie, und du wirst mit Sicherheit auf ein paar sehr interessante, neue Erkenntnisse zum Wesen des Imperialismus und Kapitalismus stoßen.

Es ist wirklich spannend, den Marxismus anhand der 1848er Dokumente kennenzulernen – kein Vergleich zum Marxismus, wie er heute in der moderneren urbanen Gesellschaft praktiziert wird, denn sie berücksichtigt einige seiner bedeutsamsten Theorien nicht. Die heutigen Beweise für die Richtigkeit seiner Theorien sind umwerfend, und trotzdem wird er noch ignoriert. Ich glaube, dem Marxismus ist das gleiche widerfahren wie jeder Bewegung, das gleiche wie schon dem Christentum. Die Marxisten haben mit Marx das gleiche gemacht wie die Christen mit Christus. Was mich außerdem noch aufregt, ist, daß der moderne Marxismus nur ein bloßer Aufwasch unserer westlichen Kultur ist – sie hat ihn gereinigt, in einem negativen Sinn von Reinigung. Und dem Kapitalismus hat er lediglich ein bißchen überschüssiges Fett abgenommen. Der Sozialismus versucht sich der Dinge zu entledigen, die der Kapitalismus im Grunde gar nicht braucht, um genauso weiterzuarbeiten. Er braucht keine Werbung, keine Propaganda. Wir sind in der Lage, die Welt mit Hilfe der Technologie so aufzulösen und zu verarbeiten, daß wir uns nur noch nachher den Braten aufteilen müssen. Es ist überhaupt nicht notwendig, sich Gedanken um die anfallenden sozialen Probleme zu machen, die Klassen entstehen lassen und ähnliches.

Sobald man einmal damit anfängt, die Welt als etwas Begrenztes zu sehen, als etwas mit begrenzten materiellen Ressourcen, wird das Konzept des unbegrenzten Materialismus und Reichtums einfach absurd. Und die westliche Technologie baut zwangsläufig auf nicht zu erneuernden Ressourcen auf. Egal auf welche Ressourcen wir uns beziehen, sie sind immer begrenzt, nicht zu erneuern. Wir konsumieren die Welt, ohne ihre Ressourcen wieder aufzubauen, und unsere Technologie entzieht der Natur ihre Reichtümer, wandelt sie um, baut sie ab und wirft sie beiseite, wenn sie genug hat. Und das ist der Hauptaspekt der westlichen Technologie – die Dinge so zu verschieben und einzuteilen, wie es zum Zweck der Bevölkerungsverdichtung notwendig ist. Und genau das ist es, was den Imperialismus ausmacht: dem Land das zu entziehen, was man gerade braucht, ob nun Nahrung oder Öl – einfach hinzugehen und aus der Erde zu holen, was man will, koste es, was es wolle, selbst Menschenleben, es in die Stadt zu karren und zu konsumieren. Das ist der wahre Prozeß der Zivilisation: Imperialismus. Das ist das Prinzip, worauf sich die Städte aufbauen – rausgehen, ranholen und aufbauen.

Ein eingleisiger Prozeß.

Ja, aber er beschränkt sich durchaus nicht auf den einen möglichen Weg, den wir Kapitalismus nennen. Das ist eine der Gesellschaftsformen, die so funktionieren, aber der Sozialismus bildet da keine Ausnahme. Der industriell aufgebaute Sozialismus muß genauso arbeiten, wenn er die Menschen in den Ballungsräumen halten will. Und genau das ist der ausschlaggebende Faktor. Die Welt braucht nicht nur sozialpolitische Theoretiker, die sie analysieren, sie braucht auch Menschen, die erkennen können, was los ist, woher was kam, wohin es geht, wie es dahin kam, warum es dahin kam, wessen Interesse es war, und warum auf der Welt es überhaupt notwendig war, daß es so lief. Das sind einfach notwendige Fragen.

Der Marxismus hingegen sagt uns, wie wir das alles mit dem geringstmöglichen Aufwand erreichen können, was die beste Schmiere für diese Maschinerie ist, wie wir unsere schöne urbane Zivilisation immer besser ausbauen und erhalten können. Mit der Begründung, dies alles geschehe, um menschlichen Bedürfnissen nachzukommen. Im Klartext wird doch damit gesagt, daß sich jeder noch eine Scheibe vom Braten anschneiden kann – nicht einzelne werden reich sein, sondern wir Alle. Aber Fünfjährige würden wahrscheinlich fragen, wozu denn? Und Fünfunddreißigjährige wüßten wahrscheinlich auf Anhieb keine Antwort auf diese berechtigte Frage. Was mir an den sozialistischen Theorien auffällt, ist, daß sie zwar den Kapitalismus kritisieren, nicht aber den Sozialismus. Der Kapitalismus wird durchleuchtet und all seine Schrecken werden erkannt, aber der Prozeß, den man als die Ursache dieser Auswüchse annimmt, wird nicht durchleuchtet, und von da ausgehend begründet man dann einfach die Zerstörung eingeborener Völker mit der Notwendigkeit des Kapitalismus. Aber fest steht, daß sozialistische Länder eingeborene Menschen aus genau dem gleichen Grund wie kapitalistische Länder vernichten. Auch sie brauchen deren Ressourcen, deren Rentiere. Auch sie müssen sich, koste es, was es wolle, ihre Reichtümer besorgen, und das macht sie ebenso zu Imperialisten wie alle anderen. Vielleicht Imperialisten mit einer menschlicheren Motivation – zumindest nach ihren Kriterien. Aber der ganze Prozeß ist sicherlich nicht sehr viel anders. Wenn man also bemüht ist, herauszufinden, was für eine Erziehung, was für eine Gesellschaft unserem jetzigen Denken, unserer jetzigen Zeitphase entspricht, dann werden wir wieder einmal Kinder sein. Wieder einmal werden wir um unser Überleben kämpfen müssen in einer feindlichen Umwelt – so wie es schon immer war. Aber wir werden uns neue Denkformen und Voraussetzungen schaffen müssen. Es gibt einfach keine gesellschaftsrelevante Theorie, die auf die Realitäten, denen wir uns gegenübersehen, anwendbar ist. Wenn du also in deine Heimat zurückgehst und Artikel schreibst über das, was wir euch als Lösung anzubieten haben, dann denke daran, daß wir alles neu überdenken müssen, daß wir in einer Phase leben, in der wir bewußte Entscheidungen treffen müssen, über die Form, in der wir auf dieser Welt weiterleben wollen. Und diese Entscheidungen müssen auf einer Informationsgrundlage wachsen, die wir im Hinblick auf diese zukünftige Welt geschaffen haben, die ganz im Gegensatz zu der steht, mit der wir noch zu ringen haben. Und wir alle weniger eine Chance haben, oder zumindest die meisten von uns werden eine Chance haben, Kinder zu sein. Was das im Grunde bedeutet, ist folgendes: Solange wir die Möglichkeit, den Reichtum, die Mobilität und die Chance haben, noch etwas zu entscheiden, tun wir gut daran, uns nach dem erfahrensten Volk umzusehen, das wir auf dieser Welt finden können, und die Grundlagen seiner Überlebensfähigkeiten für uns auszuwerten. Das heißt, von ihnen all das zu lernen, was wir lernen *müssen*. So gesehen bleibt uns noch vom Moment unserer Bewußtwerdung an eine Zeit des Aufschubs, in der wir noch die Möglichkeit haben, unsere Energie darauf zu verwenden, Schüler und nicht Lehrer der Menschen zu werden, die ihren Kampf schon ausgefochten haben und sozusagen in einer nach-industriellen oder vor-industriellen Gesellschaftsform leben. Was wir noch begreifen müssen, ist die Tatsache, daß es wahrscheinlich keine unschuldigen eingeborenen Überlebenden des 20. Jahrhunderts geben wird. Zum Ende des 20. Jahrhunderts wird es nirgends auf der Welt Menschen geben, die noch nicht unter dem ungeheuren Druck gestanden sind, den der Überfall der technologischen Welt auf sie ausgeübt hat. Jeder Mensch auf dieser Welt wird damit bereits konfrontiert worden sein, und so gesehen wird es auch keinen Ort mehr auf dieser Erde geben, wo wir hingehen könnten, um zu bezeugen, daß diesen Überfall jemand wirklich unbeschadet überstanden hat. Die meisten Eingeborenen sind noch unschuldig, sie kennen noch nicht die Errungenschaften der Technologie, sie wissen noch nichts über den Kapitalismus – das ist bislang noch eine fremde Welt für sie. Aber sie wissen wohl über die Dinge Bescheid, die wir wissen sollten, und wir wissen Dinge, die sie wissen sollten. Das Ganze ist eine zweigleisige Angelegenheit. Es ist notwendig, daß wir ihnen helfen, die Dinge abzuwehren, die sich unseres Wissens als absolut tödlich für diese Welt erwiesen haben. Es wird noch ein interessantes Jahrhundert werden, besonders die letzten 25 Jahre, denn uns werden die Umwälzungen und Veränderungen, die schon unsere Vorfahren erlebt haben, nicht verschonen.

(Übersetzt von Janet Woolverton)

Völkermord im Krankenhaus

Interview mit Barbara (Moore) Brave Bird, Deutschland, Mai 1978

Barbara, wie kann es überhaupt zu Zwangsterilisationen kommen, wie ist die Gesundheitsfürsorge in den Reservaten organisiert?

Um die Jahrhundertwende führte die Regierung die öffentliche Gesundheitsfürsorge ein. Das sind Krankenhäuser, die von der Regierung geführt werden. Die Ärzte kommen meistens aus der Armee. Es sind ausschließlich Weiße. Sie kommen meist aus den Großstädten im Osten. Sie gehen in diese Krankenhäuser, um dort ihre Assistenzzeit zu absolvieren. Also in gewisser Weise, um ihre medizinischen Kenntnisse an den Indianern zu erproben.

Sie bieten euch also medizinische Dienstleistungen an, um euch besser kontrollieren zu können?

Vieles geschieht ohne unser Wissen. Es ist geplant, die Indianer loszuwerden. Sie praktizieren also verschiedene Formen des Völkermords. Eine Form ist der Alkohol, eine andere die Geburtenkontrolle und eine weitere die Zwangssterilisation. Der Alkoholismus ist weit verbreitet. Die Leute meines Stammes sind zum Teil völlig abhängig vom Alkohol. Ebenso abhängig sind sie vom Wohlfahrtsprogramm, und dadurch wiederum werden ihnen ihre Kinder weggenommen und in weißen Pflegeheime gebracht, die weit von den Reservationen entfernt sind. Wir haben keine Kontrolle und keine Macht und können sie nicht zurückholen. Das ist auch eine Art Völkermord. Viele Indianerinnen gehen zum Public Health Service für eine Generaluntersuchung, und die Ärzte sagen ihnen, sie bräuchten Vitaminpillen zur Stärkung. Es stellte sich aber heraus, daß diese Pillen oftmals Anti-Baby-Pillen waren. Viele indianische Frauen kennen die weiße Medizin nicht, alle diese vielen verschiedenen kleinen Pillen. Wieder eine Variante von Völkermord. Und dann die Sterilisation: junge Frauen gehen zur Geburtenkontrolle. Die Ärzte binden ihnen die Eileiter ab und erzählen, das könne später wieder rückgängig gemacht werden. Sie sagen: «Wenn du einmal Kinder haben willst, kannst du wiederkommen und wir können die Eileiter öffnen.» Und erst wenn sie dann wirklich zurückkommen, merken sie, daß es unmöglich ist.

Welche politischen Machenschaften stehen hinter der Sterilisationsstrategie?

Der politische Hintergrund ist komplex. Die USA breiten sich auf unserem Land immer mehr aus, ihre Bevölkerung wächst und wächst, und in unseren Reservaten finden sie Bodenschätze und Rohstoffe wie Holz, Gold, Kohle, Uran und umfangreiche Wasservorkommen; nicht zu vergessen die Erzlager. Die Weißen fallen hordenweise in unseren Reservaten ein und wollen sich diese Ressourcen sichern. Nun kommt es natürlich zu Zusammenstößen, denn immer mehr Indianer wollen überhaupt keine Weißen in ihren Reservaten sehen. Es ist ganz einfach wieder ein Versuch, uns auszurotten.

Hast du selber schon mit dem Public Health Service böse Erfahrungen gemacht?

Vor vier Jahren war ich schwanger und ging zur Entbindung in ein PHS-Hospital. Aus einem bestimmten Grund konnte ich mein Baby nicht einmal gebären, und sie machten einen Kaiserschnitt. Den Kaiserschnitt machten sie mit meiner Einwilligung. Einen Tag nach der Operation sagten sie mir, daß mein Baby gestorben sei. Ich ließ eine Autopsie vornehmen, aber es konnte kein Grund für den Tod gefunden werden. Sie sagten mir noch, daß ich keine Kinder mehr haben könne, sie hätten mich sterilisieren müssen. Das ist passiert, während ich in Narkose lag. Ohne mein Wissen, ohne meine Zustimmung. Was konnte ich dagegen sagen oder tun, es war schon zu spät.

Bist du damit vor Gericht gegangen?

Für die Leute in den Reservaten ist es sehr schwer, juristischen Beistand zu finden, denn sie sind sehr arm; außerdem sind wir nicht materialistisch ausgerichtet. Rechtsanwälte sind sehr teuer und außerdem sind sie weiß. Und wenn du diese Dinge laut aussprichst, wird es nur noch schlimmer, weil sie dann nur noch mehr Druck auf die Reservationen ausüben. Ich kämpfe dafür, daß das alles ein Ende hat.

Triffst du dich mit anderen Frauen und klärst sie über diese Praktiken in den Krankenhäusern auf?

Wenn ich zu Hause bin, spreche ich zu vielen Leuten und sage ihnen, was geschieht. Und dann gehe ich in verschiedene Städte und suche Unterstützung von Frauenorganisationen. Sie fanden es z. B. eine gute Idee, nach Europa zu gehen, um dort Unterstützung für Frauenrechte zu holen, besonders für die Rechte indianischer Frauen, die hier nicht als vollwertig anerkannt werden. In unserer Kultur ist die Frau besonders wichtig. Sie sichert den Fortbestand des Volkes.

Was ist die offizielle Stellungnahme der US-Regierung zu den Zwangssterilisationen?

Die ganze Sache kam erst Ende letzten Jahres während der UNO-Konferenz in Genf zur Sprache. Die Regierung machte auf eigene Kosten eine Untersuchung in den PHS-Krankenhäusern der Reservationen, und es kam heraus, daß die Regierung die geplante Sterilisation von Indianerinnen unterstützt; das wurde nicht einmal abgestritten. Das ganze Programm des PHS geht auf Staatskosten. Sie wissen, das die Öffentlichkeit davon weiß, aber sie tun es weiterhin. Aber sie konnten ihren eigenen Entdeckungen nicht widersprechen, denn es war alles bereits dokumentiert. So haben sie es einfach ignoriert.

Erzähl mir doch etwas von der sozialen Situation in eurer Reservation. Wie stark sind die Traditionalisten? Wie steht es mit der Stellung der Frau?

Unsere Leute sind geteilt. Einige halten sich an die weiße Gesellschaft, der andere Teil lebt streng nach der Tradition. Aber alle zusammen haben wir einen gemeinsamen Gedanken: für Nachkommenschaft zu sorgen, mehr zu werden, damit wir nicht aussterben wie die Büffel. Und darum haben unsere Frauen auch Angst vor den weißen Ärzten. Vom Women's Lib der Weißen halten unsere Stammesältesten nicht viel. Wir Indianerinnen waren schon immer emanzipiert.

Du bist Lehrerin . . .

Ja, ich unterrichte in einer normalen Schule. Daneben bin ich aber noch Direktorin und Lehrerin an einer unserer indianischen Survival Schools, das ist Crow Dog's Indian Way School. In der Public School muß ich arbeiten, um mich finanziell über Wasser zu halten, denn die Direktoren der Survival Schools dürfen kein Gehalt beziehen. Lediglich als Lehrer bekommen wir etwas Geld.

Wieviel verdienst du als Lehrkraft in einer Public School?

400 Dollar monatlich, das ist sehr wenig, und in den Ferien auch das nicht. In der Survival School ist es noch weniger, da sind es 200 Dollar, damit werden halt praktisch die Unkosten ersetzt.

Woher kommt das Geld für eure selbstorganisierte Schule?

Wir lassen uns auf keinen Handel mit dem Staat oder den Kirchen ein. Jede

Unterstützung, die wir bekommen, ist von Privatleuten. Dieses Geld ist dann ausschließlich für die Schule da, nicht für Gehälter. Es wird für die Unterbringung der Schüler, für Unterrichtsmaterial, für Essen usw. verwandt. Zu unserer Schule möchte ich noch etwas sagen. Meine Schwester Mary und ihr Mann Leonard Crow Dog und ich sind sehr viel herumgereist. Wir haben mit vielen Leuten gesprochen und kamen oft mit AIM in Kontakt, und wir sahen die Notwendigkeit, gerade für unsere jungen Leute eine Alternative zu schaffen. Unsere Kinder wachsen mit Lakota auf und sprechen kaum Englisch. Wenn sie dann in die Public School kommen, sind sie total verwirrt. Sie können sich nicht in den Unterricht einpassen, weil sie Sprachschwierigkeiten haben. Sie drehen die Wörter im Englischen um und schreiben sie rückwärts. Und je länger sie die High School besuchen, desto mehr flippen sie aus, fangen an zu trinken und nehmen Drogen. Für solche Kinder muß eine Basis geschaffen werden. Unsere Leute sind spirituelle Leute. Wir versuchen, die Kinder wieder mit den spirituellen Dingen vertraut zu machen, und dann führen wir sie wieder ein in die traditionellen Werte und in die Kultur unseres Volkes. Zur gleichen Zeit werden sie auch in Mathematik, Kunst, Englisch, Philosophie und den anderen normalen Fächern wie Lesen, Schreiben, Rechnen unterrichtet. Wir vermitteln zwei Kulturen. Zuerst müssen sie ihre eigene wiedererlernen, dann können sie an die andere herangehen. Später zeigen wir ihnen die Taktiken, die die US-Regierung gegen uns anwendet. Wir reden über Bodenschätze und Völkermord, und wenn diese Kinder dann älter werden, werden sie in der Lage sein, dieses Wissen anzuwenden; das heißt: Sie können die Regierungen dann mit deren eigenen Taktiken konfrontieren.

Wie verhält sich die Regierung gegenüber eurer Schule?

Der Bundesstaat South Dakota hat uns als Schule anerkannt.

Und sie kontrollieren euch nicht?

Nein, das tun sie nicht. Wir sind ja auch unabhängig und bekommen kein Geld von ihnen. Wir können unterrichten, wie und was wir wollen.

Wie ist es auf eurem Reservat mit den sozialen Unterschieden bestellt?

Die Oberschicht setzt sich ausschließlich aus weißen Rinderzüchtern zusammen.

Weiße? Ich dachte, in euren Reservaten leben nur Sioux.

Nein, es leben auch Weiße dort. Diese Weißen kamen, und das Land wurde ihnen vom Bureau of Indian Affairs überlassen. Sie wurden sehr reich. Aber sie zahlen keinen angemessenen Gewinnanteil an die Landbesitzer. Also wurden sie sehr reich, und die Indianer blieben sehr arm. Die Arbeitslosigkeit in den Reservationen ist sehr hoch. Es ist unheimlich schwer, Arbeit zu finden.

Und wie sind die sozialen Unterschiede innerhalb der indianischen Gemeinden?

Unsere Leute sind gespalten. Einige halten sich für sehr gebildet, haben eine gute Erziehung genossen und beanspruchen dadurch eine bessere Stellung. Und es gibt Leute wie mich, die für eine Verbesserung der allgemeinen Situation arbeiten, und die werden als Unterschicht angesehen. Dann gibt es noch die Gruppe von Indianern, denen bereits alles egal ist, sie leben von der Wohlfahrt und sind Alkoholiker, sie stellen sozusagen die unterste Klasse. Und das sind die Leute, die ich aus ihrer Resignation herauszubringen versuche. Sie haben keinen Stolz mehr. Sie haben ihn während der langen Vorherrschaft der weißen Kultur verloren. Ich versuche, ihnen wieder ihr Selbstbewußtsein zurückzugeben.

Gleicht der soziale Standard dem der Weißen?

Die weiße Gesellschaft brachte die Klassenunterschiede mit und stülpten sie den Indianern über. Ich versuche, sie da herauszuholen, denn ursprünglich kennen wir diese Unterschiede nicht. Früher hatten wir Medizinmänner, Häuptlinge und Krieger. Das waren die Unterschiede, sie bekleideten verschiedene Stellungen, aber gehörten nicht zu verschiedenen Klassen. Also war niemand besser oder schlechter bzw. höher oder niedriger als der andere. Die Positionen waren zwar nicht gleich, aber sie waren gleich ehrenhaft, d. h. sie wurden ohne Unterschiede anerkannt. Wir sind alle gleich. Unsere größte Sorge gilt den Kindern und unseren Alten. Die Aufgabe der Heranwachsenden und Erwachsenen ist es, sich immer zuerst um die Kinder und die alten Leute zu kümmern. Die gegenseitige Fürsorge war sehr groß. In meinem Volk gibt es bestimmte Zeremonien, bei denen wir unser Eigentum an die Alten und Bedürftigen verschenken. Da gibst du alles weg: deine Kleider, dein Haus, dein Bett, also wirklich alles, was du hast. Wenn die Zeremonie vorbei, hast du nichts mehr, aber die Beschenkten helfen dir dann wieder.

Als Nationen werdet ihr immer noch nicht anerkannt. Wie verhält es sich mit der Religion? Respektieren sie wenigstens euren Glauben?

Es gibt verschiedene Gesetze, die sagen, was wir auf unserem Land tun dürfen und was nicht. Ebenso wird unsere Religionsfreiheit beschnitten. In den Gefängnissen darf z. B. die heilige Pfeife nicht geraucht werden, weil sie dort dann automatisch an Marihuana denken. Letztes Jahr gingen wir zu den Gefängnisleitungen in South Dakota, um eine Rauch- und Beterlaubnis zu erreichen. Ich bin im Grunde meines Herzens gegen das Christentum, denn es ist mitverantwortlich für den Untergang unserer Kultur. Meine Vorfahren wurden gezwungen, ihren eigenen Glauben für das Christentum aufzugeben. Die Bibel sagt, der Wein sei das Blut Christi. Wenn der Wein so heilig ist, warum sind meine Leute dann Alkoholiker? Das Christentum steckt für uns voller Tricks. In Deutschland haben wir eine Menge Kirchenleute getroffen, die recht hohe Posten bekleiden, und ich fragte sie, welchen Einfluß sie auf die Kirchen in den USA hätten. Sie sagten: «Vielleicht können wir mit ihnen reden.» In der Rosebud Reservation gibt es ein Dorf, in dem 200 Leute leben, und in diesem Dorf gibt es zwölf verschiedene Kirchen. Also wer macht da Gehirnwäsche mit wem? Sie wollen im Endeffekt nur unser Land. Mein Wunsch ist, daß sie alle verschwinden. Wir haben unsere eigene Religion. Wer hat die Missionare gebeten, zu kommen?

(Interview: Fee Podgarski)

Zwangssterilisation

«Die amerikanische Regierung begeht an den Indianern Völkermord.» Diesen Vorwurf erhebt Dr. Constance Uri, Indianerin vom Stamm der Choctaw und Narkosefachärztin in Los Angeles. In ihre Praxis kam 1972 eine 26jährige Indianerin mit einem seltenen, unerfüllbaren Wunsch: Sie wollte eine neue Gebärmutter haben. Ihre eigene war ihr im Alter von 20 Jahren entfernt worden. Zu jener Zeit war sie Alkoholikerin und hatte zwei Kinder, die in einem Pflegeheim untergebracht waren. Ein Arzt überzeugte sie, daß sie, um das Beste aus ihrem Leben machen zu können, sterilisiert werden müßte. Sie folgte dem Rat des Arztes und stimmte der Sterilisation zu. Nun war sie keine Alkoholikerin mehr und hatte inzwischen ihren zukünftigen Mann kennengelernt. Die Antwort, daß ein solcher Eingriff nicht möglich sei, ließ diese Frau völlig verzweifeln. Ihre Unfruchtbarkeit wurde später der Grund für die Trennung des Paares. «Ich dachte zunächst an einen einmaligen medizinischen Kunstfehler», sagte Dr. Uri. «Es bestand kein Grund für den Arzt, bei einer gesunden 20jährigen Frau eine *Hysterektomie* (operative Entfernung der Gebärmutter) oder eine Durchtrennung der Eileiter durchzuführen.» Doch als sie darüber mit weiteren Indianerinnen sprach, schöpfte sie einen ganz anderen Verdacht.

Noch im selben Jahr begann Dr. Uri mit gezielten Nachforschungen. Sie bereiste verschiedene Reservationen im Süden und Südwesten der USA, um in den Krankenhäusern des Indian Health Service (IHS) die Handhabung der Sterilisation zu überprüfen. Die IHS-Mediziner verstanden sich offenbar als Bevölkerungsplaner. Unter den 1000 sterilisierten Frauen, die Dr. Uri ausgemacht hatte, war nur eine einzige Indianerin, die von selbst zu einem IHS-Arzt mit dem Wunsch nach Sterilisation gegangen war. Alle anderen Frauen waren mit fragwürdigen Argumenten überredet worden. Dabei nutzten viele Ärzte Unwissen, Sprachschwierigkeiten und Hilflosigkeit ihrer Patientinnen aus. So stimmten viele Indianerinnen der Operation zu, als sie noch unter Geburtsschmerzen litten. Auch schreckten etliche Ärzte nicht vor Lügen und Drohungen zurück – zum Beispiel, daß Wohlfahrtsgeld werde sonst gestrichen.

In einem Krankenhaus in Clairmore, Oklahoma, stellte Dr. Uri fest, daß für jedes dort geborene indianische Kind eine Frau sterilisiert wurde. In diesem Zusammenhang mag von Interesse sein, daß die Geburtenrate bei Indianern bis vor einigen Jahren nahezu dreimal so hoch war wie der nationale Durchschnitt in den USA, es war die stärkste Steigerungsrate in der gesamten amerikanischen Bevölkerung.

Dr. Uri informierte schließlich Senatoren und Abgeordnete in Washington. Auf ein Ersuchen von Senator James Abourezk, South Dakota, wurde vom US General Accounting Office (GAO), der höchsten US-Aufsichtsbehörde, eine Untersuchung durchgeführt. Der am 4. 11. 1976 vorgelegte Bericht ergab, daß in den Jahren zwischen 1973 und 1976 3406 Indianer, die meisten davon Frauen, vom IHS sterilisiert worden waren; in einigen Fällen sogar Frauen unter 21 Jahren. Die betroffenen Personen hatten weder den Vorgang noch die Folgen dieses Eingriffs begriffen. Die im Gesetz vorgeschriebene formale Zustimmung der Betroffenen lag auch nicht in jedem Fall vor. Die Statistiken des Berichts basieren auf IHS-Akten von nur vier Zuständigkeitsbereichen: Albuquerque, New Mexico; Phoenix, Arizona; Aberdeen, South Dakota und Oklahoma City, Oklahoma. Senator Abourezk: «Da dies nur vier der insgesamt zwölf IHS-Bereiche sind, weiß man nicht, wie viele Sterilisationen es in den restlichen Gebieten noch gegeben hat.»

Dem Bericht nach wurden 3001 Sterilisationen an Frauen im gebärfähigen Alter zwischen 13 und 44 Jahren vorgenommen. Bei der geringen indianischen Bevölkerungszahl kommt die Zahl von 3406 Sterilisationen der Sterilisation von 452000 nichtindianischen Frauen in der gesamten USA gleich. Unter den Betroffenen waren 142 Männer.

Der GAO-Report, ein wichtiges Dokument über die Sterilisationspraktiken an indianischen Frauen, hat jedoch eine Schwäche. Als Untersuchungsgrundlage dienten nur medizinische Akten, Befragungen der Betroffenen wurden nicht vorgenommen – Papier ist geduldig und kann auch mal verlorengehen. Der stellvertretende IHS-Direktor James Felgen, der selbst Indianerinnen sterilisierte, räumt ein, daß es «ganz sicher» Mißbrauch gegeben hat. Er zieht sogar Parallelen zwischen einigen IHS-Ärzten und dem Juden-Vernichtungsprogramm der Nazis. «Jeder weiß, daß es draußen im Land viele kleine Hitlers gibt.»

Nach Marie Sanchez, Stammesrichterin auf der Reservation der Nördlichen Cheyenne in Montana, hat sich die Politik und die Praxis des IHS auch nach Herausgabe des Reports nicht geändert.

So verwundern auch die Schätzungen von Lee Brightman, Präsident der United Native Americans, nicht, daß mittlerweile von der 800000 Personen zählenden Urbevölkerung mindestens 42% der Frauen im gebärfähigen Alter und 10% der Männer schon sterilisiert worden sind.

Eine Studie der Association for Voluntary Sterilisation zeigte eine dreifache Zunahme der Sterilisationen seit 1970. Die US-Regierung erstattet dem Krankenhaus oder dem Doktor 90% der Sterilisationskosten für Sozialhilfeempfänger, verglichen mit nur 50% Erstattung für Abtreibungskosten.

Statistiken zeigen, daß 20,1% schwarzer Frauen; 24% indianischer Frauen; 21,7% Chicana Frauen und 16% weißer Frauen in den USA sterilisiert worden sind. In Puerto Rico sind 35% der Frauen im gebärfähigen Alter durch US-geförderte Programme bereits sterilisiert. 40000 Frauen in Kolumbien wurden in der Zeit zwischen 1963 und 1965 durch von Rockefeller finanzierten Programmen unfruchtbar gemacht. Chile gibt jetzt 40% der Mittel des Gesundheitshaushalts für «Familienplanung» aus. In vielen Ländern finanziert die US-Regierung «Geburtenkontrollprojekte» über die Agency for International Development (AID). Dieses Geld wird genutzt für die Erprobung von oft gefährlichen Sterilisationstechniken, die dann in den USA zur Anwendung kommen oder von «repressiven» Regierungen gegen unbequeme ethnische Minderheiten eingesetzt werden. Auch AID hat die Mittel für Ausbildungs-, Gesundheits- und Agrarökonomische Programme gekürzt, diejenigen für Polizeitraining zum Niederschlag von Befreiungsbewegungen und Sterilisationsforschung jedoch erhöht.

Quellen: Vom Massaker zur Sterilisation – Völkermord an Indianern in den USA – gestern und heute, Hamburg 1977, 30 S., Selbstverlag, zu bestellen über: Beate Sauer, Kurfürstenstr. 16, 4300 Essen 1, und Gerlinde Progscha, Paulinenplatz 1, 2000 Hamburg 4.
Akwesasne Notes: Growing Fight Against Sterilisation of Native Woman, Mohawk Nation, February 1979
Akwesasne Notes: Killing Our Future: Sterilization and Experimentation, Mohawk Nation, Spring 1977, S. 4–6
Committee to End Sterilization Abuse: Press Release on Sterilization Abuse, Boston Committee, 1975, S. 1f, S. 4–7

Ich bin kein Kommunist, ich bin ein Cherokee

Interview mit Jimmie Durham, International Indian Treaty Council, New York, Dezember 1977

Ich möchte gerne an unser letztes Gespräch anknüpfen. Du sagtest damals: «Die Realität ist das, was entschlossene Menschen daraus machen. Für uns gibt es keine Chance, in einem fremden System zu überleben. Nur unser System funktioniert für uns und kein anderes, und wir haben ein Recht auf unser System. Jeder hat das Recht, nach seinen eigenen Vorstellungen zu leben. Wir bestehen auf diesem Recht bis zum Ende. Wir werden nicht aufhören zu kämpfen, bis wir unsere eigene Realität gewonnen haben.» Wie steht es mit dem Kampf um die Realität heute im Dezember 1977?

In der indianischen Welt werden derzeit viele Diskussionen über Afrika geführt. In vielen afrikanischen Nationen leben Stammesvölker, wie die Massai, z. B., und Tausende von kleineren Stämmen; sie alle leben innerhalb von Grenzen, die weiße Nichtafrikaner gezogen haben. Sie haben diese Grenzen in ganz Afrika gezogen, aber es sind nicht die Grenzen der Völker Afrikas. Das Volk der Massai lebt in Kenia und Tansania, doch diese Grenze bedeutet ihnen nichts. Es ist nicht ihre Grenze. Also, sagen die Indianer in diesem Land, ist Afrika nicht viel anders als Amerika, die Regierungen unterdrücken Stammesvölker. Afrika ist also um keinen Deut besser als der Rest der Welt, von dort können wir keine Hilfe erwarten. Das versetzt uns in eine machtlose Position zu einer Zeit, da unsere Position eine sehr riskante ist. Ich denke, in den nächsten zehn Jahren werden wir entweder gewinnen oder verlieren. Ich glaube nicht, daß wir mehr als zehn Jahre zur Verfügung haben. Wenn wir in den nächsten zehn Jahren nicht etwas Grundlegendes gewinnen werden, dann werden wir für immer verloren haben. Ich glaube nicht, daß wir mehr Zeit zur Verfügung haben. Ich meinerseits bezeichne unsere Situation, die Situation der indianischen Völker, als sehr dringlich. Sicher, man könnte zu dieser Art von Puristen gehören, die sagen, wir nehmen keine Beziehungen auf zu diesem und zu jenem Land, obwohl es uns helfen könnte, denn es unterdrückt Völker in seinem eigenen Land; dies ist ein Ideal, dem wir im Prinzip voll zustimmen, doch das in der Praxis dazu führt, daß wir ausgerottet werden. Ohne substantielle Unterstützung auf internationaler Ebene können wir gegen die Vereinigten Staaten nie gewinnen. Mehr ist dazu nicht zu sagen. Wir sind eine Million. Sie sind 200 Millionen. Die Vereinigten Staaten haben mehr Gewehre und Bomben als irgend jemand anderes in der Welt, und sie werden nicht zögern, sie gegen uns anzuwenden. Sie zeigen jeden Tag, daß sie uns umbringen wollen. Sie stellen ihre Völkermordpolitik jeden Tag aufs neue unter Beweis, nimm nur die Sterilisation. Wenn wir die nächsten zehn Jahre nicht solide internationale Unterstützung bekommen, dann sind wir so gut wie tot. Das wär's. Vollständig besiegt zu sein, ist keine Situation, die es erlaubt, Prinzipien zu reiten. Für mich liegt keine Würde darin, zu Tode zu hungern und dabei politisch lauter zu bleiben. Der Hungertod ist erniedrigend, außer man entscheidet sich zum Hungertod und verweigert die Nahrung, aber das tun wir nicht. Schau auf die einzelnen afrikanischen Länder und schau, zu was ihnen die Sowjetunion

Jimmie Durham

verholfen hat. Wenn die Sowjetunion nicht gewesen wäre, hätte keines dieser afrikanischen Länder dieses Maß an Freiheit erreicht, das sie heute haben. Sicher, es mag sein, daß die Sowjetunion sich daraus den einen oder anderen Vorteil erhofft. Ich weiß das nicht im einzelnen. Aber immerhin haben sie jetzt soviel Freiheit, daß sie darangehen können, Probleme in ihrem Stammeskontext zu lösen und anzugehen. Solange sie noch unter portugiesischer, französischer oder britischer Herrschaft waren, hatten sie nicht einmal die Chance, auch nur daran zu denken. Jetzt können sie es. Nimm nur als Beispiel Zimbabwe. Das Volk von Zimbabwe kämpft um Freiheit, und die Vereinigten Staaten schicken Gewehre an Ian Smith. Gegen eine solche Übermacht kann dieses Volk nicht kämpfen. Wenn also die Sowjetunion ihnen Hilfe gegen die Waffen der Vereinigten Staaten verspricht, sollen sie dann diese Hilfe verweigern, weil die Sowjetunion gegen Stammesvölker in ihrem Land repressiv vorgeht? Dies ist eine Position, in der man keine scharfe Trennungslinie ziehen kann. Wenn man in einer Sackgasse steckt, kann man keine scharfe Trennungslinie ziehen.

Und wie ist das Verhältnis Indianer–Sowjetunion?

Wir können nicht tun, was die Afrikaner tun, unsere Situation ist in diesem Punkt nicht mit Afrika vergleichbar. Ich habe das Beispiel Afrika auch nicht als exakte Parallele erwähnt. Ich glaube nicht, daß wir einen bewaffneten Kampf gegen die Vereinigten Staaten gewinnen könnten. Das Volk von Zimbabwe kann einen bewaffneten Kampf gegen Ian Smith gewinnen, denn sie sind die Mehrheit. Auch wenn wir den Kampf wirklich aufnehmen sollten, auch wenn uns ein anderes Land ein Superaufgebot von Superwaffen liefern sollte, so haben die USA doch mehr Superwaffen und mehr Soldaten, um unser Herr zu werden. Da würden wir uns selber übers Ohr hauen. Sicher gibt es hin und wieder eine Situation, die eine bewaffnete Verteidigung verlangt. Wounded Knee z. B. war eine bewaffnete Verteidigung, und andere Aktionen in der Vergangenheit wurden mit Waffen geführt, und ich glaube, das war auch sinnvoll. Aber ein bewaffneter Kampf für Unabhängigkeit ist für uns sinnlos. Das soll nicht heißen, daß wir nie Waffen benützen werden. Manchmal bist du gezwungen, Waffen zu benützen, wenn dir ein Feind gegenübersteht, wie wir ihn haben, der all seine Gewehre auf dich richtet. Es gibt Leute in den Vereinigten Staaten, die sagen uns, wir sollen unsere Aktionen absolut gewaltlos versuchen. Nun, wenn wir das täten, dann hätten sie uns vielleicht längst ausgelöscht. Wir haben in diesem Punkt keine Wahl. Länder wie die Sowjetunion verstehen diese Situation ebenso gut, wie wir es tun, und sie verstehen auch gleichzeitig die Position der USA. Nehmen wir den hypothetischen Fall: die Sowjetunion sagt, okay, diese armen Indianer kämpfen ums Überleben, geben wir ihnen einige Gewehre, nun, das würde einen Weltkrieg entfachen, und das würde keinem von uns helfen. Ich glaube auch nicht, daß die Sowjetunion oder irgendein anderes Land dieser Welt diesen Schritt tun würde. Und wir werden auch sicherlich kein Land bitten, dies zu tun, denn wir wissen, es würde uns nicht helfen. Wir greifen uns weder die Sowjetunion heraus und bitten sie um Hilfe, noch werden wir die Hilfe ablehnen, falls sie uns in der Zukunft angeboten werden sollte. Und wenn China und die Sowjetunion einen Streit beginnen, wer von beiden uns helfen soll, prima, wir nehmen die Hilfe, entweder von einem von beiden oder von beiden. Innerhalb der weißen Linken hier in den Vereinigten Staaten existiert die permanente Diskussion, ob die Sowjetunion oder China auf dem rechten Weg sind. Für uns ist das eine absolut dumme Diskussion. Von unserer Perspektive als kleine Nation aus gesehen erscheinen sie uns beide ziemlich ähnlich, die Sowjetunion wie auch China. Für uns gibt es da keine entscheidenden Unterschiede. Entscheidend ist, daß ihre Geschichte sich von unserer Geschichte wesentlich unterscheidet. Es gibt keine kleinen Nationen in China oder in der Sowjetunion, deren Geschichte sich mit der Geschichte der indianischen Nationen innerhalb der Vereinigten Staaten vergleichen läßt. Unsere Geschichte ist eher wie die Geschichte der Völker in Afrika und ihrer Beziehung zu den weißen Kolonialherren, denn die Sowjetunion hat niemals kolonialisiert. Die Russen haben nicht die Kosaken kolonialisiert. Die USA sind eine europäische Einrichtung; die Europäer kamen herüber und kolonialisierten uns. Rußland steckt nicht in dieser historischen Situation. Wir können also hier keine Parallelen ziehen. Ebenso verhält es sich mit China. Da kam kein Haufen irgendwelcher Fremder und hat irgendein Volk in China kolonialisiert, unsere Parallelen liegen in Afrika. Und wenn wir die Welt anschauen, da gibt es nirgendwo ein Land, das nicht Minderheiten innerhalb seiner Staatsgrenzen unterdrückt. Wenn wir eine solch puristische Position einnehmen wollten und zu unseren Prinzipien machen wollten, dann müßten wir sagen, okay, wir können die Völker der Nordwestküste nicht in unseren Kampf mit einbeziehen, denn die Indianer der Nordwestküste pflegten Sklaven zu haben, und falls sie je wieder ihre Freiheit und Unabhängigkeit als Nation bekommen sollten, dann halten sie sich womöglich wieder Sklaven. Und sie haben sich nie entschuldigt dafür, daß sie Gefangene als Sklaven hielten. Wir dürften dann auch nichts mehr mit den Ureinwohnern von Mexiko zu tun haben, denn die Azteken waren Imperialisten, und womöglich werden sie wieder Imperialisten sein, wenn sie ihre Unabhängigkeit als Volk erlangen. Du weißt, die Indianer von Mexiko wurden tausend Jahre lang von den Azteken unterdrückt, wir kommen hier also in eine lächerliche Diskussion. Wir versuchen hier spezielle Fälle zu betrachten, und von diesen Fällen aus versuchen wir zu urteilen. Von Fall zu Fall also. Das einzige, was wir z. B. über den Irak wissen, ist, daß der CIA viele seiner Spiele mit den Kurden getrieben hat und sie verkauft hat. Aber wir wissen nicht, welche Rolle die Kurden im Irak spielen. Wir wissen nicht, wie sie über ihre Situation und ihre Zukunft denken. Und wenn wir jemals in den Irak kommen, was wir auch tun werden, dann werden wir verlangen, daß wir die Dörfer der Kurden besuchen und mit ihnen sprechen können. Und falls das Volk der Kurden uns dann sagt, wir kämpfen um Unabhängigkeit gegen den Irak, dann werden wir diese Nachricht mit nach Hause tragen und sagen, okay, dieses Volk kämpft einen legitimen Kampf um Unabhängigkeit, und wir müssen uns auf ihre Seite stellen und dürfen nichts mehr mit dem Irak zu tun haben. Bis jetzt ist das einzige, was wir über den Irak und die Kurden wissen, das, was der CIA angestellt hat und daß einige Kurdenführer Hilfe und Geldmittel vom CIA angenommen haben und vorgegeben haben, die Führer ihres Volks zu sein. Und das ist für uns unmöglich. Wir wissen natürlich auch nicht genau, wie es sich mit den Kurden verhält, denn wir haben hier nur die Nachrichten der «New York Times» und der anderen amerikanischen Zeitungen. Bis wir uns also selbst über die Situation der Kurden im Irak überzeugen können, müssen wir uns mit dem begnügen, was wir wissen, und wir wissen, daß der Irak den Kampf des palästinensischen Volkes unterstützt. Sie haben ihnen regelmäßig Hilfe gewehrt. Wir können das sehen. Und wir wissen es. Wir wissen es aus Gesprächen mit Palästinensern. Und so denke ich, liegt ein Widerspruch in der Unterdrückung der Kurden einerseits und der Unterstützung der Palästinenser andererseits. Also fällen wir kein Urteil, bevor wir uns nicht selbst von der Situation überzeugt haben.

Wenn ihr in den Irak geht und mit den Kurden sprechen wollt, bezweifle ich, daß sie euch mit den richtigen Leuten sprechen lassen.

Das mag sein. Doch wenn es uns nicht erlaubt sein wird, ins Land der Kurden zu gehen, so wissen wir, woran wir sind. Und wenn sie es uns erlauben, können wir uns mit eigenen Augen von der Situation überzeugen. Es scheint mir, daß viele Leute uns zu einer puristischen Haltung zwingen wollen. Besonders wenn es um die Sowjetunion geht, erwarten diese Leute, daß wir uns wie Puristen verhalten. Und genau diese Leute, die uns zu solchen Aussagen drängen, sitzen wohlgenährt in einer sicheren Position, die wir nicht innehaben. Unsere Lage ist beileibe nicht einfach. Wir hatten es nie leicht. Für Leute, die nicht in der vordersten Front kämpfen, die nicht ihre Köpfe eingeschlagen bekommen, ist es leicht, uns Anweisungen zu geben, die in ihrem Interesse liegen; doch ihre Interessen mögen nicht die unseren sein. Wir wissen in vielen Fällen noch nicht, was unsere Interessen sein werden. Es ist ungefähr so wie die Geschichte von dem fetten, reichen Kerl, der in seiner schönen Villa sitzt und ißt, und draußen vor dem Fenster kämpft ein Mann um sein Leben. Zwei Gauner wollen all sein Geld und sind dabei, ihn umzubringen. Und dann kommt ein dritter Kerl des Wegs und bietet seine Hilfe an. Und da lehnt sich der reiche, fette Kerl aus dem Fenster und sagt: «Nimm keine Hilfe von dem Kerl da an, denn er ist ein Taschendieb, er betrügt seine Frau, nimm keine Hilfe an von ihm.» Für den Fetten ist es leicht, so daherzureden, aber der, der am Boden liegt, der zusammengeschlagen worden ist, für ihn ist es nicht so leicht, eine derartige Entscheidung zu fällen. Die Welt ist nun einmal so, wie sie ist, und wir sind der Kerl, der zusammengeschlagen am Boden liegt. Wie auch immer, wir bewegen uns weiter, vielleicht in Richtung einer menschlichen Gesellschaft oder in einen dritten Weltkrieg, vielleicht müssen wir auch durch die Katastrophe hindurch und finden uns an einem viel menschlicheren Platz wieder. Ich weiß es nicht. Auf jeden Fall sind wir für das Recht auf Unabhängigkeit für jedes Volk, das diese Unabhängigkeit anstrebt und dafür seine Gründe hat. Seien das jetzt die Basken, die Bretonen oder wir. Erst kürzlich erhielten wir einen Brief von der Unabhängigkeitsbewegung in Occitanien in Südfrankreich, von denen wir nie zuvor gehört hatten. Und wenn sie wirklich eine eigene Sprache und ein Territorium haben, das schon immer das ihre war, sicher, dann sind sie ein Volk. Niemand hat das Recht, sie daran zu hindern.

Soll ich dir Material über die Kurden schicken?

Ja. Aber wie gesagt, wir werden es erst glauben, wenn wir uns selbst vor Ort davon überzeugt haben, außerdem werden wir mit Literatur eingedeckt. In den Vereinigten Staaten bekommen wir Papierkram von allen Menschenrechtsgruppen, denen wir allen nicht trauen, wie z. B. die Liga für Menschenrechte, ein paar Stockwerke unter uns, wir trauen ihnen nicht. Dann kriegen wir Pamphlete von der Socialist Workers Party; deren einzige Aufgabe besteht darin, die Sowjetunion zu bekämpfen. Was uns angeht, haben sie nie klar Stellung bezogen. Sie haben uns lediglich gebeten, ihnen zu helfen, die Sowjetunion zu kritisieren. Die Sowjetunion aber hat uns nie kolonialisiert. Sie haben nie einen von uns erschossen. Warum sollen wir also die Sowjetunion bekämpfen?

In unseren Dokumentationen über den Völkermord an den Kurden beschränkten wir uns nie auf den Irak. Wir behandelten alle fünf Länder, in denen Kurden leben. Dennoch wurden wir sofort beschuldigt, Geld vom CIA zu nehmen. Gegen derartige Schlußfolgerungen scheint man machtlos zu sein, oder wie geht es euch?

Die ganze Regionalismus- und Unabhängigkeitsbewegung innerhalb Europas ist sehr schwierig und sehr komplex. Als wir das erste Mal von der Unabhängigkeitsbewegung der Kroaten hörten, sagten wir, ja, wir unterstützen euch. Aber dann stellte sich heraus, daß genau diese Bewegung ein Haufen von Faschisten ist. Und wir unterstützen natürlich keine Faschisten. Aber als wir zuerst von ihnen hörten, war es klar für uns, daß wir uns mit ihnen solidarisch erklären. Wir wissen ein bißchen über Jugoslawien und wir wissen auch, daß dort fünf Nationen von revolutionären Kräften zusammengebracht wurden, und daß diese Völker aber nicht wirklich zusammengehören.

Das Problem kenne ich. Uns geht es so mit Südtirol in Norditalien: jene, die für Unabhängigkeit kämpfen, sind die Deutsch sprechenden Faschisten.

Für uns wird damit die Situation sehr heikel. Wir müssen uns jede unserer Bewegungen genau überlegen. Bevor wir also nicht mit den Kurden gesprochen und uns von ihrer Situation überzeugt haben, werden wir dazu nicht Stellung nehmen. Die Socialist Workers Party unterstützt die Tataren. Die Socialist Workers Party ist eine trotzkistische Organisation. Sie haben auch einen Tatarenführer, den sie zu ihrem Helden machen und mit dem wir uns solidarisch erklären sollten. Die Krimtataren versuchen, in ihr angestammtes Land zurückzukehren. Die Sowjetunion aber hat sie in eine andere Region umgesiedelt. Das einzige, was uns bleibt, ist, die Geschichte dieses Volkes zu studieren. Und wir fanden heraus, daß die Mehrheit der Krimtataren während des Zweiten Weltkriegs auf seiten der Faschisten war, und vor dem Zweiten Weltkrieg war dieses Land, das sie beanspruchen, auch nicht ihr Heimatland. Sie waren gekommen und hatten die Kosaken unterdrückt; sicher, es kann gut sein, daß die Sowjetunion sie unterdrückt, vielleicht auch nicht, wir jedenfalls wissen es nicht sicher, im Grunde genommen haben die Krimtataren kein Anrecht auf das Land der Kosaken, egal, ob sie jetzt tausend Jahre oder nur 700 Jahre dort gelebt haben. Sie haben es den Kosaken abgenommen, sie sind als Imperialisten aufgetreten. Ähnlich verhält es sich mit den weißen Kleinfarmern in Oklahoma. Das sind wirklich arme Leute. Und sie werden wirklich von den reichen Weißen unterdrückt. Aber wir unterstützen nicht ihren Kampf um Unterstützung für eine Farm in Oklahoma. Die Bank hat ihre Farm konfisziert. Und die Bank hat sie betrogen, und wir hassen die Bank auch. Aber dennoch haben diese Kleinfarmer im Grunde kein Recht auf eine Farm in Oklahoma, denn sie haben überhaupt kein Recht auf Oklahoma. Sie sagen, diese Farm ist schon so lange im Besitz unserer Familie, mein Großvater hat diese Farm gegründet, und er mußte alle Bäume hier fällen und er mußte gleichzeitig gegen wilde Indianer kämpfen. Ich fände es gut, wenn eine Gruppe Indianer eine Tour durch die Sowjetunion machte, eine wirklich lange Tour, nicht nur ein Tag in Moskau und noch ein Tag in Leningrad oder so, eine lange Tour, so daß wir wirklich sehen können, wie es dort drüben ausschaut, und dann natürlich nach China usw. Marie Sanchez ist im Moment gerade in Vietnam. Sie wird dort drei Wochen bleiben. Das ist zwar auch nicht sehr lang, aber sie wird doch einen Eindruck bekommen. Vietnam ist ein anderer Fall in punkto Sowjetunion. Das Volk von Vietnam hat seine Schlacht gewonnen, aber es hätte sie nicht ohne die Hilfe der Sowjetunion gewonnen. Jetzt haben sie mehr Freiheit als sie damals hatten. Vielleicht sind sie immer noch nicht frei. Ich weiß es nicht. Aber immerhin haben sie jetzt genug Freiheit, um ihre eigene Freiheit zu erringen. Vorher wurde ihnen ihre Freiheit von den Vereinigten Staaten diktiert.

Wie steht es eigentlich mit der Arbeit des World Council of Indigenous People in Kanada?

Das World Council of Indigenous People ist ein verlängerter Arm des CIA und arbeitet direkt mit den Regierungen der Vereinigten Staaten und Kanadas zusammen. Es bekommt Geld von den Regierungen der Vereinigten Staaten und Kanadas und es folgt der Politik beider Länder. Es repräsentiert weder die indianischen Völker noch die Eingeborenen anderer Kontinente, und es täuscht die Indianer in Südamerika und macht ihnen falsche Hoffnungen, denn jene haben nicht die Möglichkeit zu beurteilen, wer wer ist und wem man trauen kann und wem nicht. In den Staaten ist das World Council exklusiv durch NCAI, den National Congress of American Indians, vertreten, und dort vor allem durch Sam Deloria, der direkt mit dem Staat zusammenarbeitet und der dies auch gar nicht vertuscht. Und dann der Präsident von NCAI: sein Bruder ist Stammesratsvorsitzender in Pine Ridge, und er war 25 Jahre lang Militärberater. Und jetzt ist er Chef von NCAI. Ich traue ihm überhaupt nicht. Ich will nicht sagen, daß er ein Agent ist, doch er arbeitet mit der Regierung. Und er tut es absichtlich. Und damit arbeitet er gegen die Indianer. Jeder kann sich davon überzeugen.

Mir kommt es vor, als sei ein Punkt erreicht, an dem niemand mehr dem anderen trauen kann?

Ja, das stimmt. Das ist Teil eines Plans der Regierung. Aber dennoch kannst du deine Augen aufmachen und sehen, was Leute tun, und kannst dann die Dinge recht klar beurteilen, und was das World Council tut, hat CIA-Charakter. Und was Sam Deloria tut, das kann man sehen und kann es beurteilen. Er arbeitet mit den Ministerien zusammen, er versucht, uns von den Vereinten Nationen fernzuhalten, er bekämpft alles, was Indianer in den Vereinten Nationen vorbringen, und er tut dies mit Hilfe der Ministerien.

Bei unserem letzten Gespräch im Februar 1976 sprachen wir auch über die sozialistischen Länder und das Verhältnis der indianischen Völker zu ihnen. Wir sprachen auch über unser Verhältnis zu den sogenannten dogmatischen Kommunisten. Hat sich dein, hat sich euer Verhältnis zu den sozialistischen und kommunistischen Regimen seitdem verändert?

Nein, nichts hat sich verändert, außer daß wir jetzt viel mehr in den Vereinten Nationen arbeiten.

Die Regierung hat auch in den letzten zwei Jahren das Gerücht verbreitet, ich sei ein Kommunist. Sie schicken Briefe an die Stammesräte und schreiben, Jimmie Durham ist ein Kommunist, obwohl ich ja Cherokee bin. Wir haben bewiesen, daß unser System für uns funktioniert. Wir brauchen keine anderen Systeme.

Da möchte ich anfügen, daß es ja auch kein Land gibt, das wirklich den kommunistischen Ideen folgt.

Richtig, das ist absolut richtig, soweit wir das hier beurteilen können. Ich sage, das stimmt so, als sei ich ein Experte, obwohl ich kein Experte in diesen Fragen bin.

Was ist mit dem roten Stern, der an deinem Stirnband steckt?

Jemand hat ihn mir geschenkt. Ich glaube nicht, daß er alleine den Arabern gehört. Wir Cherokee haben auch einen roten Stern. Er ist eines unserer heiligsten Symbole.

(Übersetzt von Claus Biegert)

Indianer und Nichtindianer

Über die Begegnung zweier Kulturen

Der Amerikaner, der den Kolumbus zuerst entdeckte, machte eine böse Entdekkung.
(*Georg Christoph Lichtenberg: Aphorismen*)

Tatsächlich scheinen zwei Axiome den Gang der westlichen Zivilisation von ihrem Beginn an zu leiten: das erste setzt, daß die wahre Gesellschaft sich im schützenden Schatten des Staats entfaltet; das zweite verkündet einen kategorischen Imperativ: du sollst arbeiten.
(*Pierre Clastres: Staatsfeinde, Frankfurt 1976, S. 179, Suhrkamp*)

Allerdings zeigte sich bald, daß die Indianer außerstande waren, sich in Europa zu assimilieren; die meisten von ihnen starben nach wenigen Monaten an Lungenentzündung oder Gemütskrankheit, wie man diagnostizierte, wenn sie überhaupt die strapaziöse Atlantikreise überlebt hatten. Wir besitzen keine Zeugnisse von indianischer Hand, die darüber Aufschluß geben könnten, was diese bedauernswerten Menschen vom steifen Zeremoniell der europäischen Fürstenhöfe und vom Publikumsrummel, der ihre Zurschaustellung begleitete, dachten; aber wir können ahnen, wie entsetzlich fremd sich diese Exoten, denen man den natürlichen Daseinsspielraum geraubt und deren ehrwürdigstes Brauchtum man zum Spektakel pervertiert hatte, in solcher Umgebung fühlten. Manche europäischen Betrachter bewunderten die Gelassenheit und den Stolz dieser Indianer als ein Zeichen ihrer distanzierten Überlegenheit; aber was sich in der Unbewegtheit ihrer schönen und seltsamen Gesichter ausdrückte, war wohl nichts anderes als eine Verzweiflung, die auszuloten ein Europäer jener Zeit völlig außerstande war.

Eine Ahnung vom Unglück dieser importierten Wilden dämmerte indessen wohl bei einigen Augenzeugen auf. So förderte zwar ein hoher spanischer Beamter auf Haiti, Vasquez de Ayllón, nach Kräften Entdeckungsreisen entlang der amerikanischen Atlantikküste im Norden Floridas, verbot aber den Seefahrern ausdrücklich, Indianer einzufangen und nach Westindien zu bringen. Als dies dennoch geschah, verwendete sich Ayllón für eine Rückführung dieser Wilden in ihre Heimat. Einen von diesen Indianern machte sich Ayllón zu seinem persönlichen Diener, unterrichtete ihn in der spanischen Sprache und ließ ihn taufen; dieser Eingeborene, Francisco de Chicora mit christlichem Namen, begleitete den Spanier auch auf einer Reise ins Mutterland, wo er zusammen mit seinem Herrn für größere Anstrengungen der Krone bei der Erschließung der amerikanischen Ostküste warb.

In England scheint Sebastian Cabot um 1500 erstmals indianische Urbewohner eingeführt zu haben. Es ist überliefert, daß drei Eingeborene Heinrich VII. vorgestellt wurden und dadurch Aufsehen erregten, daß sie sich einer unverständlichen Sprache bedienten, rohes Fleisch aßen und sich in Felle kleideten. Wenig später, wohl im Jahre 1534, trafen die ersten Indianer in Begleitung des Seefahrers Cartier auch in Frankreich ein. In Rouen und Bordeaux bildeten um die Mitte des sechzehnten Jahrhunderts Rothäute die Hauptattraktion von Theatervorstellungen und Umzügen; unter üppigem Aufwand an Kunstbauten und Dekorationen wurde dem staunenden Publikum in lebenden Bildern ein Eindruck vom Dasein fremder Völker zu vermitteln versucht, und Perser, Araber, Türken und Afrikaner, echte sowohl als verkleidete, bereicherten das globale Panoptikum. Montaigne, der große französische Schriftsteller, berichtet in seinen «Essais» von einer Unterredung, die Karl IX. in Rouen mit drei brasilianischen Indianern führte: «Der König sprach lange mit ihnen», schreibt er, «man zeigte ihnen unsere Lebensart, unseren Prunk, die Anlage einer schönen Stadt. Danach fragte sie jemand nach ihrer Meinung und wollte wissen, was ihnen als das Merkwürdigste erschienen sei: sie antworteten drei Dinge, von denen ich das dritte vergessen habe, und bin sehr ärgerlich darob; aber zwei davon habe ich noch in Erinnerung. Sie sagten, sie hätten es zum ersten sehr seltsam gefunden, daß so viele Männer, bärtig, stark und bewaffnet, die den König umgaben (wahrscheinlich sprachen sie von den Schweizern seiner Leibwache), sich herbeiließen, einem Kind zu gehorchen, und daß man nicht eher einen von ihnen wählte, um den Befehl zu führen; zum zweiten (sie haben in ihrer Sprache eine Ausdrucksweise, derart, daß sie die Menschen als Hälften voneinander bezeichnen) hätten sie bemerkt, daß es unter uns üppige, mit allen Annehmlichkeiten gesättigte Menschen gebe und daß ihre andern Hälften, von Armut und Hunger ausgemergelt, bettelnd vor ihren Türen stünden; und fänden es wunderlich, wie diese derart bedürftigen Hälften eine solche Ungerechtigkeit ertragen könnten und daß sie nicht die andern an der Gurgel packten oder Feuer an ihre Häuser legten.» (. . .)

Indianer kamen nach dem Ende des sechzehnten Jahrhunderts nur noch selten nach Europa. Sie fühlten sich auf unserem Kontinent derart offensichtlich unglücklich und erwiesen sich als derart anfällig gegenüber Krankheiten aller Art, daß einsichtige Beobachter früh dafür eintraten, die Zahl indianischer Einwanderer zu beschränken. Champlain, der große französische Entdeckungsreisende, brachte noch zu Beginn des siebzehnten Jahrhunderts einige Algonkin-Indianer vom St.-Lorenz-Strom nach Frankreich und erhoffte sich von ihrem Besuch eine günstige Wirkung auf den Propagandafeldzug, den er zugunsten größerer kolonisatorischer Anstrengungen Frankreichs in diesem Teil der Erde führte. Wir wissen auch von einem Huronen mit dem französischen Namen Savignon, dem Sohn eines angesehenen Häuptlings, der sich um 1610 über ein Jahr lang in Paris aufhielt, ohne den Gebräuchen seines Herkunftslandes untreu zu werden: so promenierte er, groß und kräftig gewachsen, weiterhin im angestammten Ledergewand und achtete darauf, obwohl die Gefahr der Skalpierung nicht mehr drohte, sich seinen Schädel peinlich sauber rasieren zu lassen. Die Pariser wunderten sich über ihn, und er wunderte sich über die Pariser; dem Entdeckungsrei-

senden Lescarbot, der sich zum Erstaunen der Anwesenden mit Savignon in dessen Muttersprache unterhielt, vertraute der Hurone an, den Franzosen fehle es an Mut und Entschlossenheit, sie benähmen sich wie Frauen und diskutierten, statt zu kämpfen.
(*Urs Bitterli: Die «Wilden» und die «Zivilisierten», München 1976, S. 181–182, S. 184, C. H. Beck*)

Nachdem er in sein Land zurückgebracht worden war, brachte man ihn in Berührung mit seinen Landsleuten, damit er sich deren Sprache, die er fast vergessen hatte, wieder aneignen könne; doch der arme Teufel ist wieder barbarisch geworden wie die anderen und ist seither in seiner Barbarei verharrt.
(*Jesuitenpater Le Jeune über den in Frankreich ausgebildeten Huronen Pastechouan, zit. nach: R. Douville, J. D. Casanova: La vie quotidienne des Indiens du Canada, S. 218, in: Urs Bitterli: Die «Wilden» und die «Zivilisierten», München 1976*)

Wissen aus erster Hand ist letztlich das Fundament des intellektuellen Lebens. Das Lernen aus Büchern vermittelt in erheblichem Ausmaß Information aus zweiter Hand und kann daher niemals die Bedeutung unmittelbarer praktischer Erfahrung erreichen . . . Die gelehrte Welt bietet meist nur einen Informationsbrocken aus zweiter Hand, der Ideen veranschaulicht, die von anderen Informationsbrocken aus zweiter Hand abgeleitet wurden. Der «Zweithandcharakter» der gelehrten Welt ist das Geheimnis ihrer Mittelmäßigkeit. Diese Welt ist langweilig, weil sie niemals von Tatsachen aufgeschreckt wurde.
(*Alfred North Whitehead: The Aims of Education and Other Essays, zit. nach: Everett Reimer: Schafft die Schule ab, Reinbek 1972, S. 40, Rowohlt Taschenbuch Verlag*)

Vorstellung, daß Leute, die nicht lesen, gar nicht wissen, was sie tun; daß sie auch gar nicht erreichbar sind.
(*Peter Handke, Tagebucheintragung vom 2. 10. 1976, in: Das Gewicht der Erde, Salzburg 1977, S. 235, Residenz Verlag*)

Neugierde und eine Neigung zum Spiel und Mummenschanz bewogen schließlich manche Indianer, vor allem Jugendliche, eine Anteilnahme an christlichen Kulthandlungen zu zeigen, welche die Missionare über ihre wahre Haltung hinwegzutäuschen vermochte. «Sie hat erst zwei Jahre», schreibt Pater Garnier von einem weiblichen Täufling, «und weiß doch schon allerliebst das Kreuz zu schlagen. Einmal, als sie zusammen mit ihrer Mutter die Kirche verließ, begann sie zu schreien, sobald sie gewahr wurde, daß die Mutter vergessen hatte, sie mit Weihwasser zu besprengen.» Es gibt zahlreiche Jesuitenberichte, die sich lobend über sichtbar bezeugte Frömmigkeit indianischer «Bekehrter» äußern. Mit Stolz wird darauf hingewiesen, daß die Indianerkinder zweimal zur Kirche gingen, zur Frühmesse und zum abendlichen Gebet; daß sie im Chor mitsängen und durch die Aufmerksamkeit auffielen, mit der sie dem Gebet lauschten; ferner wird verschiedentlich davon berichtet, daß die Indianer bei ihren Ratssitzungen

Wert auf die Anwesenheit eines Priesters legten und ihre Entscheidungen von dessen Ratschlag abhängig machten. (. . .)

Im übrigen aber wird doch in vielen der späteren Relationen der Pessimismus der Missionare über den weiteren Verlauf ihrer Tätigkeit deutlich, und oft gewinnt man den Eindruck, die Kirchenleute hätten ihre Arbeit nur deshalb fortgesetzt, weil sie mit der Gewißheit frommer Denkart an deren Gottgefälligkeit glaubten und in ihrem Scheitern eine ständige Aufforderung zum Neubeginn sahen. Manche Missionare, vor allem Jesuiten, erkannten die Fragwürdigkeit sogenannter Massenbekehrungen, wie sie vor allem zu Beginn der kanadischen Kolonisation von enthusiastischen und ehrgeizigen Missionaren vorgenommen worden waren, und manche verzichteten auf die Taufe, wenn ein dauernder Gesinnungswandel nicht vorauszusehen war, oder vollzogen sie höchstens bei Sterbenden in der aufrichtigen Überzeugung, sie vor schlimmer Höllenqual zu bewahren.

Zur Enttäuschung, die der häufige Rückfall der Neophyten in die Barbarei und den Synkretismus dem Missionar bereitete, gesellte sich die Verärgerung über die Quertreibereien der Medizinmänner und Dolmetscher. Die letzteren, ohne welche nicht immer auszukommen war, übersetzten oft unzuverlässig und machten sich, begabt mit einem eigentümlichen indianischen Sinn für Humor, einen Spaß daraus, dem Kirchenmann obszöne Wörter einzuflüstern, welche dieser bei der nächsten feierlichen Gelegenheit zum Gaudium seiner Zuhörerschaft wiedergab. Die Medizinmänner, welche sich in ihrem eigensten Wirkungsbereich bedroht sahen, scheuten, nach dem Zeugnis der Missionare, kein Mittel, weder Verleumdung noch Intrigen und physische Bedrohung, um den christlichen Rivalen auszuschalten. Vergebens versuchte Le Jeune, einen seiner Widersacher durch Nächstenliebe für sich zu gewinnen: «Ich begann», schreibt er, «den Medizinmann mit Liebesbezeugungen und Lob zu überschütten, um ihn mit diesem Köder im Netz der christlichen Wahrheit zu fangen, und ich gab ihm zu verstehen, daß ein Geist, solcher Dinge mächtig wie der seinige, wenn er den wahren Gott kennte, größten Einfluß bei seinen Stammesangehörigen gewänne.» Doch der «Hexenmeister» blieb unbelehrbar.

Als äußerst gefährlich erwiesen sich die Medizinmänner, wenn es ihnen gelang, gewisse Schicksalsschläge und Katastrophen, wie etwa das Auftreten der unter den Indianern pestilenzartig wütenden Blattern, auf das Auftreten der Jesuiten zurückzuführen. Dieser Verdacht, der im Grunde der Wahrheit recht nahe kam, traf die sehr utilitaristischen Erwartungen der Indianer in die Christenmission im Kern und versetzte die Jesuiten, die zu jener Zeit, um 1637, am Huronensee eine stattliche Missionsstation errichtet hatten, in eine überaus prekäre Lage. In einer Ratsversammlung gelang es Brébeuf und seinen Gefolgsleuten nur mit Mühe und dank entschiedenem Auftreten, die Indianer zu beschwichtigen. In einem Sendschreiben nach Quebec berichtet Brébeuf von der Todesgefahr, in welcher er schwebte, und schließt mit den Worten: «Was mich betrifft, wenn Gott mich gnädig zu sich aufnimmt, werde ich ihn bitten, daß er den armen Huronen verzeihen möge . . .»

Zu leiden hatten die Missionare schließlich auch unter dem Mutterwitz und dem natürlichen Scharfsinn der Indianer, welche sie nicht selten zu Diskussionen herausforderten und mit kritischen Bemerkungen in Verlegenheit brachten.

Wenn es schon stimmte, fragten die Indianer etwa, daß Evas Apfel die ganze Menschheit ins Unglück gestürzt hatte – war es dann nicht ein schreiendes Unrecht, daß der Kreuzestod Christi nur die Hälfte der Menschheit, die Christenmenschen nämlich, zu erlösen vermochte? Sterbende Eingeborene sprachen auch etwa davon, daß sie keinen besonderen Wert darauf legten, in den Himmel zu kommen, wo es von Franzosen wimmle, die einen doch nur Hunger leiden ließen; auch sei nicht einzusehen, was das Jenseits der Christen so anziehend mache, wenn es dort, wie die Missionare versicherten, keine Jagdveranstaltungen, keine Polygamie, keine Festschmäuse und Kriegszüge gebe. «Warum habt ihr vorhin jenen Irokesen getauft», wunderte sich ein Hurone auf dem Totenbett, «er wird vor mir im Himmel ankommen und mich, wenn ich erscheine, wegschikken.» Solche und ähnliche Einwände und Fragen zwangen den Missionar, seine eigene weltanschauliche Position kritisch zu reflektieren und vor allem die Meinungen, die er vertrat, mit den Auffassungen seiner Ordensbrüder abzustimmen; denn die Eingeborenen, welche über ein hervorragendes Gedächtnis verfügten, liebten es ungemein, die Missionare auf ihren eigenen Widersprüchen zu ertappen.
(*Urs Bitterli: Die «Wilden» und die «Zivilisierten», München 1976, S. 116–118, C. H. Beck*)

Möge es Gott gefallen, daß die Heiden bekehrt werden können; zu gleicher Zeit indessen, da sie Christen werden sollen, befürchte ich, sie möchten ihre Einfachheit und Ruhe verlieren, nicht etwa, weil die göttlichen Gebote dies unumgänglich machen könnten, sondern weil die Verderbtheit, die sich in die Reihen der Christen eingeschlichen hat, sich den bekehrten Barbaren leicht mitteilt . . .
(*Gabriel Sagard, 1632, zit. nach: G. Chinard: L'Amerique et le rêve exotique dans la littérature française, S. 119 enthalten in: Urs Bitterli: Die «Wilden» und die «Zivilisierten», München 1976, C. H. Beck*)

Als wir zwei Jahre später das Winterlager in den Vorbergen des Felsengebirges abbrachen, sagten uns andere Indianer, daß im Nordwesten eine große Siedlungsbegeisterung ausgebrochen sei, und daß die Weißen zu Tausenden in unsere Jagdgründe strömten.

Sollten nun unsere Tage des freien Umherstreifens auf der Prärie bald zu Ende sein? Wohin wir kamen, überall waren die Indianer unruhig. Unsere Häuptlinge und Ratsmänner hielten zahllose Sitzungen, um zu bedenken, was zu tun sei. Sollten wir der fremden Rasse, die sich hereindrängte und unser Land nahm, einen letzten Kampf liefern? Oder sollten wir uns dem Friedensvertrage, den der Häuptling des Schwarzfuß-Volkes, Niokskatos, in Assiniboia mit dem weißen Manne geschlossen hatte, unterwerfen?

Regierungsvertreter des großen weißen Häuptlings kamen schon zu unserem Häuptling und sagten, wir müßten unser Umherziehen aufgeben und unsere Kinder in die Schulen der Missionare schicken, auf daß sie lernten, mit den Händen zu arbeiten und zu werden wie die Weißen.

Überall waren Missionare, die dem Indianer von dem Gott der Weißen erzählten und ihm sagten, er solle sich das Haar abschneiden, die Farbe vom Gesicht waschen und die drollig aussehenden Kleider des Weißen anziehen. Unser langes Haar galt uns als der teuerste körperliche Besitz. Wir brachten jeden Tag über eine Stunde damit zu, striegelten es und flochten es über einem klaren Gewässer, das uns als Spiegel diente.

Und die weißen Missionare sagten auch, wir müßten aufhören, uns die Gesichter zu bemalen. Ein Indianer, der sich nicht bemalt! Das konnten wir uns gar nicht vorstellen. Sie mochten uns ebensogut sagen, wir sollten aufhören zu singen. Wir besaßen für jede Stimmung eine eigene Bemalung. Nie war ein Indianer ohne Gesichtsbemalung. Wenn wir morgens aufstanden, bemalten wir uns je nach unserer Stimmung. Wir waren zornig, friedfertig, verliebt, andächtig oder sonstwie – und danach bemalten wir uns das Gesicht, so daß jeder, dem wir begegneten, auf den ersten Blick erkannte, wie wir uns fühlten. Das sparte viel nutzloses Gerede. Als ich ein Knabe war, mochten die Indianer nicht viel reden. Sie gingen gern still umher und dachten dabei. Wir saßen manchmal stundenlang im Zelte, ohne ein Wort zu sagen, und freuten uns dennoch aneinander. Das war eben unsere Sitte, und es tat uns im Inneren wohl.

Wir meinten, der Indianer sähe in den Kleidern des weißen Mannes, mit kurzem Haar und ohne Bemalung, lächerlich aus; ich erinnere mich, daß wir Kinder lachten, wenn wir einen Indianer so sahen. Der Indianer hat nie gut ausgesehen in den Kleidern der Weißen, denn er verwendet keinen Stolz darauf wie auf seine naturgemäße Kleidung, die er sorgfältig pflegte und makellos rein hielt.

Unser ureigener Gott lebte in den Prärien und Wäldern, die wir zutiefst kannten, und die uns nun auf immer genommen werden sollten. Unsere Indianerreligion lehrte uns, daß der Große Geist in allen Dingen lebte: in den Bäumen, den Tieren, den Seen, Strömen und Bergen. Wollten wir uns dem Großen Geist im Gebete nähern, so gingen wir allein hinaus zu den Dingen, in denen er lebte. Nun wurde uns von einem neuen Gott erzählt. Wo dieser lebte, wußte niemand; das machte uns Kinder unruhig. Unsere alten Leute riefen jede Nacht den Großen Geist an, er möge uns helfen und uns die Wahrheit offenbaren.

Wenn wir Buben im Lager umhergingen, trat irgendein alter Krieger, den wir alle als großen Helden der vergangenen Zeiten kannten und verehrten, her zu uns, legte den Arm um unsere Schultern und betete, neben uns herschreitend, laut, daß unsere Zukunft in dieser Zeit von Ungewißheit den rechten Pfad finden möge.

Andere alte Krieger gingen umher im Lager, die Hand über den Mund gehalten, und beteten so für sich.

«Natose, wohin treiben wir? Wo sind unsere Krieger der alten Zeiten? Wo sind unsere Büffel? Natose, sind wir keine Männer mehr?»

Während dieser stürmischen Zeit der Ungewißheit gingen wir Knaben jeden Abend auf einen Hügel, saßen dort im Sonnenuntergang und besprachen alles.

«Unsere Eltern haben uns zu Kriegern erzogen», sprachen wir, «und nun will der Weiße jene lächerlichen Kleider auf uns tun und uns die Arbeit der Frauen verrichten lassen.»

Unsere ganze Erziehung war durcheinandergeraten. Unsere Religion hatte uns gelehrt, Gutes für Gutes, und Böses für Böses zu geben. Nun sagten die Missionare, wir sollten Gutes für Gutes, und Gutes für Böses geben. «Was bedeutet das?» fragten wir uns. Wenn jemand auf uns schoß und uns nicht traf, sollten wir ihm noch eine Kugel geben, damit er wieder auf uns schießen könne. Wir verstanden das nicht. Was sollten wir mit den Ansiedlern tun, die sich auf dem Lande niederließen, das uns die Regierung zugesprochen hatte? Sollten wir sie bitten, noch mehr von unserem Lande zu nehmen?

Wir konnten uns darüber nicht klarwerden. Manches Mal, wenn die Sonne unterging und es auf dem Hügel kalt wurde, setzten wir uns im zunehmenden Dunkel eng zusammen – saßen nur und dachten. Obwohl wir als Kinder machtlos waren, fühlten wir, wie alle Knaben, eine große Verantwortung für das, was um uns vor sich ging. Wir meinten, wenn unsere alten Leute uns nur kämpfen ließen, würden wir die Lage bald klären. Ich glaube, alle Knaben sind so.

Wir gingen in das Lager zurück und fragten unsere Väter, ob es Krieg geben würde. Und sie antworteten:

«Nein, wir werden Kühe essen.» Das hieß, daß wir versuchen würden, die Speise des weißen Mannes zu essen und den Frieden zu halten. Uns wurde schon schlecht, wenn wir nur von den süßlich riechenden Kühen hörten. Wir waren den starken, ziegenartigen Geruch des Büffels gewohnt, und wir konnten uns nicht vorstellen, daß wir Fleisch essen sollten, das so süßlich und fad röche wie jene Kühe, an denen wir mit zugehaltenen Nasen vorbeigegangen waren.
(*Buffalo Child Long Lance: Häuptling Büffelkind Langspeer erzählt sein Leben, München 1958, S. 156–158, List*)

Wir betrachteten die großen offenen Ebenen, die wunderbaren Hügelketten und die Flüsse in ihrem gewundenen Lauf nicht als «wild». Nur für den weißen Mann war Natur eine «Wildnis», und nur für ihn «wimmelte» das Land von «gefährlichen» Tieren und «wilden» Menschen. Für uns bedeutete es Geborgenheit. Die Erde war freigiebig, und wir waren umgeben von den Segnungen des Großen Wunders. Erst als der haarige Mensch aus dem Osten zu uns kam und in brutaler Weise uns und die Familien, die wir liebten, mit Ungerechtigkeiten überhäuften, war das Land auch für uns «wild». Als die Tiere aus den Wäldern anfingen vor ihm zu fliehen, begann für uns der «Wilde Westen».
(*Luther Standing Bear: Land of the Spotted Eagle, Boston und New York, 1933, enthalten in: Literaturmagazin 5, Reinbek 1976, S. 70, Rowohlt Verlag*)

Als der Vertrag unterzeichnet war, sagte mein Großvater Lame Deer: «Wenn ich einmal sterbe, geht dieses Land an meinen Sohn, wenn er stirbt, an seinen Sohn und so weiter.» Ich versuchte also, die Regierung davon zu überzeugen, daß vier Quadratmeilen am Rapid River Lame-Deer-Land seien, und sie antworteten: «Indianer können keine persönlichen Landansprüche geltend machen.»

Vielleicht war es auch gut so, daß sie uns Indianern das Land weggenommen haben. Bedenken wir doch, auf was ihr sonst alles verzichten müßtet:

Auf die Motels mit den Neonschildern, die Leihhäuser, den Waffenladen «Rock Hunter's Paradise», die Trophäenwerkstatt «Horned Trophies Taxidermist Studio», auf die Unzahl Geschenkbuden, das «Genuine Indian Crafts Center» mit seinen original indianischen Perlenhandarbeiten aus Taiwan und Hongkong, die gemütliche beleuchtete Sitting-Bull-Höhle, den Andenkenladen

«Shrine of Democracy», vollgestopft mit den Keramikköpfen der Präsidenten Roosevelt, Lincoln, Jefferson und Washington, schließlich das «Fun House» – wer einmal da war, wird wiederkommen –, den «Bucket of Blood Saloon», den Zoo mit den lebensgroßen Dinosauriern aus grünem Zement, die Go-Go-Girls und Hurenhäuser, die Reptilläden, wo sie die Schlangen nicht füttern, weil das zuviel Umstände bereiten würde. Wenn sie sterben, bekommt man ein neues Tier umsonst.

Man stelle sich vor: Wenn dieses Land noch uns gehören würde, gäbe es das alles nicht. Es gäbe nur Bäume, Gras und Tiere, die frei rumliefen. Meine ganze rechtmäßige Erbschaft würde ungenutzt verkommen.
(*Richard Erdoes, Lame Deer: Tahca Ushte – Medizinmann der Sioux, München 1979, S. 24f., List*)

Am 15. September 1915 speiste ich mit Buffalo Bill in Washington, D. C. Es sollte unser letztes Treffen sein. Seine letzten Worte beeindruckten mich sehr. Wir sprachen über die Indianer, und das sagte Bill: «Ich habe nie einen Feldzug gegen Indianer angeführt, aber ich schämte mich vor mir selber, schämte mich für meine Regierung und schämte mich für unsere Flagge; denn sie waren immer im Recht, und wir waren immer im Unrecht; sie haben nie einen Vertrag gebrochen, und wir haben nie einen gehalten.»

Am 8. Februar 1935 traf ich in Douglas, Arizona, Neil Erickson, der als Scout unter General Crook und dann unter General Miles während der zwei Feldzüge gegen Victorio und Geronimo gedient hatte. Nachdem wir alte Erinnerungen wieder aufgefrischt hatten, sagte er dies und wollte auch, daß ich es aufschreibe: «Wenn ich damals gewußt hätte, was ich heute über Indianer weiß, ich wäre aus

der amerikanischen Armee desertiert und hätte mich den Apachen angeschlossen.»
(*Ernest Seton Thompson: Gospel of the Red Man, Santa Fe 1966, S. 40, Seton Village*)

Sacred to the Memory
of
Lynn S. Love

who, during his life time, killed 98 Indians that had been delivered into his hands by the Lord, He had hoped to make it 100 before the year ended when he fell asleep in the arms of Jesus in his home.

In N. Y. State

(*Grabinschrift eines Puritaners, 17. Jahrhundert, zit. nach: E. S. Thompson: Gospel of the Red Man, Santa Fe 1966, S. 60, Seton Village*)

Ich sage Ihnen, ich habe nirgendwo mehr Freundlichkeit und wirkliches Christentum gesehen. Nach den Alten, den Kranken, den Armen und den Witwen und Waisen wird immer als erstes gesehen. Wann immer wir das Lager verlegten, kümmerte sich jemand darum, daß die Zelte der Witwen als erste ab- und als erste aufgebaut wurden. Nach jeder Jagd wurde ein gutes Stück Fleisch denen vor den Eingang gelegt, die es am notwendigsten brauchten. Mich haben sie wie einen Bruder behandelt, und ich sage Ihnen, ich habe noch nie eine kirchliche Gemeinde gesehen, die so aus wahren Christen bestand als jene Indianer.
(*Scout Tom Newcomb, 1914: Newcomb lebte mit den Sioux von Crazy Horse in den frühen siebziger Jahren des 19. Jahrhunderts, zitiert nach: Gospel of the Red Man, S. 3*)

In Gesprächen mit Angehörigen verschiedener Präriestämme erfuhr Gilmore, daß dieses Gefühl für das Gleichgewicht des Natürlichen bereits den Kindern eingeimpft würde. «Reiße die Blumen auf der Prärie und im Wald nicht sinnlos ab. Wenn du das tust, dann bekommen die Blumen keine Kinder (d. h. sie tragen keinen Samen), und bleiben die Blumenkinder aus, dann gibt es in einiger Zeit keine Blumenstämme mehr. Und wenn die Blumenstämme aussterben, wird die Erde traurig. Die Blumenstämme und alle anderen Stämme lebender Wesen haben ihre besonderen Plätze in der Welt, und die Welt wäre unvollständig und unvollkommen ohne sie.» (. . .)

Ein besonders eindrucksvolles Beispiel indianischer Welteinpassung notierte Gilmore zu Falcata comosa, der Erdbohne. Dieser Strauch, angesiedelt am Rande der Missouriwälder, treibt von seinen untersten Zweigen kleine Bohnen in die Humusschicht des Bodens, ähnlich den Erdnüssen. Diese Bohnen sind in der indianischen Küche ein beliebtes Gericht, nur schwierig zu erlangen wegen des dicht verfilzten Gestrüpps. Die Indianer überwinden diese Schwierigkeit mit einem vierbeinigen Helfer, der Wiesenmaus, Microtus Pennsylvanicus. Das Tier sammelt eifrig die Bohnen in seine Kammern, und da es im Winter fast nur von der Falcata lebt, so lohnt sich das Ausheben der Vorräte.

Allein kein Indianer würde es wagen, der Maus sämtliche Früchte ihrer Arbeit fortzunehmen und ihren Bau rein auszuplündern. Die Leute lassen nicht nur einen Teil der Bohnen zurück, sie legen als Entgelt eine entsprechende Menge

Mais in die Vorratskammer, dazu noch etwas Fett oder Speck oder sonst einen Leckerbissen. Es gilt als boshaft und ungerecht, der Wiesenmaus ihre Ernte ohne Gegengabe zu rauben. Ja, die Indianer bezeugen ein starkes Gefühl des Respekts: «Die Wiesenmäuse sind äußerst fleißige Leute, sie helfen sogar den Menschen!» (. . .)

Ein alter Teton-Dakota von der Standing Rock-Reservation, der sich an einem Herbsttag auf die Suche begeben hatte und sich unbemerkt glaubte, richtete folgendes Gebet an die Maus. «Du, die du heilig bist, habe Mitleid mit mir und hilf mir. Ich bitte darum. Du bist nur klein, aber doch stark genug für deine Arbeit, denn heilige Mächte stärken dich. Du bist auch weise, denn die Weisheit der heiligen Mächte ist ständig bei dir. Möge ich immer weise sein in meinem Herzen, denn wenn heilige Weisheit mich anleitet, dann wird sich dieses schattenverwirrte Leben in beständiges Licht verwandeln.»

Erst nach diesem Gebet begann er zu graben. Gilmore fand diese Einstellung bei allen Dakota und betont, die Indianer ließen sich von einem inneren Kompaß leiten, von einem Sinn für die feste Ordnung der Welt, die jedem seinen Platz zuweise.

(*Werner Müller: Glauben und Denken der Sioux, in: Unter dem Pflaster liegt der Strand, Band 4, Berlin 1978, S. 165, S. 168f, Karin Kramer Verlag*)

Als wir jenen Herbst den Milchfluß nah an der Grenze von Montana und den nordwestlichen Territorien erreichten, kamen einige weiße Männer in unser Lager, um mit uns einen Vertrag zu schließen; sie wollten unser Land für Dollarscheine kaufen und uns ein Schutzgebiet mit anderen Indianern geben. Sie sagten, alle Stämme südlich und östlich von uns hätten schon mit den Regierungen der Vereinigten Staaten und Kanadas Verträge geschlossen, lebten nun auf ihren Schutzgebieten und hätten es dort gut. Sie rieten uns auch, unser Umherstreifen aufzugeben und uns an einem Orte niederzulassen. Sie breiteten ihre Dollarscheine auf der Erde aus und sprachen:

«Dies sind die ‹Büffelfelle› – das Geld – des weißen Mannes.» (Die Indianer hatten beim Tauschen Büffelfelle als Geld verwendet.) Sie sagten: «Die Sioux-Indianer nennen dieses Geld Masa-ska – weißes Metall –, weil sie wissen, daß sie es für Münzgeld umtauschen können, mit dem man alles kauft, was der Weiße besitzt. Es hat großen Wert, und ihr müßt es von jetzt an verwenden.»

Unser Häuptling nahm einen der Dollarscheine in die Hand, das Bild eines Mannes mit einem Kahlkopf war darauf. Er betrachtete unsere Krieger, die neben ihm standen, und sprach: «Wir werden dies Stikikikinasi – Kahlkopf – nennen.» Seit der Zeit heißt der Dollarschein unter den Schwarzfüßen «Kahlkopf».

Nachdem der weiße Häuptling sein ganzes Geld auf der Erde ausgebreitet und gezeigt hatte, wieviel er uns für die Unterzeichnung eines Vertrages geben würde, nahm unser Häuptling eine Handvoll Lehm, machte einen Ballen daraus, legte den auf das Feuer und röstete ihn. Die Lehmkugel zersprang nicht. Dann sprach er zu dem weißen Häuptling:

«Nun gib mir eine Handvoll von deinem Gelde, wir wollen es neben dem Lehm auf das Feuer legen. Was dann am schnellsten verbrennt, hat am wenigsten Wert.»

Der weiße Häuptling sprach:

«Mein Geld wird am schnellsten verbrennen, weil es aus Papier ist; also können wir das nicht tun.»

Darauf griff unser Häuptling in seinen Gürtel und holte einen kleinen hirschledernen Beutel voll Sand heraus. Den gab er dem weißen Häuptling und sprach:

«Gib mir dein Geld. Ich werde das Geld zählen, während du die Sandkörner zählst. Das, was sich am schnellsten zählen läßt, wird das Mindere sein.»

Der weiße Häuptling nahm den Sand, goß ihn auf seine Handfläche, betrachtete ihn und sprach: «Ich würde nicht lange genug leben, dies zu zählen; du aber könntest das Geld rasch zählen.»

«Dann», sprach unser Häuptling, «ist unser Land mehr wert als dein Geld. Es wird ewig bleiben. Es wird nicht in den Flammen vergehen. Solange die Sonne scheint und das Wasser fließt, wird dies Land hier sein und wird Menschen und Tieren Leben spenden. Wir können nicht das Leben von Menschen und Tieren verkaufen, darum können wir nicht dies Land verkaufen. Der Große Geist schuf es hier für uns, wir können es nicht verkaufen, weil es uns nicht gehört. Ihr könnt euer Geld zählen und es verbrennen, während ein Büffel mit dem Kopf nickt; doch nur der Große Geist kann die Sandkörner und die Grashalme auf dieser Prärie zählen. Als Geschenk werden wir euch gern irgend etwas aus unserem Besitz geben, das ihr dann mitnehmen könnt, aber das Land nie.»

Der weiße Häuptling sprach dann:

«Ich wurde hierhergeschickt von der Großen Weißen Mutter, die über das ganze Land von Kewatin – dem Nordwind – über den Kisisaskatschewan – Rascher Strom, ein Fluß im Norden – und weiter bis zum westlichen Meer herrscht. Sie ersucht euch, wie eure Brüder im Norden einen Vertrag zu schließen und unter unserer Fahne in Frieden zu leben. Ihr werdet euch nie mit den Blaukitteln – den Amerikanern – vertragen. Wenn sie euch schlecht versorgen, so geht herauf in unser Land. Immer wenn ihr nach Nordwesten schaut und die rote Sonne seht, wird das meine Sonne sein, meine ‹Rotkittel› – die berittene Schutzmannschaft des Nordwestens. Kommt, wann ihr wollt, herüber zu uns, ihr werdet bei uns und euren Brüdern, den Nördlichen Siksikau, gut leben.»

Damit endete unsere erste Friedensbesprechung.

(*Buffalo Child Long Lance: Häuptling Büffelkind Langspeer erzählt sein Leben, München 1958, S. 138–140, List*)

Weil wir uns weigern, aus unserer Wirklichkeit aus- und in die Froschhautillusion* einzusteigen, werden wir dumm, faul, leichtsinnig, gedankenlos, unreif und weltfremd genannt. Es macht mich stolz, wenn ich weltfremd genannt werde, und es sollte dich auch stolz machen. Es ist gut, daß unsere Realität eine andere ist, als die der Weißen. Ich erinnere mich an einen Weißen, der die Weste meines Großvaters kopfschüttelnd betrachtete. Die Weste war aus schwarzem Samt, und die Knöpfe waren Zehn-Dollar-Goldmünzen. Der weiße Mann konnte sich nicht beruhigen, immer und immer wieder sagte er: «Das kann auch nur einem verrückten Indianer einfallen – das gute Geld als Knöpfe verwenden, und selber nicht einmal einen Nachttopf besitzen.» Doch Grandpa war keine Spur verrückt, und

* «Grüne Froschhaut» nennt Lame Deer die Ein-Dollar-Note.

er hatte, wie jeder andere auch, den Wert des Geldes zu schätzen gelernt. Geld ist dazu da, um sich ein Vergnügen zu leisten. Nun, es bereitete ihm eben ein Vergnügen, ein paar goldene Münzen mit dem Indianerkopf drauf an seine Weste zu nähen. Das gibt doch Sinn, oder?

Ich kenne einen gebildeten Indianer, der auf die Reservation zurückkam, nachdem er viele Jahre in einer großen Stadt gearbeitet hatte. Mit seinen Ersparnissen eröffnete er eine Cafeteria und eine Tankstelle. Den ganzen Tag fuhren die Wagen vor. «Hey, Onkel, mach ihn voll. Ich kann nicht zahlen, aber du bist ja reich, du gibst es mir doch umsonst . . .»

Und drüben in der Cafeteria war es das gleiche: «Sag, Onkel, kann ich eines deiner Grillsteak-Sandwiches haben. Aber mach dir, bitte, nicht die Mühe, für einen deiner Verwandten eine Rechnung auszuschreiben.»

Der Besitzer konnte mit den weißen Geschäftsmethoden unter Weißen sein Leben gut bestreiten. Jetzt aber war er wieder Indianer unter Indianern. Er konnte schlecht *Nein* zu einem armen Verwandten sagen, und die ganze Reservation war ein einziger Haufen armer Verwandter, die ihn alle Onkel oder Cousin nannten, auch wenn sie noch so entfernte Verwandte waren. Er konnte sie nicht abweisen, und seine Erziehung und seine Ausbildung konnten ihm in dieser Situation auch nicht helfen. Wir sind nicht in abgetrennte, niedliche kleine Familien aufgeteilt – Vater, Mutter, Kinder, und den Rest soll der Teufel holen. Der ganze verdammte Stamm ist eine einzige große Familie; das ist unsere Art von Realität.

Es dauerte nicht lange, und der indianische Geschäftsmann machte Bankrott und hatte Schulden. Aber er war nicht auf den Kopf gefallen – er hatte weiße Erziehung genossen. Er wußte sich zu helfen: Er stellte eine weiße Bedienung ein und einen weißen Tankwart und verbreitete das Gerücht, er sei gezwungen gewesen, sein Geschäft an Weiße zu verkaufen. Von da an ging es ihm gut. Alle zahlten, denn sie wußten, daß kein Weißer etwas umsonst hergibt.
(*Richard Erdoes, Lame Deer: Tahca Ushte – Medizinmann der Sioux, München 1979, S. 52, 53, List*)

Der Vorteil einer Metallaxt gegenüber einer Steinaxt ist zu offenkundig, als daß man ihn hervorheben müßte: mit der ersteren kann man in derselben Zeit vielleicht zehnmal mehr leisten als mit der anderen; oder dieselbe Arbeit in zehnmal weniger Zeit leisten. Und als die Indianer die produktive Überlegenheit der Äxte der weißen Männer entdeckten, wollten sie sie nicht haben, um in derselben Zeit mehr zu produzieren, sondern um in zehnmal weniger Zeit dasselbe zu produzieren. Es geschah genau das Gegenteil, denn mit den Metalläxten drangen in die primitive Welt der Indianer die Gewalt, der Zwang, die Macht ein, welche die neu gekommenen Zivilisierten auf die Wilden ausübten.
(*Pierre Clastres: Staatsfeinde, Frankfurt 1976, S. 186, Suhrkamp*)

Bevor unsere weißen Brüder kamen, um uns zu zivilisieren, hatten wir keine Gefängnisse und deswegen auch keine Kriminellen. Ohne Gefängnisse kann man auch keine Verbrecher haben. Wir hatten keine Schlösser und Schlüssel, also gab es auch keine Diebe. Wenn jemand so arm war, daß er kein Pferd hatte, kein

Tipi oder keine Decke, dann bekam er die Sachen von jemand geschenkt. Wir waren zu unzivilisiert, um viel Wert auf persönliches Eigentum zu legen. Wir wollten die Sachen nur haben, um sie verschenken zu können. Geld gab es nicht, und daher konnte der Wert eines Menschen auch nicht damit aufgewogen werden. Wir hatten kein geschriebenes Gesetz, keine Anwälte und Politiker, also gab es auch keinen Betrug. Wir waren wirklich nicht schlecht dran, bevor der weiße Mann kam. Ich weiß gar nicht, wie wir ohne alle diese grundlegenden Dinge ausgekommen sind, die für eine zivilisierte Gesellschaft angeblich absolut notwendig sind.

Aber heute ist überall der Fortschritt sichtbar – es gibt jede Menge Gefängnisse, und wir wissen, die sind für uns Indianer gedacht. Wie schade, daß so viele von uns sie nicht gut finden! Es sind Gute-Laune-Gefängnisse mit großen «Willkommen»-Schildern an den Wänden. Manche haben die Aufschrift «Hotel zum Gebrochenen Herzen» über der Tür. Sie sind beliebtes Objekt für fotografierwütige Touristen, aber die knipsen nie die kaputten Säufer, die drin sitzen.

Wenn die Bullen eine betrunkene Indianerin finden, amüsieren sie sich damit, sie weit hinaus in die Prärie zu fahren; und da lassen sie sie laufen, meilenweit entfernt vom nächsten Haus. Oder sie wird ins Gefängnis gesteckt und dort vergewaltigt. Trunkenheit ist dabei oft nur ein Vorwand für die Polizei. Ein Mädchen braucht nicht betrunken zu sein, um in einer Zelle zu landen, sondern bloß hübsch. Die Polizei weiß, daß die meisten Mädchen zu verängstigt sind, um etwas davon zu erzählen. Und selbst wenn – wer glaubt schon einer besoffenen Rothaut?

(*Richard Erdoes, Lame Deer: Tahca Ushte – Medizinmann der Sioux, München 1979, S. 87f., List*)

Mein Nachbar auf dem Lande begann eines Tages damit, die jahrhundertealten Hofeichen zu fällen, weil ihm das Wegharken des Laubes zu mühsam wurde. Als ich ihn fragte, warum er die Bäume nicht lieber stehen lasse, meinte er trocken: «Eines Tages müssen sie ja doch weg . . .»

(*Hans Christoph Buch, in: Tintenfisch 12, Thema: Natur, Berlin 1977, S. 8, Wagenbach*)

Die Auffassung der Weißen von der Natur könnte als obszön bezeichnet werden, aber das ist sehr schwach ausgedrückt. Sie ist völlig künstlich, und die bloße Existenz des Footballstadions mit seinem künstlichen Rasen symbolisiert besser als Worte die Welt, die die Nichtindianer erträumen.

(*Vine Deloria, Jr., in: Nur Stämme werden überleben, München 1977, S. 115, Trikont*)

Immer wieder bin ich vom Denken der Nichtindianer beeindruckt. Im letzten Jahr war ich in Cleveland und kam mit einem Nichtindianer über die amerikanische Geschichte ins Gespräch. Er sagte, daß es ihm leid täte, was den Indianern geschehen wäre, daß es aber einen guten Grund dafür gäbe. Der Kontinent müßte entwickelt werden, und er sei der Meinung, daß die Indianer dabei im Wege waren, und darum hätten sie entfernt werden müssen. «Was», so bemerkte er, «habt ihr denn aus dem Land gemacht, als ihr es noch hattet?»

Ich verstand ihn erst nicht, bis ich entdeckte, daß der Cuyahoga-Fluß, der durch Cleveland fließt, in Flammen gesetzt werden kann. Es waren so viel brennbare Abfallstoffe hineingeleitet worden, daß die Anwohner im Sommer besondere Vorsichtsmaßnahmen ergreifen mußten, um nicht aus Versehen ein Flammenmeer entstehen zu lassen. Als ich dann das Argument meines weißen Freundes überdachte, kam ich zu der Einsicht, daß er wahrscheinlich recht hatte. Welcher Indianer wäre wohl auf den Gedanken gekommen, einen brennbaren Fluß zu schaffen?
(*Vine Deloria Jr., in: Nur Stämme werden überleben, München, 1977, S. 9, Trikont*)

Einige unserer Stammesältesten erzählen oft von den Besuchen der Regierungsvertreter.

Jene waren meistens einige hundert Meilen bis zum Reservat gereist, nur um uns Indianer zu bewegen, das verbliebene Land zu verkaufen. «Wir können das Land nicht verkaufen», war dann die Antwort. Sie waren dann für einige Stunden geblieben und versuchten es mit Reden. Schließlich gingen sie, ohne ihr Ziel erreicht zu haben. Eine Woche später kamen sie zurück: dieselben Leute, die gleichen Forderungen. Sie gingen wieder, und sie kamen wieder. Eine der Frauen sprach sie an, als sie wiederkamen: «Ich werde euch mein Land verkaufen. Aber ich stelle eine Bedingung. Hast du noch eine Mutter?» Der weiße Mann sagte: «Ja, ich habe noch eine Mutter.»

Die Frau sagte: «Okay, ich will, daß du mein Land mit deiner Mutter bezahlst. Bring deine Mutter her.» Der Regierungsvertreter verstand nichts. «Warum willst du das tun?» Da sagte die Frau: «Dann kann ich auf ihr rumhüpfen, kann ihr das Haar ausreißen, kann sie zusammenschlagen, und ich kann sie verwunden. Ich werde genau das tun, was du mit meiner Mutter tun willst. Meiner Mutter, der Erde.»

Darum sagen die Völker dieses Kontinents, daß man Land nicht verkaufen kann. Weil die Erde die Mutter der Menschen ist. Sie gibt uns Leben, sie gibt uns Nahrung, sie gibt uns Medizin, sie gibt uns einen Platz zum Wohnen. Das gibt unsere Mutter, die Erde, jedem Menschenwesen. Sie kümmert sich immer um jedes ihrer Kinder. Welche Nation hat je ihr Land verkauft? Das ist nie geschehen. Dagegen müssen wir auch heute kämpfen.
(*Kakwirakeron, in: Ganienkeh Struggle, Vol. 1, Ganienkeh Support Committee, 405 Westcott St., Syracuse, N. Y. 13201*)

Ich sage demgegenüber: Um die Werte zu erhalten, bedarf es der Revolution. Doch von diesem Gegensatz abgesehen, finde ich: Die Linke kann gar nicht konservativ genug sein hinsichtlich der Erhaltung des Lebens auf der Erde, der Lebensgrundlagen des Homo Sapiens, und eben deswegen muß sie dafür kämpfen, daß im Westen das kapitalistische System, mit seinem Profitstreben, seiner Marktanarchie, verschwindet und so auch der Sozialismus im Osten befreit wird von dem Zwang, dem Druck dieses Systems standhalten zu müssen, ja mit ihm zu konkurrieren. Im Zeitalter der ökonomischen Krise hat die Weltrevolution vor allem diesen einen, weltkonservativen Sinn.
(*Wolfgang Harich, in: Frankfurter Rundschau, 21. Februar 1976*)

Wir sollten endlich die Erhaltung bedrohter Völker nicht nur als einen Akt des Mitleids, sondern vor allem als einen Akt der Selbsterhaltung erkennen. Denn all das, was das utilitär-industrialistische Zeitalter uns genommen hat, ist dort wenigstens in Spuren noch erhalten. Wenn wir wieder menschliche Menschen werden wollen, tut uns Entwicklungshilfe von seiten jener Not, die wir in verblendetem Hochmut «unterentwickelt» nennen.
(*Robert Jungk, in: pogrom, Nr. 50/51 1977, S. 4, Zeitschrift der Gesellschaft für bedrohte Völker, Hamburg*)

B: Bougainville hat Aoturu zurückgeschickt, nachdem er für die Bezahlung der Reisekosten und für die Sicherheit seiner Rückfahrt gesorgt hatte.
A: O Aoturu, wie froh wirst du sein, wenn du deine Mutter, deinen Vater, deine Brüder, deine Schwestern, deine Geliebten, deine Landsleute wiedersiehst! Was wirst du ihnen von uns sagen?
B: Nur wenig, und sie werden es nicht glauben.
A: Warum nur wenig?
B: Weil er nur wenig begriffen hat und in seiner Sprache keine passenden Ausdrücke für die Dinge findet, von denen er eine ungefähre Idee hat.
A: Und warum werden sie ihm nicht glauben?
B: Weil sie beim Vergleichen ihrer Sitten mit den unsrigen eher Aoturu für einen Lügner halten werden als uns für so verrückt.
(*Denis Diderot: Nachtrag zu ‹Bougainvilles Reise› oder Gespräch zwischen A. und B.*)

In einem Büffel steckt Kraft – Spirituelle, magische Kraft –, aber es steckt keine Kraft in einem Angus oder in einem Herfordrind.

Es ist Kraft in einer Antilope, aber keine Kraft in einer Ziege oder einem Schaf, die stillhalten, während man sie schlachtet, und die einem die Zeitung auffressen, sofern man sie läßt. Auch der Wolf hatte allerhand Kraft, sogar der Kojote. Ihr habt den Wolf zu einem Krüppel gemacht – zu einem Spielzeugpudel, zu einem Pekinesen, zu einem Schoßhund. Mit einer Katze kann man nicht so umspringen; sie ist wie ein Indianer – schwer zu ändern. Also behebt ihr diesen Zustand: Ihr verändert sie, entfernt die Krallen und durchschneidet ihre Stimmbänder, damit ihr in euren Labors ungestört hantieren könnt und euch das Schreien nicht bei euren Experimenten stört.

Das Rebhuhn, das Birkhuhn, die Wachtel, der Fasan – ihr habt sie alle zu Suppenhühnern zerzüchtet, zu Kreaturen, die nicht mehr fliegen können, die eine Art Sonnenbrille brauchen, damit sie sich gegenseitig die Augen auspicken, zu «Vögeln mit Hackordnung». In einigen Farmen züchten sie extra Hühner für Hühnerbrust. Diese Tiere werden in niedrigen Käfigen gehalten und ständig herumgescheucht, damit sie in Bewegung bleiben und sich die Brustmuskeln entwickeln. Die Käfige werden mit sanfter Musik berieselt – ein lautes Geräusch – und die Hühner töten sich selbst am Maschendraht. Dieses lebenslange Ducken gibt ein unnatürliches, verrücktes, schlechtes Vogelfleisch. Und das wiederum macht unnatürliche, untaugliche Menschen.

Damit sind wir schon beim nächsten Punkt, wo ihr euch selbst zum Narren haltet: Ihr habt nicht nur eure geflügelten und vierbeinigen Verwandten verändert, ihre Krallen beschnitten und sie verunstaltet – ihr habt es auch mit euch selbst getan. Ihr habt Männer zu Angestellten erniedrigt, zu Büroarbeitern, zu Stechuhrdrückern. Aus den Frauen habt ihr Hausdrachen gezüchtet, wahrliche Schrekkensgestalten. Ich war einmal in so ein Haus eingeladen:

«Passen Sie auf die Asche auf, bitte nicht rauchen, Sie vergilben den Vorhang. Passen Sie auf das Goldfischglas auf. Blasen Sie den Wellensittich nicht an. Lehnen Sie sich mit dem Kopf nicht gegen die Tapete, womöglich haben Sie fettiges Haar. Spritzen Sie keinen Alkohol auf die Tischplatte, die besondere Politur, Sie verstehen. Sie hätten sich die Füße abstreifen sollen, der Boden ist frisch gebohnert. Tun Sie dies nicht, tun Sie das nicht . . .» – Das ist verrückt. Wir wurden nicht geboren, um das auszuhalten. Ihr Weißen lebt in Gefängnissen, die ihr euch selbst gebaut habt. Ihr nennt sie Zuhause, Büro, Fabrik. Wir haben jetzt einen neuen Witz auf der Reservation: «Was ist kultureller Abstieg?» Antwort: «Ein weißes Ober-Mittelklasse-Kind zu sein und in einer Etagenvorstadtwohnung mit Farbfernseher zu leben.» (. . .)

Die Amerikaner wollen alles hygienisch einwandfrei haben. Ohne Gerüche! Nicht einmal den guten natürlichen Geruch von Mann und Frau. Weg mit dem Geruch unterm Arm, weg mit dem Geruch der Haut. Lösch ihn aus und sprüh oder tupfe etwas nichtmenschlichen Geruch auf dich, möglichst teuer die Tinktur, so zehn Dollar die Unze, damit du weißt, daß sie auch gut riecht. (. . .) Bald werdet ihr Menschen züchten, die keinerlei Öffnungen mehr am Körper haben.

Manchmal glaube ich, die weißen Menschen sind so erschüttert von der Welt, die sie selber geschaffen haben, daß sie sie weder sehen, fühlen, riechen noch hören wollen. Zum Beispiel das Gefühl von Regen und Schnee auf dem Gesicht, steif sein von einem eisigen Wind und dann auftauen vor einem rauchigen Feuer, aus einem Schwitzbad kommen und in einen eisigen Fluß eintauchen, das sind Dinge, die dich fühlen lassen, daß du lebendig bist; aber was soll's – ihr wollt das ja gar nicht mehr.

Ihr lebt in Schachteln, die die Hitze des Sommers und die Kälte des Winters nicht spüren lassen. Ihr lebt in einem Körper, der nach nichts mehr riecht. Ihr lauscht der Hi-Fi-Anlage statt den Klängen der Natur. Ihr beobachtet im Fernsehen einen Schauspieler, der aus zweiter Hand Erfahrungen vermittelt, anstatt die Erfahrungen selbst zu machen. Ihr eßt Lebensmittel ohne Geschmack – das ist euer Stil. Das ist nicht gut. Ihr behandelt eure Nahrung wie euren Körper, nehmt ihr alle natürlichen Eigenschaften, den Geschmack, den Geruch, die Frische – und wenn alles weg ist, kommt ihr mit künstlicher Farbe und künstlichem Geschmack. Rohe Leber, rohe Nieren – das haben wir altmodischen Vollblutindianer gern zwischen den Zähnen. In den alten Tagen pflegten wir in einem Wettkampf die Därme des Büffels zu essen: Zwei Kerle nahmen je ein Ende des Darms zwischen die Zähne, stellten sich auf und begannen sich zur Mitte vorzuessen. Das nenn ich essen. Diese Büffeldärme waren natürlich voll von halbfermentierten und halbverdauten Kräutern und Gräsern, wenn du das drunten hattest, dann waren keine Pillen oder Vitamine mehr nötig. Zum Würzen nimm das Bittere der Galle an Stelle von raffiniertem Zucker oder Salz. *Wasna*, das war getrocknetes Fleisch, zusammengeknetet mit Nierenfett und getrockneten Beeren;

ein Klumpen von diesem süßen *wasna* konnte einen Mann leicht den ganzen Tag bei Kräften halten. Das war Nahrung, da war Power drin! Nicht das Zeug, das ihr uns heute verabreicht: Trockenmilch, Trockeneier, pasteurisierte Butter und Hühner, die nur aus Keulen und Brust bestehen, vom ursprünglichen Vogel ist da nicht mehr viel übrig.

Ihr wollt den Vogel ja gar nicht. Ihr habt den Mut nicht, ihn ehrenhaft zu töten: Kopf abschneiden, rupfen, ausnehmen – das mögt ihr nicht mehr. Heute kommt alles in einem niedlichen Plastikbeutel in der Küche an, sauber und bratfertig, ohne Geschmack und ohne Schuld. Ihr mit euren Nerz- und Seehundmänteln, ihr wollt nichts davon wissen, wieviel Blut und Schmerz es gab, bis sie fertig waren. So ist auch eure Vorstellung von Krieg: in einem Flugzeug sitzen, weit unter euch die Wolken, einen Knopf drücken, die Bomben fallen lassen und keinen Blick mehr auf die Wolken unter euch werfen – das ist der geruchlose, schuldlose, hygienische Weg. (. . .)

Ihr Weißen verbreitet den Tod. Ihr kauft und verkauft Tod. Mit all euren Deodorants riecht ihr nach Tod, doch ihr habt Angst vor der Wirklichkeit. Ihr habt Angst, dem Tod gegenüberzustehen. Ihr habt den Tod hygienisch gemacht, ihr habt ihn verpackt, ihm die Ehre genommen. Wir Indianer denken oft an den Tod. Ich auch. Heute wäre ein guter Tag zum Sterben – nicht zu heiß und nicht zu kalt. Für euch Weiße wäre wahrscheinlich jeder Tag ein schlechter Tag.
(*Richard Erdoes, Lame Deer: Tahca Ushte – Medizinmann der Sioux, München 1979, S. 136–140, List*)

Einmal habe ich in der Stadt gearbeitet, in Seattle. Eines Tages wurde mir klar, daß alles mit Zement bedeckt war – ich konnte die Erde nicht mehr fühlen. Ich war nahe daran, verrückt zu werden. Ich lief nachts über parkende Autos und trat mit den Stiefeln ins Blech. Da verließ ich die Stadt. Ich werde nie mehr dorthin zurückgehen.
(*François Paulette, im Gespräch während der ersten Welteingeborenenkonferenz, 1975 in Port Alberni, Vancouver Island*)

Die Erfordernisse meines Lebens sind die Uhr, nach der sich meine Tage richten.
(*Dene-Jäger, North-West-Territories, 1977, in: This Land – My Life, Dokumentarfilm, Regie: René Fumeleau, Kanada 1977*)

Er kam in die Stadt von Süden her, von einer der Apache Reservationen im Südwesten – White RiVer, Mescalero, Jicarilla, einer dieser fremden, alten Plätze. Er war 31 Jahre alt, ein Vietnam-Veteran, er fuhr einen alten, verbeulten, schwarzen Ford Pickup-Laster; er war ein großer junger Mann, gerade wie der Schatten eines Steckens, einem hohen Filzhut und den durchgescheuerten Levi's und von abgelaufenen Stiefeln eines verarmten Cowboys.

Er war der Lehrling eines der letzten großen Medizinmänner seines Stammes. Der hatte ihn nach Norden geschickt, auf eine Art Wallfahrt; er sollte sehen, was er in der Stadt des weißen Mannes lernen konnte. Und so blieb er in Denver, arbeitete als Zimmermann und belegte Abendkurse am Community College. Er lebte in einem Mietshaus zusammen mit einigen anderen Indianern in einem runtergekommenen Stadtteil im Osten von Denver. Einmal im Monat schrieb er einen Brief an seine Frau und seine zwei Kinder daheim auf dem Reservat. Er hatte etwas Vieh dort, ein paar magere Ponies und ein paar Quadratmeilen Sagebrush und Arroyo mit einem Aluminium-Trailer und einem Korral in einem Cottonwoodwäldchen.

Im Frühling seines zweiten Jahres in der Stadt bat er einen seiner Freunde, einen Black Kettle Sioux, ihn in die Hügel im Westen der Stadt zu fahren. Er mußte bestimmte Dinge überdenken, und zwar weit weg von den Menschen. Es war noch sehr frhh, als sie einen Feldweg hochfuhren und an seinem Ende anhielten. «Warte hier», sagte der Apache. Er ging weg, durch die Bäume hindurch und überquerte einen freien Abhang.

Es war ein kalter, nebelnasser Morgen; die verschwommenen Lichter von Denver brannten weit drunten. Nach einer geraumen Weile verlor der Sioux die Geduld, noch länger im Auto zu warten; er stieg aus und ging über die Wiese, dorthin, wo sein Freund verschwunden war.

Sein Freund stand am Waldrand mit dem Rücken zu ihm: seine Hände hatte er um den Mund gewölbt, und er sang zum Wald hin, sanft aber eindringlich. Wie der junge Sioux so dastand und ihn beobachtete, sah er wie ein schwarzer Bär aus dem Gehölz kam und sich dem Apachen näherte. Eine Zeitlang standen sie sich gegenüber, so, als führten sie ein Gespräch miteinander; dann drehte sich der Bär um und trottete zurück zu den Bäumen und war verschwunden.

Der Apache wandte sich zum Rückzug und sah seinen Freund auf der Wiese stehen; für einen Moment verfinsterte sich sein Gesicht, dann lachte er. «Ich bin kein großer Medizinmann», sagte er, als sie zum Wagen zurückgingen. «Ich kann nur Bären und Habichte rufen. Dieser Bär aber ist mir von meinem Lehrer geschickt worden, um mir zu sagen, daß es Zeit ist, heimzugehen. Für mich gibt es in der Stadt nichts mehr zu tun.» Zwei Tage später packte er seine Sachen zusammen und brach auf nach Süden. Keiner seiner Freunde in Denver sah ihn oder hörte je wieder von ihm.

*

Es ist nicht einfach, mit so einer Geschichte etwas anzufangen: Denver ist der letzte Platz, wo man erwarten würde, einen Indianer zu treffen, der Bären und Habichte ruft. Doch ich kannte den jungen Apachen nicht nur flüchtig und den Black Kettle Sioux recht gut, und ich habe keine Zweifel, überhaupt keine Zweifel, daß etwas Unerklärliches und Wunderbares passiert ist an jenem Morgen auf diesem Wiesenabhang, von dem man über Denver blicken kann, mit seinen Häuserflächen, seinen Autobahnen und seinen rauchenden Fabriken.

(Rob Schultheis)

Ein Indianer verließ die Reservation und besuchte einen weißen Freund in der Stadt. Es war das erste Mal, daß er eine Großstadt sah – die Bilder, Farben, Geräusche waren neu für ihn, ebenso befremdet war er von der Luft, die er einatmete und von den Menschen, die an ihm vorüber hasteten.

Der rote und der weiße Mann gingen die Straße entlang, als plötzlich der Indianer seinem Freund auf die Schulter tippte und sagte: «Bleib einmal stehen. Hörst du auch, was ich höre?

Der weiße Mann antwortete: «Alles, was ich höre, ist das Hupen der Autos und das Rattern der Omnibusse. Und dann freilich auch die Stimmen und das Geräusch der Schritte vieler Menschen. Was hörst du denn?»

«Ich höre eine Grille zirpen.»

Der weiße Mann horchte. Dann schüttelte er den Kopf: «Du mußt dich täuschen, Freund. Hier gibt es keine Grillen. Und selbst, wenn es hier irgendwo eine Grille gäbe, würde man doch ihr Zirpen bei dem Lärm nicht hören können.»

Der Indianer ging ein paar Schritte weiter. Vor einer Hauswand blieb er stehen. Wilder Wein rankte an der Mauer. Er schob die Blätter auseinander, und da – sehr zum Erstaunen seines Freundes – saß eine Grille, die laut zirpte. Jetzt, da der weiße Städter die Grille sehen konnte, nahm er auch das Geräusch wahr, das sie von sich gab.

Als die beiden Männer weitergegangen waren, sagte der Weißenach einer Weile: «Freilich hast du die Grille hören können. Dein Gehör ist eben besser geschult als meines. Inianer hören zudem einfach besser als Weiße.»

Der Indianer lächelte, schüttelte den Kopf und sagte: «Du täuschst dich, mein Freund. Das Gehör eines Indianers ist nicht besser und nicht schlechter als das eines weißen Menschen. Paß auf, ich will es dir beweisen.»

Er griff in die Hosentasche, holte ein 50-Cent-Stück heraus und warf es auf das Pflaster.

Die Münze klimperte auf dem Asphalt. Leute wurden auf das Geräusch aufmerksam und sahen sich um. Einer bückte sich, hob das Geldstück auf, steckte es ein und ging weiter.

«Siehst du», sagte der Indianer, «das Geräusch der 50 Cents war nicht viel lauter als das der Grille, und doch hörten es viele der weißen Frauen und Männer und drehten sichum, während das Geräusch der Grille niemand hörte außer mir. Es stimmt nicht, daß das Gehör der Indianer besser ist als das der Weißen. Der Grund liegt darin, daß wir alle stets das gut hören, worauf zu achten wir gewohnt sind.»

(*Eine Geschichte, die man sich erzählt*)

Vor uns, fest im Boden versenkt, stand eine Hütte aus Holzwerk und Lehm. Das Holz war rissig und gebleicht, der Lehm dunkel, als hätte man ihn eben erst hineingeputzt. Es gab keine Fenster in dieser Hütte, nur einen in die Erde gegrabenen Zugang. Wildwuchs und Unkraut waren auf allen Seiten in einem Abstand von etwa dreißig Meter zurückgeschnitten, und so war ein Fleck weißer Erde freigelegt, ein hartes Stück Erde, in das sich keine Spur eindrücken konnte, weder Von Mensch noch Tier. Der Fluß glitt in einiger Entfernung zwischen zerklüfteten Hängen dahin. Und dort stand der alte Mann. Als wir uns näherten. hob er den Kopf mit der Würde eines erfahrenen Hundes, der Witterung hat.

«Guten Tag», sagte ich. «Hallo, Yellow Calf!» Die Sonnenstrahlung wurde von der heißen Erdfläche zurückgeworfen.

Er trug keine Schuhe. Seine Hosen waren an den Knien ausgebeult, an den

Schenkeln und an der Vorderseite schmutzig und fleckig von langer Abnutzung, aber sein sandbraunes Hemd mit den hellen Schnallen war sauber, sogar gebügelt.

«Wie geht's?» fragte ich.

Er schien verwirrt.

«Ich bin der Sohn von First Raise – ich bin schon einmal mit ihm hiergewesen.»

«Ah, ja – natürlich! Du warst damals so ein Bub . . . ein ganz schlauer», sagte er.

«Es war irgendwann im Winter», sagte ich.

«Ja, ein Bub . . . mit First Raise. Du hast es damals sehr wichtig gehabt.»

Ich band Bird an die Pumpe und ließ Wasser in ein Emailbecken fließen. «Mein Vater hat dich Yellow Calf genannt . . .» Das Wasser war braun. Ich lokkerte die Zügel und nahm Bird die Unterlegtrense aus dem Maul. Das Wasser mußte ihm nach den langen Jahren seltsam schmecken. «Und jetzt behauptet Teresa, du wärst tot. Ich glaube fast, du bist gestorben und hast es nicht gemerkt.»

«Wie . . . was soll's? Tot?» Er grub die Hände in seine Taschen. «Manchmal möcht ich . . . aber nicht wirklich.»

«Du bist also immer noch Yellow Calf, wirst immer noch so genannt.»

«Ich habe viele Namen, aber dieser eine genügt. Manche Leute nennen mich Bat Man, weil sie glauben, ich sauge ihrem Vieh das Blut aus den Adern. In der Nacht.»

Ich mußte lachen. «Das schmeichelt dir sicher. Es bedeutet nämlich, daß sie Angst vor dir haben.»

«Ich will gar nicht, daß man mir schmeichelt. Das hab ich nicht nötig. Ich bin alt und lebe allein. Man braucht Freunde, um sich über Schmeicheleien zu freuen.»

«Du mußt ein wirklich weiser Mann sein. Du lehnst Freunde und Schmeicheleien ab.»

Ich merkte, wie er in den Hosentaschen seine Hände zu Fäusten ballte. Er wies mit dem Kopf zur Hütte. «Ich habe Kaffee drüben.»

Erst als er zu gehen begann – seine Füße schienen gleichzeitig vorwärts und seitwärts zu treten –, wurde mir klar, daß er vollkommen blind war. Es war schon merkwürdig, daß ich dies ganz vergessen hatte, aber vielleicht war er damals noch nicht blind gewesen.

Er griff nach dem Türrahmen und trat beiseite, damit ich als erster eintreten konnte. Er folgte mir und schloß die Tür, dann machte er sie wieder auf. «Du brauchst sicher etwas Licht.»

Das Innere der Hütte war sauber und kärglich. Es enthielt eine Schlafstatt, einen Küchentisch und zwei Stühle. Ein kleiner Holzofen stand gegenüber an der Wand. Neben dem Ofenrohr hing ein vergilbter Kalender. Er zeigte den Dezember 1936 an. Ein heller Geschirrschrank machte den Hausrat komplett. Yellow Calf bewegte sich leicht in diesem Raum, war vertraut mit allen Möbeln und Gegenständen. Er holte zwei Tassen aus dem Geschirrschrank, die eine aus Porzellan, die andere aus Blech, und schenkte ein. Der schwärzliche Kaffeetopf stand hinten auf dem Ofen. Ich hustete, um ihn wissen zu lassen, wo ich war, aber er reichte mir bereits die Tasse.

«Das tut gut. Genau das Richtige», sagte ich.

«Er ist etwas zu stark. Willkommen!» Er ließ sich auf die Schlafbank nieder und lehnte sich bequem an die Wand.

Es war kühl, beinahe feucht in der tiefgelegenen, nicht gerade geräumigen Behausung, und ich dachte an den armen alten Bird draußen, der an die Pumpe gebunden war. Er könnte jederzeit einen Hitzschlag kriegen.

«Yellow Calf, kein Mann sollte allein leben.»

«Wer ist allein? Rehe und Hirsche kommen – abends –, sie kommen und äsen beim Graben auf der anderen Seite. Ich kann sie hören. Wenn sie pfeifen, pfeif ich zurück.»

«Und verstehen sie dich?» Ich sagte das nur zum Spaß.

Seine Augen blieben mir im Düster des Raumes verborgen.

«Meistens – die meisten kann ich verstehen.»

«Und worüber reden sie?»

«Es ist schwierig ... Über normale Sachen, aber einige sind besonders schwer zu verstehen.»

«Reden sie vom Wetter?»

«Nein, nein, das nicht. Das überlassen sie den Menschen.» Er sog an den Lippen. «Nein – sie reden meistens von ...» Seine Sinne durchmaßen den Raum mit seltsamer Wachsamkeit. «Nun, von vergangenen Zeiten. Sie erzählen sehr viel darüber. Sie sind gar nicht glücklich.»

«Nicht glücklich? Aber sicherlich ist für das Wild ein Jahr so gut wie das andere. Was willst du damit sagen?»

«Die Zeiten ändern sich – die Zeiten haben sich verändert. Sie sind nicht glücklich.»

«Ach so, das hat mit den Jahreszeiten zu tun! Wenn ihre Bäuche voll sind, erinnern sie sich an Zeiten, als es ihnen schlechter ging – und wenn sie frieren, erinnern sie sich an ...»

«Nein!» Die Schärfe seiner Stimme erschreckte ihn selbst. «Ich will dir etwas klarmachen: es geht tiefer, als du glaubst. Sie sind nicht glücklich in der Welt, wie sie heute ist. Sie wissen, was für schlechte Zeiten wir haben. Sie können es vom Mond ablesen, daß die Welt nicht im Lot ist.»

«Aber das ist unmöglich.»

«Sie verstehen die Zeichen. Die ganze Welt ist nicht im Lot.»

Ein Lüftchen kam auf, raschelte in den Blättern der hohen Baumwollpappeln unten am Graben. Es ging schon auf den späten Nachmittag zu.

Mir war, als seien wir an dem Punkt angekommen, an dem man das Gesprächsthema besser wechselte. Aber ich war neugierig, und es interessierte mich, was im Kopf Von Yellow Calf umging.

«Andere Tiere – verstehst du die?»

«Einige, einige besser als andere.»

«Hmmm», meinte ich.

«Diese Erde ist aus dem Lot.»

Überleben heißt…

...gegen den Strom des Charon schwimmen, heißt, auch im Styx sich über Wasser halten.

Aber Leben ist mehr als Überleben. Man kann ohne Geld überleben, nicht leben. Man braucht Geld, um sich auf Erden über Wasser zu halten.

Pfandbrief und Kommunalobligation

Meistgekaufte deutsche Wertpapiere - hoher Zinsertrag - schon ab 100 DM bei allen Banken und Sparkassen

Verbriefte Sicherheit

«Hmmm . . .»

«Die Menschen erfahren als letzte davon, natürlich.»

«Und du?»

«Selbst mit ihren Maschinen . . .»

«Hmmm . . .»

«Ich habe meine Ideen.»

«Zum Beispiel den Mond?»

«Unter anderem – manchmal scheint es mir, man müsse sich in den Wind neigen, um geradezustehen.»

«Du neigst dich in diesem Moment genügend, möcht ich sagen. Wirklich!»

«Du glaubst den Tieren nicht.» Das war eine Feststellung. Eine Feststellung, die weder herausfordern noch verletzten sollte.

«Das würde ich nicht so einfach behaupten», sagte ich.

«Du glaubst mir nicht.»

«Es ist keine Frage des Glaubens, verstehst du? Wenn ich dir glaube, dann ist die Welt nicht im Lot.»

«Aber du hast keine andere Wahl.»

«Du könntest unrecht haben – du könntest glauben und trotzdem unrecht haben. Die Rehe könnten unrecht haben.»

«Du willst ihnen nicht glauben.»

«Ich kann es nicht.»

«So lassen wir es.»

«Es tut mir leid.»

«Das braucht es nicht! – Wir können nichts ändern. Sogar die Tiere können nichts ändern. Sie sehen nur die Zeichen.»

(*James Welch: Winter im Blut, Berlin 1978, S. 71–78, Ullstein*)

Als der Regen aufgehört hat, wird der Himmel ein bißchen heller. Aber wenn ich aus dem Hof des Motels an den Pappeln vorbeischaue, sehe ich, daß schon eine andere Dunkelheit ansteht, die der Nacht. Wir gehen in den Ort, essen zu Abend, und als wir zurückkommen, spüre ich die Strapazen des Tages in allen Gliedern. Wir sitzen, fast regungslos, in den Metallrohrstühlen des Motelhofes und leeren langsam einen halben Liter Whisky, den John mit irgendwas zum Mixen aus dem Kühlschrank des Motels besorgt hat. Trinkt sich in kleinen Schlucken sehr angenehm. Ein kühler Nachtwind raschelt in den Blättern der Pappeln an der Straße.

Chris möchte wissen, was wir jetzt machen. Der Junge ist nicht unterzukriegen. Die neue, ungewohnte Umgebung des Motels regt ihn auf, und er möchte, daß wir Lieder singen, wie er es vom Ferienlager her kennt.

«Wir sind nicht so gut im Liedersingen», sagt John.

«Dann erzählen wir uns eben Geschichten», schlägt Chris vor. Er denkt eine Weile nach. «Wißt ihr keine guten Gespenstergeschichten? In unserer Hütte haben alle Jungen in der Nacht Gespenstergeschichten erzählt.»

«Erzähl *du* uns eine», fordert John ihn auf.

Das läßt er sich nicht zweimal sagen. Diese Geschichten machen einem ja irgendwie Spaß. Manche davon habe ich nicht mehr gehört, seit ich in seinem Alter war. Ich sage ihm das, und er möchte ein paar von meinen Geschichten hören, aber ich kriege keine mehr zusammen.

Nach einer Weile fragt er: «Glaubst du an Gespenster?»

«Nein», sage ich.

«Warum nicht?»

«Weil sie un-wis-sen-schaft-lich sind.»

Die Art, wie ich das sage, entlockt John ein Lächeln. «Sie bestehen nicht aus Materie», fahre ich fort, «und haben keine Energie, und deshalb existieren sie nach den Gesetzen der Wissenschaft nicht, außer in den Köpfen der Leute.»

Der Whisky, die Müdigkeit und der Wind in den Bäumen vermischen sich allmählich in meinem Bewußtsein. «Natürlich», fahre ich fort, «bestehen auch die Gesetze der Wissenschaft nicht aus Materie, auch sie haben keine Energie, und deshalb existieren sie ebenfalls nur in den Köpfen der Leute. Es ist am besten, wenn man sich in diesen Dingen streng an die Wissenschaft hält und weder an Gespenster noch an die Gesetze der Wissenschaft glaubt. Dann kann einem nichts passieren. Es bleibt einem dann zwar nicht mehr viel, woran man noch glauben könnte, aber auch das ist wissenschaftlich.»

«Ich hab' keine Ahnung, wovon du redest», sagt Chris.

«Ich versuche auch nur, witzig zu sein.»

Chris kann es nicht leiden, wenn ich so rede, aber ich glaube nicht, daß es ihm was schadet.

«Einer von den Jungen im YMCA-Lager sagt, er glaubt an Gespenster.»

«Der wollte dich bloß verkohlen.»

«Nein, eben nicht. Er hat gesagt, wenn jemand nicht richtig begraben wurde, dann kommt er als Geist wieder und erscheint den Menschen. Er glaubt wirklich daran.»

«Er wollte dich nur verkohlen», wiederhole ich.

«Wie heißt er denn?» fragt ihn Sylvia.

«Tom White Bear.»

John und ich wechseln die Blicke, weil wir denselben Gedanken haben.

«Ach so, ein *Indianer*», sagt er.

Ich muß lachen. «Ich glaube, ich muß mich da ein bißchen berichtigen», sage ich. «Ich dachte an europäische Gespenster.»

«Sind die denn anders?»

John schüttet sich aus vor Lachen. «Eins zu null für ihn», sagt er.

Ich überlege eine Weile und sage dann: «Na ja, die Indianer haben manchmal ihre eigene Art, die Dinge zu sehen, und ich will nicht behaupten, daß die immer falsch ist. Wissenschaft spielt in der Überlieferung der Indianer keine Rolle.»

«Tom White Bear hat gesagt, seine Mutter und sein Vater hätten ihm gesagt, daß er den ganzen Quatsch nicht glauben soll. Aber seine Großmutter flüstert ihm immer zu, daß es doch wahr ist, und deshalb glaubt er daran, sagt er.»

Er sieht mich bittend an. Manchmal will er etwas wirklich wissen. Als guter Vater sollte man nicht immer nur blödeln. «Ja, es ist schon was dran», lenke ich ein, «ich glaube auch an Gespenster.»

Jetzt sehen mich John und Sylvia komisch an. Ich merke, daß ich mir da etwas eingebrockt habe, und hole zu einer längeren Erklärung aus.

«Es ist gar kein Wunder», sage ich, «daß wir heute die Europäer, die an

Gespenster glauben, für unwissend halten. Der wissenschaftliche Standpunkt hat alle anderen Standpunkte so vollkommen verdrängt, daß sie einem alle primitiv vorkommen, und wenn deshalb heute einer von Geistern oder Gespenstern redet, ist er gleich einfältig oder nicht ganz bei Trost. Es ist fast unmöglich geworden, sich eine Welt vorzustellen, in der es wirklich Geister geben könnte.»

John nickt zustimmend, und ich fahre fort.

«Meine Meinung ist, daß der Verstand des modernen Menschen gar nicht so überragend ist. Die Intelligenzquotienten haben sich gar nicht so sehr geändert. Die Indianer und die Leute im Mittelalter waren genauso intelligent wie wir, aber der Zusammenhang, in dem sich ihr Denken abspielte, war ganz anders. In diesem Denkzusammenhang sind Geister und Gespenster genauso real wie Atome, Teilchen, Photonen und Quanten für einen modernen Menschen. In diesem Sinne glaube ich an Gespenster. Auch der moderne Mensch hat nämlich seine Geister und Gespenster.»

«Zum Beispiel?»

«Na, die Gesetze der Physik und der Logik . . . Die Zahlensysteme . . . das Prinzip der algebraischen Substitution. Das sind Gespenster. Bloß glauben wir so fest an sie, daß sie uns als real erscheinen.»

«Für mich sind sie real», sagt John.

«Ich versteh' das nicht», sagt Chris.

Also weiter. «Zum Beispiel nehmen wir doch als selbstverständlich an, daß die Gravitation und das Gravitationsgesetz auch schon vor Isaac Newton existiert haben. Die Idee, daß es bis zum siebzehnten Jahrhundert keine Gravitation gegeben hat, würde uns verrückt vorkommen.»

«Natürlich.»

«Seit wann besteht also dieses Gesetz? Hat es immer existiert?»

John runzelt die Stirn, er überlegt, worauf ich hinauswill.

«Ich will damit sagen», fahre ich fort, «wir sind überzeugt, daß vor der Entstehung der Erde, bevor sich die Sonne und die Sterne bildeten, bevor überhaupt irgend etwas entstand, das Gravitationsgesetz schon existierte.»

«Sicher.»

«Einfach so, obwohl es keine Masse, keine Energie hatte, obwohl es in niemandes Kopf war, weil es niemanden gab, obwohl es nicht im Weltraum war, weil es auch noch keinen Weltraum gab – trotz alledem hat dieses Gravitationsgesetz schon existiert?»

Jetzt ist John sich anscheinend nicht mehr so sicher.

«Wenn dieses Gravitationsgesetz damals schon existierte», sage ich, «dann weiß ich ehrlich gesagt nicht, was ein Ding tun muß, um *nicht* zu existieren. Mir scheint, das Gravitationsgesetz hat jede Probe auf Nichtexistenz bestanden, die es gibt. Man kann sich kein einziges Attribut der Nichtexistenz ausdenken, das diesem Gravitationsgesetz gefehlt hätte. Oder auch nur ein einziges wissenschaftlich definiertes Attribut der Existenz, das es gehabt hätte. Und trotzdem läßt einen der ‹gesunde Menschenverstand› glauben, daß es existierte.»

John sagt: «Ich glaube, da müßt ich erst drüber nachdenken.»

«Na gut, aber ich kann dir jetzt schon sagen, wenn du lange genug darüber nachdenkst, wirst du dich ewig im Kreis drehen, immer und immer und immer wieder, bis du dann schließlich zur einzig möglichen, rationalen, vernünftigen Schlußfolgerung kommst. Das Gravitationsgesetz und die Gravitation selbst waren vor Isaac Newton *nicht existent.* Eine andere plausible Schlußfolgerung gibt es nicht.»

«Und das bedeutet», sage ich, ehe er mir ins Wort fallen kann, «und das *bedeutet*, daß das Gravitationsgesetz *nirgends* existiert außer in den Köpfen der Leute! Es ist ein Gespenst! Wir sind alle ungeheuer arrogant und anmaßend, wenn es darum geht, anderer Leute Gespenster zur Strecke zu bringen, aber genauso unwissend und barbarisch und abergläubisch, was unsere eigenen betrifft.»

«Aber warum glaubt dann jeder an das Gravitationsgesetz?»

«Massenhypnose. In einer sehr orthodoxen Erscheinungsform als ‹Schulunterricht› bekannt.»

«Du meinst, der Lehrer hypnotisiert die Kinder und erreicht damit, daß sie an das Gravitationsgesetz glauben?»

«Sicher.»

«Das ist doch absurd.»

«Hast du schon mal was von der Wichtigkeit des Blickkontakts im Klassenzimmer gehört? Jeder Pädagoge hebt sie hervor. Keiner erklärt sie.»

John schüttelt den Kopf und schenkt mir wieder ein. Er hält sich die Hand vor den Mund und sagt in einem gespielten Beiseite zu Sylvia:

«Und dabei macht er sonst immer einen ganz normalen Eindruck.»

«Das war das einzig Normale», kontere ich, «was ich seit Wochen von mir gegeben habe. Die übrige Zeit stelle ich mich so verrückt, wie es im zwanzigsten Jahrhundert üblich ist, genau wie ihr. Ich möchte nicht auffallen.

Aber euch zuliebe sage ich es *noch* mal. Wir glauben, daß die körperlosen Worte Sir Isaac Newtons die Jahrmilliarden, bis er geboren wurde, mitten im Nirgendwo saßen und daß er diese Worte auf magische Weise *entdeckt* hat. Sie waren immer schon da, auch als sie sich noch auf gar nichts bezogen. Nach und nach entstand dann die Welt, und dann bezogen sie sich auf sie. Diese Worte hätten demnach sogar die Welt geformt. Und das, John, ist lächerlich.

Das Problem, der Widerspruch, der den Wissenschaftlern so zu schaffen macht, ist der *Geist*. Der Geist hat weder Materie noch Energie, aber sie kommen nicht daran vorbei, daß er alles beherrscht, was sie tun. Logik existiert im Geist. Zahlen existieren nur im Geist. Ich rege mich gar nicht auf, wenn Wissenschaftler sagen, Gespenster existieren im Geist. Aber an dem *nur* stoße ich mich. Auch Wissenschaft existiert *nur* im Geist, bloß wird sie dadurch nicht schlechter. So wenig wie die Gespenster.»

Sie sehen mich nur an, also fahre ich fort: «Die Naturgesetze sind menschliche *Erfindungen*, genau wie die Gespenster. Der ganze Zauber ist eine menschliche Erfindung, einschließlich der Idee, daß er *keine* menschliche Erfindung sei. Die Welt existiert außerhalb der menschlichen Vorstellung überhaupt nicht. Sie ist selbst durch und durch ein Gespenst, ein Geist, und in der Antike wurde sie auch als ein Geist angesehen, die ganze verwünschte Welt, in der wir leben. Und von Geistern wird sie regiert. Wir sehen, was wir sehen, weil die Geister es uns zeigen, die Geister von Moses und Christus und Buddha und Platon und Descar-

tes und Rousseau und Jefferson und Lincoln und so weiter und so fort. Isaac Newton ist ein sehr guter Geist. Einer der besten. Unser gesunder Menschenverstand ist nichts weiter als die Stimmen von tausend und abertausend solcher Geister aus der Vergangenheit. Geister noch und noch. Geister, die ihren Platz unter den Lebenden finden wollen.»
(Robert M. Pirsig: Zen und die Kunst ein Motorrad zu warten, Frankfurt 1978, S. 37–41, Fischer Taschenbuch Verlag)

In der Perspektive der Hopi verschwindet die Zeit, und der Raum ist verändert. Er ist nicht der homogene, zeitlose Raum unserer angeblichen Anschauung oder der klassischen Mechanik Newtons. Auch kommen neue Begriffe und Abstraktionen ins Bild, die der Beschreibung der Welt ohne Bezugnahme auf Zeit und Raum zu dienen in der Lage sind. Es sind Abstraktionen, für die wir keine angemessenen Termini haben. Wenn wir versuchen, uns ihnen zu nähern, um mit ihrer Hilfe die Metaphysik der Hopis zu rekonstruieren, dann werden sie uns zweifellos als psychologisch oder gar mystisch erscheinen. Es sind Vorstellungen, die wir gewohnheitsmäßig entweder als Bestandteile sogenannter animistischer oder vitalistischer Überzeugungen betrachten oder als transzendentale Vereinigungen des Wahrnehmbaren mit dem unsichtbar Gefühlten, die wir aus mystischen und/oder okkulten Gedankensystemen zu kennen glauben. Die Abstraktionen, von denen die Rede sein wird, sind in der Hopisprache definitiv gegeben. Sie liegen entweder ausdrücklich in Wörtern – psychologischen oder metaphysischen Begriffen – vor oder sie sind in der Struktur und Grammatik jener Sprache stillschweigend enthalten und überdies in der Kultur und in dem Verhalten der Hopis beobachtbar. Ich habe das äußerste getan, um dafür Sorge zu tragen, daß meine Analyse dieser Abstraktionen objektiv ist und es sich nicht um Projektionen anderer Systeme auf die Sprache und Kultur der Hopis handelt.

Wenn das (eben erwähnte) Wort *mystisch* in den Augen westlicher Wissenschaftler ein Schmähwort ist, so muß hier betont werden, daß die Abstraktionen und Postulate der Hopi-Metaphysik – von einem neutralen Standpunkt aus betrachtet – pragmatisch und erfahrungsmäßig ebensogut (oder für den Hopi besser) gerechtfertigt sind als die im Grunde ebenfalls mystischen Vorstellungen der fließenden Zeit und des statischen Raumes in unserer eigenen Metaphysik. (. . .)

Die Hopisprache hat kein Wort, das unserer ‹Zeit› wirklich äquivalent ist. Zwei vergangene Ereignisse geschahen in langem ‹zeitlichem› Abstand, wenn zwischen ihnen viele periodische physische Bewegungen lagen, sei es im Sinne des Überquerens großer Entfernungen oder im Sinne der Akkumulation irgendwelcher anderen physischen Tätigkeiten. Die Frage, ob Dinge in einem entfernten Dorf zum gleichen gegenwärtigen Augenblick existieren wie Dinge im eigenen Dorf, erhebt sich in der Hopimetaphysik nicht. Sie ist in dieser Hinsicht ganz pragmatisch und sagt, ‹Ereignisse› in dem fernen Dorf können mit Ereignissen im eigenen nur durch ein Intervall der Bedeutsamkeit oder Größe verglichen werden, welches sowohl Zeit- wie Raum-Formen in sich vereinigt.

Ereignisse, die sich entfernt vom Beobachter abspielen, können objektiv nur gewußt werden, wenn sie ‹vergangen› sind. Sie werden also in die objektiVe Form gesetzt. Je weiter sie entfernt sind, desto mehr sind sie ‹vergangen› (desto mehr wurden sie von der Seite des Subjektiven bearbeitet). Die Hopisprache bevorzugt Verben im Gegensatz zu unserem Vorziehen der Substantive. Im Hopi werden unsere Sätze über Dinge daher ständig in Sätze über Ereignisse umgeformt. Was in einem fernen Dorf wirklich (objektiv) geschieht, also nicht nur vermutet wird, kann ‹hier› erst später gewußt sein. Wenn etwas nicht ‹an diesem Ort› geschieht, geschieht es nicht ‹zu dieser Zeit›; es geschieht an ‹jenem› Ort und zu ‹jener› Zeit. Sowohl das ‹hier› wie das ‹dort› Geschehende stehen im Objektiv, der im allgemeinen unserer Vergangenheitsform korrespondiert. Das ‹dort» Geschehende ist jedoch das objektiv weiter Entfernte. Von unserem Gesichtspunkt aus heißt das: es ist verglichen mit dem ‹hier› Geschehenden auch weiter weg in der Vergangenheit. (. . .)

Die relativ wenigen Sprachen derjenigen Kulturen, die die moderne Zivilisation ausgebildet haben, sind dabei, sich über die ganze Welt auszubreiten und all die hundert Arten exotischer Sprachen auszulöschen. Das ist aber kein rund, so zu tun, als stellten sie einen überlegenen Sprachtyp dar. Im Gegenteil, es bedarf nur eines kurzen wissenschaftlichen Studiums präliterarischer Sprachen, insbesondere der amerikanischen, um zu sehen, daß viele dieser Sprachen präzisere und feiner ausgearbeitete Systeme von Zusammenhängen enthalten als die unseren. Im Vergleich mit manchen amerikanischen Sprachen erscheint die formale Systematisierung von Vorstellungen im Englischen, Deutschen, Französischen oder Italienischen ärmlich und fade. Warum zum Beispiel drükken wir nicht – wie die Hopisprache – das Verhältnis von Sinneskanal [sehen] zu Resultat im Bewußtsein in dem Fall ‹Ich sehe, daß es rot ist› anders aus als in dem Fall ‹Ich sehe, daß es neu ist›? Wir vermengen diese zwei recht verschiedenen Beziehungen zu einer unbestimmten Art von Verbindung, die wir durch ‹daß› ausdrücken. Die Hopisprache zeigt dagegen an, daß uns im ersten Falle das Sehen eine bestimmte Gesichtsempfindung ‹Rot› gibt, während wir im zweiten Fall durch das Sehen nur unspezifizierte Daten erhalten, aus denen wir auf dem Wege eines Schlusses zu dem Resultat ‹neu› kommen. Gehen wir zu den Formen ‹Ich höre, daß es rot ist› und ‹Ich höre, daß es neu ist› über, so halten wir Europäer uns immer noch an unser lahmes ‹daß›. Die Hopis verwenden dagegen wiederum einen anderen Beziehungsausdruck, und zwar nun ohne Unterschied für ‹rot› und ‹neu›, denn in beiden Fällen kommt die Nachricht dem Bewußtsein als verbaler Bericht zu. Zeigt die Hopisprache hier nicht ein höheres Niveau des Denkens und eine rationalere Analyse der Situationen als unser gepriesenes Deutsch oder Englisch? Auf diesem wie auf verschiedenen anderen Gebieten verhält sich das Englische [bzw. Deutsche] zur Hopisprache wie ein Knüppel zu einem Degen. Wir müssen über die obige Frage erst besonders nachdenken, die Fälle hin und her vergleichen oder sie uns erklären lassen, bevor wir den hinter unserem ‹daß› verborgenen Unterschied der Verhältnisse erkennen können. Die Hopis unterscheiden die Verhältnisse dagegen mit müheloser Leichtigkeit, denn die Formen ihrer Sprache haben sie daran gewöhnt.

(Benjamin Lee Whorf: Sprache, Denken, Wirklichkeit, Reinbek 1963, S. 88–90, Rowohlt Taschenbuch Verlag)

Eines Tages ist ein Pilot auf meinem Jagdgebiet gelandet. Er fragte mich, wieviel Zeit ich dazu bräuchte, um von meinem Dorf bis zu den Jagdgründen zu gelangen. Ich sagte ihm: manchmal drei, manchmal vier Tage. Er sagte mir, daß er in einer Stunde gekommen sei. Das tat mir leid für ihn, denn er hat die Schönheit meines Landes nicht sehen können und das ganze Leben, das darin enthalten ist.
(Dene-Jäger, North-West-Territories, in: This Land – My Life, Dokumentarfilm, Regie: René Fumeleau, Kanada 1977)

Der Brief [des Bischofs] war kurz: «Ich glaube, es ist an der Zeit, daß Sie etwas über Tagoona, den Eskimo, erfahren. Im vergangenen Jahr sagte einer von unseren weißen Leuten zu ihm: Wir freuen uns sehr darüber, daß Sie als erster ihres Volkes zum Priester geweiht worden sind. Jetzt können Sie uns dabei helfen, die Probleme des Eskimos zu lösen. Tagoona fragte: Was ist ein Problem? Und der Weiße sagte: Tagoona, wenn ich Sie an den Füßen aus einem Fenster im dritten Stock hinaushielte, so wäre das für Sie ein Problem. Tagoona dachte lange und eingehend darüber nach. Dann sagte er: Das glaube ich nicht. Wenn Sie mich verschonten, so wäre alles gut. Wenn Sie mich fallen ließen, wäre sowieso alles egal. Dann hätten Sie das Problem.»
(Margaret Craven: Ich hörte die Eule, sie rief meinen Namen, Reinbek 1976, S. 62 f., Rowohlt)

Der Hopi-Mikrokosmos scheint die Wirklichkeit vornehmlich in Termini von *Ereignissen* (oder besser des ‹Ereignens›) zu analysieren. Und zwar bezieht er sich auf Ereignen in zwei Weisen, einer objektiven und einer subjektiven. Wenn und nur wenn es sich um wahrnehmbare physische Ereignisse handelt, werden sie objektiv, vor allem als Umrisse, Farben, Bewegungen etc. ausgedrückt. Subjektiv werden sowohl physische wie nichtphysische Ereignisse als Ausdruck unsichtbarer Intensitätsfaktoren betrachtet, auf die ihre Stabilität und Persistenz oder ihre Flüchtigkeit und Nachgiebigkeit zurückgeht. In dieser Gedankenwelt ‹wird› nicht alles Seiende in der gleichen Weise ‹später und später›. Einiges *wird* in der Weise des Wachsens von Pflanzen, anderes durch Auflösen und Verschwinden, manches durch eine Folge von Metamorphosen und wieder anderes, indem es in einer Form so lange dauert, bis es von starken Kräften affiziert wird. In der Natur eines jeden Seienden, das fähig ist, sich als ein bestimmtes Ganzes zu manifestieren, liegt die Kraft seiner eigenen Weise des Dauerns: sein Wachsen und Abnehmen, seine Stabilität, seine Zyklizität oder sein schöpferischer Charakter. Jedes Seiende ist schon ‹vorbereitet› zu der Weise, die es nun in seinen früheren Phasen manifestiert. Und was es später sein wird, ist teils so ‹vorbereitet› worden und anderenteils gerade dabei, so ‹vorbereitet› zu werden. Dieser aktive oder passive Vorbereitungsaspekt der Welt hat bei den Hopis eine Betonung und Bedeutsamkeit und eine Qualität der Wirklichkeit, wie sie bei uns ‹Materie› oder ‹Stoff› haben. (. . .)

Innere Vorbereitung ist Beten und Meditieren. Sie besteht bei geringerer Intensität in guten Wünschen und gutem Wollen zur Beförderung der gewünschten Resultate. Die Hopis legen Gewicht auf die Macht von Wunsch und Gedanke. Das ist bei ihrem ‹Mikrokosmos› auch völlig natürlich. Wunsch und Gedanke sind das früheste und also das wichtigste, kritischste und entscheidendste Stadium des Vorbereitens. Überdies beeinflussen für den Hopi Wünsche und Gedanken nicht nur seine eigenen Aktionen, sondern auch die ganze Natur. Auch das ist ganz natürlich. Das Bewußtsein ist seiner eigenen Arbeit, Anstrengung und Energie im Wünschen und Denken gewahr. Erfahrungen, die tiefer liegen als die Sprache, sagen uns, Energieaufwand bringe Wirkungen hervor. *Wir* neigen zu der Annahme, diese Energie bleibe in unserem Körper, ohne andere Dinge zu affizieren, solange wir nicht willentlich unseren *Körper* in äußere Aktion setzen. Diese Annahme beruht aber vielleicht nur auf unserer eigenen sprachlich fundierten Theorie, nach der formlose Etwasse, wie ‹Materie›, Dinge in sich selbst sind, die nur durch ähnliche Dinge, durch weitere Materie geformt werden können, die also von den Kräften des Lebens und Denkens isoliert sind. Die Ansicht, das Denken berühre alles und durchziehe das Universum, ist nicht unnatürlicher als die Ansicht, die Strahlen eines im Freien entzündeten Lichtes täten das. Und es ist auch nicht unnatürlich anzunehmen, das Denken hinterlasse genau wie jede andere Kraft überall irgendwelche Spuren der Wirkung. Wenn *wir* an einen bestimmten realen Rosenbusch denken, dann nehmen wir nicht an, unser Gedanke wandere zu dem Busch und treffe ihn wie ein auf den Busch gerichteter Lichtstrahl. Womit aber hat unser Bewußtsein denn nach unserer Meinung zu tun, wenn wir an den Rosenbusch denken? Wahrscheinlich meint man, es habe mit einem ‹Bild im Bewußtsein› zu tun und dieses Bild sei nicht der Rosenbusch selbst, sondern ein geistiges Surrogat desselben. Aber warum sollte es *natürlich* sein zu meinen, unsere Gedanken hätten nur mit einem Surrogat und nicht mit dem realen Busch zu tun? Möglicherweise nur deshalb, weil wir dunkel spüren, wie wir einen ganzen imaginären Raum voller geistiger Surrogate mit uns herumtragen. Für uns sind geistige Surrogate eine altvertraute Sache. Zu den Bildern des imaginären Raumes, von dessen imaginärem Charakter wir vielleicht heimlich wissen, stecken wir auch den gedachten und aktuell existierenden Rosenbusch, der vielleicht gar nicht dahin gehört. Aber wir tun das – möglicherweise einfach deshalb, weil wir diesen so sehr bequemen ‹Ort› nun einmal für ihn zur Verfügung haben. Die Hopi-Denkwelt hat keinen imaginären Raum. Daher können Gedanken, die mit dem realen Raum zu tun haben, nirgendwo anders lokalisiert werden als in dem realen Raum, und dieser kann nicht von den Wirkungen der Gedanken isoliert werden. Ein Hopi würde selbstverständlich annehmen, sein Gedanke (oder er selbst) habe Verbindung mit dem wirklichen Rosenbusch – oder wahrscheinlicher: dem Mais –, an den er denkt. Also sollte wohl der Gedanke auch irgendeine Spur seiner selbst an den Pflanzen im Feld hinterlassen. Wenn es ein guter Gedanke ist, dann ist er gut für die Pflanzen; ist es ein schlechter Gedanke, dann ist er auch schlecht für die Pflanzen.

Die Hopis betonen den Faktor der Intensität von Gedanken. Damit ein Gedanke wirkungsvoll sei, muß er bestimmt, lebhaft bewußt und mit stark gefühlten, guten Intentionen geladen sein und für lange Zeit stetig festgehalten werden. Die Hopis geben das im Englischen mit folgenden Worten wieder: ‹concentrating, holding it in your heart, putting your mind on it, earnestly hoping› (konzentrieren, es im Herzen bewegen, deine Seele daran hängen, ernsthaft hoffen). Die Macht der Gedanken ist die Kraft hinter den Zeremonien, den Gebetsstöcken, dem rituellen Rauchen usw. Die Gebetspfeife wird als eine Hilfe beim ‹Konzentrieren› betrachtet (so drückte es mein Hopi-Informant aus). Der Name der Pfeife, *na'twanpi*, bedeutet ‹Instrument des Vorbereitens›. (. . .)

Die vorbereitenden Tätigkeiten der Hopis zeigen einen Einfluß ihres sprachlichen Hintergrundes auch in der Betonung des Durchhaltens und der ständigen eindringlichen Wiederholung. Der Sinn für die kumulative Wirkung zahlloser kleiner Impulse wird durch eine verdinglichende und verräumlichende Ansicht wie die unsere abgeschwächt. Durch eine Denkweise, die sich dicht an das subjektive Erleben von Dauer und stetigem Späterwerden der Ereignisse hält, wird er dagegen verstärkt. Für uns ist die Zeit eine Bewegung im Raum. Bloße Wiederholung scheint daher ihre Kraft über eine Reihe von Einheiten des Raumes zu verteilen und zu verlieren. Für den Hopi ist die Zeit keine Bewegung, sondern ein ‹Späterwerden› von allem, was je getan wurde, und daher ist bloße Wiederholung nicht verschwendet, denn sie akkumuliert sich. Sie bedeutet ein Ansammeln unsichtbarer Veränderungen, die sich in spätere Ereignisse hinein erhalten*. Wir sagten oben, die Wiederkehr des Tages werde wie die Wiederkehr derselben, etwas älteren, mit allen Einflüssen des Gestern versehenen Person empfunden und nicht als das Auftreten ‹eines anderen Tages›, einer ganz anderen Person. Dieses Prinzip und die Vorstellung von der Macht der Gedanken sowie gewisse allgemeine Züge der Pueblokultur drücken sich in der Theorie des zeremoniellen Tanzes der Hopi zur Förderung von Regen und Ernte aus und auch in der kurzen, kolbenartigen Schrittbewegung, die in diesem Tanz Tausende von Malen, Stunde um Stunde wiederholt wird. (. . .)

Im Gegensatz zu der Weltauffassung der Hopis befördert unsere objektivierende Auffassung der Zeit die Historizität und alles, was mit der Aufzeichnung von Ereignissen zusammenhängt. Die Weltansicht der Hopis ist zu subtil und komplex, sie sieht alles zu sehr in kontinuierlicher Entwicklung, um einfache, klare Antworten auf die Frage nach dem Anfang ‹eines› Ereignisses und dem Ende ‹eines anderen› zu gestatten. Wenn alles, was je passierte, immer noch ist, aber notwendig in einer anderen Form ist, als der, die in Gedächtnis und Aufzeichnung berichtet wird – dann besteht kein Anreiz zum Studium der Vergangenheit. Die Gegenwart aber muß man nach dieser Ansicht nicht aufzeichnen, sondern zum ‹Vorbereiten› ausnützen. *Unsere* objektivierte Zeit liegt wie ein breites Maß-

* Der Begriff der Ansammlung von Kraft, den viele Verhaltensweisen der Hopi zu implizieren scheinen, hat ein Analogon in der Physik: Beschleunigung. Man könnte sagen, der sprachliche Hintergrund ihres Denkens veranlasse die Hopis wie selbstverständlich zu bemerken, daß Kraft sich nicht als Bewegung oder Geschwindigkeit, sondern als Kumulation manifestiert. Unser Sprachhintergrund hindert uns eher an dieser Erkenntnis. Denn nachdem wir Kraft richtig als Änderung begriffen haben, denken wir die Änderung durch unser sprachlich-metaphorisches Analogon, Bewegung, statt durch einen reinen Begriff bewegungsloser Veränderung, den der Akkumulation oder Beschleunigung. Daher ist unser naives Gefühl überrascht, wenn wir im physikalischen Experiment entdecken, daß es nicht möglich ist, Kraft durch Bewegung zu definieren, daß Bewegung und Geschwindigkeit sowie auch Bewegungsruhe gänzlich relativ sind und daß Kraft nur durch Beschleunigung gemessen werden kann. (Anmerkung von B. L. Whorf)

band mit abgeteilten leeren Spalten vor uns, deren jede mit einer Eintragung auszufüllen ist. Das Schreiben hat sicherlich zu unserer sprachlichen Behandlung der Zeit beigetragen, wie auch umgekehrt diese zum Gebrauch von jenem. Aus der Wechselwirkung zwischen der Sprache und dem Ganzen der Kultur gehen unter anderem hervor:

1. Aufzeichnungen, Tagebücher, Buchhaltung, Rechnungsführung und die durch diese angeregte Mathematik.

2. Interesse an genauer Reihenfolge, Datierung, Kalender, Chronologie, Uhren, Zeitlöhne, Zeitmessung, der physikalische Begriff der Zeit.

3. Annalen, Geschichtswerke, die historische Haltung, Interesse an der Vergangenheit, Archäologie, Einfühlung in vergangene Zeitalter: Klassizismus, Romantizismus usw.

Nach unserer Auffassung erstreckt sich die objektive Zeit in die Zukunft ganz ebenso wie in die Vergangenheit. Wir geben daher unseren Entwürfen für die Zukunft die gleiche Form wie unseren Aufzeichnungen der Vergangenheit und machen Programme, Zeitpläne, Haushaltspläne etc. Die formale Gleichheit der quasiräumlichen Einheiten, in denen wir die Zeit auffassen und messen, läßt uns in dem ‹formlosen Etwas› oder der ‹Substanz› Zeit einen homogenen Einfluß sehen, der im Verhältnis zur Zahl der Einheiten fließt. Daher teilen wir allen Leistungen pro Zeiteinheit gemessene Werte zu – ein Verfahren, das den Aufbau einer kommerziellen Zeitstruktur gestattet: Zeitlöhne (die Zeitarbeit gewinnt gegenüber der Stückarbeit mehr und mehr das Übergewicht), Miete, Kredit, Zinsen, Abschreibungen und Versicherungsprämie. Sicherlich würde dieses riesige System, nachdem es einmal errichtet ist, unter jeder beliebigen sprachlichen Zeitbehandlung weiterlaufen. Daß es aber überhaupt aufgebaut wurde und das Ausmaß sowie die besondere Form erreichte, die es in der westlichen Welt erreicht hat, ist eine Tatsache, die entschieden mit den Strukturschemata der SAE* Sprachen zusammenstimmt. Ob eine Zivilisation wie die unsere in Verbindung mit einer ganz anderen sprachlichen Behandlung der Zeit möglich wäre, ist eine große Frage – in unserer Zivilisation sind unsere sprachlichen Strukturschemata und unser an die Zeitordnung angepaßtes Verhalten das, was sie sind, und wir können nur feststellen, daß sie zusammenstimmen. Der Gebrauch von Kalendern und Uhren und die stetig fortschreitende Präzisierung unserer Zeitmessung sind in unserer Kultur angelegt; sie helfen der Naturwissenschaft, und diese ihrerseits gibt in Verfolg der alten Geleise an die Kultur eine stets wachsende Menge von Anwendungsmöglichkeiten, Gewohnheiten und Werten zurück, mit denen dann die Kultur wiederum die Wissenschaft leitet. Was aber liegt außerhalb dieser Spirale? Die Naturwissenschaft ist dabei zu entdecken, daß es im Kosmos etwas gibt, das mit den im Durchlauf der Spirale aufgebauten Begriffen nicht gefaßt werden kann. Sie versucht daher, eine *Neue Sprache* zu konstruieren, mit der sie sich einem erweiterten Universum anmessen kann. (. . .)

Das betonte ‹Zeitsparen›, das mit allem Obengenannten verbunden ist und ei-

* SAE = Standard Average European. Whorf bezeichnet mit SAE ein allen indoeuropäischen Sprachen gemeinsames Denk- und Ausdrucksmuster. (Anm. d. Autors)

ne sehr deutliche Verdinglichung der Zeit darstellt, führt zu der hohen Bewertung der ‹Schnelligkeit›, die sich in unserem Verhalten überall zeigt.

Die Zeit hat als gleichmäßig unterteiltes endloses Maßband in unserer Vorstellung einen sehr monotonen Charakter. Die Monotonie dieser Zeitauffassung beeinflußt unser Verhalten, indem sie uns dazu verführt, die Folge der Ereignisse als noch monotoner zu nehmen, als sie in Wirklichkeit ist. Das heißt, sie hilft uns dabei, unser Leben zur Routine zu machen. Wir bevorzugen Produktions- und Verhaltensweisen, die sich schematisieren lassen, und wir sind im allgemeinen nur zu bereit, uns jeder vorhandenen Routine der Existenz zu unterwerfen. Eine Folge hiervon ist die verbreitete Haltung falscher Sicherheit oder des ‹es wird schon alles gutgehen› und die Vernachlässigung der Vorsicht und des Schutzes gegen Gefahren. Die Technik, mit der wir Energien in unseren Dienst stellen, hat ihre Stärke in Routineleistungen. Auf diese beziehen sich auch vornehmlich unsere Verbesserungsversuche. Dagegen tun wir relativ wenig, um die Feuerausbrüche, Unfälle und Explosionen zu verhindern, die die Verwendung von Energien ständig in großer Zahl mit sich bringt. Eine derartige Indifferenz gegenüber dem Unvorhergesehenen im Leben wäre für eine kleine, isolierte und in labilem Zustand befindliche Gesellschaft, wie die der Hopis sie ist oder war, mit Sicherheit verderbenbringend.

Unsere sprachlich bedingte Gedankenwelt stimmt nicht nur mit unseren kulturellen Idolen und Idealen zusammen, sie fängt selbst unsere unbewußten persönlichen Reaktionen in ihre Strukturschemata ein und gibt ihnen gewisse typische Züge. Einer dieser Züge ist die erwähnte *Sorglosigkeit*, die sich auch im rücksichtslosen Autofahren und in fortgeworfenen Zigarettenstummeln zwischen Papierabfällen äußert. Unser *Gestikulieren* während des Sprechens bildet einen anderen Zug. Viele unserer Gesten sollen mit ihrer Bewegung im Raume nicht irgendeinen räumlichen Sachverhalt illustrieren, sondern einen der unräumlichen Sachverhalte, die unsere Sprache durch Metaphern des imaginären Raumes wiedergibt. Wir machen viel häufiger eine greifende Bewegung, wenn wir von dem Ergreifen eines schwer faßbaren Gedankens sprechen, als wenn vom Ergreifen eines Türknopfes die Rede ist. Die Geste soll verdeutlichen, was wir metaphorisch und daher nicht ganz klar ausdrücken. Benutzt man jedoch eine Sprache, die Unräumliches ohne räumliche Analogien ausdrückt, so wird die Bedeutung des Gesprochenen durch Gesten nicht klarer werden. Die Hopis gestikulieren daher in der Tat sehr wenig und in unserem Sinne vielleicht überhaupt nicht. (. . .)

Im Mittelalter begannen die im Latein schon geformten Schemata sich mit den zunehmenden mechanischen Erfindungen, mit Industrie, Handel sowie scholastischem und naturwissenschaftlichem Denken zu verweben. Die Notwendigkeit der Messung in Industrie und Handel, die Vorräte und Massen von ‹Stoffen› in verschiedenartigen Behältern, die typischen Körper, in deren Formen verschiedenste Güter gehandelt wurden, die Standardisierung von Maß- und Gewichtseinheiten, die Erfindung von Uhren und die Messung der ‹Zeit›, die Führung von Büchern und Rechnungen, Chroniken und historischen Berichten, das Wachstum der Mathematik und ihre Partnerschaft mit den Naturwissenschaften – all das wirkte zusammen, um unserer Sprach- und Gedankenwelt ihre gegenwärtige Form zu geben.

Könnten wir die Geschichte der Hopisprache lesen, so würden wir in ihr eine andersartige Sprachentwicklung und Wechselwirkungen anderer kultureller und umweltlicher Faktoren finden. Eine friedliche, landbebauende Gesellschaft, durch geographische Bedingungen und nomadische Feinde in einem Land mit spärlichem Regen isoliert, eine magere Landwirtschaft, die nur mit äußerster Beharrlichkeit zum Erfolg gebracht werden konnte (daher der Wert von Ausdauer und Wiederholung), die Notwendigkeit des Zusammenarbeitens (daher die Betonung der entsprechenden psychischen Faktoren und der Faktoren des Bewußtseins überhaupt), Mais und Regen als Wertmaßstäbe, die Notwendigkeit ausgedehnter *Vorbereitungen* und Vorsichtsmaßnahmen, um in dem kargen Boden und unsicheren Klima eine Ernte zu sichern, ein ausgeprägtes Gefühl für die Abhängigkeit von der Natur, wodurch Gebet und religiöse Haltung gegenüber den Naturkräften, vor allem dem stets benötigten Regen, gefördert wurden – all diese Momente wirkten mit den sprachlichen Strukturen des Hopi zusammen, um diese zu formen und von ihnen geformt zu werden und so nach und nach die Weltauffassung der Hopis zu gestalten. (. . .)

Die Begriffe der ‹Zeit› und der ‹Materie› werden nicht allen Menschen durch die Erfahrung in der gleichen Weise gegeben. Sie sind ihrer Form nach vielmehr abhängig von der Sprache oder den Sprachen, in deren Gebrauch sie entwickelt wurden. Sie hängen dabei nicht so sehr von *irgendeinem System* (etwa dem der Tempora oder der Substantive) innerhalb der Grammatik ab, sondern vielmehr von den Weisen der Analyse und der Ordnung der Erfahrung, die in der Sprache als integrierte ‹fashions of speaking› (Weisen des Gebrauchs der Sprache) niedergeschlagen sind und die die grammatischen Klassifikationen übergreifen. Eine derartige ‹fashion› kann daher lexikalische, morphologische, syntaktische und andere systematisch unterschiedliche Mittel zu einem passenden Ganzen koordinieren. Unsere ‹Zeit› unterscheidet sich merklich von der ‹Dauer› der Hopis. Wir fassen die Zeit wie einen Raum mit begrenzter Anzahl von Dimensionen auf oder wie eine Bewegung in einem solchen Raum, und dem entspricht der intellektuelle Gebrauch, den wir von Zeitbegriffen machen. Der Hopibegriff der ‹Dauer› scheint dagegen nicht in den Termini von Raum und Bewegung verstanden werden zu können, denn die Dauer ist der Modus, mit welchem sich das Leben von der Form und das Bewußtsein als Ganzes von seinen räumlichen Gegenstandselementen unterscheiden. Gewisse Vorstellungen, die auf unserem Zeitbegriff gründen, wie etwa die der absoluten Simultaneität, wären auf der Basis der Auffassung der Hopis entweder nur sehr schwer oder gar nicht ausdrückbar. Sie hätten dort keinen Sinn und würden durch operationale Begriffe ersetzt werden. Unsere ‹Materie› ist der physikalische Unterbegriff zur ‹Substanz› oder zum ‹Stoff›, den wir als formloses ausgedehntes Etwas auffassen, das nur in Verbindung mit einer Form real existieren kann. In der Hopisprache scheint es nichts zu geben, was dem korrespondiert. Es gibt keine formlosen ausgedehnten Etwasse. Seiendes mag eine Form haben oder nicht, jedenfalls aber hat es Intensität und Dauer, wobei diese beiden ausgedehnt und im Grunde dasselbe sind.

(Benjamin Lee Whorf: Sprache, Denken, Wirklichkeit, Reinbek 1963, S. 93–96, S. 99f., S. 103, S. 132, Rowohlt Taschenbuch Verlag)

«Zande* nehmen das Funktionieren des Giftorakels so wahr wie wir, aber ihre Wahrnehmungen werden immer ihrem Glauben untergeordnet, ihm eingegliedert und zu seiner Erklärung und Rechtfertigung verwandt. Der Leser möge sich einen Einwand überlegen, der alle Behauptungen der Zande über die Kraft des Orakels völlig zunichte machen würde. Übersetzt man ihn in die Denkweise der Zande, würde er zur Unterstützung der gesamten Struktur ihres Glaubens dienen. Denn ihre mystischen Vorstellungen sind in hohem Maße kohärent, sie sind durch ein Netzwerk logischer Verknüpfungen untereinander verbunden und so angeordnet, daß sie niemals allzu kraß der sinnlichen Erfahrung widersprechen, sondern im Gegenteil durch die Erfahrung gerechtfertigt zu werden scheinen. Der Zande ist in ein Meer von mystischer Vorstellungen eingetaucht, und wenn er über sein Giftorakel spricht, muß er dies in einer mystischen Redeweise tun.»

Um den Punkt deutlich zu machen, an dem sich die entscheidende philosophische Fragestellung ergibt, bringe ich nun eine Parodie des vorangegangenen Zitats, bei der einige wenige Ausdrücke durch andere ersetzt sind.

«Europäer nehmen das Funktionieren des Giftorakels so wahr wie die Zande, aber ihre Wahrnehmungen werden immer ihrem Glauben untergeordnet, ihm eingegliedert und zu seiner Erklärung und Rechtfertigung verwandt. Ein Zande möge sich einen Einwand überlegen, der jede europäische Skepsis gegenüber der Kraft des Orakels völlig widerlegen würde. Übersetzt man ihn in die Denkweise der Europäer, würde er zur Unterstützung der gesamten Struktur ihres Glaubens dienen. Denn ihre wissenschaftlichen Vorstellungen sind in hohem Maße kohärent, sie sind durch ein Netzwerk logischer Verknüpfungen untereinander verbunden und so angeordnet, daß sie niemals allzu kraß der mystischen Erfahrung widersprechen, sondern im Gegenteil durch die Erfahrung gerechtfertigt zu werden scheinen. Der Europäer ist in ein Meer von wissenschaftlichen Vorstellungen eingetaucht, und wenn er über das Giftorakel der Zande spricht, muß er dies in einer wissenschaftlichen Redeweise tun.»

(Peter Winch: Was heißt «eine primitive Gesellschaft verstehen»?, in: Magie. Die sozialwissenschaftliche Kontroverse über das Verstehen fremden Denkens, hg. v. H. G. Kippenberg, Frankfurt 1978, S. 88, Suhrkamp)

Es ist manchmal fast komisch, was eine solche Klugheit so produziert – da kommen Bücher raus, die heißen: «Prolegomena zu einer materialistischen Theorie der Spontaneität». Das ist nun fast schon obszön, obgleich mittlerweile solche Bücher vermutlich nur noch von dem gelesen werden, der die Korrekturfahnen liest. Doch stellen Sie sich einmal einen Ethnologen vor: Der Mann hat zwei Jahre bei einem fremden Volk gelebt, ist auf die Jagd gegangen, hat Knollen ausgebuddelt, Peyote gemampft und Maikäfer ausgelutscht, war einsam und vergnügt, hat mit seinen Gastgebern gelacht und geheult, getanzt und geliebt, der Medizinmann hat ihn für würdig genug erachtet, ihm anzuvertrauen, wie man mit den Feen in den Bergen bumst, und dann geht er heim und schreibt eine strukturell-funktionale Analyse der Eigentums- und Verwandtschaftsverhältnisse der Tarahumara unter besonderer Berücksichtigung der marxistischen XY. Das ist eine

* Zande (Niam-Niam) = Stamm am Unterlauf des Kongo. (Anm. C. B.)

schamlose Ausbeutung der Menschlichkeit dieser Leute, die gottseisgedankt dieses Buch niemals lesen werden.
(Hans Peter Duerr: Fröliche Wissenschaft, in: Unter dem Pflaster liegt der Strand, Band 4, Berlin 1977, S. 99, Karin Kramer Verlag)

Ich wollte ihn noch etwas fragen. Ich wußte, daß er ausweichen würde, darum wartete ich, bis er das Thema anschnitt. Ich wartete den ganzen Tag. Bevor ich an diesem Abend wegfuhr, mußte ich ihn schließlich fragen: «Bin ich wirklich geflogen, Don Juan?»

«Das hast du mir doch gesagt, oder nicht?»

«Natürlich, Don Juan. Ich meine, ist mein Körper geflogen? Bin ich wie ein Vogel davongeflogen?»

«Du stellst mir immer Fragen, die ich nicht beantworten kann. Du bist geflogen. Dafür ist ja der zweite Teil des Teufelskrauts da. Wenn du öfter davon nimmst, wirst du das Fliegen ganz beherrschen. Es ist keine so einfache Sache. Ein Mensch fliegt mit Hilfe des zweiten Teils des Teufelskrauts. Das ist alles, was ich dir sagen kann. Was du wissen willst, hat keinen Sinn. Vögel fliegen wie Vögel, und ein Mensch, der Teufelskraut genommen hat, fliegt auch so.»

«Wie die Vögel fliegen?»

«Nein, er fliegt wie ein Mensch, der das Kraut genommen hat.»

«Dann bin ich nicht wirklich geflogen, Don Juan. Ich bin in meiner Vorstellung geflogen, nur in Gedanken. Wo war mein Körper?»

«In den Büschen», erwiderte er scharf, aber gleich begann er wieder zu lachen. «Die Sache mit dir ist, daß du die Dinge nur auf eine Art verstehst. Du glaubst nicht, daß ein Mensch fliegt. Und doch kann ein brujo in Sekundenschnelle tausend Meilen zurücklegen, um zu sehen, was vor sich geht. Er kann seinen Feinden auf große Entfernung einen Schlag versetzen. Nun, fliegt er also oder fliegt er nicht?»

«Wirklich, Don Juan, du und ich, wir sehen die Dinge verschieden. Angenommen, um nur ein Beispiel zu nennen, einer, mit dem ich studiere, wäre hier bei mir gewesen, als ich das Teufelskraut nahm. Wäre es ihm möglich gewesen, mich fliegen zu sehen?»

«Da bist du wieder mit deinen Fragen, was würde geschehen, wenn . . . Es hat keinen Sinn, so zu reden. Wenn dein Freund oder irgend jemand anderes den zweiten Teil des Krautes nimmt, bleibt ihm nichts anderes übrig als zu fliegen. Wenn er dich also nur beobachtet hätte, so hätte er dich vielleicht fliegen sehen oder auch nicht. Das hängt von ihm selber ab.»

«Aber ich meine, Don Juan, wenn du und ich einen Vogel fliegen sehen, dann sind wir uns darüber einig, daß er fliegt. Aber wenn zwei meiner Freunde mich hätten fliegen sehen, wie ich es heute nacht tat, hätten sie dann beide geglaubt, daß ich geflogen bin?»

«Ja, vielleicht. Du glaubst, daß Vögel fliegen, weil du gesehen hast, wie sie fliegen. Fliegen ist eine bekannte Sache bei Vögeln. Aber du stimmst nicht anderen Dingen zu, die Vögel tun, weil du sie niemals bei Vögeln gesehen hast. Wenn deine Freunde von Menschen wüßten, die mit dem Teufelskraut fliegen, dann wären sie sich einig.»

«Ich will's noch anders ausdrücken, Don Juan. Ich wollte sagen, wenn ich mich mit einer schweren Kette an einem Felsen festgemacht hätte, wäre ich dann genauso geflogen, weil man Körper nichts mit meinem Fliegen zu tun hatte?»

Don Juan sah mich kopfschüttelnd an. «Wenn du dich an einen Felsen kettest», sagte er, «dann, so fürchte ich, wirst du mit einem Felsen an seiner schweren Kette fliegen müssen.»

(Carlos Castaneda: Der Ring der Kraft. Don Juan in den Städten, Frankfurt 1978, S. 74, Fischer Taschenbuch Verlag)

In der Ferne hörte ich das Krächzen einer Krähe. Er hob den Finger ans rechte Ohr und lächelte.

«Das war ein Omen», sagte er.

Ein kleiner Stein kollerte den Hügel hinab und landete polternd im Chaparral.

Er lachte laut und deutete mit dem Finger in die Richtung, aus der das Geräusch kam.

«Und dies war eine Zustimmung», sagte er.

Dann fragte er mich, ob ich nun bereit sei, über meine eigene Wichtigkeit zu sprechen. Ich lachte; meine Wut schien mir so fern, daß ich nicht mehr begriff, wie ich so böse auf ihn hatte sein können.

«Ich verstehe nicht, was mit mir los ist», sagte ich. «Ich war wütend, und jetzt weiß ich nicht, warum ich nicht mehr wütend bin.»

«Die Welt um uns her ist geheimnisvoll», sagte er. «Sie gibt ihre Rätsel nicht leicht preis.»

Ich liebte seine wunderlichen Aussprüche. Sie waren herausfordernd und rätselhaft. Ich konnte nicht feststellen, ob sie voll geheimer Bedeutung oder einfach barer Unsinn waren.

«Wenn du jemals wieder hierher in die Wüste kommst», sagte er, dann bleib diesem Felshügel fern, bei dem wir heute rasteten. Meide ihn wie die Pest.»

«Warum, was ist los?»

«Dies ist nicht der Augenblick, es zu erklären», sagte er. «Jetzt befassen wir uns damit, wie man die eigene Wichtigkeit verliert. Solange du dich für das Wichtigste auf der Welt hältst, kannst du die Welt um dich her nicht wirklich beurteilen. Du bist wie ein Pferd mit Scheuklappen, und du siehst nur dich, losgelöst von allem übrigen.»

Er sah mich einen Augenblick prüfend an.

«Ich werde jetzt mit meinem kleinen Freund hier sprechen», sagte er und deutete auf eine Pflanze.

Er kniete vor ihr nieder und begann sie zu liebkosen und mit ihr zu sprechen. Zuerst verstand ich nicht, was er sagte, aber dann wechselte er die Sprache und redete sie auf spanisch an. Eine Zeitlang schwatzte er Nichtigkeiten. Dann stand er auf.

«Es kommt nicht darauf an, was man zu einer Pflanze sagt», meinte er. «Man könnte ebensogut Wörter erfinden. Worauf es ankommt, ist das Gefühl, sie zu mögen, und daß man sie als gleichberechtigt behandelt.»

Er erklärte, ein Mann, der Pflanzen sammelt, müsse sich jedesmal dafür entschuldigen, daß er sie pflückt, und ihnen versichern, daß sein eigener Körper ihnen eines Tages als Nahrung dienen werde.

«Alles in allem sind die Pflanzen und wir also gleich», sagte er. «Weder sie noch wir sind wichtiger oder unwichtiger als der andere. Komm, sprich zu der kleinen Pflanze», drängte er mich. «Sag ihr, daß du dich nicht mehr wichtig nimmst.»

Ich ging so weit, vor der Pflanze niederzuknien, aber ich konnte mich nicht überwinden, mit ihr zu sprechen. Ich kam mir albern vor und lachte. Doch ich war nicht ärgerlich.

Don Juan klopfte mir den Rücken und sagte, es sei gut, und ich hätte zumindest mein Temperament gezügelt.

«Von jetzt an sprich zu den kleinen Pflanzen», sagte er. «Sprich, bis du jedes Gefühl deiner Wichtigkeit verlierst. Sprich mit ihnen, bis du es auch vor anderen kannst.»

«Geh hinüber zu diesen Hügeln und übe es für dich.»

Ich fragte, ob es genüge, im stillen, in Gedanken zu den Pflanzen zu sprechen.

Er lachte und tätschelte meinen Kopf.

«Nein», sagte er. «Du mußt mit lauter, klarer Stimme zu ihnen sprechen, wenn du willst, daß sie dir antworten.»

Ich ging an die bezeichnete Stelle und lachte insgeheim über seine Verschrobenheit. Ich versuchte sogar, zu den Pflanzen zu sprechen, aber mein Gefühl, mich lächerlich zu machen, war stärker.

Nachdem ich eine, wie ich glaubte, angemessene Weile gewartet hatte, ging ich dorthin zurück, wo Don Juan war. Ich hatte das sichere Gefühl, er wisse, daß ich nicht mit den Pflanzen gesprochen hatte.

Er sah mich nicht an. Er gab mir ein Zeichen, mich zu ihm zu setzen.

«Sieh genau her», sagte er. «Ich werde mich jetzt mit meinem kleinen Freund unterhalten.»

Er kniete vor einer kleinen Pflanze nieder, und etliche Minuten wiegte und wand er sich unter Sprechen und Lachen hin und her.

Ich glaubte, er habe den Verstand verloren.

«Diese kleine Pflanze sagte mir eben, ich soll dir sagen, daß man sie essen kann», sagte er und erhob sich aus seiner knienden Stellung. «Sie sagte, eine Handvoll von ihnen würden den Menschen gesund erhalten. Sie sagte auch, daß dort drüben ein ganzer Busch davon wächst.»

Don Juan deutete auf eine Stelle an einem etwa zweihundert Meter entfernten Hang.

«Gehen wir hin und sehen nach», sagte er.

Ich lachte über seine Verstellungskunst. Ich war sicher, wir würden die Pflanzen finden, denn er war in dieser Gegend zu Hause und wußte, wo die eßbaren und die medizinischen Pflanzen wuchsen.

Während wir zu der fraglichen Stelle gingen, sagte er mir beiläufig, ich solle auf diese Pflanze achtgeben, weil sie gleichzeitig Nahrungsmittel und Arznei sei.

Ich fragte ihn halb im Scherz, ob die Pflanze ihm das gerade gesagt habe. Er blieb stehen und sah mich mit ungläubiger Miene prüfend an. Er wiegte den Kopf von einer Seite zur andern.

«Ach!» rief er lachend. «Deine Klugheit macht dich dümmer, als ich glaubte. Wie kann die kleine Pflanze mir heute etwas sagen, was ich schon mein Leben lang weiß?»

Dann fuhr er fort, mir zu erklären, daß er schon seit langem die verschiedenen Eigenschaften dieser Pflanze kenne und daß die Pflanze ihm soeben gesagt habe, daß ein Büschel davon an der bezeichneten Stelle stehe, und daß sie nichts dagegen habe, wenn er mir dies sagte.

Als wir an dem betreffenden Hang anlangten, fand ich eine ganze Menge dieser selben Pflanzen. Ich wollte lachen, aber er ließ mir nicht die Zeit dazu. Er wollte, daß ich dem Büschel Pflanzen Dank sagte. Ich fühlte mich unerträglich befangen und konnte mich nicht überwinden, es zu tun.

Er lächelte wohlwollend und gab wieder einen seiner rätselhaften Sprüche von sich. Er wiederholte ihn drei- oder viermal, als wollte er mir Zeit geben, hinter den Sinn zu kommen.

«Die Welt um uns her ist ein Geheimnis», sagte er. «Und wir Menschen sind nicht besser als alles übrige. Wenn eine kleine Pflanze uns gegenüber großzügig ist, müssen wir ihr danken, sonst wird sie uns vielleicht nie mehr in Ruhe lassen.»

Die Art, wie er mich ansah, als er dies sagte, ließ mich frösteln. Eilig beugte ich mich über die Pflanze und sagte mit lauter Stimme: «Danke!»

Er fing an, beherrscht und leise zu lachen.

(Carlos Castaneda: Reise nach Ixtlan, Frankfurt 1976, S. 36–38, Fischer Taschenbuch Verlag)

Ich konnte ihm nicht zustimmen. Glück bedeutete für mich, daß meine Handlungen von einer gewissen Kontinuität getragen waren und daß ich fähig war, alles, was ich gerade tat, nach Belieben fortzusetzen, besonders wenn es mir Spaß machte. Ich sagte ihm, daß meine Einwände nicht einfach so dahingeredet seien, sondern aus der Überzeugung herrührten, daß die Welt und ich selbst eine bestimmbare Kontiniutät aufwiesen.

Don Juan schien sich zu amüsieren über meine Anstrengungen, mich verständlich zu machen. Er lachte, schüttelte den Kopf, raufte sich die Haare und schließlich, als ich von einer ‹bestimmten Kontinuität› sprach, warf er seinen Hut zu Boden und trampelte darauf herum.

Ich mußte über seine Clownerie lachen.

«Du hast keine Zeit, mein Freund», sagte er. «Das ist das Unglück von uns Menschen. Keiner von uns hat genügend Zeit, und deine Kontinuität ist in dieser ehrfurchtgebietenden, geheimnisvollen Welt bedeutungslos.

Deine Kontinuität macht dich nur verzagt», sagte er. «Deine Handlungen können unmöglich den Instinkt, die Kraft und die zwingende Macht der Handlungen eines Mannes haben, der weiß, daß er seine letzte Schlacht auf Erden ficht. Mit anderen Worten, deine Kontinuität macht dich nicht glücklich und gibt dir keine Kraft.»

Ich gab zu, daß ich mich vor dem Gedanken an den Tod fürchtete, und warf ihm vor, daß er mir sehr bange machte, indem er dauernd vom Tod sprach und sich damit befaßte.

«Aber wir müssen alle sterben», sagte er.

Er deutete auf die fernen Berge.

«Dort draußen wartet etwas auf mich, das ist gewiß; und ich werde ihm begegnen, auch das ist gewiß. Aber vielleicht bist du anders, und der Tod erwartet dich gar nicht.»

Er lachte über meine Geste der Hoffnungslosigkeit.

«Ich möchte nicht daran denken, Don Juan.»

«Warum nicht?»

«Es ist sinnlos. Wenn der Tod dort draußen auf mich wartet, warum sollte ich mich darüber beunruhigen?»

«Ich sagte nicht, daß du dich darüber beunruhigen sollst. Du sollst ihn benutzen. Richte deine Aufmerksamkeit auf die Verbindung zwischen dir und deinem Tod, ohne Reue, Trauer oder Sorge. Richte deine Aufmerksamkeit auf die Tatsache, daß du keine Zeit hast, und richte deine Handlungen darauf ein. Laß jede deiner Handlungen deine letzte Schlacht auf Erden sein. Nur unter diesen Bedingungen werden deine Handlungen die Kraft haben, die ihnen zusteht. Sonst werden sie, solange du lebst, die Handlungen eines verzagten Menschen sein.»

«Ist es so furchtbar, ein verzagter Mensch zu sein?»

«Nein, das ist es nicht, wenn du unsterblich bist, aber wenn du sterben mußt, dann hast du keine Zeit, verzagt zu sein, einfach weil die Verzagtheit bewirkt, daß du dich an etwas festklammerst, das nur in deinen Gedanken existiert. Sie tröstet dich, während alles friedlich ist, aber dann wird die ehrfurchtgebietende, geheimnisvolle Welt ihren Schlund für dich öffnen, wie sie ihn für jeden von uns öffnet, und du wirst erkennen, daß deine sicheren Wege ganz und gar nicht sicher waren. Verzagtheit hindert uns daran, unser Los als Mensch zu prüfen und zu nutzen.»

«Es ist unnatürlich, ständig mit dem Gedanken an unseren Tod zu leben, Don Juan.»

«Unser Tod wartet, und gerade die Handlung, die wir jetzt tun, mag unsere letzte Schlacht auf Erden sein», antwortete er feierlich.

«Ich nenne es eine Schlacht, weil es ein Kampf ist. Die meisten Menschen schreiten ohne inneren Kampf und ohne Nachdenken von Handlung zu Handlung. Ein Jäger dagegen beurteilt jede seiner Handlungen; und da er seinen Tod genau kennt, handelt er wohlüberlegt, als wäre jede Handlung seine letzte Schlacht. Nur ein Narr würde nicht erkennen, welchen Vorteil ein Jäger gegenüber seinen Mitmenschen hat. Ein Jäger zollt seiner letzten Schlacht die Achtung, die er ihr schuldet. Es ist nur natürlich, daß er mit seiner letzten Handlung auf Erden sein Bestes geben will. Auf diese Weise ist sie vergnüglich. Sie nimmt seiner Angst die Schärfe.»

«Du hast recht», gab ich zu. «Es ist nur schwer zu akzeptieren.»

«Du wirst Jahre brauchen, um dich davon zu überzeugen, und dann wirst du Jahre brauchen, um dementsprechend zu handeln. Ich hoffe nur, daß dir die Zeit dafür bleibt.»

(Carlos Castaneda: Reise nach Ixtlan, Frankfurt 1976, S. 89–91, Fischer Taschenbuch Verlag)

Über eine Sache möchte ich noch reden: Ich bin in New York, Chicago und anderen großen Städten gewesen, ich habe sehr oft in deinem Hause gewohnt, habe viele Leute getroffen und meine Augen offen gehalten. Ich verstehe ein bißchen von allem, was ihr Psychologie nennt. Ich habe von Gruppentherapie und Encounter-Treffen gehört, und ich habe herausgefunden, daß es weiße Menschen gibt, die ihre Probleme im Rollenspiel lösen. Nun, ich muß dir sagen, daß wir Indianer diese Dinge kannten, lange bevor sie bei euch erfunden wurden. Länger, als sich irgendeiner von uns erinnern kann, haben wir Sioux bereits Zeremonien gehabt, die mit einer Art indianischer Gruppentherapie zu Ende gingen: Einer nach dem anderen trat in den Kreis, wenn er an der Reihe war, und sprach über seine Probleme, darüber, was ihn bedrückte. Ein *heyoca*, ein Donnerträumer und Clown, mußte dann seine Träume in der Öffentlichkeit vorspielen, egal, wie peinlich das werden konnte. Und schließlich kostet das nicht fünfunddreißig Dollar die Stunde.
(Richard Erdoes, Lame Deer: Tahca Ushte – Medizinmann der Sioux, München 1979, S. 196, List)

Ich sagte Don Juan, daß dieses Beharren auf Erklärungen nichts sei, was ich mir eigenmächtig ausdachte, nur um Schwierigkeiten zu machen, sondern es sei mir so tief eingewurzelt, daß es alle anderen Erwägungen ausspielte.

«Es ist wie eine Krankheit», sagte ich.

«Es gibt keine Krankheiten», sagte Don Juan. «Es gibt nur ein Sich-Gehenlassen, und du läßt dich gehen, indem du versuchst, alles zu erklären. Erklärungen sind in unserem Fall nicht mehr nötig.»
(Carlos Castaneda: Reise nach Ixtlan, Frankfurt 1976, S. 234, Fischer Taschenbuch Verlag)

Aber die Schamanen haben nichts mit dem Heiligen zu tun. Die Indianer haben nicht dieselbe Beziehung zum Schamanen wie die Indianer der Anden oder wie früher die Inkas oder wie hier die Christen zum Papst. Man weiß einfach nur, daß man auf ihn zählen kann, wenn man krank ist, und man weiß auch, daß man aufpassen muß mit diesem guten Mann, weil er über Mächte verfügt; er hat nicht *die Macht*, er hat *Mächte* – das ist nicht dasselbe. Er wird von seinen geistigen Helfern unterstützt (wie und warum wird er von seinen geistigen Helfern unterstützt? Weil er gelernt hat: es dauert lange, Schamane zu werden, das verlangt Jahre und Jahre des Lernens), er hat Mächte, aber das gibt ihm niemals Macht: er will sie nicht. Was würde sie ihm nutzen? Und außerdem würden sich die Leute über ihn lustig machen! Ich glaube, man kann den Ursprung der Macht bestimmt nicht in dem Prestige eines Schamanen suchen. Da ist man nicht auf dem richtigen Weg.
(Pierre Clastres; Über das Entstehen von Herrschaft, in: Unter dem Pflaster liegt der Strand, Band 4, Berlin1977, S. 108, Karin Kramer Verlag)

Er sprach immer noch; ich hatte ihm eigentlich nicht mehr richtig zugehört, und doch wurde ich plötzlich auf etwas, das er gesagt hatte, aufmerksam. Er hatte soeben die Erde einen Organismus genannt, ein Vergleich, den ich noch nie gehört hatte. Nachdem ich mich mehrere Jahre in Asien aufgehalten hatte, hatte ich angefangen, die Welt als eine Einheit zu erkennen. Ich konnte sie mir in gewisser Hinsicht als einheitliche Existenz vorstellen, in der ich alle Nationen, Rassen und Probleme zusammengefaßt sah. Ich wußte, daß Menschen aus allen Teilen der Erde und auch Vertreter der Vereinten Nationen von einem ‹Weltbewußtsein› sprachen. Viele drängten darauf, daß man endlich erkenne, daß die Erde ein Planet sei, den man nicht unbedacht in einzelne Teile aufspalten könne, und daß sich nichts auf dieser Erde – weder Wasser und Luft, noch Völker und ihre Kulturen – einfach in die von Menschen gesetzten Grenzen einzwängen ließe. Rolling Thunder war plötzlich von den Flüssen auf menschliche Venen, in denen das Blut pulsierte, zu sprechen gekommen. Der Sand, das Erdreich, die Pflanzen, Flüsse, Ströme und Luft bildeten auf eine bestimmte Weise einen Körper. Ich kann mich nicht mehr an seine genauen Worte erinnern, aber es gelang ihm, in mir neuartige Vorstellungen wachzurufen, die mir neue Möglichkeiten der Wahrnehmung eröffneten: Die Erde als ein Körper, der gigantische Körper eines bewußten, kämpfenden Lebewesens. Dieser Körper gehört zu einem Wesen, einem Individuum mit einer Eigenidentität und Bestimmung. Dieses Wesen existiert hier und jetzt. Wir müssen – wie Zellen – ein Teil von ihm sein.

Wenn ich mit meiner ganzen intellektuellen und analytischen Denkweise seinen Worten zugehört hätte, hätte mich niemals ein solches Gefühl überkommen können. Ich hätte alles viel zu wörtlich genommen und mich in den Vergleichen völlig verloren. Aber so hatte mein Unterbewußtsein die Worte in sich aufgenommen, mein Verstand war ausgeschaltet gewesen. Rolling Thunder hatte sich zu einfach und zu spontan ausgedrückt. Normalerweise würde man eine solche Wahrnehmung unter einem stürmischen Himmel oder von einem Flugzeug aus, unter dem die Erde wie im Traum vorbeizog, erwarten oder aber in einer üppigen Wiese liegend. Aber sie war mir von Rolling Thunder während dem Mittagessen vermittelt worden. Auf alle Fälle hat sich diese zeitlich sehr begrenzte Wahrnehmungsfähigkeit nie wieder in der Intensität eingestellt, nur die Erinnerung daran ist mir ganz deutlich geblieben. Ich habe mir seitdem oft überlegt, ob ich Rolling Thunder bitten sollte, die ganze Sache nochmals von Anfang an mit mir durchzugehen, denn es war eine Form der Bewußtheit, die ich gerne nochmals erfahren würde.

Ich habe seitdem einiges von der indianischen Prophezeiung, die hauptsächlich von dem Volk der Hopi bewahrt wird, aber auch einen festen Bestandteil des Bewußtseins aller traditionellen indianischen Sprecher im Land bildet, kennengelernt. Der momentan bedeutungsvollste Teil jener Prophezeiung weist auf eine nahende Übergangszeit hin, die oft als ‹Tag der Reinigung› bezeichnet wird. Diese Prophezeiung stimmt überein mit den Behauptungen der Ökologen und Wissenschaftler, daß das Gleichgewicht der Natur schon unwiderruflich zerstört sei. Doch die traditionellen Indianer erwarten keine Art ökologischen ‹Jüngsten Tag›, sondern sind voller Hoffnung und sehen dem Höhepunkt der momentanen Entwicklung gefaßt entgegen. Während des Mittagessens sagte Rolling Thunder: «Wenn ein Teil der Erde verschmutzt ist, breitet sich dieser Zustand überallhin aus, wie eine Arthritis oder der Krebs, der sich durch den menschlichen Körper durchfrißt. Die Erde ist jetzt krank, weil sie mißhandelt worden ist, und viele der Probleme, die auf uns zukommen werden, sind nur ganz natürliche Reaktionen,

um die Krankheit abzuwenden und zu bewältigen. In diesem Land gibt es vieles, das gar nicht hergehört, Fremdkörper, wie Viren oder Bazillen. Wir werden diese Tatsache wohl im Moment des Geschehens nicht gleich erkennen, aber eine ganze Menge von dem, was in nächster Zeit auf uns zukommt, wird in Wirklichkeit eine natürliche Abwehrreaktion der Erde sein. So etwas wie Fieber oder Erbrechen. Die Erde ist ein lebendiger Organismus, der Körper eines höheren Individuums, das einen eigenen Willen und das Verlangen, gesund zu sein besitzt, das sich manchmal mehr und manchmal weniger gesund fühlt, sowohl körperlich wie auch psychisch. Der Mensch sollte seinen eigenen Körper mit Respekt behandeln, das gleiche gilt auch für die Erde.»
(Doug Boyd; Rolling Thunder, München 1978, 50 f., Trikont)

Die primitiven Gesellschaften sind Gesellschaften ohne Staat: dieses an sich richtige Tatsachenurteil verschleiert in Wahrheit eine Meinung, ein Werturteil, das die Möglichkeit, eine politische Anthropologie als strenge Wissenschaft zu begründen, belastet. Denn was damit ausgesagt wird, ist die Vorstellung, daß den primitiven Gesellschaften etwas *fehlt* – der Staat –, das sie, wie jede andere Gesellschaft – z. B. die unsere –, notwendig brauchen. Diese Gesellschaften sind also *unvollständig*. Sie sind keine richtigen Gesellschaften – sie sind nicht *gesittet* –, sie leben in der vielleicht schmerzhaften Erfahrung eines Mangels – des Mangels des Staats –, den sie stets vergeblich zu beheben trachteten. Mehr oder weniger wirr sagen dies die Chroniken der Reisenden oder die Arbeiten der Forscher: eine Gesellschaft ohne Staat ist nicht denkbar, der Staat ist das Schicksal jeder Gesellschaft. Hierin verrät sich eine ethnozentrische Verankerung, die um so solider ist, als sie meist unbewußt bleibt. Der unmittelbare, spontane Bezugspunkt ist, wo nicht der bekannteste, so doch der vertrauteste. Denn jeder von uns trägt, verinnerlicht wie der Gläubige seinen Glauben, die Gewißheit in sich, daß die Gesellschaft für den Staat ist. Wie läßt sich dann die Existenz primitiver Gesellschaften überhaupt denken, wenn nicht als hinter der universalen Geschichte zurückgebliebene, anachronistische Überbleibsel eines fernen Stadiums, das überall anderswo seit langem überwunden ist? Wir erkennen hier das andere Gesicht des Ethnozentrismus, die komplementäre Überzeugung, daß die Geschichte nur in einer Richtung verläuft, daß jede Gesellschaft verurteilt ist, den Weg dieser Geschichte zu beschreiten und ihre Stufen zu durchlaufen, die von der Wildheit zur Zivilisation führen.

. . . die Geschichte liefert uns in Wahrheit nur *zwei* Gesellschaftstypen, die sich absolut nicht aufeinander zurückführen lassen, zwei Makroklassen, die jeweils Gesellschaften in sich versammeln, die, über ihre Unterschiede hinaus, etwas Grundsätzliches gemeinsam haben. *Es gibt einerseits die primitiven Gesellschaften oder Gesellschaften ohne Staat, andererseits die Gesellschaften mit Staat.* Die Anwesenheit oder Abwesenheit der Staatsformation (die vielfältige Formen annehmen kann) weist jeder Gesellschaft ihren logischen Ort zu und zieht zwischen den Gesellschaften eine Linie irreversibler Diskontinuität. Das Auftauchen des Staats bewirkte die große typologische Teilung in Wilde und Zivilisierte, es hat den unauslöschlichen Schnitt gezogen, jenseits dessen alles anders ist, denn die Zeit wird Geschichte.

Wer das Auftauchen der Staatsmaschine mit der Veränderung der Sozialstruktur verknüpft, schiebt das Problem dieses Auftauchens lediglich weiter zurück. Denn dann muß man sich fragen, warum es innerhalb einer primitiven Gesellschaft, d. h. einer nicht geteilten Gesellschaft zu der neuen Aufteilung der Menschen in Herrscher und Beherrschte kommt. Welcher Motor steht hinter dieser Veränderung, die in der Errichtung des Staats gipfelt? Sein Auftauchen, so heißt es, legitmiert die Legitimität eines zuvor erschienenen Privateigentums, der Staat ist der Repräsentant und Beschützer der Eigentümer. Sehr gut. Doch weshalb sollte es zum Auftauchen des Privateigentums in einem Gesellschaftstypus kommen, der das Eigentum nicht kennt, weil er es ablehnt? Weshalb wünschten einige Leute eines Tages zu verkünden: *dies gehört mir*, und wieso ließen die anderen damit den Keim dessen sich festsetzen, was die primitive Gesellschaft nicht kennt, die Autorität, die Unterdrückung, den Staat?

Die primitiven Gesellschaften sind Gesellschaften ohne Staat, weil der Staat hier unmöglich ist. Trotzdem waren alle zivilisierten Völker einmal wild: was bewirkte, daß der Staat aufhörte, unmöglich zu sein? Warum hörten die Völker auf, wild zu sein? Welch ungeheures Ereignis, welche Revolution ließ die Gestalt des Despoten auftauchen, desjenigen, der denen befiehlt, die gehorchen? *Woher kommt die politische Macht?* Wir stehen vor dem – vielleicht vorläufigen – Geheimnis des Ursprungs.

Auch wenn es noch nicht möglich scheint, die Voraussetzungen für das Auftauchen des Staats zu bestimmen, so können wir dagegen die Voraussetzungen seines Nicht-Erscheinens präzisieren, und die Texte, die hier zusammengestellt wurden, sind der Versuch, den Raum des Politischen in den Gesellschaften ohne Staat einzukreisen. Ohne Glaube, ohne Gesetz, ohne König: was das Abendland im 16. Jahrhundert von den Indianern sagte, läßt sich mühelos auf jede primitive Gesellschaft ausdehnen. Es kann sogar das Unterscheidungskriterium sein: eine Gesellschaft ist primitiv, wenn ihr der König fehlt, als legitime Quelle des Gesetzes, d. h. die Staatsmaschine. (. . .)

Im allgemeinen versucht ein Häuptling nicht (er denkt nicht einmal daran), die normale (den Normen entsprechende) Beziehung umzustürzen, die er zu seiner Gruppe unterhält, ein Umsturz, der ihn, den Diener des Stamms, zu seinem Herrn machen würde. Diese normale Beziehung hat der große Kazike Alaykin, der Kriegshäuptling eines Abipone-Stamms aus dem argentinischen Chaco, vortrefflich in der Antwort definiert, die er einem spanischen Offizier gab, als dieser ihn überreden wollte, seinen Stamm in einen Krieg zu führen, die dieser nicht wollte: «Die Abipone haben die von ihren Vorfahren ererbte Gewohnheit, alles nach ihrem Willen und nicht nach dem ihres Häuptlings zu tun. Ich führe sie zwar, aber ich könnte keinem der Meinen Schaden zufügen, ohne mir selbst Schaden zuzufügen; würde ich gegen meine Gefährten Befehle oder Gewalt anwenden, so würden sie mir augenblicklich den Rücken kehren. Ich ziehe es vor, von ihnen geliebt statt gefürchtet zu werden.» Und, zweifeln wir nicht daran, die meisten Indianerhäuptlinge hätten die gleiche Rede gehalten.
(Pierre Clastres: Staatsfeinde, Fankfurt 1976, S. 179, S. 190, S. 194f., S. 199, Suhrkamp)

Wenn diese Gesellschaften nicht von außen zerstört würden, könnten sie unendlich lange fortdauern. Die Kategorie der Zeit, die auf sie anwendbar ist, hat nichts zu tun mit der, die wir verwenden, um unsere eigene Entwicklung zu verstehen.
(Claude Lévi-Strauss: Strukturale Anthropologie, Frankfurt 1969, S. 363, Suhrkamp)

Das weiße Erziehungssystem hat einen Menschen geschaffen, der eines der Hauptverbrechen der Industriegesellschaft einfach hinnimmt: nämlich die Zerstörung der menschlichen Nahrung.
(Sotsisowah: Selbstbestimmung ohne Traumbild, in: Claus Biegert: Seit 200 Jahren ohne Verfassung, Reinbek 1976, S. 159, Rowohlt Taschenbuch Verlag)

Der Mensch bewegt sich nicht im Raum. Der Raum bewegt sich im Menschen.

Was bedeutet das?

Der Raumflug des Menschen ist sehr gefährlich.

Warum?

Der Mensch kann nicht den Raum erobern, der um ihn ist. Er ist selber Raum. Wenn er sich in den Himmel begibt, wird der Himmel in ihn eindringen. Und er wird ein anderer Mensch sein.

Was für ein Mensch wird er sein?

Der Mensch hat in verschiedenen Welten gelebt und in verschiedenen Formen. Eure Wissenschaftler verstehen diese Dinge nicht. Sie vermögen nicht, diese Veränderungen zu sehen, die bereits passieren.

Warum können sie nicht sehen?

Der Mensch weiß nicht, daß er älter wird, bis er alt geworden ist.

Ich verfolge die Raumfahrt der weißen Menschen. Ich mache mir Sorgen.

Macht Ihr euch auch Sorgen?

Der weiße Mensch wird zum Mond fliegen. Und wenn er dies tut, wird er den Mond umgraben, so wie er die Erde umgegraben hat? Und wenn er es tut, wird der Mond aus dem Himmel fallen und verbrennen? Der Mensch mag so weit gehen.

Aber warum?

Der Mensch weiß zu wenig, um so viel zu tun.

Der Mensch sollte nicht auf den Mond gehen. Und wenn er es doch tut, so könnte es bedeuten, daß seine Zivilisation zu Ende ist.

Und vielleicht wird eine andere beginnen.
(Hopi-Ältester, 1957, nach dem ersten Sputnik-Start, zitiert nach: Stan Steiner: The Vanishing White Man, New York ²1977, S. 275, Harper and Row)

Stichwörter zu Kultur und Zeitgeschichte

Erarbeitet von Claus Biegert und Renate Schukies

Akwesasne Notes

Akwesasne («Wo das Rebhuhn balzt») heißt das verbliebene Territorium der Mohawks am St.-Lorenz-Strom, südwestlich von Montreal, zwischen Cornwall, Ontario, und Messina, New York. Akwesasne, der offizielle Name lautet St.-Regis-Indian Reservation, ist die einzige Reservation auf dem nordamerikanischen Kontinent, die durch die Grenze zwischen den USA und Kanada geteilt ist.

In Akwesasne leben etwa 6000 Irokesen, rund 3000 von ihnen im 18 Quadratkilometer großen US-Teil des Reservats. Die künstliche Teilung wird von den Mohawks ignoriert. Bei Grenzübertritten lautet die Auskunft für hartnäckige Beamte: «Wir sind von Akwesasne, wir kommen von Akwesasne, und wir gehen nach Akwesasne.» 1968 wollte das kanadische Department of Indian Affairs (DIA, entspricht dem BIA der USA) einen Brücken- und Grenzzoll abverlangen, worauf die Traditionalisten eine Blockade errichteten. Die Aktion wurde dokumentiert, und aus dem spontanen Protestblatt wurde eine feste Zeitung – die Akwesasne Notes.

Mit einer Auflage von über 50000 sind die «Notes» heute die größte, regelmäßige panindianische Publikation. In den letzten Jahren entwickelte sich die Zeitung zum Sprachrohr des indianischen Widerstandes. Die Isolation der einzelnen Reservationen wurde aufgebrochen, die einzelnen Stämme nahmen zueinander Kontakt auf, mit der Bedrohung kam das Bewußtsein: «We are one people» – «Wir sind ein Volk». Die Zeitung ist außerdem ein nimmermüdes Kontrollorgan, sei es bei Gerichtsfällen, reservatsfeindlichen Industrieprojekten oder Verhandlungen mit Washington. Schrieben die «Notes» anfangs nur über Belange der Irokesen, so reicht die Berichterstattung heute bis Südamerika und Australien. Auch Nichtindianer will die Zeitung ansprechen – im Untertitel nennt sie sich «A Journal for Native and Natural People».

Literatur:

Akwesasne – Wo das Rebhuhn balzt.

Indianische Texte aus dem Widerstand. Von Wounded Knee 1973 bis Genf 1977.

Ausgewählt und herausgegeben von der Gesellschaft für bedrohte Völker, München 1978, Trikont.

Bestelladresse der «Akwesasne Notes»: Mohawk Nation of Akwesasne, via Rooseveltown, New York 13683, USA

Alkohol

Ich fahre entlang der Grenze von New Mexico nach Süden. Neonreklamen leuchten in der Nachmittagssonne. Die Menschen auf Black Mesa mußten ihren Boden und ihre Herden opfern, damit zwischen Albuquerque und Las Vegas die elektrische Glitzerwelt am Leben bleibt. Ich bin mißmutig und depremiert. Ein junger Indianer ohne Gepäck steht am Straßenrand und zeigt den Daumen. Ich halte. Er steigt ein. Er ist betrunken. Er sagt, es sei das erste Mal, daß ein Weißer gehalten habe.

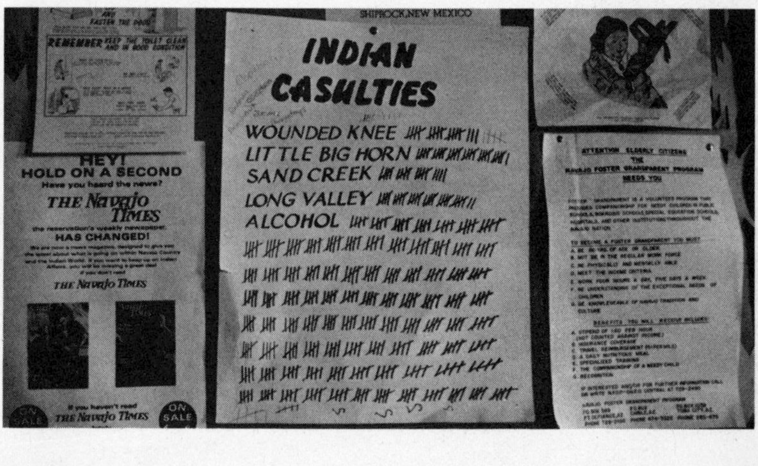

Er spricht langsam und wiederholt die Sätze mehrmals. Sein Gesicht zeigt die Physiognomie der Navajo. In seinen Augen liegt der kollektive Kummer derer, die nicht sein dürfen, was sie sind. Er fragt, ob er trinken dürfe. Ich nicke. Er legt den Kopf nach hinten und setzt einen dunkelgrünen Flachmann an den Mund. Ein Geruch von Spiritus und Wermut weht herüber. Der Fusel heißt «Thunderbird» – Donnervogel. Das Etikett ist indianisch verziert und zeigt das Navajo-Symbol des Adlers.

American Indian Movement

Das American Indian Movement, kurz AIM, wurde im Gefängnis von Stillwater, Minnesota, geboren. Indianische Häftlinge wie Clyde Bellecourt, Dennis Banks, John Mitchel und Eddie Benton Banai machten sich Gedanken, wie der Teufelskreis der Kriminalität zu durchbrechen sei, in dem sich in den sechziger Jahren besonders städtische Indianer befanden. Was war zu tun gegen Apathie, Alkoholismus, Polizeiterror und Rassenjustiz?

Im Juli 1968 gründeten sie in Minneapolis–St. Paul mit Gleichgesinnten eine Stadtteilpatrouille, die indianische Gemeinden durch die Überwachung von Polizeistreifen vor deren zum Teil willkürlichen Übergriffen schützte und kümmerten sich um sozial Gefährdete. American Indian Movement wurde diese Initiative zur Manifestation des neuen indianischen Bewußtseins.

Nach Philip Deere, Medizinmann und spiritueller Sprecher für AIM, ist es eine «unorganized organization»: Zu AIM gehört, wer für AIM arbeitet, es gibt keine Mitgliedskartei. Die konkreten Verhältnisse be-

Clyde Bellecourt

stimmen den jeweiligen Arbeitsbereich, der sich von spontanen Einsätzen und Agitationen, der Dokumentation laufender Ereignisse, Rechtsberatung, Sozial- und Öffentlichkeitsarbeit, selbstverwalteten Schulen bis hin zur Arbeit über Verträge und Kontakte zu Widerstandsgruppen anderer Kontinente erstreckt. In den USA, Kanada und Europa entstanden Solidaritätsgruppen (NASC: Native American Solidarity Committee), die im Rahmen ihrer Möglichkeiten AIM unterstützen.

AIM setzt sich zusammen aus Frauen und Männern aller Generationen in Reservationen und Städten, auch spirituelle Führer gehören dazu. Stellvertretend seien genannt Beeman Logan, Seneca, sowie Henry Crow Dog, Peter Catches und Frank Fools Crow, alle von der Lakota-Nation. Die große Zahl der Ungenannten trägt die Idee AIMs und verleiht der Bewegung die Stabilität und Kraft, die sie dem weißen umgebenden System so gefährlich erscheinen läßt.

Obwohl richtungsweisend und von der Presse immer wieder genannt, repräsentieren Personen wie Russell Means, Dennis Banks, die Brüder Bellecourt und John Trudell keine offizielle Führungsschicht.

AIM ist eine spirituelle Bewegung, die ihre Wurzeln in den jeweiligen Stammeskulturen hat. Die in Tradition verankerte Denk- und Lebenshaltung bildet die Grundlage jeglichen Handelns. AIM ist die Fortsetzung des 400 Jahre andauernden Kampfes der indianischen Völker um physisches und kulturelles Überleben, in einer der heutigen Situation angepaßten veränderten Form. Ziel des Kampfes sind noch immer Freiheit von kolonialer Unterdrückung durch die USA und das Recht auf uneingeschränkte Selbstbestimmung.

«Die Leute sagen, AIM wurde 1968 gegründet, aber ich glaube, ich war mein ganzes Leben lang AIM.»
Gladys Bisonette, Mutter und Teilnehmerin in Wounded Knee

Büffel

Die erste Beschreibung eines Bisons aus europäischer Feder finden wir 1530 in den Berichten des Spaniers Alvar Nuñez Cabeza de Vaca. Der Bison (Bos bison) gehört innerhalb der Säugetiere zu den Wiederkäuern (Ruminantia) der Paarhufer (Ardiodactyla), ist ein Steppenbewohner und war bei Ankunft der Weißen bis in die Alleghany-Mountains verbreitet. Bei einer Länge von 3,65 Metern und einer Widerristhöhe von 1,90 Metern erreicht ein Bisonbulle ein Gewicht von 600 bis 1000 Kilogramm. Bis zu Beginn der Indianerkriege zogen die Herden zu Millionen über die Prärien. Buffalo Bill nebst Kollegen und die Politik des US-Militärs – keine Büffel, keine Indianer – reduzierten den Bestand auf wenige Trupps in den heutigen Nationalparks. Der Büffel deckte fast den ganzen Lebensbedarf der Präriestämme: Überschüssiges Fleisch wurde in der Sonne gedörrt und mit Beeren vermengt als Winter- und Reisevorrat gespeichert, das Fell war Schlafstatt, die Häute dienten als Tipibespannung und Kleidung, aus Knochen, Sehnen, Därmen und Magen entstanden Waffen und Kochgerät, aus Hörnern und Hufen wurde Leim gewonnen. Der Büffel war Lebensspender. In der Jagdsaison wurde eine Polizei aufgestellt, die darüber wachte, daß Individuen nicht allein jagten und die Herde dadurch verscheuchten. In der Mythologie der Sioux verwandelte sich die Frau, die ihnen mit der heiligen Pfeife die spirituellen und sozialen Instruktionen ihres Zusammenlebens brachte, in ein weißes Büffelkalb. Albinos wurden als heilige Tiere verehrt und nicht gejagt.

Weiße Rancher züchteten in den letzten Jahren eine Kreuzung aus Longhorn-Rind (Beef) und Bison (Buffalo) und nannten sie Beefalo. In der ersten Beurteilung von Fachleuten hieß es, das Fleisch sei schmackhafter, das Tier selbst in größerem Maße winterhart und – ohne Medikamente – widerstandsfähiger gegen Krankheiten als das herkömmliche Rind.

Wer von Rapid City, South Dakota aus zum Shrine Of Democracy (die Präsidentenköpfe im Berg!) in die Black Hills fährt, sieht bald, nachdem er die Stadt verlassen hat, rechterhand einen dunkelbraunen Holzschuppen stehen, auf dem in weißen, weithin sichtbaren Buchstaben geschrieben ist: «Free Buffalo». Daneben steht in einer Umzäunung ein Bisonbulle im Morast. Der Reisende, der sich später in einem der Westernläden erkundigen sollte, wie ein eingezäunter Büffel frei sein könne, wird belehrt werden: Mit «free» ist «umsonst» gemeint – das Betrachten des Büffels ist frei.

Die Onondaga-Irokesen in ihrem Winzreservat südlich Syracuse, New York, gehören zu den wenigen Indianern Nordamerikas mit einer eigenen Bisonherde. Es fing damit an, daß Anfang der siebziger Jahre Häuptling Oren Lyons an die Haustüre des weißen Ranchers Brad Tiffany in La Fayette klopfte. «Ich bin gekommen, mir die Büffel anzusehen», sagte der Häuptling. «Warum hat es so lange gedauert? Wir haben sechs Jahre auf euch gewartet», sagte der Rancher.

Brad Tiffany, geboren in Binghampton, New York, kam 1967 an die kleine Stadt La Fayette südlich von Syracuse und bezog eine Farm mit 250 Acres unbebautem Land. Seit seiner Kindheit träumte er davon, eine Büffelranch zu besitzen. Er nützte die Chance. In Montana kaufte er 17 Bisons aus staatlichem Besitz; im darauffolgenden Jahr noch 22 weitere. Aufmerksam hatten die Onondaga beobachtet, wie Tiffanys Herde zur größten östlich des Mississippi heranwuchs – bis dato 75 Tiere.

Es kam zum ersten Meinungsaustausch zwischen Häuptling und Rancher. Tiffany holte sich Rat bei der National Buffalo Society und erhielt negativen Bescheid: «Wenn Indianer Büffel erhalten, züchten sie keine Herde, sondern erschießen und essen die Tiere.»

Trotzdem blieb Tiffany bei seinem Plan. Er bot der Onondaga-Nation an, für jeweils 20 Acres Land, die sie in der Lage waren, einzuzäunen, einen Büffel zu geben. Nach sechs Jahren sollte die gleiche Anzahl Tiere zurückgegeben werden. Die Onondaga erhielten fünf Bullen, drei Kühe und drei Kälber.

Am 1. Januar 1975 präsentierten die Onondaga dem Rancher einen auf Hirschleder gemalten Vertrag. Er besagt, daß die 14 Häuptlinge der Houdenoshaunee sich verpflichten, nach sechs Jahren 11 Büffel zurückzugeben. Die auf einen Weidenrahmen gespannte und mit Adlerfedern versehene Lederurkunde zeigt in der Mitte eine Sonne. Sie stellt die Mittagszeit dar, die Zeit, in der es keine Schatten gibt, in der nichts verborgen oder verzerrt werden kann.

«Brad Tiffanys Geste bedeutet uns sehr viel», sagt Oren Lyons, «sie beweist, daß wir Freunde haben unter unseren weißen Nachbarn und daß es eine Verwandtschaft im Geiste gibt.»

Mit Tiffanys Darlehen erfüllte sich eine Prophezeiung der Irokesen, die von Generation zu Generation davon sprachen, daß eines Tages ihr Bruder, der Büffel, zurückkehren werde. «Am liebsten würden wir das ganze Land, das uns geblieben ist, einzäunen, damit die Büffel mitten unter uns leben könnten», sagt Oren Lyons, «am allerbesten wäre es natürlich, wir bräuchten überhaupt keine Zäune mehr . . .»

Inzwischen zählt die Herde der Onondaga über zwanzig Tiere. Am 1. Januar 1981 werden fünf Bullen, drei Kühe und drei Kälber an die Ranch in La Fayette zurückgehen. Dann wird Brad Tiffany mit einer neuen Nation in Verbindung treten. Vielleicht mit den Mohawk von Ganienkeh, vielleicht mit den Cheyenne in Oklahoma . . . oder mit den Oneida. Die Oneida in Kanada scheiterten bei einem ähnlichen Versuch. Die Herde eines Büffelzüchters in ihrer Nähe war bereits so angewachsen, daß ihr Besitzer sie füttern mußte, was bei den Wildtieren bereits zu Verfärbungen des Fells führte. Eine Delegation der Oneida schlug dem Rancher ein Abkommen nach Vorbild der Onondaga vor. Die Frau des Ranchers jedoch, die offen zugab, Indianer nicht zu mögen, vereitelte das Geschäft durch extreme Geldforderungen.

Carter, Jimmy

Seinen roten Kindern ist er der «Große Weiße Vater». Der Muskogee-Medizinmann Phillip Deere nannte ihn während einer Pressekonferenz der Gesellschaft für bedrohte Völker im Oktober 1977 in Bonn einen «Heuchler». Deere sagte: «Der Erdnußfarmer tritt zwar adrett auf, doch er trägt dreckige Unterwäsche. Wir müssen uns vor ihm in acht nehmen.» Jimmy Carter hat sein Augenmerk auf Menschenrechtsverletzungen im Osten gerichtet. Ihn auf die Menschenrechtsverletzungen im eigenen Westen hinzuweisen, marschierten seine roten Kinder fünf Monate lang 4800 Kilometer. Beim Aufbruch versprach der Präsident, sie zu empfangen. Als sie in Washington ankamen, seine Stellungnahme zu sterilisierten Frauen, gefolterten Häftlingen und rassistischen Gesetzesvorlagen in seiner Amtszeit zu hören, war er derweilen in die befreundete Bundesrepublik Deutschland ausgewichen.

Hier soll nicht der Eindruck entstehen, Carter habe etwas gegen Indianer und die Indianer hätten etwas gegen Carter. Am 21. April 1978 – der Longest Walk näherte sich erst langsam dem Mittelwesten – traf der Präsident sich mit dem Vorstand von Keep America Beautiful, einem gemeinnützigen Verein, der sich um eine saubere Natur bemüht. Die Naturfreunde-Organisation feierte ihr 25jähriges Bestehen, und der Präsident empfing aus den Händen des Cherokee Iron Eyes Cody eine

Häuptlingsfederhaube, mit der am Kopf er sich den Fotografen stellte. Drei Monate später, am 25. Juli – die rebellischen Demonstranten des Longest Walk hatten sich wieder zerstreut – empfing er eine Gruppe Ojibway auf dem Südrasen des Weißen Hauses. Die jungen Krieger führten einen Kriegstanz vor und überreichten ihrem Gastgeber eine Kriegskeule. Auf die Bitte, «für die junge indianische Generation auf den Kriegspfad zu gehen» antwortete Carter: «Als Großer Weißer Vater der indianischen Stämme und Präsident der Vereinigten Staaten will ich sagen, daß der Tanz eine Darbietung der Superlative war.» (New York

Times, 26. Juli 1978). Eine loyale Reverenz von indianischer Seite blieb jedoch in den Fängen der Bürokratie hängen: Im Winter 1977 schickte Cherokee-Chief William Redbird aus Michigan einen extra angefertigten, bis zum Boden reichenden Zeremonien-Federschmuck im Sioux-Stil ins Weiße Haus. Die Annahme wurde verweigert; das Paket kam auf dem Postweg zurück mit der Erklärung, der Präsident nehme keine Geschenke an. Seit Woodrow Wilson hatte Redbird jedem Staatsoberhaupt der USA eine Häuptlingshaube verehrt.

Columbus

Seit seiner Entdeckung durch die einwandernden Nordvölker Asiens in der Eiszeit über die Beringstraße (sie sagen: «Wir waren schon immer da») wurde der amerikanische Doppelkontinent laufend entdeckt: Shan Hai King, Chinas älteste Chronik, notiert 2250 vor Christus eine 2000-Meilen-Exkursion über die östliche See. Verschiedene augenfällige Punkte, wie zum Beispiel der Grand Canyon, sind aufgeführt. Ein zweiter chinesischer Klassiker, Kuen 327, verfaßt 500 nach Christus, nennt die Reise von Hwui, einem buddhistischen Priester, in das ferne Land Fu-sang. Er bereiste Mexiko und Yucatán. Schließlich existieren noch Zeugnisse zweier mongolischer Einwanderungen in Mexiko, 668 und 1175 nach Christus. Von den wagemutigen Fahrten irischer Mönche im 8. Jahrhundert nach Island und Grönland, von den Expeditionen der Wikinger, die ums Jahr 1000 in Labrador und und New Scotland die nordamerikanische Küste berührten, als auch von der Entdeckungsreise des John Cabot im Jahre 1497 ist seit dem 12. Oktober 1492 ebenfalls nicht mehr die Rede: Christoph Columbus, ein italienischer Seemann in spanischen Diensten, wird das Exklusivrecht der Entdeckung zugesprochen. Seine Entdeckung hatte für die Einheimischen von allen Besuchen bis dato die verhängnisvollsten Folgen. Die ersten Menschen auf der Schildkröteninsel – wie die Delawaren Amerika nannten – wollen den 12. Oktober als nationalen indianischen Trauertag verstanden wissen. So beschlossen in Genf 1977. Am 24. September 1973 landete der Ojibway Happy Eagle mit dem Flugzeug in Rom. Nachdem er die Gangway hinabgestiegen war, stieß er einen Speer auf die Erde und verkündete: «Ich habe Europa entdeckt.»

Vier Tage später erklärte er Journalisten gegenüber, die «italienischen Eingeborenen», die ihn sehr gastfreundlich behandelt hätten, seien durchaus in der Lage, ihr Land selbst zu regieren. Darauf kehrte Happy Eagle nach San Francisco zurück. Autoaufkleber der Neuen Indianer: «Indians discovered Columbus.» Die Autoren entdeckten Amerika im Juni 1973 (Biegert) und im Juli 1976 (Schukies).

Erde

Maka - ke - wakan –
Die Erde ist heilig (Lakota)

FBI

1956 stellt das FBI das Counterintelligence-Program (COINTELPRO) auf, eine Kombination psychologischer Kriegführung und offiziell sanktioniertem Terrorismus, das sich gegen all jene richtete – besonders ethnische Minderheiten –, die sich die positive Veränderung herrschender Bedingungen zum Ziel gesetzt hatten. Im Februar 1968 erläßt J. Edgar Hoover eine spezifizierte Direktive an COINTELPRO, die sich gegen jede Koalition schwarzer Gruppen richtet und Anweisung gibt, den Aufstieg eines schwarzen «Messias», wie Martin Luther King oder Stokley Carmichael, zu verhindern. King wird im April 1968 ermordet, nach fast siebenjähriger illegaler Kontrolle seiner Tätigkeit und Versuchen, ihn in den Selbstmord zu treiben. Ab etwa Juli 1969 wird die Black Panther-Partei, die aus Tausenden von Farbigen und armen Leuten in den Städten gut organisierte und disziplinierte Einheiten machte, Ziel Nr. 1 dieses Programmes. Edgar Hoover: «Ziel des FBIs ist es, die Unterstützung der Black Panther-Partei zu unterminieren, das öffentliche Bild der Partei zu zerstören und Vereinigung und langfristiges Erstarken schwarzer Gruppen zu verhindern. «Im Rahmen dieses koordinierten Programmes werden von der Polizei Überfälle mit Tötungsabsicht gegen eine große Zahl von Panther-Büros durchgeführt. Mehr als 20 Mitglieder werden während eines Zeitraums von nur vier Wochen im September/Oktober 1970 niedergeschossen oder auf Grund falscher Anschuldigungen eingesperrt. Die direkte Beteiligung des FBI an ca. 40 weiteren Morden von Panther-Mitgliedern ist nachgewiesen. Durch Intrigen, verursacht von eingeschleusten Agenten, sollen Haß und Streit innerhalb der Partei und in ihrer Zusammenarbeit mit anderen Organisationen ausgelöst werden. Das FBI veranlaßt die Massenmedien, diese Kampagne zu unterstützen. Durch einen Einbruch in das FBI-Büro in Media, Pennsylvania, werden Ziel und Methode von COINTELPRO im Frühling 1971 bekannt. Im April desselben Jahres beendet Hoover offiziell das Programm.

In dem im März 1977 veröffentlichten Report der Minnesota Citizens' Review Commission on the FBI heißt es jedoch: «Ein kurzer Blick auf die Aktivitäten des FBI in der Pine Ridge Indian Reservation zeigt jedoch sehr klar, daß diese Praktiken augenscheinlich nicht gestoppt worden sind. Im Gegenteil, das FBI führt unter neuem Namen Taktik und Philosophie des alten COINTELPRO weiter.»

Demgegenüber die beschworene Zeugnisaussage von FBI-Direktor Clarence Kelly am 7. 7. 1976 in Cedar Rapids, Iowa: «Meines Wissens ist das American Indian Movement eine Bewegung mit guten, ehrenhaften Zielen und anständigen Leuten; und wird von uns nicht als eine unamerikanische, subversive oder in einer anderen Form zu beanstandende Organisation kontrolliert.»

Nach einer im Herbst dem amerikanischen Senat vorgelegten FBI-

Studie rangiert AIM jedoch unter den 15 gefährlichsten Terrororganisationen in den USA. Die Manöver, die sich bei den Panthern als so erfolgreich erwiesen, werden jetzt beim American Indian Movement angewandt.

Die Minnesota Citizens' Review Commission zieht folgende Schlüsse: «Seit dem Trail of Broken Treaties 1972, dramatisch verstärkt nach Wounded Knee 1973, hat das FBI in systematischen Bemühungen den Versuch unternommen, AIM, seine Führer und Anhänger aufzureiben, einzuschüchtern und auf andere Weise zu ‹neutralisieren›. Verhaftungen ohne Begründung, einschließlich Frauen und Kinder; der Gebrauch von bezahlten Informanten, Verführung junger Indianer zur Kollaboration; der Mißbrauch des bundesstaatlichen ‹grand jury›-Systems, offener Meineid und Mißachtung von Gerichtsbeschlüssen; Zirkulation von falscher und provokativer Information; Einsatz von militärischen Waffen, Taktiken und Personal; Einschüchterung von alten Leuten und Kindern; offene rassistisch motivierte Verleumdung; der Gebrauch von ‹goon squads› für schmutzige Geschäfte und das Ignorieren von Gewalt gegen AIM-Mitglieder bei gleichzeitig überspitzter Reaktion auf kleinste Hinweise über angeblich von AIM verübte Gewalttaten sind nur einige Beispiele von FBI-Taktiken in Reservationen in South Dakota während der letzten Jahre.»

Ein als Rothaut getrimmter Redneck, Douglas Durham, infiltrierte unter der Instruktion des FBI das American Indian Movement. Für das FBI fotografierte er einen Tag lang während der Ereignisse in Wounded Knee 1973. Danach begann er auf Anweisung des FBI seine Mitarbeit bei der AIM-Sektion in Des Moines, Iowa. Während seiner zweijährigen Tätigkeit gelang es ihm, sich das Vertrauen von Dennis Banks, Russell Means und anderer zu erschleichen, und er nahm bald einflußreiche Positionen innerhalb der Bewegung ein. Unter der Leitung von Senator James Eastland, eines populären Rassisten aus Mississippi, tagte im September 1976 der Unterausschuß des Senats für Innere Sicherheit. Gegenstand der Untersuchung sind revolutionäre Aktivitäten innerhalb der USA – diesmal die des American Indian Movement. Douglas Durham ist der einzige Aussagende. Nach seiner Darstellung ist AIM eine Terroristenorganisation unter kommunistischer Beeinflussung (Auslandskontakte bestünden mit Kuba, China, der IRA in Irland und den Palästinensern) und Leitung, mit dem Ziel, die Regierung gewaltsam zu stürzen. Die infamen Anschuldigungen reichen über Mißbrauch von Staatsgeldern, Waffenschmuggel, Planung von Entführungen bis zur Beseitigung politischer Gegner nach Art der Mafia. Außerdem habe AIM keinen Rückhalt in der indianischen Bevölkerung und sei deshalb nicht deren Sprachrohr. Auch US-Richter Fred Nichols wird diffamiert, der im Jahre 1974 die Anschuldigungen gegen Banks und Means abgewiesen hatte. Bevor Durham vor dem Ausschuß aussagte, zog er für die ultrarechte

ANATOMY OF AN INFORMER

Dong Durham: auf Rothaut getrimmter Redneck

John Birch Society durch die Lande und versuchte Haß auf AIM zu schüren, einschließlich deutlicher Aufforderungen zu direkten Angriffen auf Organisationen und Individuen, die AIM unterstützt hatten.

Die Durham/Eastland-Veröffentlichung erschien nach einem Sommer mit fiktiven Presse-Berichten über Tausende von «Hundesoldaten» – zwecks Terroraktionen auf den Weg geschickt –, über die Ermordung von Polizisten und Gouverneuren und anderer dramatischer Begebenheiten, von denen sich keine ereignet hatte – aber die böse Saat war für die Indianer aufgegangen in Schikanen und in Gestalt schießfreudiger Polizisten.

Quellen:

Who are the real terrorists?, in: Akwesasne Notes, Spätherbst 1976, Nr. 4, S. 5–7

Hearing Board Report, Minnesota Citizens' Review Commission on the FBI, März 1977, erhältlich über: Minnesota Church Center, 122 W. Franklin Av. Room 320, Minneapolis 55404

Revolutionary Activities Within The United States – The American Indian Movement –, Report of the Subcommitee to Investigate the Administration of the Internal Security Laws, September 1976, erhältlich über: Superintendent of Documents, US Government Printing Office, Washington, DC 20402

Frauen

Indianische Frauen gehörten zu den schärfsten Kritikern von Women's Lib. Ihnen mißfiel das Ziel, in einer chauvinistischen Gesellschaft Männerpositionen zu erstreben und die Rolle der Frau zu verleugnen. In der Indianerbewegung waren die Frauen als Frauen von Anbeginn wortführend. In den meisten indianischen Nationen gehen die Gleichstellung und Respektierung der Frau auf eine lange Tradition zurück; hierzu sei nur die Funktion der Clan-Mutter bei den Irokesen genannt. Keine AIM-Aktion, bei der nicht Frauen im entscheidenden Moment das Richtige taten: bei der Besetzung/Befreiung von Wounded Knee, bei den Fischereikämpfen im Staat Washington, im täglichen Kleinkrieg in den Reservationen, im Widerstand gegen Sterilisation und Kinderraub, in der Einrichtung des Survival School-Systems.

Letztes Jahr schloß sich die feministische Front des indianischen Amerikas zu einer überregionalen Organisation zusammen und gab sich den Namen W.A.R.N. – Women Of All Red Nations. Die Gründungskonferenz war vom 18.–21. September 1978 in Rapid City, South Dakota. Arbeiterkomitees beschäftigten sich seitdem mit Zwangssterilisation, Familie, Gesundheit und Geburtshilfe, Schule, politische Erziehung, politische Gefangene, Kommunikation.

Eine Informationsschrift über Arbeit und Ziele von W.A.R.N. (gegen Einsendung von 5 Dollar) ist erhältlich bei:

Lorelei Means, General Delivery, Porcupine, S. D. 57779, USA

Was sagen die indianischen Männer zu W. A. R. N.?

Jimmie Durham, International Indian Treaty Council: «Es gibt da einige Leute, die sagen, es sei nicht traditionell, daß Frauen Führungsrollen übernehmen und ihre eigene Organisation innerhalb des Treaty Council gründen. Aber ist es traditionell, arm zu sein und vom BIA kontrolliert zu werden? Ist es traditionell, daß uns unser Land weggenommen, unsere Frauen sterilisiert und unsere Kinder gestohlen werden? Vielleicht meinen diese Männer, die so daherreden, daß die Männer stark genug seien, diese Probleme aus eigener Kraft zu lösen. Doch wenn sie so stark sind, warum sind wir dann noch nicht frei? Wir brauchen eine Frauenorganisation. Alle anderen Befreiungsbewegungen, wie zum Beispiel in Südafrika, Zimbabwe, Palästina, Vietnam, Laos, Kambodscha etc., haben starke Frauenorganisationen und sie gewinnen ihren Freiheitskampf. Wenn wir frei sein wollen, brauchen wir eine starke nationale Organisation und ebenso eine starke Frauenorganisation.»

John Trudell, American Indian Movement: «Ich persönlich hoffe, daß W. A. R. N. sich nicht zu einer Sache entwickelt, wo die Frauen von den Männern getrennt werden – denn wir sind EIN Volk. Wir haben so viele Spaltungen erlebt, sie haben uns in Schüler und Studenten, Trinker und Sozialhilfeempfänger, Militante, sellouts (Leute, die den Ausverkauf indianischer Interessen betreiben), Christen und Traditionalisten aufgeteilt – wir tragen all diese unzähligen Etiketten und sind nicht länger EIN Volk.

In den nächsten fünf Jahren wird sich Amerika sogar noch mehr als bisher verändern. Sie werden ziemlich bald kommen, sie werden Leute abholen, die ihr heute habt sprechen hören, und sie einsperren. Die Polizei, die Gerichte bereiten sich schon darauf vor . . . Sie werden nicht aufhören, bis sie jedes Stück Land, das uns noch gehört, in Händen halten. Und sie werden nicht aufhören, bis wir so gespalten sind, daß wir keine fünf Leute mehr in einen Raum zusammenbringen können, die zugeben würden, daß sie Indianer sind, und sich darüber einig sind, was das bedeutet. Und damit haben sie schon große Fortschritte gemacht. Sie schauen sich bei uns um und sehen die Streitigkeiten und Uneinigkeit innerhalb der indianischen Gemeinden, und sie glauben, daß sie uns ziemlich genau dort haben, wo sie uns haben wollen. Und manchmal, wenn ich mich umsehe, habe ich das Gefühl, daß sie ihrem Ziel schon ziemlich nahe gekommen sind.

Ich weiß nicht, wer es sein wird, ob die Alten, die Frauen oder die Männer, aber jemand muß jetzt an die Bewegung herantreten und ihr sagen: Das ist unsere Philosophie, und so werden wir uns verhalten. Das ist einfach eine schlichte Überlebensfrage. (. . .)

Manchmal denke ich, daß wir nicht so stark an unsere spirituelle Beziehung zur Erde glauben, wie wir das behaupten, denn wir handeln manchmal nicht so, wie wir reden. Und das schadet uns, denn es macht uns zu Heuchlern wie unsere Gegner. (. . .)

Doch wir tun so, als wäre alles okay, und schieben die Schuld auf jemand anderen.

Wir hoffen, daß die Alten und die Frauen und die Krieger diese Dinge, die jetzt stattfinden, einbringen werden und wir uns damit auseinandersetzen werden. Denn wir werden mit dem Problem der Zwangssterilisation und der Pflegefamilien nicht fertig werden können, wenn wir nicht eine Lösung für uns selbst finden.»

Ursula Wolf von der Münchener Koordinationsgruppe Indianer der Gesellschaft für bedrohte Völker befaßte sich zwei Jahre vor Ort mit der Rolle der indianischen Frau. Die Ergebnisse ihrer Studien werden im Herbst 1979 im Frauenbuchverlag, München, erscheinen. Titel: «Mein Name ist: Ich lebe»

Noch ein Literaturtip: Rose Sobol: Woman Chief – Es gab eine Frau, die Häuptling war, Aarau/Frankfurt 1979, Verlag Sauerländer

Genfer UNO-Konferenz

Vom 20.–23. September 1977 trafen sich im Palais des Nations in Genf Delegationen indianischer Nationen beider Amerikas vor dem Entkolonialisierungsausschuß der Vereinten Nationen. Die indianischen Vertreter sprachen über Landraub, Verfolgung und Selbstbestimmung und klagten die Regierungen ihrer Heimatländer des Ethnozids Genozids an. Erstmals wurde dabei die Zwangssterilisation indianischer Frauen in den USA bekannt. Brasilien und Kolumbien ließen keine Indianer ausreisen. In den USA wurde die Konferenz von den Medien ignoriert.

Sämtliche Materialien und Dokumente der drei Tage von Genf sind enthalten in: pogrom Nr. 54–56 (Dreifachnummer), Zeitschrift der Gesellschaft für bedrohte Völker; Bestelladresse: Brahmscher Straße 200, 4500 Osnabrück, Preis DM 7,50.

«Vielleicht werdet ihr uns verstehen, wenn ich in eurer Sprache, in der Terminologie des weißen Mannes zu euch spreche: Anstatt euch zu bitten, das Leben zu respektieren, bitten wir euch, Kapital zu respektieren. Betrachtet die Bodenschätze dieser Welt als Kapital. Betrachtet sie nicht länger als Einkommen, das man wieder ausgeben muß. Denn wenn ihr nicht aufhört, unsere Verwandten, die Tiere und Pflanzen und unsere heilige Mutter als Einkommen zu betrachten, werdet ihr die unwiederbringlichen Ressourcen in diesem Land für immer verschleudern. Aber wenn ihr sie als Kapital betrachtet, dann werdet ihr vielleicht etwas Respekt aufbringen. Denn sobald das Kapital weg ist, ist es auch um das gesicherte Einkommen geschehen.»
Russel Means, Genf 1977

Indianer-Klischees

Der Indianer wurde zur Projektion des Unerreichbaren, er erzeugte wohlige Gänsehaut und nostalgische Wehmut, er war Feind, Wilder, Barbar und gleichzeitig Held und Edler aus paradiesischer Wildnis – dies für Menschen, die nie einen Indianer gesehen hatten. In deutschen Kinderköpfen lebt der Krieger des 19. Jahrhunderts als Identifikationsfigur – unempfindlich gegen den Zug der Zeit bis heute.

Mit der aufkommenden Unterhaltungsindustrie wurde der Einheitsindianer geschaffen, der Totempfahl, Mustang, Rindenkanu, Marterpfahl, Tipi, Adlerfeder, Tomahawk, Lendenschurz, Friedenspfeife und Skalpierfreude in sich vereinte und in seinem Blutdurst mithalf, in Hollywoods Westernproduktion die Existenz des Genres zu sichern und postum die Eroberung des Westens zu rechtfertigen. «Die Indianer hatten Land und waren so selbstsüchtig, es behalten zu wollen.» Wie John Wayne sprach, dachten alle. Ethnographische Mindestsorgfalt läßt seit den sechziger Jahren Filme nachrücken, die zum Teil auch indianischen Kinobesuchern standhalten.

Neue Klischees stehen bereit: Heute ist der Kämpfer um Land und Leben in seiner Heimat ein bezahltes Kommunistenschwein, der allen rechtschaffenen Einfamilienhausbesitzern dasselbe wegnehmen und die Regierung stürzen will. Oder aber ihn umhüllt der Mantel des Schweigens: die Nachrichtensperre. So geschehen bei Leonard Crow Dogs Gefängnistour oder dem Gang aller nach Genf zu den Vereinten Nationen. Die Mehrheit der US-Bürger hat neblige Vorstellungen von der Existenz jener anderen Kultur, wie von anderen Kulturen überhaupt. Es

Die Werbeleute lassen sich immer ausgefallenere Ideen ein

Er reitet für den Umsatz

Indianer und Bergsteiger

Von unserem Mitarbeiter Wolfgang Plischke

Hocherhobenen Hauptes reitet uffalo Child, Büffelskind, mit seiem Pferd Zuni über die Zeil. Der napp zwei Meter große Cherokee-hoctaw-Indianer steht schnell im Aittelpunkt des Interesses. Die ugen von jung und alt richten ich auf den mit Glöckchen behanenen, nur mit einem roten Lenenschurz bekleideten 54jährigen reinwohner der Vereinigten taaten, der jetzt in Hollywood bt. Doch Buffalo Child ist nicht wa nach Frankfurt gekommen, eil er die Bewohner der Mainetropole auf die Probleme der erbliebenen Indianer in Wounded nee aufmerksam machen möchte. ielmehr: er wurde von einem aufhaus angeheuert, das sich mit eser exotischen Werbe-Aktion ne Steigerung der Umsatzziffern ir Indianerschmuck verspricht.

Aufgespießt

„Roter Indianer-Häuptling und Kommunisten-Spezi."

Franz Josef Strauß über den Vorsitzenden der französischen Sozialisten, François Mitterrand.

Bild am Sonntag

19. August 1973 • Seite 52

Belgien bfr 16,50; Dänemark dkr. 2,80; England 23 p; Frankreich F 2,00; Holland hfl. 1,30; Italien Lire 250; Jugoslawien Dinar 7,00; Luxemburg lfr. 15,00; Norwegen nkr. 3,00; Österreich S 8,–; Schweden skr. 2,50; Schweiz sfr. 1,20; Spanien Ptas 35,–; Kan.-Ins. Ptas 40,–.

Winnetous Schwester macht Mode!

Welcher Mann würde da nicht gerne auf den Kriegspfad gehen? Die englischen Mädchen haben den Indianer-Look entdeckt. Und so wie diese junge Schönheit schmücken sie sich mit Armreifen, Halsketten und Zopfspangen, wie sie früher von den Squaws der Sioux und Apachen getragen wurden. Allerdings: schwierig wird die Suche nach Original-

schlägt „Wi... dem Umsatz... In einem ... Zeil sollen ... Holzsch... enten ... Fra...

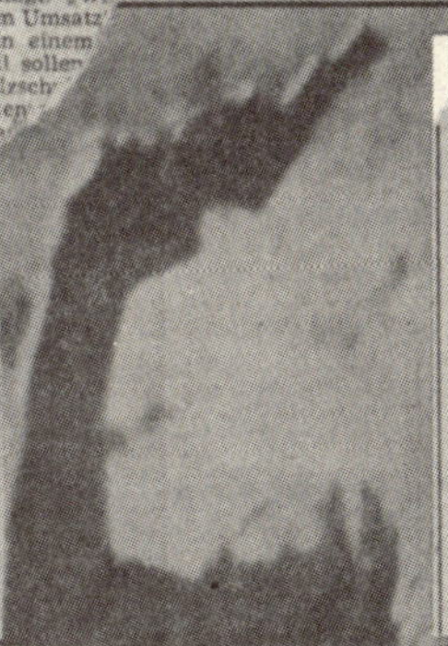

An der Stell

VON WOLFGANG WILL

sod. Wounded Knee (US-Staat South Dakota), 2. Febr. Mehr als 200 Sioux-Indianer haben das Kriegsbeil ausgegraben. Nach einem Überfall auf den historischen Handelsposten „Wounded Knee" (Verwundetes Knie) halten sie seit Tagen elf Weiße als Geiseln gefangen. Es ist ihr letztes Gefecht . . .

Süddeutsche Zeitung Nr. 181

Kanada: Von Indianern bedroht

Ottawa (ddp)

Kanada hat den Vereinten Nationen einen Bericht seiner Polizei unterbreitet, in dem die Tätigkeit von Aktivisten der Indianerbewegung „Rote Macht" (Red Power) als „die Hauptgefahr für die nationale Stabilität und Sicherheit" in Kanada bezeichnet wird. In dem Bericht, der für die Regierung in Ottawa ausgearbeitet und der UNO-Konferenz über die Kriminalität vorgelegt wurde, wird unter anderem betont, daß die Extremisten insbesondere im Westen Kanadas aktiv seien. Dort transportierten sie Waffen von einem Ort zum andern und versperrten öffentliche Straßen durch von bewaffneten Indianern bemannte Barrikaden. Außerdem forderten sie für die kanadischen Indianer riesige Landstriche und drohten gleichzeitig mit Sabotageakten gegen Erdöl- und Erdgasleitungen.

Revolutionäre Taktik am Wounded Knee

enatsausschuß sieht im Indianeraufstand von 1973 einen Versuch zum Sturz der amerikanischen Regierung

Washington (AP)

ie amerikanische Indianerbewegung (AIM), en Mitglieder im November 1972 in das Amt indianische Angelegenheiten in Washin... engen und im Frühjahr 1973 ...

sentier... derhe...

Großer Manitu, laß' schneib'n!

Stammestanz der Indianer in Colorado letzte Hoffnung

Ein Indianer reißt den Colt hoch — im nächsten Moment kracht der Schuß. Das blauschwarze Haar des Sioux ist zum Zopf geflochten. An seinem Hut glitzert Stammesschmuck.

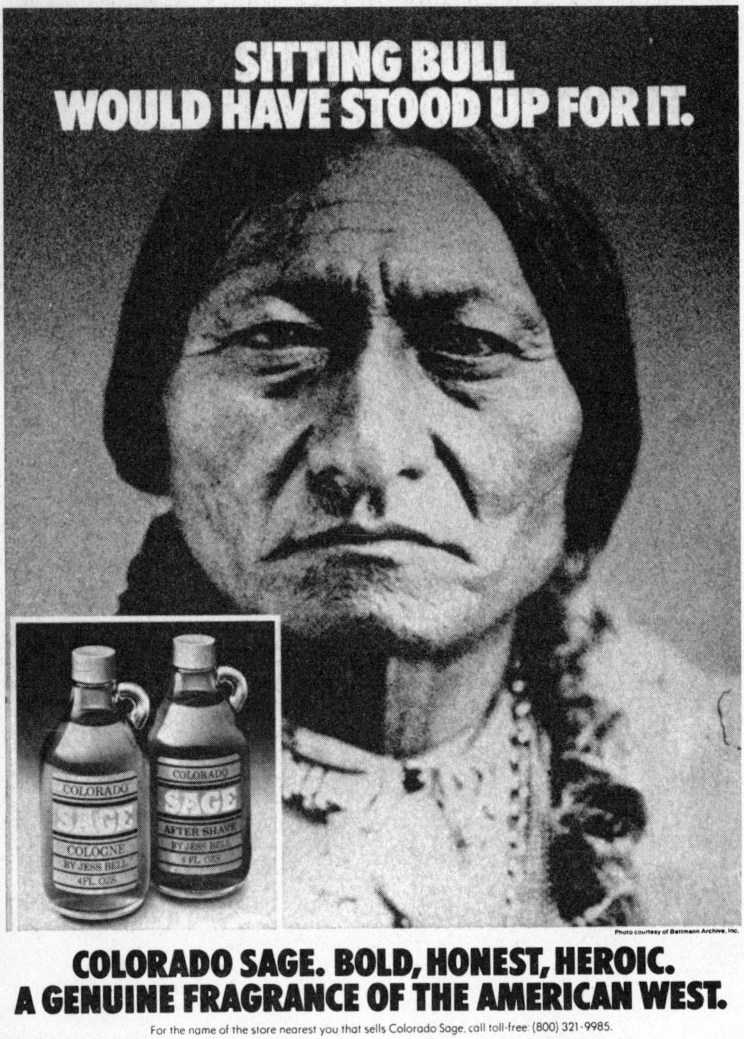
SITTING BULL
WOULD HAVE STOOD UP FOR IT.
COLORADO
SAGE
COLOGNE
BY JESS BELL
4FL. OZS
COLORADO
SAGE
AFTER SHAVE
BY JESS BELL
4 FL. OZS
Photo courtesy of Bettmann Archive, Inc.
COLORADO SAGE. BOLD, HONEST, HEROIC.
A GENUINE FRAGRANCE OF THE AMERICAN WEST.
For the name of the store nearest you that sells Colorado Sage, call toll-free: (800) 321-9985.

finden sich auch genügend Zeitgenossen, die gar nicht wissen, daß es noch Indianer gibt.

In der hiesigen Presse leben die Indianer auf den letzten oder «gemischten» Seiten als Rothäute auf Kriegspfad und heißen meistens Winnetou, da kaum ein Journalist in der Lage oder auch daran interessiert ist, ihre Namen richtig zu schreiben. Genauigkeit ist nicht gefragt, da werden aus den Mohawks flugs die Mohikaner. Ein Nachrichtenredakteur der «Süddeutschen Zeitung», darauf angesprochen: «Das ist so weit weg, wie sollen wir das nachprüfen, was stimmt und was nicht.» Stimmt.

Mit aufkommenden AKW-Bewegungen, dem allerorten keimenden europäischen Regionalismusgedanken, mit zunehmender Computerherrschaft, Staatsverdrossenheit und der Liebäugelei mit dem Anarchismus wuchs die Bereitschaft, indianische Weltanschauung als Ausweg aus dem globalen Schlamassel zu betrachten. Aber wieder war der Rote Mann vom Zauber verklärt – er war zum edlen Wilden des Atomzeitalters geworden: ökologiebewußt, antiimperialistisch, antiklerikal.

Das dogmatische linke Lager hierzulande hatte Schwierigkeiten, die spirituellen Genossen als solche anzuerkennen. Sie waren zwar Opfer von Imperialismus und Kapitalismus und kämpften konsequent gegen eben jene, doch funktionierten die Begriffe Arbeiterklasse und Lumpenproletariat nicht. Außerdem beteten die militanten Krieger zum Schöpfer des Lebens und holten sich Kraft für das Gelingen ihres Tuns. Und das ist strammen Kommunisten doch eher peinlich.

Freaks und Stadtindianer kürten ihre Helden zu den guten Menschen aus dem Westen. Groß war dann die Enttäuschung, wenn die guten Roten einen McDonald-Burger kauten und mit Spraydosen sprühten. Und keiner hatte den Mumm, die Heiligen aus der Prärie zu kritisieren. Mir steht es als weißem Mann nicht zu, drum soll es Phillip Deere sagen: «Indianer sind keine besseren Menschen.» Sie haben das menschlichere Wertsystem. Doch auch dem gilt es erst zu folgen.

Indianerland und Ausbeutung der Bodenschätze

«Man verkauft die Erde nicht, auf der die Menschen wandeln», so faßte Häuptling Tashenka Witko (Crazy Horse) die indianische Beziehung zur Erde zusammen. Den landhungrigen europäischen Kolonisatoren war die Erde nicht heilig, sondern bildete die Grundlage für ökonomischen Fortschritt und Entwicklung.

«Glasperlenverträge», Gewehrkugeln und Gesetzgebung vertrieben die Indianer von ihren angestammten Gebieten:

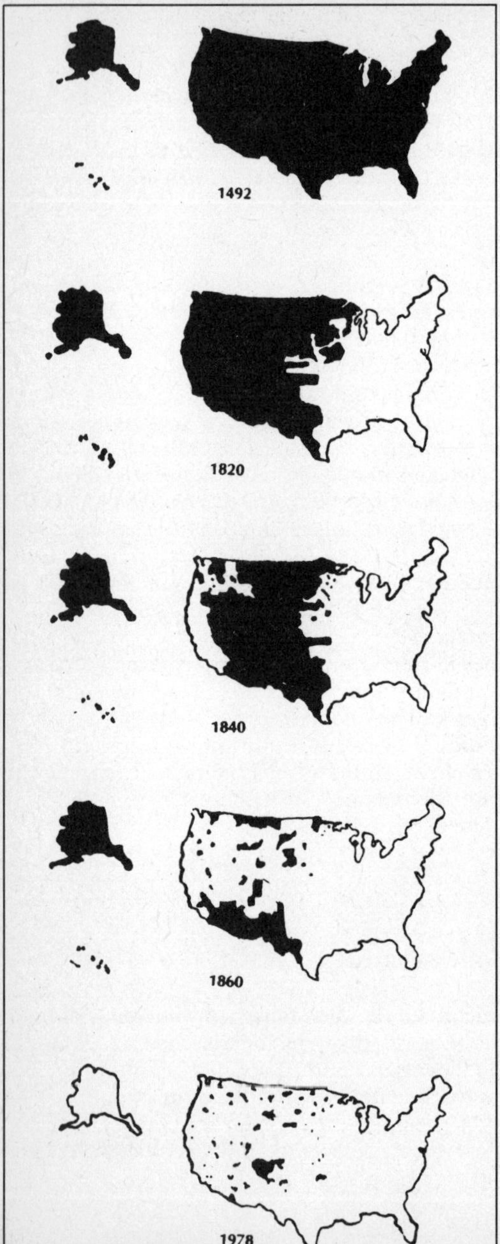
1492
1820
1840
1860
1978

EMPIRE
PROPERTIES
PA 2-6770
"WE SELL THE EARTH"
NOTARY PUBLIC

THIS IS INDIAN LAND

Indianisches Land:	1905000000 Acres
1842	105000000 Acres
1975	56000000 Acres
davon:	14000000 stark zerstört
	17000000 ziemlich zerstört
	25000000 leicht zerstört

Land bildet die Basis für die indianische ökonomische Unabhängigkeit und politische Souveränität. Mehr als die Hälfte der 226 Stämme, die von der Regierung in Washington anerkannt sind, klagen zur Zeit Land- und Landnutzungsrechte ein.

Die Penobscot und Passamaquody in Maine beriefen sich auf ein Gesetz aus dem Jahre 1970, das den Weißen den Kauf und das Pachten indianischen Landes ohne Zustimmung des Washingtoner Kongresses untersagte. Die Stämme hatten Anspruch auf zwei Drittel der Staatsfläche Maines, auf der sich ein großer Teil der Industrie Maines konzentrierte. 1978 wurde ein Kompromiß ausgehandelt, als Entschädigung wurden 27 Millionen Dollar in bar gezahlt und weitere 10 Millionen Dollar, mit denen die Stämme ein Gebiet von etwa 400 Quadratkilometern aufkaufen können. Ein anderes Beispiel des Widerstandes ist Ganienkeh. Eine Gruppe traditioneller Mohawks besetzte im Mai 1974 ein leerstehendes Pfadfindercamp, um die Anerkennung ihrer Vertragsrechte durchzusetzen. Sie trotzten allen Intervenierungsversuchen von Regierung und Polizei, bis sie neues Land zur Verfügung gestellt bekamen. Doch der Zugriff nach Stammesland ist noch nicht vorbei. Jetzt sind es die multinationalen Konzerne, die durch den Abbau von Ressourcen auf Indianerland den Boden zerstören und für die Bewohner nutzlos machen. Im folgenden drei Beispiele: das Verhältnis US-Uraninteressen und Indianerboden; die Kohle von Black Mesa; James Bay-Project und die Cree.

Uran

Innerhalb der nächsten 15 Jahre wollen die USA die totale Unabhängigkeit in der Energieversorgung erreichen. Nach einem Report des Department of Energy vom Februar 1976 soll dies über die verstärkte Ausbeutung der Kohle- und Uranvorkommen erfolgen. Die durch Atomkraft erzeugte Elektrizität wird von 42000 Megawatt im Jahre 1976 auf 127000 Megawatt im Jahre 1985 erhöht werden, im Jahr 2000 auf 380000 Megawatt. Auf der Basis von Öl und Gas produzierende Kraftwerke werden in manchen Fällen bereits gezwungen, auf Kohle umzustellen. Das National Electrical Reliability Council (NERC) plant eine Steige-

rung der Atomenergie um 352% bis zum Jahr 1985 und eine 168%ige Zunahme von durch Kohle erzeugter Energie.

US-Regierung und multinationale Konzerne greifen nun nach den letzten «homelands» der Indianer, denn auf diesen Reservationsgebieten liegen die größten Rohstoffquellen des nordamerikanischen Kontinents. Die Indianer werden erneut kolonialisiert, diesmal für die nationale Energieentwicklung.

- Den Indianern gehören über ein Drittel aller Kohlevorkommen mit niedrigem Schwefelgehalt und rd. 55% der Uranreserven. Rechnet man die Vorkommen innerhalb der Grenzen indianischen Vertragslandes (über die Grenzen der Reservationen hinausgehende Gebiete) hinzu, gehört den indianischen Nationen ca. 80% des gesamten Urans Nordamerikas.

- 1974 kamen 100% des produzierten US-Urans von indianischem Land.
- Als Nation stehen die nordamerikanischen Ureinwohner an fünfter Stelle in der Weltproduktion.
- 1978 waren 1185000 Acres Stammesland unter Pachtverträgen für Uranförderung:

Colorado:	162000 Acres
New Mexico:	786000 Acres
Washington:	57000 Acres
Wyoming:	180000 Acres

- Das meiste Uran ist konzentriert auf die Navajo Nation (Arizona, New Mexico), Laguna Pueblo (New Mexico), Spokane Nation (Washington) und Sioux Nation (North und South Dakota, Black Hills).
- 1975 gab es 380 Pachtverträge für Uranförderung auf Indianerland, verglichen mit vier auf öffentlichem Grund.

Mit der Zunahme des «Indianischen Aktivismus» (Wounded Knee, Land Claims, Longest Walk, Arbeit mit den Vereinten Nationen) fürchtet die US-Regierung das Erstarken der indianischen Nationen und damit deren zunehmende Kontrolle über ihre Bodenschätze. Indianische Ressourcen sind deshalb die ersten, die abgebaut werden. Außerdem sind sie billig. Die vom BIA mit den Konzernen abgeschlossenen Pachtverträge gelten, «solange Erz in sich lohnender Quantität abgebaut werden kann». Die Ertragsanteile werden dabei auf eine konstante Rate festgesetzt, ohne sich dem steigenden Marktwert der Ressourcen anzupassen.

- 1975 bekamen indianische Nationen 15 Cent für jede auf ihrem Land abgebaute Tonne Kohle. Seit 1968 stieg der Durchschnittspreis für eine Tonne Kohle jedoch von 4,67 auf 19,24 Dollar im Jahr 1975.
- 1975 erhielten sie 60 Cent für ein Pfund Uran, der Marktpreis betrug 30 Dollar (2% des Marktpreises). 1978 stieg der Uranpreis auf 69 Dollar pro Pfund.

Der größte Teil der Produktion ist unter Kontrolle einer kleinen Gruppe von Firmen.

- 1977 waren 14 Firmen verantwortlich für 97% der Uranproduktion.
- Nach einer Studie der Oil, Chemical and Atomic Workers Union kontrollierten 1977 nur sieben Konzerne 81,5% aller Uranreserven.

Zu den führenden Konzernen gehören Kerr McGee (33%), Gulf Oil, United Nuclear, Exxon und General Electric, gefolgt von ARCO, Phillips Petroleum, Union Carbide und Standard Oil. Damit sind 74,5% aller Uranreserven unter Kontrolle von Ölfirmen.

- Die Urangesellschaft mbH, Frankfurt, und die Uranerzbergbau

GmbH, Bonn, mit Unterstützung der Bundesregierung und des Ministeriums für Forschung und Technologie sind an diesen Transaktionen ebenfalls maßgeblich beteiligt.
Um den Uranabbau auf den Reservationen zu sichern, finanziert die US-Regierung jetzt Trainingsprogramme für indianische Bergarbeiter.

- 1977 arbeiteten 3200 Bergleute unter Tage und 900 im Tagebau. 1990 benötigt die Industrie 18400 Bergleute unter Tage und 4000 im Tagebau.
- Die meisten der indianischen Arbeiter sind in keiner Gewerkschaft organisiert. Die Gewerkschaft fordert höhere Löhne und Zusatzzahlungen für Uran-Arbeiter als es in den Pachtvereinbarungen mit Indianern geschieht. Der gewerkschaftliche Stundenlohn betrug 1963 2,01 Dollar, Navajo-Arbeitern wurden 1,25 Dollar gezahlt. 1968 betrug ihr Lohn 2,26 Dollar, während der Gewerkschaftstarif auf 3,42 Dollar gestiegen war.

Die Urangewinnung wird weiterhin forciert, ohne Rücksicht auf die Gefahren für Mensch und Natur. Mit der Uranförderung auf der Navajo-Reservation, in der Nähe von Shiprock, dem größten Bevölkerungszentrum, begann Kerr McGee um 1950. In den frühen siebziger Jahren waren die Vorräte abgebaut. Kerr McGee hinterließ eine hochradioaktive Aufbereitungsanlage und verseuchte Navajo-Bergleute. Bis heute starben zwanzig von ihnen, und weitere zwanzig haben durch Strahlung verursachten Lungenkrebs. Die Firma übernimmt dafür weder die Verantwortung noch die entstandenen medizinischen Kosten. Eine Fläche von 71 Acres ist bedeckt mit den hochradioaktiven Abfällen der Aufbereitungsanlage, sie enthalten 85% der ursprünglichen Radioaktivität des Urans. Nach einem Report des Department of Energy erhöht die Verbreitung dieser Abfälle durch Wind oder Wassererosion das Krebsrisiko um 100% für Personen, die innerhalb einer halben Meile dieser Halden leben. Der San Juan River, die Hauptwasserader der Reservation, fließt an diesen Halden in einem Abstand von nur 18 Metern vorbei.

Die größte Uranmine befindet sich auf dem Laguna Pueblo und ist seit 25 Jahren in Betrieb. Kein Teil des Landes ist bisher wieder instand gesetzt worden, und Tausende Tonnen von Uran mit niedrigem Radioaktivitätsgehalt sind in der Gegend verstreut. 1973 fand die Enviromental Protection Agency, daß das Laguna-Wasser verseucht war. Bis heute ist nichts unternommen worden.

Gegenwärtig gibt es 22 verlassene Abfallhalden der Aufbereitungsanlagen mit 26 Millionen Tonnen radioaktiven Abfalls, bis 1990 werden es 280 Millionen Tonnen sein. Das Department of Energy schätzt den Bedarf an Aufbereitungsanlagen im Jahr 2000 auf 100 innerhalb der US-Grenzen. Eine vor kurzem herausgegebene Studie des BIA geht davon aus, daß allein in New Mexico 100 Uranbergwerke und 10 Aufbereitungsanlagen bis zum Jahr 2000 produzieren können.

Quellen:

Akwesasne Notes, Vol. 11, Nr. 1, Februar 1979.
Einzelinformationen des International Indian Treaty Council, 777 United Nations Plaza, Suite 10 F, New York, New York 10017, Kontaktperson: Winona La Duke.

Black Mesa

Im Nordosten der Hopi-Pueblos liegt ein schwarzer Tafelberg: Black Mesa. Das ganze Gebiet, von den Hopi «Tukunavi» genannt, ist für sie das Herz der Mutter Erde, Ruhepunkt des Hopi-Universums. Zerstörung und Mißbrauch dieses heiligen Landes bedeuten das Ende der Hopi und allen anderen Lebens. Auch den Navajo ist der Berg heilig. «Die Umwandlung des Berges bringt Verderben», sagen sie.

Black Mesa ist schwarz durch die Kohle. 1910 entdeckte man durch Zufall die Flöze, die bis zu vier Meter mächtig aus dem Berg traten. Experten schätzten das Vorkommen auf 16 Milliarden Tonnen, von denen etwa 8 Milliarden wirtschaftlich abgebaut werden können.

1970 begann die Peabody Coal Company aus Missouri mit dem Abbau der Kohle. Eingesetzt wird der Giant Earth Mover, ein Riesenbagger, nur in Einzelteilen transportierbar. Er ist 7000 Tonnen schwer und 60 Meter hoch, zur Führerkanzel fährt ein Lift. Ohne Unterbrechung trägt er Tag und Nacht die Erde ab, sein Elektrizitätsverbrauch entspricht dem einer Stadt mit 15000 Einwohnern. Mit jedem Biß versetzt er rund 220 Kubikmeter Erde. «Seit sieben Jahren habe ich die Stille der Natur nicht mehr gehört und die Dunkelheit der Nacht nicht mehr gesehen. Ich werde in Kummer sterben», betet die 72jährige Bessie Etsitty Begaya, die auf Black Mesa lebt. Peabody plant, vier riesige Gräben von ca. 122 Meter Tiefe auszuheben und nach Entnahme der Kohle drei wieder mit Erde zuzuschütten. Der vierte Graben soll mit Wasser aufgefüllt werden, ein ungewöhnliches Vorhaben auf Black Mesa, wo der jährliche Niederschlag gerade 28 Zentimeter beträgt. Die ausgegrabene Erde der Mine wird in den Fluß Dot Klish Wash, der Hauptwasserader von Black Mesa, transportiert, der den Navajo und Hopi zur Bewässerung ihrer Felder dient. Schon jetzt ist der Fluß im Frühjahr grau von Schiefermehl und wertlos für die Bewässerung der Maisfelder.

Die gewonnene Kohle wird pulverisiert und mit Wasser vermischt durch Pipelines in die umliegenden Kraftwerke geleitet. Fünf Brunnen pumpen im 24-Stunden-Rhythmus das Wasser aus Jahrmillionen alten Grundwasservorkommen in 6100 m Tiefe an die Oberfläche, 102 Liter pro Minute – in 35 Jahren sind es über 10 Milliarden Liter. Es gibt keine

Garantie, daß die höherliegenden Wasservorräte davon nicht betroffen werden. Viele Flüsse sind bereits versiegt. Pro Acre/foot verbrauchten Wassers zahlt Peabody den Hopi und Navajo 5 Dollar, während die gleiche Menge, bezogen vom Central Arizona Project for Water Use, 55 Dollar kosten würde.

Bereits 1954 entstanden die ersten Pläne für den Bau von sieben gigantischen thermischen Kraftwerken, die Los Angeles, San Diego, Las Vegas, Phoenix, Tucson und Albuquerque mit Elektrizität versorgen sollten. Verantwortlich zeichnete die wirtschaftlich wie politisch einflußreiche Western Energy Supply and Transmission Associates (WEST-Associates), denen Firmen und Verbände aus 23 US-Staaten angehören. Zwei der geplanten Werke sind bereits in Betrieb, eines davon das Four Corner-Kraftwerk am Schnittpunkt der vier Bundesstaaten Utah, Colorado, New Mexico und Arizona. 1970 betrug der tägliche Ausstoß 383 Tonnen Asche, 1032 Tonnen Schwefeldioxid und 220 Tonnen Stickstoff. Ein unveröffentlichter Report des US-Public Health Service hält die austretenden Gase des Four Corner-Werkes für gesundheits- und vegetationsschädigend. Welche Effekte hätten dann zusätzliche Kraftwerke auf die Gesundheit von Hopi und Navajo? Die Smogschwaden, die zeitweise durch den Grand Canyon ziehen, haben die für Los Angeles festgesetzte Alarmgrenze bereits überschritten. Über Flagstaff – 322 km südwestlich von Four Corner – schluckte die Luftverschmutzung in den Jahren von 1965 bis 1970 15% des Sonnenlichtes. Ein vom Satelliten Gemini 12 aus einer Höhe von 273 km aufgenommenes Foto zeigt die Smogwolke als einzigen Fremdkörper über dem nordamerikanischen Kontinent.

Den über 35 Jahre laufenden Vertrag über den Kohleabbau auf Black Mesa hatte die Peabody Coal Company 1966 mit dem jeweiligen Tribal Council (vom Bureau of Indian Affairs – BIA – eingesetzter und bezahlter Stammesrat) der Hopi und Navajo abgeschlossen, mit der notwendigen Zustimmung des BIA. Eine Information aller Einwohner erfolgte nicht, die Stimmen der Traditionalisten wurden nicht gehört. Die ihnen von Tribal Council, BIA und Peabody vorenthaltene Kopie des Vertrages gelangte erst im November 1970 durch den Native American Rights Fund (NARF) in die Hände traditioneller Hopi-Führer. Im Mai 1971 klagten 62 Hopi, traditionelle Vertreter aller Dörfer, gegen die Peabody Coal Company und Roger Morton als Vertreter des US-Innenministeriums. Neben religiösen und juristischen Klagepunkten führten sie an, daß das Tribal Council zum Vertragsabschluß auf keinen Fall autorisiert gewesen sei. Die Hopi-Verfassung enthält einen Passus, in dem das Council beauftragt wird, «Verpachtung von Hopi-Land zu *verhindern*». Außerdem waren zu jenem Zeitpunkt nur elf von 18 Sitzen des Councils besetzt. Fünf der elf Vertreter waren nicht auf dem in der Verfassung vorgeschriebenen Verfahrensweg bestellt worden. Das Gericht in Phoenix entschied gegen die Klage. 1975 entschied das Berufungsgericht im gleichen Sinne, Grundlage für die Entscheidung ist verfahrenstechnische Bestimmung: «indispensable parties». Zu deutsch: die Hopi-Führer waren nicht die richtigen Kläger. Das Hopi Tribal Council, als Vertragsunterzeichner, gilt als «indispensable party» für jede Klage im Zusammenhang mit Black Mesa, entweder als Kläger oder Beklagter. Das Council war jedoch kein Beklagter, da dazu erst nach US-Bundesgesetz die Zustimmung des Councils selber und die des Kongresses vorliegen muß. Der Oberste Gerichtshof wies die Klage ab. Dies ist rassistische Rechtsverletzung. Würde jemand im weißen Amerika die Entscheidungen eines Stadtrates ernst nehmen, in dem die Mehrzahl der Stadtbezirke nicht vertreten ist?

Die Situation heute: 1973 arbeiteten 2200 Personen auf Black Mesa, davon 440 Navajos, 1977 wurde die Gesamtzahl reduziert auf 360, davon 300 Navajos und zwei Hopis. Das jährliche Einkommen des Hopi Tribal Councils durch die Peabody Operationen beläuft sich auf 900000 Dollar. Das Council hat drei weiteren Energieunternehmen die Genehmigung zur Ressourcenforschung und -ausbeutung gegeben. Navajos behaupten, daß ein Brunnen eingestürzt ist und ein neuer angelegt wurde. Dem Manager der Peabody Mine ist davon nichts bekannt. Sechs Jahre nach Beginn erster Restaurationsversuche ist das Land noch immer grau und kahl. Eine Studie der Ford Foundation kommt zu dem Schluß, daß die Wiederherstellung eines Gebietes wie Black Mesa 300 Jahre dauern kann oder vielleicht nie mehr möglich ist.

Quellen:

Richard O. Clemmer: Black Mesa and the Hopi, in: Native Americans and Energy Development, hg. von Anthropology Ressource Center, Cambridge, Mass. 1978

Claus Biegert: Seit 200 Jahren ohne Verfassung, Reinbek 1976

James Bay

Sieben traditionelle Jagdgebiete südöstlich der James Bay in Kanada konnten sich die Cree bis in die siebziger Jahre des 20. Jahrhunderts erhalten. Die rund 7000 Cree lebten bisher ohne vertragliche Bindung unter der weißen Regierung, denn bis zum Beginn des La Grande-Projekts gab es in der Provinz Quebec keine gesetzlichen Regelungen über indianische Territorien. Innerhalb der Jagdgebiete der Cree entsteht seit nunmehr sieben Jahren das größte Wasserkraftwerk der Welt. Ganz oder teilweise gestaut werden sieben große Flüsse, die bis auf einen alle in die James Bay fließen. Der hydroelektrische Komplex soll nach seiner Fertigstellung neben der Provinz Quebec auch die Städte Toronto, Boston und New York mit Strom versorgen. Die ersten vier Einzelwerke stauen in einem kombinierten Verbundsystem mit neun Dämmen und 175 Deichen sechs künstliche Seen auf, die zusammen zwanzigmal größer sind als der Bodensee. Nur für Damm- und Deicharbeiten müssen über 200 Millionen Kubikmeter Erde und Gestein bewegt werden. Bis 1985 sollen die Werke eine Leistung von 10000 Megawatt erreichen, vier weitere Werke sind geplant, die die Leistung auf 12000 Megawatt erhöhen sollen. Den Transport der gewonnenen Energie in den Süden nach Montreal werden fünf Hochspannungsleitungen übernehmen. Extrem hohe Spannungen, die bei 735000 Volt liegen, sollen den Energieverlust auf den langen Strecken reduzieren (Vergleich: Überlandleitungen in der BRD 340000 Volt).

Einwände besorgter Biologen und Klimatologen wurden von den Verantwortlichen ignoriert. Staudämme und Erdbeben stehen – so wies der britische Biologe Gordon Rattray Taylor in einer 1971 abgeschlossenen Studie nach – in einer intensiven Wechselbeziehung. So erreichte z. B. in Sambia, wo bis zum Bau des Kariba-Dammes keine seismischen Aktivitäten zu verzeichnen waren, ein Erdbeben 1963 die Stärke 5 auf der 12teiligen Richter-Skala. Obwohl ein Seismologisches Institut in Süd-Quebec – aufs Jahr verteilt – bereits regelmäßig leichte Stöße verzeichnete und Faltzonen aus dem St.-Lorenz-Tal auch unter Ottawa, Montreal und Quebec entlanglaufen, existiert das Problem in den Veröffentlichungen der Regierung nicht. Ungelöst ist auch die Frage, wie die Größe des künstlichen Sees konstant gehalten werden soll. So hatte sich ein Stausee im ehemaligen Niederländisch Guayana zwei Jahre nach der Überflutung verachtfacht und einen Sumpf geschaffen.

Über mögliche Auswirkungen auf Flora, Fauna und Klima liegen keine vergleichenden Studien vor. In Sibirien haben Staudämme klimatische Veränderungen in einem Radius von 30 km hervorgerufen. Ökologen des Bedford Institute of Oceanography in Halifax/Nova Scotia erwarten als erste Folgeerscheinungen einen längeren Winter und rechnen mit einer empfindlichen Störung des Wärmehaushalts. Bezeichnend auch: Die Ökologie-Station der SEBJ (Société d'ènergie de la Baie James) wurde erst nach Beginn der Bauarbeiten ins Leben gerufen.

Noch jagen die Cree. Jährlich verlassen die indianischen Trapper Anfang Oktober ihre Siedlungen an der Ostküste der James Bay (Great Whale, Fort George, Paint Hills, Eastmain, Rupert House) und südlich des Lac Mistassini (Nemaska, Waswanipi, Mistassini) und gehen bis Mai in den «bush». Gejagt werden Elch, Karibu, Bär, in Fallen gefangen werden Biber, Otter, Nerz, Bisamratte, Fuchs, Wolf. Bis auf Mehl, Fett, Zucker und Tee aus den Läden der Hudson's Bay ernähren sich die Familien von der Jagdbeute. Die Felle kauft nach wie vor die Hudsons Bay Company. Für viele Cree-Familien wird der Winter '79/80 der letzte auf ihren angestammten «traplines» sein. Seit Anfang 1979 steigt das Wasser; der Start der Überflutung wurde nach Maßstäben der Rentabilität gewählt – dabei ertranken alle Schwarzbären entlang des La Grande im Winterschlaf. Der Bär ist den Cree heilig.

Den Betroffenen sind 225 Millionen Dollar, verteilt auf 20 Jahre und diverse Programme für Wohnungsbau, Erziehungs- und Gesundheitswesen zugesichert. Das verbliebene Stammesland ist 5184 Quadratkilometer groß, das verbliebene Jagd- und Fischterritorium 25000 Quadratmeilen (bisher 60000). Verglichen mit den Verträgen des 19. Jahrhunderts ist das James Bay-Abkommen, das die Cree nach Bekanntgabe des hydroelektrischen Projekts vor Gericht durchgefochten haben, noch das bislang beste in Nordamerika. Noch!

Quellen:

John Eisenberg, Harold Troper: Native Survival, The Ontario Institute for Studies in Education, Toronto, 1973

Boyce Richardson: James Bay – The Plot of Drown the North Woods, San Francisco/New York 1972, Sierra Club

Indianische Rezepte

Eichhörnchensuppe (Ah-gee-dah-mo), Ojibway-Stil

Drei oder vier Eichhörnchen ausnehmen und zerlegen. Mit drei Zwiebeln, Mais, Kartoffeln und Rüben in Salzwasser auf kleiner Flamme kochen lassen, bis sich das Fleisch von den Knochen löst. Fleisch aus dem Sud nehmen und Knochen entfernen. Suppe nachwürzen und mit Mehl eindicken. (Indian Cook Book, American Indian Center, Chicago, Illinois 1973)

Sonnenblumen-Pfannkuchen

Zutaten: 3 Tassen enthülster Sonnenblumenkerne, 3 Tassen Wasser, 2¼ Teelöffel Salz, 6 Eßlöffel weißes Maismehl, ½ Tasse Öl zum Backen.

Zubereitung: Sonnenblumenkerne, Wasser und Salz zusammen in einem mit einem Deckel verschlossenen Topf eine Stunde kochen lassen; dann zu einem schlanken Brei verrühren. Maismehl eßlöffelweise unterrühren, bis der Teig steif genug ist, mit der Hand geformt zu werden. Den auf Raumtemperatur abgekühlten Teig zu Pfannkuchen von etwa 10 cm Durchmesser formen und auf beiden Seiten in Öl braunbacken. (Das gaben sie uns, Wegweiser zur Völkerkunde, Heft 17, Hamburg 1975)

Succotash (sprich: sakotäsch)

Man nehme: ½ Tasse durchwachsenen Speck in dünnen Streifen, 1 große gehackte Zwiebel, ½ Tasse gehackte grüne Paprikaschoten, 3 Tassen grüne Bohnenkerne, 3 Tassen Dosen-Maiskörner, 2 Eßlöffel zerlassene Butter, Salz, Pfeffer.

Speck leicht anbraten Zwiebeln und Paprikaschoten zugeben und dünsten. Bohnenkerne und Mais mit ctwas Flüssigkeit dazugeben. Unter Umrühren erhitzen, Butter dazugeben und mit Salz und Pfeffer abschmecken. (Verblüffende Rekorde der Indianer, München 1977, Franz Schneider Verlag)

Indianische Wirklichkeit in der Statistik

LEBEN

1970: 792730 Indianer leben in den USA,
davon 488000 in 267 Reservationen,
350000 in den Städten,
34378 Inuit (Eskimos) sind Bürger der USA.
(Zahlen über die Ureinwohner Hawaiis lagen uns nicht vor)
1973: Haupttodesursachen bei Indianern:

Unfälle:	186 von 100000 (Alkohol!)
Herzanfälle:	183 von 100000 (Ernährung!)
Krebs:	84 von 100000
Leberzirrhose:	67 von 100000 (Alkohol!)
Selbstmord:	22 von 100000 (bei Weißen 11 von 100000!)

GESUNDHEIT

1975: Ein Arzt hat 15000 Indianer zu versorgen,
Ein Zahnarzt 10000 Indianer.

80% der indianischen Familien sind direkt vom Alkoholproblem betroffen.

Ein Viertel aller männlichen Erwachsenen sind Alkoholiker.

Die Kindersterblichkeit liegt um 50% höher als in den übrigen USA

Eines von drei indianischen Kindern stirbt während der ersten sechs Monate nach der Geburt.

75% aller Indianer leiden an Unterernährung und damit verbundenen Krankheiten.

Tbc tritt siebenmal häufiger auf als bei Weißen,
Hirnhautentzündung zwanzigmal häufiger,
Trachoma (Augenkrankheit) gibt es außer bei den Indianern nur noch in Afrika

1973–1976: 3406 Indianerfrauen wurden ohne medizinische Notwendigkeit, ohne ihr Wissen, ohne ihre Zustimmung und unter Druck sterilisiert.

Die durchschnittliche Lebenserwartung eines männlichen Indianers beträgt 44 Jahre (nationaler Durchschnitt in den USA: 67 Jahre)

AUSBILDUNG

1970–1972: 70% der schulpflichtigen Indianer besuchen öffentliche Schulen,
5% Missionsschulen und
25% staatliche BIA-Schulen

1974: 14% (16000) der schulpflichtigen Kinder gehen nicht in die Schule,
60% der Kinder müssen Internatsschulen besuchen,
75% der Schüler verlassen die Schule ohne Abschluß,
70% bis 80% aller Kinder flüchten mindestens einmal von der Schule,
durchschnittliche Ausbildung: sieben Jahre (normal 12 Jahre),
Analphabetentum bei Indianern (regional verschieden): 30–70%.

ARBEIT

1972: 40% Arbeitslosigkeit in den Reservationen,
16% sind ohne feste Arbeit,
Die Arbeitslosigkeit bei Indianern liegt während der Wintermonate zwischen 70 und 90%.

1500 Dollar durchschnittliches Jahreseinkommen (50% unter der von der US-Regierung definierten «nationalen Armutsgrenze»).

1975: betrug das Durchschnittseinkommen eines amerikaischen Bürgers 6000 Dollar, das eines Indianers nicht ganz 2000 Dollar.

Die meisten Indianer sind unausgebildete Arbeiter. Viele arbeiten für

weniger als die Hälfte der legalen Minimallöhne in von der Regierung subventionierten «Trainingsprogrammen». Sobald ihre «Ausbildung» vorbei ist, werden sie entlassen und neue «Auszubildende» eingestellt.

40000 Kinder leben in Familien, deren Einkünfte unter dem Existenzminimum liegen.

WOHNEN

1972: 88450 indianische Unterkünfte,
davon: 33453 unter Standard,
20500 renovierungsbedürftig.
15000 Familien haben keine menschenwürdige Unterkunft.
95% der Wohnungen in den Reservationen sind Behelfsunterkünfte.
1970: 68,6% der indianischen Kinder leben bei ihren Eltern.

JUSTIZ

1973: In South Dakota stellen Indianer 35% der Gefängnisinsassen (ihr Anteil an der Bevölkerung: 5%)

In der Pine Ridge-Reservation kommen jährlich auf 10000 Indianer 6150 Verhaftungen, zu 90% in Verbindung mit Alkohol.

BEVÖLKERUNG

1890: 248253 Indianer in den USA
1900: 237196 Indianer in den USA
1950: 343410 Indianer in den USA
1960: 523591 Indianer in den USA
1970: 781839 Indianer in den USA
827091 zusammen mit Aleuten und Eskimos in Alaska
50% der US-Indianer lebt in den fünf Staaten:

Oklahoma:	97731
Arizona:	95812
Kalifornien:	91018
New Mexico:	72788
North Carolina:	43487

(nach: US-Census 1970, US-Department of Commerce News, April 1971)

SONSTIGES

1970: Das Verhältnis Indianer: Weiße in Waisenhäusern: Montana 10:1/North und South Dakota 17:1/Minnesota 27:1. Viele Kinder werden gewaltsam von ihren Eltern entfernt.

Jährlich gehen ca. 460 Millionen Dollar Unterstützungsgelder an Indianer, 5600 Dollar pro Familie (in der Theorie!). Der allergrößte Teil des Geldes wird gänzlich zweckentfremdet vom BIA investiert.

Quellen:
Indianer im Widerstand, AIM Support Group, Hamburg 1977
Economic Situation of American Indian People in the United States, International Indian Treaty Council, New York 1977

Kulturimporte aus dem indianischen Amerika

Daß die englischen Kolonien im Amerika des 17. Jahrhunderts ohne die Hilfe der Indianer nicht überlebt hätten, machen sich die wenigsten klar. Der Massachusetts-Indianer Squanto weist die ersten Neu-Engländer in den Anbau von Mais und den Gebrauch von Fisch als Düngemittel ein und rettet sie damit vor dem Verhungern. Einige der frühen Siedler Virginias werden zu benachbarten Stämmen geschickt, um von ihnen die Nutzung wilder Pflanzen zu lernen. (Was wäre gewesen, wenn . . .?)

Ist von der Eroberung und Entdeckung der Neuen Welt die Rede, fehlen weitgehend Hinweise auf jene Dinge, die Europa und andere Teile der Alten Welt aus den Amerikas bezogen. Wird überhaupt von einer Auswirkung der Entdeckungen auf Europa geredet, dann meist nur im Zusammenhang mit dem Einfließen großer Mengen Edelmetall oder dem gewinnbringenden Gewürzhandel. Die Einfuhr neuer Kulturpflanzen veränderte jedoch grundlegend die Eßgewohnheiten ganzer Völker, wie die Kartoffel in Mitteleuropa und der Mais auf dem Balkan. In Afrika verdrängte die Einführung des Maniok eine ganze Reihe dort einheimischer Knollen.

Bereits die erste Kolumbus-Fahrt 1492/93 bringt die Europäer, zumindest jene, die an der Fahrt beteiligt sind oder die Berichte lesen, mit einer großen Anzahl bisher unbekannter Anbaupflanzen in Kontakt: Mais, Bohnen, Maniok, Süßkartoffel, Chili-Pfeffer, Tabak und Baumwolle. Auf den nachfolgenden Reisen trifft man auf Ananas, Erdnüsse, Papaya, die verschiedenen Agavenarten und Kürbisse. Kakao lernt Kolumbus vor der Küste des heutigen Honduras kennen, als er am 30. 7. 1502 auf ein großes Handelskanu trifft, daß u. a. «eine Art Mandel» mitführt.

Bei der Eroberung Mexikos (1519–21) zählen Tomate, Avocado und Vanille zur Beute. Im Hochland Perus (1532) stößt man auf die Kartoffel, die für das heutige Europa eines der wichtigsten Grundnahrungsmittel werden sollte. Der weitverbreiteten Annahme zum Trotze, die Kulturerdbeere sei eine Züchtung aus der hiesigen Walderdbeere, muß gesagt werden, daß ihr Ursprung in Südamerika liegt. Metel-Stechapfel und Sonnenblume – ebenfalls vom fremden Kontinent.

Ende des 16. Jahrhunderts führen Matrosen aus Virginia die Sitte des Tabakrauchens nach England ein, und damit die Pfeife. Als Export aus der Neuen Welt sind noch bekannt: Koka, Datura-Arten, Peyote, Chinarinde bzw. Chinin und Curare. Etwa 170 Heilmittel, die nordamerikanische Indianer benutzten, dazu 50 aus Mittel- und Südamerika standen oder stehen noch heute in den offiziellen Listen von Heilmitteln der USA. Indianer kennen eine größere Zahl empfängnisverhütender Mittel, deren Wirksamkeit moderne Untersuchungen bestätigt haben. Aus Peru und Brasilien gelangt das Klistier über die Portugiesen in die Ärsche der Alten Welt.

Aus Peru kommen Meerschweinchen und Moschusente; letztere – in Europa kein Erfolg – ist in Afrika und Ozeanien noch immer zu finden. In Mexiko daheim ist die Cochinillelaus, aus der die Spanier das begehrte Scharlachrot gewannen und 1530 erstmals nach Europa transportierten. Entwickelt von nordamerikanischen Indianern und Eskimos (Inuit), werden heute mit Kanu und Kajak olympische Wettkämpfe ausgetragen. Auch Harpune und unsere ideale Winterbekleidung, der Anorak, sind Erfindungen der Eskimo. In der letzten Zeit verzichten junge deutsche Eltern auf den oft umständlichen Einsatz von Kinderwagen und benutzen Kindertragen, eine unter Indianern weitverbreitete Form des Säuglingstransports. Südamerika bescherte uns die Hängematte und den springenden Gummiball.

Selbstverständlich wanderten in einer ganzen Reihe von Fällen mit den neuweltlichen Produkten auch deren einheimische Namen in die Alte Welt. Deutlich zu erkennen bei den aus dem Eskimoischen stammenden Bezeichnungen Kajak, Anorak und Iglu. Pemmikan, Tomahawk und Wigwam entstammen den nordamerikanischen Algonkin-Sprachen. Das Wort Skalp ist jedoch eine niederdeutsche Erfindung (die Entfernung desselben eine holländische). Kalumet, die Friedenspfeife, geht auf das französische Chalumeau = Schalmei zurück. Wer würde schon ahnen, daß das so deutsch klingende Wort «Hängematte» über das Holländische (Hangmak) und das Spanische aus der Sprache der Insel-Aruaken der großen Antillen kommt und auf Hamaca zurückgeht, das auch Wurzel des englischen «Hammock» ist. Auch Tabak ist hier zu nennen, wenn auch seine ursprüngliche Bezeichnung sich in der indianischen Sprache nur auf eines ihrer Produkte, das Zigarillo, bezog. Unser Wort «Zigarre» dagegen stammt aus dem Maya von Yucatan und bezeichnet wirklich eine Zigarre. Weitere Ausdrücke aus dem Insel-Aruak sind z. B. Hurrican, von dem Wort huracan (Sturmgott), Kanu von canoa (Einbaum), Barbecue von barbacoa (Bratrost) und Kazike von cacique (Häuptling). Auch das Wort «Kannibale» kommt aus dem Aruak, bezeichnete aber die benachbarte Gruppe der Kariben. Aus dem Aztekischen kommt Tomate (tomatl), Kakao (cacauatl) und Schokolade (xocoatl). Das peruanische Quechua steuerte u. a. Lama, Kautschuk, Koka, Kondor und Guano bei, das Tupi Brasiliens Ananas und Jaguar. Diese Liste ließe sich beliebig verlängern.

Viele Gerichte und Zubereitungsarten der US-amerikanischen Küche sind Spezialitäten, entwickelt an den Feuerstellen nordamerikanischer Indianer. Brot, gebacken aus Maismehl, maple syrup (Ahornsirup) und cranberry-sauce (Preiselbeersoße) gehören ebenso dazu wie wilder Reis, die Grundnahrung der Ojibway, der heute mit Kaviar und Hummer serviert wird. Indianer des Südens ernteten zahlreiche Früchte wie Dattelpflaume und Pfirsich, und zahlreiche Stämme des gesamten Kontinents kultivierten Kürbis und Squash. Indianische Köche des Südwestens trockneten Mais, ließen ihn mit Asche vermengt im Wasser quellen und erhielten ein Gericht, daß jetzt als Grütze im Weißen Haus serviert wird. Auch das so sehr amerikanisch anmutende Barbecue ist übernommen von den Ureinwohnern des Südens. Corn-flakes sind eigentlich blau (Mais existiert in allen Farben) und wurden in den Pueblos der Hopi entwickelt. Der traditionelle Thanksgiving-Truthahn jeder amerikanischen Familie hat seinen Ursprung wahrscheinlich in Mexiko und war seit Jahrhunderten domestiziertes neuweltliches Haustier.

Die Streitfrage, ob Popcorn tatsächlich eine indianische Erfindung ist, soll hiermit geklärt werden: ja, es ist . . .

Quellen:

Wolfgang Haberland: Das gaben sie uns – Indianer und Eskimo als Erfinder und Entdecker, Hamburg 1975, Selbstverlag Hamburgisches Museum für Völkerkunde,

Evan Jones: Indian Food: a rich harvest, in Saturday-Review, 25. November 1978

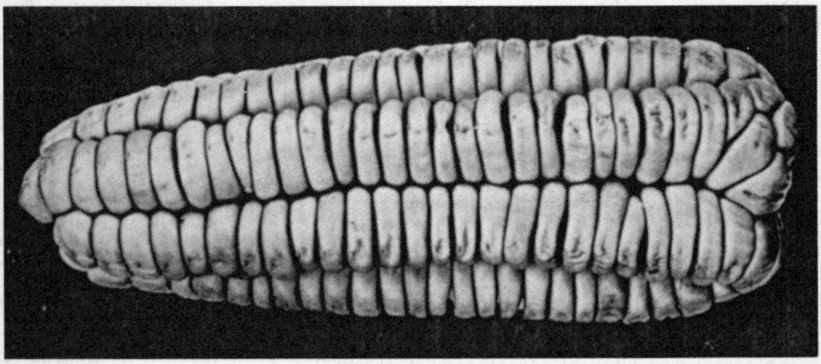

Züchtung, Entdeckung und Übertragung der wichtigsten neuweltlichen Kulturpflanzen

Alle Daten für die Züchtung sind Schätzungen

deutscher Name	lateinischer Name	Züchtung durch Indianer		Entdeckung durch Europäer		Zeitpunkt der Einführung nach Europa
		Zeit	Ort	Zeit	Ort	
Mais	*Zea mays*	3500 v. Chr.	Mexiko	Nov. 1492	Kuba	1494
Kartoffel	*Solanum tuberosum*	2500 v. Chr.	Hochland-Peru	1532	Peru	1585
Gartenbohne	*Phaseolus vulgaris*	5000 v. Chr.	Mexiko			vor 1539
Mondbohne	*Phaseolus lunatus*	3300 v. Chr.	Peru	Nov. 1492	Kuba	
Feuerbohne	*Phaseolus coccineus*	700 v. Chr.	Mexiko			vor 1543
Schwertbohne	*Canavalia sp.*	3000 v. Chr.	Mexiko			
Gartenkürbis	*Cuburbita pepo*	6000 v. Chr.	Mexiko			
Moschuskürbis	*Cucurbita moschata*	4900 v. Chr.	Mexiko			
Tomate	*Lycopersicon esculentum*		Mexiko?	1520	Mexiko	vor 1557
Sonnenblume	*Helianthus annuus*		Kentucky?	1520	Mexiko	vor 1568
Chili-Pfeffer	*Capsicum annuum*	6000 v. Chr.	Mexiko	15. 1. 1493	Santo Domingo	
Paprika	*Capsicum frutescens*	2000 v. Chr.?	Peru?			
Ananaserdbeere	*Fragaria chiloensis*		Nord-Chile			1712
Erdnuß	*Arachis hypogaea*	1500 v. Chr.	Ost-Bolivien	vor 1500	Santo Domingo	1784
Kakao	*Theobroma cacao*		Zentralamerika	30. 7. 1502	Bay-Inseln, Honduras	1585 (1528)
Tabak	*Nicotiana tabacum, N. rustica*	2500 v. Chr.	Peru	16. 10. 1492	Bahamas	1560
Baumwolle	*Gossypium barbadense*	3500 v. Chr.	Peru	12. 10. 1492	San Salvador, Bahamas	

Longest Walk

«Wie kann ein Mensch sagen: Ihr seid keine Indianer mehr. Das ist juristischer Völkermord.» (Max Bear, Lakota)

«Ich marschiere, damit unsere alten Leute von Sonnenaufgang bis Sonnenuntergang wieder lächeln können.» (Tush Sahmie, Hopi)

«Dieser Marsch soll uns als Volk zusammenschließen, so wie das unsere Ahnen sicher gewollt hätten.» (Tyler Barlowe, Modoc)

«Ich marschiere auch für die Ungeborenen, damit ihnen ein solcher Marsch erspart bleibt.» (Jon Bellinger, Kickapoo)

«Wir Indianer werden nie untergehen. Wir werden es sein, die am Ende den Sieg davontragen.» (R. L. Nichols, Lakota)

Indianische Geschichte in den USA ist eine Geschichte von Gewaltmärschen. Cheyenne, Navajo, Cherokee . . . die Umquartierung der Stämme oblag stets der Willkür weißer Landesplaner. Tausende blieben dabei auf der Strecke. «Warum stellt der Große Weiße Vater seine roten Kinder nicht auf Räder, damit er sie leichter von einem Ort zum anderen bewegen kann?» fragte der Sioux Spotted Tail damals mit Recht.

100 Jahre später marschierten sie wieder, die weiße Welt daran erinnernd, daß es sie, die Umquartierten von damals, noch gab. Am 11. Februar 1978 brach die Kolonne in Sacramento, California, auf. Indianer aller Stämme schlossen sich in den folgenden fünf Monaten dem Zug an. Am 15. Juli marschierten sie – inzwischen zu mehreren Tausend angewachsen – in Washington, D. C. ein. Der Longest Walk – der Längste Marsch – war die Antwort auf eine Reihe von Gesetzesvorschlägen, die 1978 dem Kongreß zur Prüfung vorgelegt wurden. Es sind dies:

HR Nr. 9054 (Cunningham)

Vollständige und endgültige Auflösung aller indianischer Nationen und ihrer Reservationen. Aufhebung aller Verträge.

HR Nr. 9175 (Cunningham)

Ausübung der Jagd und Fischerei im Staat Washington wird staatli-

STOP

cher Kontrolle unterstellt.

HR Nr. 9736 (Cunningham)

Verbot des Verkaufs von Steele-Head-Forellen von Indianern innerhalb der USA.

HR Nr. 9906 (Walsh)

Löschung aller indianischer Ansprüche innerhalb des Staates New York auf Vertragsland durch Ratifizierung von Verzichtverträgen.

HR Nr. 9950 (Meeds)

Einschränkung der zivilen Rechtsprechung in den Reservationen sowie der Jagd- und Fischereirechte. Reduzierung der Amtsgewalt des Stammesrats.

HR Nr. 9951

Restriktion der Wasserressourcen in den Reservationen. Der besondere Anspruch auf Wassernutzung auf Grund der Rechte als Ureinwohner wird aufgehoben.

HR Nr. 4169 (Cohen) und SB Nr. 842 (Muskie)

Löschung aller Ansprüche der Indianer von Maine auf Vertragsland.

SB Nr. 1437 (Kennedy), HR Nr. 6869, HR Nr. 2311

Verstärkung von Staats- und Bundesrechtsprechung in den Reservationen. Erweiterung der Liste von Bundeskapitalverbrechen. Neu hinzu kommen «Terrorismus» und «Gefährdung durch fahrlässige Handlungen, die eine andere Person in Gefahr bringen können oder ihr schweren körperlichen Schaden zufügen». (Breite Interpretationsmöglichkeit – Vorspiel zum Polizeistaat, Anm. d. Autoren)

HJR Nr. 206 (Dinghell)

Neuregelung des Jagd- und Fischereirechts außerhalb der Reservationen.

HJR Nr. 1

Gründung einer Fichereirechtskommission für die Regelung indianischer Handelsrechte außerhalb der Reservationen.

Medizinmann

Den Unterschied zwischen weißem Arzt und Medizinmann definieren Indianer so: Der weiße Arzt behandelt die Krankheit, der Medizinmann behandelt den Kranken.

Phillip Deere, Medizinmann der Muskogee-Creek, wurde nach einem seiner Vorträge von einem Universitätsprofessor gefragt, ob er übernatürliche Kräfte besitze: «Mr. Deere, do you have supernatural powers?» Phillip lächelte darauf sein bekanntes verschmitztes Lächeln. «No», sagte er, «I only have natural powers – but they are super.»

Leonard Crow Dog, Medizinmann der Brulé-Sioux, war der spirituelle Führer und behandelnde Arzt während der Besetzung von Wounded

Knee. «Ich benutzte», sagt er, «meine Kräfte, meine Kräuter und mein Taschenmesser.»

Der Prototyp des orthodoxen weißen Doktors wird die Praktiken eines Medizinmannes überlegen als Hokuspokus abtun. Der Prototyp des indianischen Medizinmannes wird sich wundern, wie die beschränkten Praktiken seines akademischen Kollegen zum Erfolg führen können. Wissenschaftliche Medizin ist rational. Sie basiert auf physiologischen, chemischen und anatomischen Erkenntnissen und funktioniert unabhängig vom kulturellen Universum des Patienten. Antibiotika und Impfstoffe wirken auf der ganzen Welt. Solchermaßen gezielter Angriff auf den Krankheitsherd ignoriert jedoch die Verbindung von Körper und Geist. Hier setzt der Medizinmann ein und an.

Anatomische Kenntnis sind für sein Tun ebenso Voraussetzung wie das Wissen von der Anwendung der Heilpflanzen. Seine Behandlung aber konzentriert sich auf Harmonie und Disharmonie seines Patienten mit der Umwelt. Ist der Gleichklang zwischen Mensch und Umwelt gestört, so kann trotz geglückter Operation keine vollständige Heilung eintreten. Navajo-Medizinmänner sehen ihre Methoden als Behandlung, die sich nahtlos einem chirurgischen Eingriff anschließt. «Eine Frau von Red Mesa hatte eine Gallenblasenoperation in Albuquerque hinter sich. Als sie heimkam, fühlte sie sich nicht gut, ich habe eine ‹Weg der Heilung-Zeremonie› für sie abgehalten, danach ging es ihr besser.»

Ein Medizinmann vermag sich nur einer begrenzten Zahl von Patienten anzunehmen. Da jeder Krankheit eine Geschichte vorausgeht, muß er ausführlich mit dem Kranken sprechen. Die Diagnose klärt Auswahl und Abfolge späterer Heilungszeremonien.

Jeder Kräutersud ist mit spezifischen Riten und Liedern gekoppelt – erst ihr Zusammenwirken führt zum Erfolg. Ein Medizinmann schreitet ein, wenn die Kräfte des Kranken zu schwach sind, die Disharmonie der übernatürlichen Kräfte selber aufzuheben. Er wird den Patienten, der ihm total vertrauen muß, in einen Zustand versetzen, in dem er, der Arzt, mit seinen Kräften die Ursachen angreifen kann. Indianische Heilung verlangt ständige Präsenz von Heiler und Kranken. Nicht nur dem Kranken wird Medizin verabreicht, auch der Medizinmann selbst nimmt sie: nicht ohne sich vorher einem Reinigungsritual unterzogen zu haben.

«Navajo-Religion», so die Anthropologin Gladys Reichert, «ist ein Muster von Harmonie, dem Bemühen um eine enge Beziehung zwischen Mensch und allem Leben in der Natur, der Erde und der Wasser unter der Erde, dem Himmel und dem Land hinter dem Himmel.» Wenn diese Harmonie gestört ist, dann ruft der Navajo den Medizinmann. Eine mit einem Sandgemälde verbundene Zeremonie – ein Chant (Gesang), ein Sing oder ein Way (Weg) – dauert mehrere Tage und Nächte. Das akribische Sandbild wird anschließend wieder zerstört.

Während der Schamane ohne eigenes Zutun von Kräften besessen ist, die ihn als Medium benutzen, ist der Medizinmann sich seiner Fähig- und Möglichkeiten voll bewußt. Er kennt seine Kräfte und ihre Grenzen. Er ist Lehrling, solange sein Lehrer lebt. Die Unterweisungen beginnen, sobald die Erwachsenen im Kind besondere Fähigkeiten entdecken. Ein Medizinmann der Muskogee beherrscht an die 400 «Heilungs-Lieder».

Eingeborenenmedizin arbeitet bewußt mit psychologischen Tricks. Sie aktiviert, was die Schuldmedizin «Placebo» nennt: die positiven Kräfte und Gedanken des Kranken werden stimuliert und auf die Gesundung gelenkt. Dabei wird Schmerz als Tod und Heilung als Wiedergeburt dargestellt. Da im Bereich des Magischen keine sichtbaren Beweise existieren, zaubert der Medizinmann «Beweise» heran, um so den labilen und auf Rettung hoffenden Patienten vom Erfolg der Behandlung zu überzeugen. Er saugt beispielsweise die Krankheit aus und spuckt rostige Nägel auf den Boden. Dem Übel wurde damit Gestalt verliehen.

Symbole beherrschen die Praxis der magischen Medizin – über Symbole wird das Unbegreifliche greifbar. Behandlungen auf der psychischen Ebene sind fast nur innerhalb ein und derselben Kultur möglich – der Arzt muß mit dem spirituellen Universum seines Klienten vertraut sein. Praktische Medizin hingegen funktioniert «cross-cultural»: Medizinmann Phillip Deere traf auf einer Konferenz in Afrika einen Kollegen vom Stamm der Bantu, der ihm mit Erfolg ein Mittel gegen Diabetis zusammenstellte.

Auch westlicher Medizin liegen derartige Muster zugrunde. In der Therapie versucht der Psychotherapeut gemeinsam mit dem Patienten die Ursache seines Übels zu fassen und zu benennen; ist dies geschehen, ist die Haupthürde bereits genommen. Die westliche Medizin hat ihre modernen Symbole, die manchmal von abschreckender und vertraueneinflößender Wirkung sind: weißer Mantel, Doktortitel, lateinische Namen, blitzende Instrumente, unkontrollierbares Vorgehen, unerklärte Handlungen, Erfolgsparolen der pharmazeutischen Industrie . . .

Die Diskrepanz zwischen weißer und eingeborener Medizin zeigt sich im Export der westlichen Pharmaindustrie in die Dritte Welt. Antibiotika und Psychopharmaka überschwemmen den Busch von Bali bis Brasilien – und helfen kaum. Der Ethnomediziner Wulf Schiefenhövel vom Max-Planck-Institut für Verhaltensforschung betrieb vier Jahre (1974–1978) Feldforschung in Sachen Krankheit und Heilung in Neuguinea. Er sagt: «Die westlichen Schulmediziner übersehen in ihrer akademischen Arroganz die umfassenden Naturkenntnisse der ‹primitiven› Völker, die neben allem Magischen in die Heilbehandlung einbezogen sind.» Jene Arroganz ist letztlich nur eurozentrische Dummheit, da die heutige Medizin bereits tief aus dem «primitiven» Fundus schöpfte. Wo kommen Chinin, Strychnin und Aspirin denn her?

Schiefenhövel erlebte auch die Bedeutung von Therapie und verwahrte es sich, solche Behandlung in die Scharlatanerie einzuordnen. Ebenso müßten die westlichen Doktoren bei alltäglichen Problemen umdenken lernen – wie beispielsweise beim Wundverband. Die Einheimischen auf Neuguinea benützen Rindenpflaster, ein Material, das nicht nur überall verfügbar, leicht zu erneuern und steril ist, sondern zudem heilungsfördernde Stoffe enthält. Die Entwicklungshelfer kommen mit hygienisch einwandfreien Zellstoffverbänden, um neue Absatzmärkte zu schaffen.

Quellen:

Donald Sandner: Symbols of Healing – A Study of Navajo Chant Practice, New York 1979, Harwurt Brace, Jovanovich

Peter Gillhofer: Die magische Medizin zu Unrecht mißachtet, in: Frankfurter Rundschau, 23. Oktober 1978

Literatur:

Michael A. Weiner: Earth Medicine – Earth Foods Plant Remedies, Drugs, and Natural Foods of the North American Indians, New York 1972, Collier-London 1972, MacMillan

Frances Densmore: How Indians Use Wild Plants For Food, Medicine & Crafts, New York 1974,

Dennis und Barbara Tedlock (Hg.): Über den Rand des tiefen Canyons, Düsseldorf/Köln 1978, Eugen Diederichs.

Oklahoma

In der Sprache der Choctaw-Indianer bedeutet «Okla» Menschen, «homma» oder «humma» ist das Wort für «rot». Der Name des 46. Staates der USA deutet auf seine Geschichte. Er war die Heimat der roten Menschen, Indianerterritorium, auf das während des 19. Jahrhunderts Stämme aus allen Richtungen des Kontinents unter Zwang umgesiedelt worden waren. 68 verschiedene Nationen lebten zusammengedrängt auf einem Gebiet, das vorher Jagdgrund von nicht mehr als sechs Stämmen gewesen war. 1960 betrug der indianische Anteil der Bevölkerung ungefähr 65000 Personen, Oklahoma befand sich an zweiter Stelle hinter Arizona mit einem Anteil von über 83000 dort lebenden Indianern.

Der erste Schritt zur Etablierung fester indianischer Ansiedlungen innerhalb der Grenzen des heutigen Oklahoma fand 1802 statt, als französische Händler eine große Gruppe der Osage dazu brachten, vom Missouri ins nordöstliche Oklahoma zu ziehen. Nachdem Frankreich 1803 Louisiana gekauft hatte, blieb dieses Land bis in die 1830er Jahre in Staatsbesitz. Der westliche Teil des Ankaufs (westlich der Staaten Missouri und Arkansas) wurde bald zum Indianerterritorium. Vielen, einschließlich Präsident Jefferson, erschien dieses Gebiet abgelegen und isoliert genug, um dort die Indianer in Freiheit, der vordrängenden weißen Besiedelung nicht mehr im Wege, leben zu lassen. Ein Akt des Kongresses vom 26. März 1804 wurde zur Grundlage weiterer Umsiedelungen, der die nordöstlichen Waldlandindianer als erste zustimmten. Viele von ihnen waren bereits durch die Kolonisten von ihren angestammten Gebieten der Küstenregion an die Großen Seen zurückgedrängt worden. 1809 gaben die Delaware, Piankashaw, Wea, Sac, Fox, Potawatomi und Kaskaskia ihr Land, das sich über Wisconsin, Illinois und Indiana erstreckte, auf und zogen ins Indianerland. Sie waren die Vorhut vieler anderer Stämme, die bald folgten. Unter Präsident Andrew Jackson wurde die Umsiedlung zur offiziellen Regierungspolitik, gestützt auf den Indian Removal Act von 1830.

Den größten Teil des Indianerlandes, das innerhalb der Grenzen Oklahomas lag, gab man den Fünf Zivilisierten Nationen, ca. 60000 Menschen, die aus den südöstlichen USA vertrieben worden waren. Während des folgenden Bürgerkrieges zwischen Süd- und Nordstaaten kämpfte der überwiegende Teil der Zivilisierten Nationen auf seiten der Südstaaten, worauf sie nach Beendigung des Krieges den westlichen Teil ihres Territoriums an andere Stämme verloren, denen die Regierung das Land zusprach. Die Nachkriegsphase war gekennzeichnet durch Aufstände unter den Indianern, da weiße Siedler in verstärktem Maße auf ihre Gebiete vordrangen. Regierungstruppen sorgten für die Befriedung. Zwischen 1868 und 1874 wurden drei Hauptgarnisonen eingerichtet: Fort Supply, Fort Reno und Fort Sill. Im November 1868 überfielen Regierungstruppen ein Lager der Cheyenne, die unter Anführung Black Kettles am Washita River lagerten, und lösten damit einen neuen Sturm der Vergeltung und des Hasses aus. Schließlich wurden die Cheyenne zusammen mit den Arapahoes in einer Reservation im westlichen Oklahoma angesiedelt. 1879 fliehen Cheyenne unter Dull Knife zurück in ihre nördlichen angestammten Gebiete. Sie werden nicht zur Rückkehr gezwungen, man weist ihnen Land entlang des Tongue Rivers im Südlichen Montana zu, wo sie noch heute leben.

Gegen Ende des 19. Jahrhunderts waren aus den kleinen Handelsstationen große kommerzielle Niederlassungen geworden, und die angrenzenden Gebiete wurden den Indianern unter Druck der Regierung abgehandelt. Der Bau der Verbindungsstraßen verschlang weiteres Land. Danach begann die Periode der großen Viehtreibungen, deren Wege von Texas quer durch Oklahoma bis zu den großen Märkten in Kansas führten. Um den Bau der Transkontinentalen Eisenbahn weiterführen zu können, zwang die Regierung die Indianer zu neuer Landaufgabe. Im Herzen des Indianerterritoriums hatten die USA den Creek und Seminole 2000000 Acres Land abgekauft. Diese wurden in 160 Acre große

Herkunft der nach Oklahoma umgesiedelten Stämme

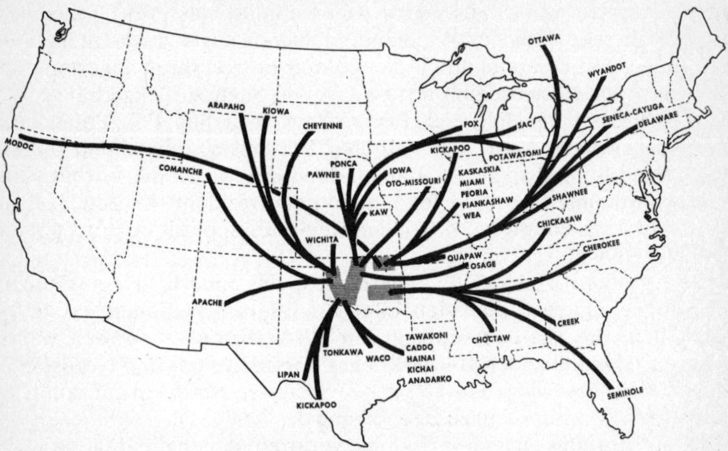

Anwesen aufgeteilt und am 22. April 1889 der weißen Besiedelung freigegeben. Der erste dramatische Wettlauf um Land begann. In einer langen Reihe stellten sich die Siedler entlang der Grenze auf, um auf ein Signal zur gleichen Zeit loszurasen. Wer zuerst kam, konnte sich die besten «claims» abstecken.

Der General Allotment Act von 1889 besiegelte die völlige Zerstörung der indianischen Reservationen. Das sich bis dahin in Stammesbesitz befindende Land wurde ebenfalls in 160 Acre große Stücke zerlegt und pro Kopf an die Indianer verteilt. Der Rest des Landes stand zur weißen Besiedlung frei.

Von den damals 30 Millionen Acres, die den Indianern zugeteilt worden waren, sind heute noch ca. 1,4 Millionen in indianischer Hand. Viele mußten unter Zwang verkaufen, wobei die Bezahlung in der Regel unter dem tatsächlichen Wert des Landes lag. 1907 wurde Oklahoma zum Bundesstaat erklärt, die Bevölkerung war von 258657 weißen Siedlern und Indianern im Jahre 1890 auf fast 800000 angewachsen.

Quelle:
Indians of Oklahoma, US-Department of the Interior, BIA, Washington 1973

Politische Gefangene

Am 26. Juni 1975 wurden in der Pine Ridge-Reservation in South Dakota 54530 ha Indianerland beschlagnahmt. Das Innenministerium hatte dort die Suche nach Uran angeordnet. Das FBI übernahm für diesen Tag die Funktionen der örtlichen Polizei. An die hundert FBI-Agenten mit automatischen Schnellfeuerwaffen drangen in das Dorf Oglalla ein. Es kam zu Schießereien. Ein Indianer wurde getötet und zwei FBI-Agenten. Der Indianer wurde stillschweigend beerdigt – doch für den Tod zweier ihrer Männer ließ das FBI den Schuldigen suchen. Sie fanden ihn nicht und verhafteten Leonard Peltier.

Peltier ist ein Sozialarbeiter aus Seattle. Als er acht Jahre alt war, hatte man ihn von seinen Eltern weggenommen und gezwungen, eine weiße Schule zu besuchen. Seit 1972 arbeitet er für das American Indian Movement in Milwaukee.

Der Prozeß gegen ihn fand in Fargo, einer Kleinstadt in North Dakota, unter Ausschluß der Öffentlichkeit statt. Indianische Beobachter wurden wegen Geringfügigkeiten wie Kaugummikauen aus dem Gerichtssaal gewiesen. John Trudell, Vorsitzender des Komitees zur Verteidigung Peltiers, wurde vorsätzlich provoziert, um einen Grund zu haben, ihn unter Arrest zu nehmen. Damit war auch er von der Verhandlung entfernt. Selbst den Medien wurden Informationen verwehrt.

Während der fünfeinhalbwöchigen Verhandlungsdauer hatte die Verteidigung sechs Tage zur Zeugenaussage. Davon fanden zwei Tage – sowie alle Aussagen, die das FBI in ein schlechtes Licht hätten rücken können – in Abwesenheit der Jury statt. Auch dann, wenn sie die Kernpunkte der Anklage betrafen.

Der Schuldspruch stützte sich im wesentlichen auf folgende Punkte:

1. Die Aussage von Myrtle Poor Bear, einer Indianerin, die anfangs aussagte, beobachtet zu haben, wie Leonard Peltier einen FBI-Beamten erschoß. Später aber widerrief sie mit der Begründung, vom FBI zur Aussage gezwungen worden zu sein. Sie wirkte im Zeugenstand sehr nervös und gab auf Befragen zu, Angst vor dem FBI zu haben. In derselben Woche war die Leiche einer Indianerin an einer Straße der Reservation gefunden worden. Eine unabhängige Untersuchungskommission fand eine Kugel in ihrem Kopf. Poor Bear gab an, daß die FBI-Beamten sie immer wieder an diesen Fall erinnert hätten.

2. Die Aussagen von drei Teenagern, die ebenfalls widerrufen wurden:

Michael Anderson gab an, durch Schläge zur Aussage gezwungen worden zu sein, Wish Draper war drei Stunden an einen Stuhl gefesselt worden, und Norman Brown schwor, man hätte ihm gedroht, nie wieder laufen zu können.

3. Die Aussage eines FBI-Beamten, der durch das Zielfernrohr seines

Gewehres eine laufende Gestalt in ca. 1700 m Entfernung als Leonard Peltier identifizierte. Den Vorfall im Test nachzuvollziehen, lehnte das Gericht ab.

Die Verhandlungsführung war ein Beispiel reinster Willkür: Obwohl dies nach der Prozeßordnung streng verboten ist, konnte der Staatsanwalt, ohne dabei vom Richter behelligt zu werden, eine Fülle von «Beweisen» für völlig andere, gar nicht zur Verhandlung anstehende, angebliche Straftaten Peltiers präsentieren und so die Jury beeinflussen. Die Indianerin Poor Bear durfte nach dem Widerruf ihrer erpreßten Aussage nicht von der Verteidigung befragt werden, ebensowenig wie Jimmy Eagle. Beide hätten seine Unschuld bezeugen können. Dies ist ein klarer Verstoß gegen die Bestimmung, nach der die Verteidigung jeden, der etwas zur Entlastung des Angeklagten sagen kann, vernehmen darf. Als der Fall im Dezember letzten Jahres vor das 8. Distrikt-Berufungsgericht kam, wurden die Klagen abgelehnt.

amnesty international und die Gesellschaft für bedrohte Völker schalteten sich ein. Bittgesuche an den Obersten Gerichtshof gingen ein. Am 5. März lehnte der Supreme Court den Antrag auf Wiederaufnahme des Falles ab. Peltiers Strafe lautet auf zweimal lebenslänglich. Er muß sie hintereinander absitzen.

Brief des Leonard Peltier, jetzt Gefangener Nr. 89637–132 aus dem Gefängnis Marion III in Illinois:

«Gefängnisse sind keine Plätze zum Leben, und wir sollten immer daran denken, daß Tausende von unseren Leuten gefangen sind, weil sie der völkermordenden Politik des Weißen Mannes Widerstand leisten. (. . .)Die USA denken, sie könnten unsere Bewegung aufhalten, indem sie uns in eine Zelle sperren, aber sie täuschen sich. Wir werden mit unserem Leben Widerstand leisten gegen die Morde, gegen den Landraub, gegen die Zwangssterilisation unserer Frauen – wir fordern Gerechtigkeit statt Lügen, Betrug und gebrochenen Verträgen. Wir werden kämpfen, bis unser Volk seine volle Souveränität erhalten hat. Solange uns unsere Mutter, die Erde, ernährt und uns der Große Geist führt, kann uns keine Macht der Erde aufhalten . . . Ich schaue vom Gefängnishof aus nach Osten, ich blicke durch die stählernen Wände der doppelten Tore hindurch, den Stacheldraht und die tödlichen Gewehrtürme, und ich lächle den Hirsch an, der aus dem Wald gekommen ist, um zu grasen.»

Schwitzhütte

Die Schwitzhütte oder Sweat Lodge (Lakota: inipi) ist die indianische Sauna. Sie dient der körperlichen und geistigen Reinigung und Heilung. Das Schwitzbad wird von vielen Stämmen als das älteste Ritual angese-

Schwitzhütte in Crow Dog's Paradise

hen, dessen Entstehung in Mythen beschrieben wird.

Ein Schwitzbad kann als Auftakt einer längeren Zeremonie dienen, und es kann als heiliges Ritual für sich alleine stehen, es kann einen Tag einleiten oder beenden. In zunehmendem Maße geht das Schwitzbad heute auch entscheidenden politischen Treffen voraus.

Starke Weidenzweige werden zu einem niedrigen, kreisförmigen Kuppelbau zusammengebunden, der früher mit Bisonfellen, heute mit Dekken abgedeckt wird, so daß während der Zeremonie absolute Dunkelheit herrscht. Der Eingang weist meistens nach Westen, bei manchen Völkern auch nach Osten.

In einem Feuer werden Felsbrocken erhitzt, die dann mit Astgabeln in die Mitte der Schwitzhütte in eine ausgehobene Grube befördert werden. Hier übergießt man sie mit Wasser, meistens vier- oder sechsmal: für die vier Himmelsrichtungen, Himmel und Erde. Dies ist die Vereinigung der Erde mit dem Himmel. Der weiße Dampf verkörpert die Wolken, die lebende Seele und das Leben. Die Anwesenden (in der Regel sechs bis sieben Personen) werden Teil des Universums und das Universum Teil von ihnen, die Geister aller lebenden Kreaturen und Dinge sind gegenwärtig. Während der Zeremonie wird die Pfeife geraucht, gebetet und gesungen. Jeder beschließt sein Gebet mit dem Satz: alle meine Verwandten (Lakota: Mitakuye oyasin), gemeint sind alle Lebewesen des Universums.

Dem Medizinmann Archi Fire Lame Deer gelang es in seinen Bemühungen um die spirituelle Betreuung indianischer Gefangener, Pfeife und Schwitzhütte als Bestandteil indianischer Religion in einzelne Gefängnisse Kaliforniens einzuführen.

Sonnentanz

Höhepunkt des religiösen Lebens der Präriestämme, besonders der Arapaho, Cheyenne und Sioux. Meist auf Ersuchen einer Person abgehalten, die übernatürliche Hilfe erbittet. Mit dem Sonnentanz ist im spirituellen Jahr die Jahreswende erreicht; er hat die Bedeutung eines Welterneuerungsfestes. Nachdem die Sonne ihren höchsten Punkt überschritten hat, wird mit einer Überanspannung der körperlichen Kräfte – dem Starren in die Sonne und dem Tanz bis zur Ohnmacht – als Dank an die Sonne und den Schöpfer des Lebens Energie abgegeben. Diese Energie soll helfen, ein weiteres Jahr die Erde mit neuer Energie zu versorgen. Die Sonne, ohne deren «Umarmung» (Sitting Bull) dieser Planet kein neues Leben gebären kann, gilt als die Quelle aller Energie. Der Tanz ist auch ein kollektives Schmerzaushalten, um den Schmerz vorwegzunehmen, den sonst Schwache des Stammes aushalten müßten. So wurden die Tänzer bei manchen Stämmen an Lederriemen aufgehängt, deren Enden an Knochenspießen befestigt waren, die in ihren Rückenmuskeln steckten. Oder sie zogen Büffelschädel und Pferde hinter sich her. In jedem Fall mußten sie ausharren, bis ihr Fleisch riß. Dieser Teil des Rituals wurde von der US-Regierung verboten und ist erst seit 1936 wie-

Lame Deer (2. v. l.) und Russel Means (4. v. l.) beim Sonnentanz

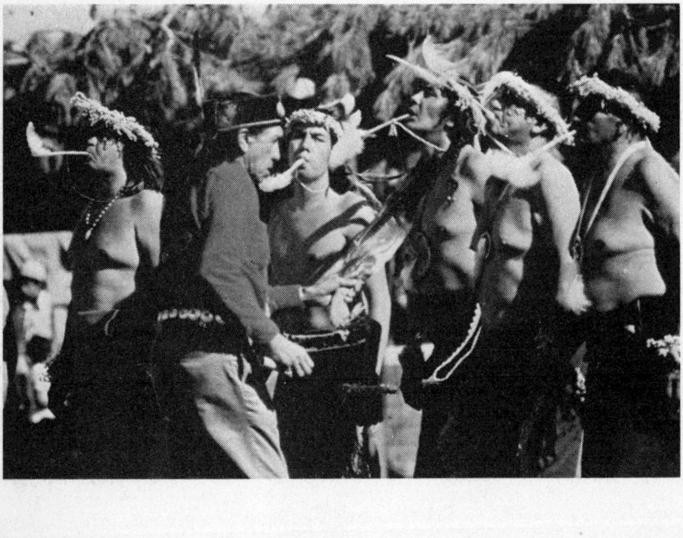

der genehmigt. Heute hat der Sonnentanz seine alte Form wiedergewonnen und übertrifft zum Teil in seiner Kompliziertheit die Tänze des 19. Jahrhunderts. In jedem Fall tanzen die Beteiligten um einen geschmückten und dafür aufgerichteten Baum, mit dem sie über Lederriemen, die in den Brustmuskeln verankert sind, verbunden sind.

Lame Deer über den Sonnentanz: «Wi wanyang wacipi – der Sonnentanz – ist unser größtes Fest, in dem das ganze Volk zusammenkommt.

Tanzen, tanzen, tanzen von morgens bis abends ohne Essen und Trinken, bis knapp vor dem Zusammenbruch in Ohnmacht . . . Ziehen, an einem Lederriemen ziehen, der an einem tief in deinem Fleisch versenkten Haken befestigt ist, bis deine Haut sich dehnt und streckt und reißt, wenn du schließlich frei bist und das Blut über deine Brust fließt . . . Das ist es, was einige von uns während des Sonnentanzes aushalten müssen.

Viele Leute verstehen nicht, warum wir das tun. Sie nennen den Sonnentanz barbarisch, wild, einen blutigen Aberglauben. So wie ich es sehe, ist unser Körper das einzige Ding, was wirklich uns gehört. Wenn wir Indianer unser Fleisch, unsere Körper aufgeben, dann geben wir das einzige auf, was uns ganz allein gehört.

Während der fünfziger Jahre sperrten sie uns ein, wenn wir den Sonnentanz tanzten, bezeichneten es als Verbrechen, ein indianisches Vergehen. Religionsfreiheit gilt für uns Indianer nicht.

Der Sonnentanz ist unsere älteste und feierlichste Zeremonie, der Großvater aller anderen, wie mein Vater sie immer nannte. Sie ist so alt, daß ihre Ursprünge hinter Dunstschleiern verborgen liegen. Sie geht zurück in ein Zeitalter, da unser Volk weder Pferde, noch Gewehre oder Messer besaß – als es nur uns und die Tiere, die Erde, das Gras und den Himmel gab.

Der Sonnentanz wird von all unseren Riten am meisten mißverstanden. Viele Weiße halten ihn für eine Einführung ins Mannesalter oder für eine Mutprobe. Das aber ist falsch. Der Sonnentanz ist ein Gebet und ein Opfer. Man nimmt nicht freiwillig daran teil, sondern als Erfüllung eines Traumes oder einer Vision.

Manche weiße Männer schüttelt es, wenn ich ihnen diese Dinge erzähle. Doch die Idee, Schmerzen zu erleiden, damit andere leben können, sollte man nicht als merkwürdig empfinden. Betet ihr nicht in euren Kirchen zu einem, der durchbohrt wurde, ans Kreuz genagelt zum Wohle seines Volkes? Kein Indianer hat je einen weißen Mann wegen seines Glaubens unzivilisiert genannt oder ihm verboten, anzubeten, was und wen er wollte.

Der Unterschied zwischen dem weißen Mann und uns ist der: Ihr glaubt an die erlösende Kraft des Leidens, falls dieses Leiden von jemand anderem erduldet wird, weit entfernt, vor zweitausend Jahren.

Wir glauben, daß es an jedem von uns liegt, uns gegenseitig zu helfen, selbst durch den Schmerz unserer Körper. Schmerz ist für uns nichts ‹Abstraktes›, sondern sehr wirklich. Wir legen diese Bürde nicht unserem Gott auf, noch möchten wir es versäumen, Angesicht in Angesicht mit dem heiligen Geist zu stehen. Beim Fasten auf der Spitze des Hügels oder beim Zerreißen unseres Fleisches während des Sonnentanzes erleben wir die plötzliche Einsicht, kommen wir dem Innersten des Großen Geistes am nächsten.

Diese Einsicht läßt sich nicht billig gewinnen, und wir wollen weder einen Engel noch einen Heiligen, der sie für uns erringt und sie uns dann aus zweiter Hand überläßt.»

Literatur:
Richard Erdoes: The Sun Dance People, New York 1972, Random House.

Souveränität

Vom 8. bis 16. Juni 1974 tagte in der Standing Rock Sioux Reservation in North Dakota die erste Vertragskonferenz der Indianer beider Amerikas. Über 3700 Menschen von 97 Stämmen aus Kanada, den Vereinigten Staaten und Lateinamerika nahmen teil. Die Versammlung erklärte die «fortbestehende Unabhängigkeit aller Indianischen Nationen» und schloß die Zusammenkunft mit der Gründung eines Büros, das die gebrochenen Verträge und die Frage der Souveränität vor die Vereinten Nationen bringen sollte. Das International Indian Treaty Council nahm daraufhin in New York und San Francisco seine Arbeit auf. Die viertägige NGO-Konferenz (Non-Governmental Organisations) der Indianer beider Amerikas im Palais des Nations 1977 in Genf war Verdienst des

Treaty Council. Die Vertreter der Sechs Irokesennationen und der Hopi reisten mit eigenen Pässen. Die Schweizer Behörden stellten ihnen ein Sondervisum aus. Seit 1978 haben die Irokesen einen eigenen Stempel.

Sprache

. . . ihre Sprache ist unverständlich, aber keineswegs mißtönend, sondern ziemlich menschlich. Ihr Benehmen und ihre Gebärden sind äußerst angenehm.(*Cantino, Hofchronist des Königs Manuel, Lissabon 1501, über 50 Indianer Nordamerikas, die der Seefahrer Gaspar Corte-Real von der Nordostküste mitgebracht hatte.)*

Die Grenzen meiner Sprache bedeuten die Grenzen meiner Welt. Die Logik erfüllt die Welt: die Grenzen der Welt sind auch ihre Grenzen. Wir können also in der Logik nicht sagen: Das und das gibt es in der Welt, jenes nicht. (*Wittgenstein: Tractatus, 5.6–5.61*)

In einem ganz anderen Sinne als in unseren Sprachen werden die Wörter im Eskimo auf der Zunge geboren unter dem Antrieb des Augenblickes. Wo wir abgeschlossene, voll entwickelte Wörter oder Redeteile verwenden, schafft das Eskimo neue Kombinationen, eigens dazu gebildet, den Anforderungen jeder Situation zu begegnen. Was die Wortbildung angeht, so befindet sich das Eskimo in einem unaufhörlichen Statu nascendi. (*William Thalbitzer: Eskimo, in: Handbook of American Indian Languages Vol. 1, Washington 1911*)

Einem Menschen seine Sprache rauben im Namen der Sprache selber, damit fangen alle legalen Morde an. (*Roland Barthos*)

Die ersten Europäer mußten schnell einsehen, daß die Denk- und Ausdrucksweise der Indianer nur wenig mit der ihrigen gemeinsam hatte. Trapper und Händler taten sich noch leichter als die Missionare, da sie im Umgang mit den Ureinwohnern nicht mit den christlichen Zentralthesen wie Sünde, Vergebung, Gnade, Buße, Erlösung usw. operieren mußten, die in den indianischen Sprachen nicht auszudrücken waren. Die europäischen Sprachen verhielten sich zu den indianischen nicht wie europäische Sprachen zueinander, beispielsweise wie Englisch zu Französisch. Es lag eine ganz andere Auffassung vom Sprechen vor. Sprache war das akustische Medium, Situationen, Sachverhalte oder Gegenstände so exakt wie nur möglich zu benennen. Indianer, die Englisch und Französisch lernten, wunderten sich immer wieder über die Ungenauigkeit und Armut jener Sprachen.

Das Charakteristische indianischer Sprachen erklärt sich durch zwei Phänomene:

- Die Sprache lebt durch die *Polysynthese – das Bündeln von Worten.*

Um das Gewünschte möglichst treffend zu beschreiben, werden Wortbündel komponiert. Dabei können Zusammensetzungen entstehen, die unter Umständen der Sprecher noch nie verwendet und die der Angesprochene auch noch nie vernommen hat.

- *Begriffe existieren nie ohne Zusammenhang.* Eine Schematisierung nach unserem Lexikonprinzip wäre nur schwer möglich. Mit anderen Worten: Der isolierte Begriff «Zeit» findet sich nicht, weder unter «Z» noch sonstwo, es gibt höchstens «die Zeit, die man zum Fischen verwendet», oder «die Zeit, um ein Haus zu bauen», aber da geht es nicht um die Zeit, sondern um Fischen und Hausbauen. Nachzuschlagen dann unter «F» und «H»!

Die Anpassungsfähigkeit indianischer Sprachen kennt keine Grenzen. Werner Müller schreibt: «Ob ein Fluß durch grüne Waldesschatten dahineilt oder unter einem grauen Himmel sich trübe fortschleppt, ob ein Felsblock in der Sonne schimmert oder von Nässe glänzt, ob ein Gesicht von Schmerz verzerrt oder von einem Lächeln erhellt wird, ob ein Wasserfall rauscht oder eine Baumkrone, ob *ich* das Rauschen höre oder *du* – die Wirklichkeit ist jedesmal eine andere, sie wandelt sich von Augenblick zu Augenblick. Man sollte meinen, hier müsse jedes wirklichkeitsbezogene Sprechen kapitulieren; aber die indianischen Sprachen bringen es fertig, diese nie endende Vielfalt festzuhalten, sie mit der Geschwindigkeit einer sekundenschnell arbeitenden Kamera zu bannen und empfindlichen Ohren zu verdeutlichen.» Indianern fehlten nie die Worte.

Die Differenzierung fängt in der Erziehung an – Indianerkinder werden angehalten, die Dinge genau beim Namen zu nennen; statt «auf dem Baum sitzt ein Vogel» also «Auf der Birke sitzt eine Meise». In den Erinnerungen des englischen Missionars Heckewelder, eines Herrnhuters aus dem 18. Jahrhundert, der mit achtundzwanzig bereits als Prediger unter den Delawaren tätig war, findet sich die Geschichte seiner mißglückten Sprechversuche.

Ausgerüstet mit dem delawarischen Satz «Wie nennt ihr dieses?» füllte er sein Notizbuch mit Namen, allerdings befremdet über die Fülle von Bezeichnungen für ein und dieselbe Sache. Schüchterne Versuche, die erworbenen Kenntnisse zu verwenden, erregten bei seinen Zuhörern Heiterkeit. Erkundigte er sich, wie denn nun zum Beispiel der gerade verspeiste Fisch heiße, so vernahm er ein neues Wort für Fisch, das er noch nie gehört hatte. Schließlich wurde ihm klar, daß er auf dem Holzweg war. Einem Indianer, der Englisch verstand, vertraute er seine Ratlosigkeit an. Der gab ihm den Rat, seine Papiere zu verbrennen und sich nunmehr auf sein Gehör zu verlassen. Was er aufgeschrieben hatte, waren die Bezeichnungen einzelner Spezies: Nicht «Baum», sondern «Birke», «Ahorn», «Fichte», «Buche»; nicht «Fisch», sondern «Forelle»,

«Barbe», «Aal»; nicht «essen», sondern das Verspeisen von Suppe oder Mus, bei dem man die Zähne nicht gebraucht, oder das Essen von Fleisch, das den Gebrauch der Zähne erfordert.

Vergleichen wir unser «gehen» mit den entsprechenden Verben im Lakota, so fallen nicht weniger als acht Arten des Gehens ins Auge. Da ist das Auf-dem-Wege-Sein zu einem Ort, an dem man nicht wohnt, sowie das Gegangen-Sein an einen Ort, an dem man nicht wohnt; beide Male befindet sich der Sprecher, der davon redet, entfernt von diesem Ort. Spricht er aber an demselben Ort, an dem der Gehende wohnt, so muß ein drittes «Gehen» her. Ein viertes Gehen betont das Ankommen an einem Ort, an dem man nicht wohnt, gesprochen aber an jenem Wohnort; ein fünftes das Heimgehen nach Hause, wobei der Sprecher beide Male nicht am Ankunftsort weilt. Das siebente und achte Gehen beschreibt die gleichen Aktionen wie beim fünften und sechsten, nur daß jetzt der Sprecher sich am Ankunftsort befindet.

Das mittelamerikanische Tenejapa Tzeltal, eine Mayasprache, weist für den Akt des Sprechens 416 verschiedene Begriffe auf.

Zur Führung eines einfachen Gesprächs im Eskimo gehören 10000 bis 15000 Wortteile. Das Lexikon des Onondaga von Zeisberger umfaßt sieben Quartbände. Ein einziges Algonkinverbum durchzukonjugieren, würde 100 Seiten kleinsten Drucks erfordern.

Indianische Sprachen sind eindeutig. Phillip Deere: Mißverständnisse und Doppeldeutigkeiten sind im Muskogee unmöglich. Im Englischen prüfen Anwälte den Sinn eines Textes, andere biegen ihn zurecht, wie sie ihn brauchen. In unseren Sprachen geht das nicht.»

(Siehe hierzu auch die Ausführungen von Benjamin Lee Whorf in «Indianer und Nicht-Indianer», Seite 200ff.)

Literatur:

Werner Müller: Indianische Welterfahrung, Stuttgart 1976, Edition Alpha, Klett

Verträge

371 Verträge wurden mit den indianischen Nationen geschlossen: alle wurden einseitig gebrochen.

«Schließt die Regierung der Vereinigten Staaten noch Verträge mit Indianern?

Nein, die Aushandlung von Verträgen mit indianischen Stämmen war jedoch vor 1871 noch allgemeine Praxis. In jenem Jahr wurde diese Praxis durch einen Akt des amerikanischen Kongresses beendet. Seither sind Abkommen mit indianischen Gruppen durch Akte des Kongresses, Regierungsverordnungen und Regierungsvereinbarungen getroffen worden.

Die abgeschlossenen Verträge enthielten oft veraltete Bestimmungen und Verpflichtungen, die entweder erfüllt oder durch gesetzliche Regelungen des Kongresses nach Konsultationen mit dem Stamm oder den Stämmen überholt wurden. Vor allem in den letzten Jahren hat die amerikanische Regierung den stammesgebundenen Indianern Dienstleistungen auf dem Gebiet der Bildung, des Gesundheitswesens und der Sozialfürsorge zukommen lassen, die weit über die vertraglichen Erfordernisse hinausgehen. Mehrere große indianische Gruppen haben keine Verträge und sind doch in die vielen Dienstleistungen für Indianer eingeschlossen, für die der Kongreß jährlich die notwendigen Mittel bewilligt.» (Indianer in Amerika – Legende und Wirklichkeit, herausgegeben von International Communication Agency, Embassy of the United States of America, Postfach 200300, 5300 Bonn 2)

Völkermord

In einer Resolution vom 11. Dezember 1946 kam die Generalversammlung der Vereinten Nationen überein, daß Völkermord ein Verbrechen gemäß internationalem Recht sei, das dem Geist und den Zielen der Vereinten Nationen zuwiderläuft und von der zivilisierten Welt verurteilt wird. Die Konvention zur Verhütung und Bestrafung des Völkermordes wurde von der UN-Generalversammlung am 9. Dezember 1948 angenommen.

Im Februar 1970 hatten bereits 74 Nationen die Konvention unterzeichnet. 1973 waren es 78 Staaten, darunter beinahe alle Großstaaten und praktisch alle demokratischen Kräfte der Welt.

Auch die USA hatte die Konvention am 9. 12. 1948 unterzeichnet, doch bis heute ist sie noch nicht vom amerikanischen Senat angenommen worden.

1973 zog es der US-Staat in Betracht, nun endgültig über die Konvention abzustimmen; doch dieses Vorhaben erwies sich als gar nicht so einfach, denn zahlreiche Lobbys machten ihren Einfluß geltend, um die Annahme zu verhindern. Die Opposition argumentierte, daß es sich bei Völkermord um eine innere Angelegenheit handele und sich infolgedessen für ein internationales Vertragsabkommen nicht eigne. Das Außenministerium war der Meinung, daß die Ratifizierung seit langem überfällig sei. Es behauptete, die Konvention dränge den USA keine unwillkommenen Verpflichtungen auf, beeinflusse nicht die Regeln des Krieges, gelte nicht für Bürgerkriege, ebenso nicht für Diskriminierung, Rassenvorwürfe, Beleidigung, freiwillige Bevölkerungskontrollmaßnahmen und vergangene Ereignisse. Eine der wenigen Äußerungen für die Konvention machte das Senate Foreign Relations Committee: «Die meisten Argumente sind mit dem Zeichen der Furcht belastet – als ob der Völkermord in den USA wuchere und diese Nation es sich nicht leisten könne, von internationalen Organisationen überprüft zu werden; als ob unser oberster Gerichtshof seine gesellschaftliche Einstellung verlieren würde und aus dem Vertrag etwas machen könne, was er nicht ist; als ob wir uns selbst und unserer Gesellschaft nicht trauten.»

Bei Völkermord unterscheiden Ethnologen zwischen physischem (Genozid) und kulturellem Völkermord (Ethnozid).

Genozid
Systematische physische Vernichtung der Angehörigen einer bestimmten ethnischen Gruppe. Die westliche Zivilisation hat sich in dieser Art von Tätigkeit hervorgetan. Die Austeilung von Alkohol oder infizierten Kleidungsstücken oder die Jagd auf die «Wilden» waren bis heute die zynischsten Formen des Genozids, das an den sogenannten «primitiven» Gesellschaften begangen wurde und wird.

- 1752 schrieb seine Exzellenz Jeffrey Amherst, General der britischen Truppen im Nordosten Amerikas an seine Untergebenen: «Sie täten gut daran, die Indianer mit Laken zu infizieren, auf denen Blatternkranke lagen, oder sich aller sonstigen Mittel bedienen, die dazu beitragen können, diese verfluchte Rasse auszurotten.»
- Im Dezember 1970 flogen ein Delegierter des brasilianischen Indianerschutzdienstes FUNAI und ein Direktor der United Steel Company mit dem Hubschrauber in das Amazonasbecken und landeten im Gebiet der Paracana-Indianer. Sie nahmen zu 25 Paracanas Kontakt auf und brachten als Geschenke Decken mit, die mit Grippe infiziert waren. Sechs Monate später waren 40 Paracanas gestorben. Die United Steel Company hatte zusammen mit der staatseigenen Firma Vale do Rio Doce umfangreiche Eisenerzkonzessionen für jenes Gebiet erworben.

Ethnozid
Kultureller Völkermord. Neu eingeführtes Wort zur Bezeichnung eines einer Kultur durch eine andere, stärkere Kultur gewaltsam aufgezwungenen Akkulturations-Prozesses, wenn dieser zur Auflösung der sozialen Werte und traditionellen Moral der beherrschten Gesellschaft und damit zu ihrem Verfall und letztlichem Verschwinden führt. Das Ethnozid wurde und wird heute noch oft von Gesellschaften des industriellen Typs zu dem Zwecke angewandt, sogenannte «primitive» oder «rück-

ständige» Gesellschaften zu assimilieren, zu befrieden oder umzuformen. Dies geschieht meist unter dem Deckmantel der Moral, des Fortschrittsideals oder der «Unabwendbarkeit der Entwicklung».

Weißer Mann

Je nach persönlicher Erfahrung oder dem Erscheinungsbild der ersten Begegnung erhielten die Europäer ihren Namen als Rasse. Ojibway: wayabishkiwad – «die Weißhäutigen»; Delaware: woapsit – «er ist weiß»; Irokesen: assaricol – «Großes Messer», oder asseroni – «die, die Äxte machen»; Cheyenne: veho – «Spinnen»; Sioux: wicasa washicun – «die das Fett nehmen», «die Rahmabschöpfer»; Kiowa: bedalpago – «haarige Münder», oder ta-'ka-i – «abstehende Ohren».

Im allgemeinen nannte man die Amerikaner «große Messer», «lange Messer» oder einfach «weißer Mann», und bis zur Unabhängigkeit der USA die Engländer wautacone – «die Mantelmänner», «die Kleidertragenden»; die Schotten wurden von den Mohawks kentahere genannt – «Kuh- oder Bisonfladen» (nach Art der Mützen, die sie trugen); Franzosen waren als wameqtikosiu bekannt – «die Erbauer von Holzschiffen»; Deutsche hießen Yah-yah-algeh – «jene, die Ja-ja sagen»; Schwarze nannte man ma'kadawiyas – «schwarzes Gesicht», die Chinesen gooktlam – «Schweineschwanz» (nach ihrem Haarzopf).

Anhang

Filme über Indianer

Die Gesellschaft für bedrohte Völker veranstaltete bisher zwei Filmfestivals unter dem Motto «Indianer im Film/Filme von Indianern». Dazu erschien jeweils eine Begleitbroschüre zu 2 Mark. Bestelladresse: Erich Waco Wagner, Gesellschaft für bedrohte Völker, Abt. Film, Fraunhoferstr. 33, 8000 München 5, Tel: 089/2609154. Das Programm ist ein Wanderprojekt und kann von interessierten Gruppen und Schulen einzeln oder gesamt übernommen werden. Das 3. Indianerfilmfestival ist für Frühjahr 1980 geplant; Buchungen sollten bis Ende 1979 bei o. g. Adresse eingegangen sein, da sich das Programm zum Teil aus Filmen zusammensetzt, die wieder an die ausländischen Verleiher zurückgehen. Die Filmwochen berührten immer die Indianer beider Amerikas; die hier genannten Filme betreffen nur Nordamerika.

Carcajou et le Peril blanc (Carcajou und die weiße Gefahr) von Arthur Lamothe, 1974–76, 16 mm, Farbe, Lichtton, Montagnais und Französisch
Teil 1 (62 Min.)+Teil 2 (85 Min.) mit deutschen Untertiteln
Teil 3 und 4 (beide 55 Min.) sowie die Teile
Mistashipu (Der große Fluß), 79 Min. und
Pakuashipu (Der trockene Fluß), 55 Min., ohne Untertitel
Episches Werk über das Leben und Denken der Montagnais-Indianer im Osten Kanadas.
Verleih: Freunde der deutschen Kinemathek e. V., Welserstr. 25, 1000 Berlin 30

Cree Hunters of Mistassini von Boyce Richardson und Tony Ianuzielo, 1974, 16 mm, Farbe, Lichtton, 58 Min., Cree und Englisch ohne Untertitel.
Drei Cree-Familien jagen einen Winter lang im Norden von Quebec. Einer der besten ethnographischen Filme.

Our Land is our Life von Boyce Richardson und Tony Ianuzielo, 1974, 16 mm, Farbe, Lichtton, 57 Min., Cree und Englisch ohne Untertitel.
Die Bedrohung durch den Bau des James Bay-Wasserkraftwerks und

der Widerstand der Cree.
Beide Filme im Verleih der Kanadischen Botschaft (Walter Larink), Postfach 120240, 53 Bonn 1

Broken Treaty at Battle Mountain, von Joel L. Freedman, 1974, 16 mm, Farbe, Lichtton, 63 Min., Shoshoni und Englisch mit deutschen Untertiteln.
Die Western Shoshoni wehren sich gegen das Abholzen ihrer Pinienwälder.
Verleih: Freunde der deutschen Kinemathek e. V., Welserstr. 25, 1000 Berlin 30

Navajo, von Duncan Carse, 1976, 16 mm, Farbe, Lichtton, 19 Min., deutsche Fassung.
Die Situation der Navajo heute. Hervorragend für den Unterricht geeignet.
Verleih: Landesbildstellen

Children of Wounded Knee, von Heidi Knott, 1975, 16 mm, Farbe, Magnetton, 29 Min., deutsche Fassung.
Wounded Knee und seine Menschen im Sommer 1973.
Verleih: Deutsche Film- und Fernsehakademie, Pommernallee 1, 1000 Berlin 19

Home, von Dedo Weigert, 1974, 16 mm, Farbe, Lichtton, 30 Min., deutsche Fassung.
Chief Seattles berühmte Rede ist mit Bildern der Landschaft des Staates Washington unterlegt.
Verleih: Landesbildstellen

Little Big Horn, von Florian Furtwängler und Dedo Weigert, 1971, 16 mm, Farbe, Magnetton, 60 Min., deutsche Fassung.
Welche Rolle spielt General Custer heute in der amerikanischen Öffentlichkeit? Floyd Westermann singt.
Verleih: Dedo Weigert, Rottmannstr. 5, 8000 München 2

The Other Side of the Ledger, von Martin Defalco und Willie Dunn, Canada 1973, 16 mm, Farbe, Lichtton, 43 Min.
Die Geschichte der Hudson's Bay Company und die Kehrseite der Medaille.
Verleih: BAG – Bundesarbeitsgemeinschaft, Postfach 3004, 6500 Mainz 1.

Literatur

Englisch:

Stan Steiner: The Vanishing White Man, New York 1976, Harper & Row

S. M. Barrett: Geronimo – His Own Story, London 1970, 1974 (erstmals 1906), Abacus; die deutsche Fassung wird im Herbst 1979 im Trikont Verlag, München, erscheinen.

Frederik W. Turner III. (Hg.): The Portable North American Indian Reader, New York 1973, Viking Press

Virgil J. Vogel: This Country Was Ours, New York 1974, Harper & Row (Der Band wird in den Survival Schools als Geschichtsbuch verwendet)

E. Fuchs, R. J. Havighurst: To Live on This Earth. American Indian Education, Garden City 1973, Anchor Books

Mari Sandoz: These Were The Sioux, New York 1967, Dell

R. F. Berkhofer, Jr.: The White Man's Indian, New York 1978, Alfred A. Knopf.

Deutsch

Richard Erdoes, Lame Deer: Tahca Ushte – Medizinmann der Sioux, München 1979, Paul List Verlag

Frederik Hetmann, Alfred Keil: Indianer heute – Bericht über eine Minderheit, Weinheim und Basel 1977, Beltz

Gesellschaft für bedrohte Völker (Hg.): Akwesasne – Wo das Rebhuhn balzt. Indianische Texte aus dem Widerstand. Von Wounded Knee 1973 bis Genf 1977, München 1978, Trikont

Hans Peter Duerr (Hg.): Unter dem Pflaster liegt der Strand, erscheint jährlich im Karin Kramer Verlag Berlin. Band 4 (1977) befaßt sich mit nordamerikanischen Indianern, Stammeskulturen und Anarchismus.

Vine Deloria, Jr.: Nur Stämme werden überleben, München 1975, Trikont

Und zur Auffrischung eingefahrener Denkweisen:

Paul Feyerabend: Wider den Methodenzwang. Skizze einer anarchistischen Erkenntnistheorie, Frankfurt 1977, Suhrkamp

Pierre Clastres: Staatsfeinde – Studien zur politischen Anthropologie, Frankfurt 1976, Suhrkamp

Hans Peter Duerr: Traumzeit, Frankfurt 1978, Syndikat

Schallplatten

Die hier aufgeführten Platten sind Versuche, traditionelle indianische Musikelemente mit Rock und Folk zu verbinden. Alle Platten enthalten ein Textheft in englisch und deutsch. Sie sind erhältlich über Trikont-Verlagskollektiv – Schallplattenvertrieb, Kistlerstr. 1, 8000 München 90, Tel: 089 1 78 21/2. Reine Stammesmusik mit zum Teil ethographischem Begleittext ist lieferbar über: Akwesasne Notes, via Rooseveltown, N. Y. 13683, USA, sowie von den Firmen Folkways, 43 West 61 Street, New York, N. Y. 10023, und Canyon Records, 4143 North 16th Street, Phoenix, Arizona 85016. Am besten Katalog anfordern; die «Akwesasne Notes» listen ihr Angebot in jeder Ausgabe ihrer Zeitung auf.

Willie Dunn: Willie Dunn, Unsere Stimme, US-0032, LP Stereo

Peter La Farge: As long as the grass shall grow, Folkways Records FN 2532, LP Mono

Peter La Farge: On the Warpath, mit Nick Navarro, Indian Drums, Folkways Records, FN 2535, LP Mono

Floyd Westermann: Custer died for your sins, Unsere Stimme, US-40, LP Stereo

XIT (Crossing of Indian Tribes): Relocation, Canyon Rec., LP Stereo

XIT: Plight of the Redman, Rare Farth Rec., LP Stereo

Vorläufig nur über «Akwesasne Notes» oder Canyon Rec. erhältlich:

Paul Ortega: «Two Worlds» und: «Three Worlds», beide LPs in Mono

Außerdem über den regulären Schallplattenhandel erhältlich:

Buffy St. Marie: Sweet America, abc Records, Stereo 27 122 XOT (im Ariola Vertrieb)

Claus Biegert: Erklär mir die Indianer, Kinder-Sachplatte, RCA, PJL-4847, LP Stereo

Zeitschriften

Indianer heute (Rundbrief), aktuelle Nachrichten aus dem indianischen Amerika, erscheint vier- bis achtmal im Jahr, Redaktionsanschrift und Bestelladresse: Janet Woolverton, Leimgrub 1, 8341 Julbach, Heftpreis: 3 Mark

Narachan, Zeitschrift für Ethnolyrik, Bestelladresse:
Thomas Kaiser, Bernstr. 1, CH-3037 Stuckishaus, Schweiz

Trickster, Zeitschrift wider das eurozentrische Denken – für eine neue Anthropologie, Redaktionsanschrift und Bestelladresse: Trickster, Postfach 58, 8000 München 34

Die Zeitschrift wird von Ethnologen herausgegeben, versteht sich aber nicht als Fachzeitschrift: «... wir sitzen auf dem Rand der etablierten Wissenschaftsszene und schauen über diesen hinaus». Themen in Vorbereitung: Fremde Kulturen in Kinder- und Jugendbüchern; Action Anthropology; Ethnographischer Film; Ethnologie im Faschismus; Befreiungsbewegungen und traditionelle Gesellschaften; Ethnologie und Tourismus.

Pogrom, Zeitschrift der Gesellschaft für bedrohte Völker, Redaktionsanschrift: Tilman Zülch, Bühlstr. 5, 3400 Göttingen, Bestelladresse und Information über die Arbeit der GfbV: Brahmscher Straße 200, 4500 Osnabrück

«Pogrom» enthält Nachrichten aus der Welt der Ureinwohner aller Kontinente. Thematische Publikationen erscheinen als Buch.

Unterrichtseinheiten

UE Indianer, Gesamtschule Laubach, Andree-Allee, 6312 Laubach 1

Indianer – Sachtexte, Erzählungen, Spiele etc., Unterrichtsmodell für Schule und Jugendarbeit, herausgegeben von: Weltmission Evangelisches Missionswerk, Mittelweg 143, 2000 Hamburg 13

Der Indianer kennt keinen Schmerz – und keine Freiheit, Wochenschau für politische Erziehung, Sozial- und Gemeinschaftskunde, Nr. 1/2 Jan./Feb. 1978, Redaktions- und Verlagsanschrift: Adolf-Damaschke-Str. 105, 6231 Schwalbach/Ts.-Limestadt

Sonstige Materialien

Tonbildserien über «indianischen Widerstand in den USA» und Survival Schools werden vorbereitet vom Audiovisuellen Zentrum (AVZ), Pariserstr. 7, 8000 München 80

Eine Tonbandkassette mit der Rede Clyde Bellecourts im Oktober 1977 in München vertreibt der S-press Tonband Verlag zu 12 Mark. Bestelladresse: S-Press, Michael Köhler, Zieblandstr. 10, 8000 München 40, oder: Nikolaus Einhorn, Rochusstr. 56, 4000 Düsseldorf. Der englische Text liegt gedruckt vor. Die deutsche Übersetzung der Rede wird einschließlich der deutschen Texte der Gedichte auf S. 84ff. in vorliegendem Buch als «Indianer heute»-Sonderdruck erscheinen.

Hartmut Lutz

Kommentierte Auswahlbibliographie zur Behandlung der Indianerthematik im Englischunterricht

Die folgende Zusammenstellung entstand ursprünglich als Vorbereitung auf einen Vortrag, der im Oktober 1978 im Rahmen eines Landeskunde-Wochenendseminars «Die Indianer Nordamerikas» beim Carl-Schurz-Haus, Freiburg, gehalten wurde. Ich habe die Angaben ergänzt und teilweise überarbeitet. Mehrere Hinweise verdanke ich Herrn Reinhard Schultz (Westberlin), der sich am John-F.-Kennedy-Institut für Nordamerikastudien intensiv in Lehrveranstaltungen mit der Thematik auseinandergesetzt hat. Vielen befreundeten Lehrerinnen, Lehrern, Studierenden und AIM-Support Group-Leuten danke ich ebenfalls für Hinweise. Ich bitte um Verständnis, wenn einige Angaben nicht ganz vollständig oder nicht kommentiert sind. Es handelt sich dann um Materialien, die ich nicht selbst habe einsehen können.

I. Zur didaktischen Begründung:

Aus der Fülle von Publikationen zur Landeskunde im Englischunterricht stellen die wenigen hier genannten Titel nur eine sehr knappe Auswahl dar. Eine detaillierte Landeskunde-Bibliographie erscheint 1979 in einem von Dieter Buttjes herausgegebenen Sammelband «Landeskundliches Lernen im Fremdsprachenunterricht» (Paderborn, Schöningh).

1. Landeskunde, «Social Studies», «Cultural Studies»

BUTTJES, Dieter, Laurence KANE: Theorie und Zielsetzung der Landeskunde im Fremdsprachenstudium, in: anglistik & englischunterricht, Bd. 4: Landeskunde (Mai 1978), S. 51–61. (Enthält eine gute Übersicht der derzeitigen Landeskunde-Diskussion.)

DOYÉ, Peter: Politische Erziehung im neusprachlichen Unterricht, in: Westermanns pädagogische Beiträge, 18 (1966), S. 270–275. (Dieser inzwischen sehr alte Aufsatz enthält Überlegungen zum Abbau von Vorurteilen, die tendenziell noch nicht überholt sind. Doyés Vorschlag, ggf. von der «heiligen Kuh» Einsprachigkeit abzugehen, war damals geradezu revolutionär.)

KRAMER, Jürgen: «Cultural Studies versus Landes-/Kulturkunde, in: Bestandsaufnahme Fremdsprachenunterricht, hg. v. Jürgen Kramer, Stuttgart 1976, S. 139–150, J. B. Metzler

LANGE, Bernd-Peter: Tendenzen der ‹Landeskunde› in Reformmodellen für die Anglistik, in: gulliver: Deutsch-englische Jahrbücher (Argument-Sonderband 18), 2 (1977), S. 9–27.

SCHEPPELMANN, Rainer: Völkerverständigung und Fremdsprachenunterricht, in: Demokratische Erziehung, 3 (1977), S. 510–519 (Scheppelmann diskutiert die Geschichte der Landes- und Kulturkunde im FU und ihre ideologische Funktion und verteidigt eine sozialwissenschaftlich fundierte Landeskunde gegen ihre Kritiker aus beiden Lagern.)

2. Landeskunde und «American Studies»

ISERNHAGEN, Hartwig: Amerikanische Landeskunde und American Studies, in: Die Neueren Sprachen, 76 (1977), S. 264–277 (Isernhagen versucht eine Standortbestimmung der Landeskunde und fordert eine am American Studies-Konzept ausgerichtete Amerikakunde, die sich innerhalb einer kommunikationstheoretischen Textwissenschaft etablieren soll.)

WURMBACH, Hubert: Die Amerikastudien in den Rahmenplänen und Prüfungsordnungen der Bundesrepublik, in: Amerikastudien/American Studies, 23 (1978), S. 146–63 (Wurmbach untersucht die unterschiedlichen Inhalte und Konzeptionen der American Studies im Schulunterricht. Die Behandlung der Native American-Thematik taucht dabei wiederholt auf.)

3. Lehrwerkanalysen

BACH, Gerhard: Zum Problem landeskundlicher Lehrbuchinhalte. Englisch, 12 (1977), S. 20–26) (Bach untersucht das Hauptschul-Lehrwerk H 4 (Cornelsen) ideologiekritisch. Dabei hebt er zu Recht positiv hervor, daß hier ausnahmsweise die Rassendiskriminierung nicht am Beispiel der Afroamerikaner problematisiert wird sondern auf Native Americans eingegangen wird.)

LANGE, Bernd-Peter: Landeskundliche Texte in Lehrbüchern für den Englischunterricht, in: Die Neueren Sprachen, 72 (1973), S. 189–198 (Eine sehr gute ideologiekritische Untersuchung gängiger Englisch-Lehrwerke.)

LUTZ, Hartmut: «North American Indians» in Kinder- und Jugendliteratur und Unterricht – Ein Bericht über American Studies in der Schule, in: Amerikastudien, 24:1 (1979), S. 122–151 (In dem Aufsatz analysiere ich neben einem Sample von 60 Kinderbüchern auch die gängigen Englischlehrwerke, die auf Native Americans eingehen, und mache Vorschläge für eine weitergehende Behandlung dieses Bereichs.)

STUBY, Anna Maria: Ideologievermittlung im Englischunterricht – Eine Untersuchung von Schullektüren, in: Gulliver 1 (1979), S. 213–236 (Eine sehr umfangreiche, detaillierte und sorgfältige Lehrwerk- und Lektüreanalyse mit vorzüglichen Verweisen auf weiterführende Materialien.)

II. Vorliegende Materialien

1. Unterrichtseinheiten und Projekte

Anregungen und Berichte

KAISER, Rudolf: Indianer in Geschichte und Gegenwart der USA, in: Englisch, Heft 1 (1969), S. 21–26 (Ein Aufsatz voller Halbwahrheiten, nicht ohne rassistische Vorurteile, der hier nur der Vollständigkeit halber aufgenommen wurde.)

KAISER, Rudolf: Amerika – in didaktischer Perspektive, Hildesheim 1978, Georg Olms (Das Buch ist eine allgemeine Landeskunde der Vereinigten Staaten, welche als Demokratiebeispiel vorgestellt werden. Das Indianer-Kapitel enthält wenig, das zum Abbau vorherrschender Klischees geeignet wäre. Eine eingehende Kritik dieses Buches enthält meine Rezension, die in Amerikastudien 24, Heft 2, (Herbst 1979) erscheinen wird.)

KÜPPER, Karl Josef: Die Situation des Indianers im Spiegel der nordamerikanischen Literatur, in: Texte für den politischen Unterricht, hg. E. Schallenberger. Beiträge zur Fachdidaktik 33, Kastellaun 1976 (Küpper macht Vorschläge zur Behandlung von Indianerdarstellungen in der amerikanischen Literatur im Deutschunterricht. Der Aufsatz enthält viele Vorschläge und Anregungen, die auch im EU der Sek II aufgegriffen werden könnten.)

LUTZ, Hartmut: Indianer in Nordamerika/North American Indians – Projektbericht, in: Gulliver 5 (1979) S. 91–97 (Bericht über ein Unterrichtsprojekt, in dessen Rahmen die Studierenden sechs Wochen lang in Welt- und Umweltkunde und Englisch fächerübergreifend zum Themenbereich «Native Americans» unterrichteten.)

LUTZ, Hartmut: «Native Americans im Englischunterricht: Zur Theorie und Praxis einer sozialkritischen Landeskunde», in: Dieter Buttjes (Hg.): Landeskundliches Lernen im Fremdsprachenunterricht, Paderborn, Ferdinand Schöningh, erscheint 1979/80 (In dem Aufsatz setze ich mich mit Möglichkeiten auseinander, in einem als «social studies» verstandenen Landeskundeunterricht zum Abbau rassischer Vorurteile und Klischeevorstellungen – nicht nur bezüglich «Indianer» – beizutragen.)

MAILÄNDER, Nicholas, Elizabeth Klobusicky-Mailänder: Indians in American Economy and Governmental Policy, in: Englisch, Heft 3 (1977), S. 88–93 (Der Bericht ist eine Ergänzung des Aufsatzes von TABBERT und stellt Informationen und Materialien zur Durchführung einer Indianer-UE im Englischunterricht vor.)

TABBERT, Reinbert: Indianer – ein sozialkundliches Thema im Englischunterricht, in: Englisch, Heft 4 (1977), S. 133–138 (Tabbert erörtert Möglichkeiten zur Durchführung einer sozialkundlichen Unterrichtseinheit über die Indianer Nordamerikas und stellt Materialien

aus vorliegenden Schulbüchern vor, die er durch weitere Textvorschläge ergänzt.)
WEISSHAAR, Siegfried: Anregungen zur Behandlung des Themas ‹Dritte Welt› im Unterricht der Sekundarstufe I. Ein Lehrbericht, in: Friedensanalysen für Theorie und Praxis 3: Schwerpunkt Unterentwicklung, hg. Günther Busch, edition suhrkamp 847, Frankfurt 1976, Suhrkamp, S. 109–130 (Die m. E. beste beschriebene Unterrichtseinheit, die der Verfasser selbst in einer 7. Gymnasialklasse durchführte. Enthält viele sehr gute Hinweise und Tips für eigenen Unterricht.)
WEISSHAAR, Siegfried: Materialien zum Einstieg in die Behandlung der Dritten Welt im Unterricht der Sekundarstufe I, in: Die Dritte Welt in den Medien der Schule, hg. v. E. Meueler und K. F. Schade. (Erhältlich in zwei identischen Ausgaben als) a) Schriftenreihe der Bundeszentrale für politische Bildung 106, Bonn 1977; b) Stuttgart 1977, S. 195–215, W. Kohlhammer (Eine überarbeitete und ergänzte Fassung des obigen Aufsatzes, dessen umfangreiche Materialangaben und didaktisch-methodische Vorschläge allen Lehrenden weiterhelfen, die die Indianerthematik im Fremdsprachenunterricht aufgreifen.)

Unterrichtseinheiten

BUND SOZIALISTISCHER LEHRER UND ERZIEHER (Hg.): American Indians/UE Englisch, Oberstufe, in: Erziehung im Dienste des Volkes, Heft 1 (²1976), 64 S. (Die UE enthält neben vielen guten Anregungen und brauchbaren Materialien – sie entstand im Rahmen einer 2. Staatsarbeit – auch Lächerliches, z. B. einen Bericht über die Oluntschun-Nationalität in China als Beispiel einer geglückten Minderheitenpolitik. Somit ist sie u. a. auch Beispiel dafür, wie die Indianerthematik im Unterricht zum Vehikel für die Propagierung einer bestimmten – hier maoistischen – Ideologie gemacht wird. Zu beziehen direkt vom Bund Sozialistischer Lehrer und Erzieher, Göbenstraße 3, 5000 Köln 11 Tel. 0221/525524.)
LUTZ, Hartmut, mit Jochen Hensel, Helma Linaker, Kristel Sauder: Indianer in Nordamerika/North American Indians, in: Kontrast, 6, Heft 4 (1977). (Das Heft enthält Materialien und Unterrichtsentwürfe für 13 Lektionen zur Behandlung der Indianerthematik im Sozialkundeunterricht in 6. Klassen sowie acht Lektionen zur Behandlung der Indianerthematik im Englischunterricht im 2./3. Lehrjahr. Die Veröffentlichung ist Resultat eines fächerübergreifenden Praxisprojekts zu diesem Thema im Rahmen der einphasigen Lehrerausbildung an der Uni Osnabrück. Zu beziehen direkt vom Kontrast-Verlag, Wartekuppe 26, 3500 Kassel, Tel. 0561/47 16 38.)
HARTMANN, Helmut, Hartmut Lutz, Jürgen Pfitzner, Noni Schümer-Lowrance und Helmut Vollmer: Indians – The Native Americans.

Baukasten für den Englischunterricht im 10. Schuljahr, erscheint voraussichtlich 1979 als ISSUES 3 bei Langenscheidt-Longman. Die Vorarbeiten sind abgeschlossen. Die jetzt vorliegende, sehr stark gekürzte Fassung enthält 26 Lektionen – Texte, Bänder etc. – mit den entsprechenden Übungsformen und konzentriert sich auf die Gegenwart.)

2. Vorliegende Schulbücher

Ganzschriften für den Englischunterricht

CHALK, W. C. H.: Jim Silent. An Instant Reader, London u. a., [2]1975, Heinemann Educational Books (Apachenkriege.)

HOPE, Ascott R.: The Sioux Rebellion in Minnesota: An Emmigrant Boy's Story, Stuttgart [2]1969, Klett (Ein sehr schlechter Text! Der Widerstand der Östlichen Sioux-Völker unter Little Crow wird aus deutschtümelnder weißer Sicht als «Rebellion» blutrünstiger Wilder dargestellt. Man sollte, wenn überhaupt, den Text nur in Zusammenhang mit anderen historischen Fakten oder kontrastierend mit den Protestliedern des indianischen Sängers Floyd Westermann, dessen Urgroßvater Little Crow folgte und bei Mankato gehängt wurde, behandeln.)

SPENCER, Oliver: Kidnapped by Indians. Retold by Kenneth L. Warner, Stuttgart o. J., Klett (Für Englisch ab 3. Lehrjahr. Eine typische «Indian Captivity Story», die historische Details genauer nimmt als obiger Text. Kontrastiv sehr gut mit dem deutschen Text von Anna Jürgens (d. i. Anna Müller-Tannewitz): Blauvogel, Ravensburg [8]1976, Otto Maier, einsetzbar.)

Textsammlungen

BINDER, W., H. A. ZABY (Hg.): Topical Texts 11: The American Indian. Advanced Comprehension Pieces. Stuttgart 1977, Klett (Eine sehr gelungene Zusammenstellung von kurzen Texten zur Geschichte, Kultur, Religion, Literatur und Gegenwart der Native Americans, in denen diese selbst zu Worte kommen.)

GREEN, Gordon: Intermediate Passages for Comprehension, Berlin 1976, Cornelsen und Oxford U. P. (Für Englisch im 5./6. Jahr. Enthält die Lektion «War with the Indians», in der u. a. eine beschönigende Darstellung der Hanna Dustan-Captivity Story vorkommt.)

KÜPPER, Karl Josef, Siegfried Singer (Hg.): Strangers in their Own Land. The North-American Indian in the modern short story, Stuttgart 1977, Klett (Enthält «Ten Indians» von Ernest Hemingway, 1927; «The Happy Indian Laughter» von Oliver La Farge, 1955; «One, Two, Three Little Indians» von Hugh Garner, 1952.)

LANGENDORF, Dieter: Racial Minorities in American Society. Modelle für den neusprachlichen Unterricht, Frankfurt 1977, Diesterweg

(Für Sek II. Enthält zwei sehr gute Beiträge von Vine Deloria, Jr., und John Trudell.)
RIEDEL, W. E. (Hg.): Modern Canadian Short Stories, München 1969, Max Hueber (Enthält E. Camerons «The Turning Point», eine Kurzgeschichte, die Rassendiskriminierung gegenüber Indianern in Kanada und deren soziales und kulturelles Elend zeigt. Versöhnlich; fast kitschiger Schluß, aber dennoch sehr informativ und spannend.)
STOLDT, Peter H., u. a. (Hg.): The First American. Paderborn 1978, Schöningh (Anthologie zur Behandlung der Indianerthematik im Englischunterricht der Sek II. Eine hervorragende, sehr brauchbare Zusammenstellung von englischsprachigen Texten und Dokumenten, die der Geschichte der «rot-weißen» Beziehungen bis in unsere Tage folgen.)

Englischlehrbücher

ALPERS, Maria, Herbert Voges, Gerhard Weiß: Britain and America. Neue Ausgabe, Oberstufe. Berlin 1977, Cornelsen, Velhagen und Klasing. (Dieses Landeskunde-Lehrwerk enthält einen sehr informativen Artikel von Calvin Kentfield: Condition and Fate of the American Indian, in dem die Situation auf der Pine Ridge Sioux Reservation geschildert wird. Als historisches Dokument ist dieser Text besonders interessant, wenn man ihn zu der später erfolgten Besetzung der Ortschaft Wounded Knee im Frühjahr 1973 in Bezug setzt. Im Lehrerbuch finden sich weitere wichtige Hintergrundinformationen zur sozialen Lage der Uramerikaner gegen Ende der sechziger Jahre.)
BEILE, Werner, u. a.: Learning English – Modern Course, Gym 4. Stuttgart 1977, Klett (Unit 6: «North American Indians», S. 73–87.)
BEILHARDT, Karl, u. a. Learning English A 2. Stuttgart 2/1976, Klett (darin «The American Indians», S. 83 f..)
ders., u. a.: Learning English A 3. Stuttgart 3/1978, Klett, S. 43
BROMHEAD, Peter: Life in Modern America, München, Langenscheidt-Longman.
BURKHOLZ, Gerhard: Neue englische Texte für die Oberstufe der höheren Schule. 2. Folge: die USA, Frankfurt 1968 (S. 69–71) Verlag Moritz Diesterweg.
CLEMENT, Hélène, and Catherine Temerson: Catching up with America. Stuttgart 1975, Klett.
FRIEDRICHS, Hildegard: English H 4. Berlin 2/1975, Velhagen und Klasing (Das Kapitel über «Jim, the Steelman» berichtet über einen Mohawk-Stahlarbeiter und vermittelt Wissenswertes über Indianer heute in den USA. Für eine eingehendere Behandlung müßten jedoch weitere Materialien hinzugezogen werden.)
ISERNHAGEN, H.: The U. S. from Within. München 1976, Max Hueber Verlag (S. 133–138; «The Indians»; gibt Dokumente der indiani-

schen Enteignung und Umsiedlung, ihrer Landbasis, Bodenschätze und Diskriminierung.)
JÄGER, Werner (Red.): English for Today 5/6. Dortmund/Hannover 1977, Lambert Lensing/Hermann Schroedel (Kapitel 5 beschreibt eine Reise entlang des Hiawatha Pioneer Trail und berichtet in diesem Zusammenhang auch über historische Vorkommnisse, die nur aus weißer Sicht beschönigend dargestellt werden. Illustrationen zeigen Indianer als «dancing Indian» und als Sexualobjekt im Pocahontas-Leder-Look. Brauchbar ist lediglich ein Brief William Harrisons an das Kriegsministerium.)
JÄGER, Werner, Rainer Lorenzen, Jennifer Wood (Red.): English for a Start. Dortmund/Hannover 1975, Lambert Lensing/Hermann Schroedel (Unit 8 behandelt ausschließlich die Indianer Nordamerikas. Eine Mischung wissenswerter Fakten mit unglaubwürdiger Fiktion, z. B. in der «Far Looker»-Geschichte. Die Erklärung eines apple-Indian-chiefs empfiehlt immer noch Anpassung an den «American Way of Life» und eine gute Ausbildung als «Hope for the future». Behandelte Themen: indianische Kulturformen, Konflikte mit Weißen, soziales Elend heute, Wounded-Knee-Besetzung.)
KÖHRING, Klaus, und Wilfried Brusch: Projects in Politics. Quellen und Materialien zur England- und Amerikakunde. Heidelberg 1975, Quelle und Meyer (S. 105–116: «The American Indians»)
MACKIN, Ronald: Spoken English for Schools 4. Berlin 1977, Cornelsen & Oxford University Press (Enthält in Unit I Texte über Pontiac's War und über Chief Joseph und schließt mit den Sätzen: «And in a few years the fighting was all over. The white men had conquered the American Indians.» Kultur und soziale Lager der Indianer werden nicht angesprochen, und das Buch verbreitet weiter den Irrglauben, das «Indianerproblem» sei militärisch endgültig gelöst worden.)
RÖHR, Heinz: The Good Companion. Englisches Unterrichtswerk, Teil 5. Frankfurt 1973, Verlag Moritz Diesterweg (S. 18–23)
ROSENTHAL, Martin, und Michael Ferguson (Red.): English G 4 A. Berlin 1976, Cornelsen, Velhagen und Klasing, 1976. (Das m. E. mit Abstand beste veröffentlichte Lehrbuch-Kapitel über Indianer findet sich in Unit 2 dieses Lehrwerks. Ein kurzer geschichtlicher Überblick erwähnt wichtige Daten der «rot-weißen» Auseinandersetzungen, Wounded Knee wird detaillierter behandelt, sowohl das Massaker 1890 als auch – kontrastiv – die Besetzung 1973. Indianische Schulen werden anhand von Interviews dargestellt. Auf 12 Seiten wird hier relativ viel Wichtiges vermittelt.)
SAMMLUNG LENSING 2, «The Urban Indian» Text Analysis and Writing Practice, Arbeitsmaterialien für die Sek II in Loseblattform. Dortmund o. J., Verlag Lambert und Lensing (Geht auf heutige soziale und kulturelle Misere der Native Americans, die Reservats- und

Stadtindianer sowie die Situation der Navajo kurz in einem Text ein. Nur als Teil des Loseblattsammlung-Abonnements erhältlich.)
SCHAD, Gustav, und Kurt Schrey: The Living Heritage of Great Britain and the USA. Englisches Lesebuch für Oberklassen, Frankfurt 1965, Verlag Moritz Diesterweg.
SIMONEIT, Diether F.: An English and American Reader, Paderborn 1966, Ferdinand Schöningh Verlag (S. 130–135)

III. Andere verfügbare Materialien, die für den Einsatz im Englischunterricht (Sekundarstufe) geeignet sind

1. Texte

Literarische Texte

Die im folgenden aufgelisteten Anthologien enthalten «literarische» Texte, die auszugsweise oder ganz im EU der Sekundarstufe gebraucht werden können. Zumeist handelt es sich um berühmte Aussprüche und Reden sowie Lyrik. Darüber hinaus könnten in Leistungskursen der Sek II auch schwierigere Ganzschriften auszugsweise gelesen werden, z. B. Thomas Berger: Little Big Man (1964), J. F. Cooper: The Last of the Mohicans (1826) oder Mark Twain: Roughing It (1872).

ARMSTRONG, Virginia Irving (Comp.) und Frederick W. TURNER III (Introd.): I have Spoken. American History Through the Voices of the Indian. Chicago 1973, Swallow Press (Chronologisch angeordnete Sammlung berühmter Reden, Lyrik etc. Kurze, kommentierte Abschnitte.)
DODGE, Robert K., Joseph B. McCullough: Voices from Wah'kontah: Contemporary Poetry of Native Americans. With a foreword by Vine Deloria, Jr. New York [2]1976, International Publishers. (Sehr schöne Anthologie zeitgenössischer Lyrik indianischer Autoren. Mit Kurzbiographien der Verfasser. Auch als Reader im Unterricht zu verwenden.)
McLUHAN, T. C.: Touch the Earth. A Self-Portrait of Indian Existence. London 1973, Abacus (Ähnlich wie bei ARMSTRONG sind auch hier Auszüge aus berühmten indianischen Reden abgedruckt, die wegen ihrer «blumigen» Rhetorik literarisch anmuten. Hervorragende Illustrationen von E. S. Curtis, gute Bibliographie.)
WAUBAGESHIG (Hg.): The Only Good Indian. Essays by Canadian Indians, Toronto 1970, New Press, paperback 1972. (Anthologie verschiedener zeitkritischer Essays kanadischer Indianer mit vielen hervorragend für den Unterricht geeigneten Gedichten des indianischen Lyrikers Duke REDBIRD.)
WITT, Shirley Hill, Stan STEINER (Hg.): The Way: An Anthology of American Indian Literature. A Vintage Book. New York 1972, Alfred A. Knopf (Eine Anthologie literarischer und expositorischer

Texte von Indianern, die die gestrige und heutige Situation der Native Americans beleuchten. Nach Sachzusammenhängen geordnet und kommentiert, kurz und meist leichtverständlich genug, um im EU der Sek II eingesetzt zu werden.)

Sozial- und kulturgeschichtliche Texte

BARRETT, S. M.: Geronimo – His Own Story. London 1974, Abacus (Original 1906) (Packende Lebensgeschichte des Apachenführers Geronimo, der bis 1886 den US-Truppen einen Guerillakrieg lieferte. Als Kontrast zu «Winnetou» in Auszügen geeignet.)

BROWN, Dee: Bury My Heart at Wounded Knee. NewYork 1970, Holt, Rinehart and Winston (Klassiker gewordenes Buch über den Widerstand der indianischen Völker im 19. Jahrhundert. Mit vielen Zitaten aus Reden, Fotos und spannenden Berichten, die sich auch im Unterricht einsetzen lassen.)

Chronicles of American Indian Protest, Hg. v. Council on Interracial Books for Children (1841 Broadway, New York, N. SY. 10023, USA), (Neuausgabe der zuerst 1971 erschienen und 1975 bei Trikont in München als «Die Wunden der Freiheit» in Übersetzung herausgegebenen Anthologie mit Dokumenten indianischen Widerstandes von 1622 bis zum Longest Walk 1978. Jedes Dokument – Reden, Berichte, Verträge – ist kommentiert und in historischen Rahmen gesetzt. Die aktuellste Dokumentation auf dem Markt (April '79).Beim Council on Interracial Books for Children, dem das Racism and Sexism Resource Centre for Educators angeschlossen ist, und das mit dem International Indian Treaty Council zusammenarbeitet, gibt es auch andere Broschüren für antirassistischen Unterricht (Englisch) sowie die achtmal jährlich erscheinende Zeitschrift «Bulletin on Interracial Books for Children», von der sich Lehrende und Eltern mal ein Exemplar bestellen sollten, um zu sehen, was uns in der BRD dringend fehlt.)

HAMILTON, Charles: Cry of the Thunderbird. The American Indian's Own Story. Norman 1972, University of Oklahoma Press (Original 1950) (Längere Texte aus Reden, Interviews, Büchern und Berichten amerikanischer Indianer, mit Illustrationen von George Catlin.)

JACOBS, Paul, Saul LANDAU, Eve PELL: To Serve the Devil: Vol. 1, Natives and Slaves. A Documentary Analysis of America's Recial History and Why It Has Been Kept Hidden. Vintage Book V-459, New York 1971, Random House (Eine Geschichte der Besiegten. Dokumente über Native Americans, Blacks und Chicanos mit historischen Einleitungen. Kurze Texte, die in der Sek II Verwendung finden können.)

McNICKLE D'arcy: Native American Tribalism. Indian Survivals. London, Oxford, New York 1973, Oxford U. P. (Schildert die sich wandelnde Indianerpolitik verschiedener Regierungen, die maßgeblichen Verträge und Gesetze und das Überleben indianischen Stammestums trotz aller Bestrebungen, die Indianer zu integrieren.)

TURNER III, Frederick W. (Hg.): The Portable North American Indian Reader, New York 1973, Viking Press (Enthält eine Fülle von Texten zu den Gebieten «Myths and Tales», «Poetry and Oratory», «Culture Contact», «Image and Anti-Image». Mit Beiträgen führender zeitgenössischer indianischer und indianerfreundlich gesinnter Persönlichkeiten, sowohl literarischer als auch expositorischer Art.)

Die meines Erachtens beste für einen schülerorientierten Unterricht geeignete Materialquelle sind die

AKWESASNE NOTES, eine panindianische Zeitung, Auflage über 80000, die sechsmal im Jahr erscheint. Sie wird von Indianern selbst zusammengestellt, von einer ständig sich verändernden Redaktionsgruppe in der Mohawk-Reservation St. Regis, N. Y., herausgegeben und in alle Welt verschickt. Man bestellt sie dort (ein paar Dollars am besten in Banknoten beilegen) direkt:

AKWESASNE NOTES, Mohawk Nation, via Rooseveltown, N. Y. 13683, USA.

Bei Akwesasne Notes erhält man auch diverse andere Materialien wie Bücher, Schallplatten, Poster und Broschüren. Die Lieferzeiten sind lang und unregelmäßig. Die ‹Notes› enthalten außer aktuellen Berichten, Kommentaren, Rezensionen und vielen Leserbriefen auch literarische Beiträge, vor allem brauchbare Gedichte.

2. Filme

s. Abschnitt: Filme über Indianer, S. 279f.

Darüber hinaus möchte ich auf eine kommentierte kurze Filmografie leicht erhältlicher (Ev. Medienzentrale) Kurzfilme für Unterrichtende verweisen, die enthalten ist in: Indianer – Unterrichtsmodell für Schule, Konfirmandenunterricht und Jugendarbeit, hg. v. Ev. Missionswerk (Mittelweg 143, 2000 Hamburg 13), Hamburg 2/1978, S. 98 f., Hansisches Druck- und Verlagshaus.

3. Tonträger

Schulfundsendung

RICHTER, Richard: Multi-Racial America: The New Indians, Schulfunk WDR: English for Seniors 1 – 1976. (Artikel darüber im Beiheft zum WDR Schulfunk, 1–1976). (Diese Sendung bemüht sich, Stereotypen abzubauen. Interviews mit verschiedenen Indianern heute. Der versöhnliche Schluß – «Indians are finally finding their way in multiracial America» – wird nicht unbedingt der Realität gerecht. Ähnlicher Aufbau wie English G 4 – unit 2 (ROSENTHAL/FERGUSON).)

Schallplatten
Mittlerweile gibt es auch in der Bundesrepublik eine ganze Reihe hervorragender englischsprachiger Songs indianischer Interpreten/innen, die sich sehr gut im Unterricht einsetzen lassen. Sie wirken auf Schülerinnen und Schüler nicht nur stark motivierend, sondern vermitteln gute Einsicht in indianisches Selbstbewußtsein heute, z. B.: BUFFY SAINTE-MARIE, WILLIE DUNN, PETER LA FARGE, REDBONE, FLOYD WESTERMAN? XIT. Die Platten sind entweder im Handel oder vom Trikont Verlag mit Textbeilagen erhältlich.

4. Zusatzinformationen
Lehrer(innen), die darüber hinaus etwas über Native Americans erfahren möchten, sind auf die Bibliographie dieses Bandes verwiesen, sowie auf eine kommentierte Auswahlbibliographie in Kontrast 6, Heft 4 (1977), S. 39 (s. o. «Unterrichtseinheiten»).
Für Unterrichtende und Erziehende ist es außerdem sinnvoll, den Kindern und Jugendlichen bei der Auswahl guter «Indianerbücher» helfen zu können. Hierbei mag mein unter «Lehrwerkanalysen» genannter Aufsatz in «Amerikastudien» helfen. Kommentierte bibliographische Angaben finden sich auch in der unter «Filme» (s. o.) genannten Unterrichtseinheit des Ev. Missionswerkes, doch möchte ich vor den dort gegebenen Fehleinschätzungen der Bücher von Friskey, Wölfel, Kresse (nicht «Kreese») und besonders Jürgen Misch warnen (a. a. O., S. 100–107).
Zur Orientierung auf dem «Indianerbuchmarkt» helfen vielleicht auch drei Sammelrezensionen, in denen ich Neuerscheinungen bis 1977 in Englisch besprochen habe: Sitting Bull and Siegfried: Some Thoughts About Recent Trends in German Books on American Indians, in: Kritikon Litterarum, 4 (1975), S. 47 f.; Kritikon Litterarum, 5 (1976), S. 295–298; 1976 in German Books: Year of the North American Indian? A Critical Review of New German Books Dealing with North American Indians, in: Amerikastudien, 23:1 (1978), S. 175–186.
Englischsprachige Informationen bieten auch:
American Newsletter for teachers of English in Baden-Württemberg. Issue No. 3, Stuttgart 1973, Amerika-Haus
BUREAU of Indian Affairs (BIA). Das BIA veröffentlicht verschiedene Pamphlete, Poster und Karten über Indianer. Viele dienen mehr der Propagierung eigener Leistungen als derDarstellung tatsächlicher Verhältnisse – doch auch dies läßt sich im Unterricht behandeln. Wer hinschreiben will:
United States Department of the Interior
Bureau of Indian Affairs
Materialien verschickt:

Superintendent of Documents, Washington, D. C., 20402, USA
U. S. Government Printing Office

Allen Lehrer(inne)n, die die Indianerthematik im eigenen Unterricht (Englisch ebenso wie andere Fächer) behandeln, wäre ich für Angaben über ihre Erfahrungen, welche Texte sie benutzten, wie die Schüler/innen reagierten usw. dankbar. Falls Sie Englischlehrbücher finden, die in dieser Materialsammlung nicht vorhanden sind, oder andere Materialien gebrauchen, die ebenfalls «Native Americans» betreffen, so bitte ich Sie, mir die Titel mitzuteilen. Falls Sie außerdem den Fragebogen verwenden, der in dieser Sammlung enthalten ist, so bitte ich Sie sehr, mir die ausgefüllten Fragebögen zuzuschicken (sie sollten *vor* Beginn der Indianer-UE als «Einstieg» ausgefüllt, ausgewertet und mit den Lernenden diskutiert werden). Als Instrumente der Leistungskontrolle sind die Fragebögen bewußt ebenso ungeeignet gehalten, wie etwa als Mittel einer empirisch-objektivistischen Vorurteilsbestimmung. Portokosten erstatte ich gern.

Herzlichen Dank!

Hartmut Lutz, Hinter dem Felde 48, 4513 Belm-Icker, Tel. 05406/1705

oder: Fachbereich 7: Kommunikation/Ästhetik
Universität Osnabrück
Postfach 4469
4500 Osnabrück
Tel. 0541/608 – 4252
oder – 4196

Danksagung

Geholfen haben mir
durch Rat, Kritik, Liebe, Geduld, Vertrauen, Kraft, Information, Zeit, Geld und praktische Mitarbeit

in Amerika:
Pat Bellanger, Winona La Duke, Clyde Bellecourt, die Brüder Means, Madonna Gilbert, die Mannschaft der Akwesasne Notes, Phillip Deere und seine Familie, Jimmie Durham, Dennis Banks, Bill Wahpepah, Eddie Benton Banai, Greg Zephier, Margaret Fisher, George Fournier (Stillwater Prison), Oren Lyons, Leon Shenandoah, Audrey Shenandoah, Dewasenta, Kenneth Papineau und seine Familie, Barbara Brave Bird, Barry White, der Arrowkeeper der Cheyenne nebst drei Generationen der Familie Red Hat, außerdem Walter Boelke, genannt Senior, David Baxter, Jean und Richard Erdoes, Dick Bankroft, Dan Budnik, Bernhard Schoner, Karl und Claire Schlesier.

zu Hause:
Lu und Rainer Wittenborn, Christian von Alvensleben, die Blumenstraße, Gerd Hensel, meine Mutter, meine Großmutter Valerie, Anne Granig-Geronimo, Nikolaus Einhorn, Anneliese Rudwaleit, Birgit Kirchknopf, Mariemonique Scheidegger, Carl-Ludwig Reichert, Moos, Karina Szulc, Janet Wollverton, Erich Waco Wagner und alle anderen der Münchner Arbeitsgruppe, P. P. Zahl, Wolfgang Müller und Renate.

Modell für einen vorbereitenden Fragebogen

Name: .... Kl. ....

1. Welche Indianerstämme kennst du?. ....

   ....

2. Nenne Wörter aus der Indianersprache!

   ....

3. Nenne, wenn möglich, einige berühmte Häuptlinge!

   ....

4. Wie lebten Indianer früher, was machten sie?

   ....

   ....

   ....

5. Welche Eigenschaften haben Indianer? Kreuze bei den acht Wortpaaren jeweils ein Eigenschaftswort an!

○ fleißig	– faul ○	○ friedlich	– angriffslustig ○
○ tapfer	– feige ○	○ freundlich	– verschlossen ○
○ ehrlich	– heimtückisch ○	○ mitfühlend	– grausam ○
○ zivilisiert	– wild ○	○ harmlos	– gefährlich ○

6. Weshalb haben Indianer gekämpft?

   ....

   ....

7. Wie leben die Indianer heute?

   ....

   ....

   ....

8. Was weißt du noch über Indianer?

   ....

   ....

9. Woher weißt du etwas über Indianer?

   ....

   ....

10. Was möchtest du noch über Indianer wissen?

    ....

    ....

11. Wie stellst du dir einen Indianer vor? Male ein Bild auf die Rückseite!

Quellennachweis der Abbildungen

Claus Biegert, München: S. 20, S. 34, S. 36. S. 37 oben, S. 43 unten, S. 46 oben, S. 51, S. 53 oben, unten, S. 54, S. 56, S. 61, S. 63, S. 72, S. 83, S. 170, S. 221, S. 235, S. 237 (Montage), S. 241 unten, S. 258; The Great Chiefs, Time-Life-Books, New York 1975, S. 92, Fotos: Western History Departement, Denver Public Library: S. 25 oben, unten; Christian v. Alvensleben, Hamburg: S. 37 unten, S. 45, S. 46 unten, S. 47, S. 154; Dick Bancroft, St. Paul, Minn.: S. 39, S. 41 oben, unten, S. 43 oben, S. 48, S. 49 oben, unten, S. 75, S. 79, S. 85, S. 86, S. 88, S. 90, S. 97; Associated Press: S. 58; Richard Erdoes, New York: S. 64, S. 65, S. 74, S. 269, S. 270; Lothar Schiffler, München: S. 67, S. 183, S. 223; Shelley McIntire, Minneapolis: S. 115, S. 131; Gianfranco Gorgoni, New York: S. 150, S. 259, S. 260 oben, unten; NASA: S. 229; Ursula Wolf, Pullach: S. 241 oben; Survival International: S. 252.

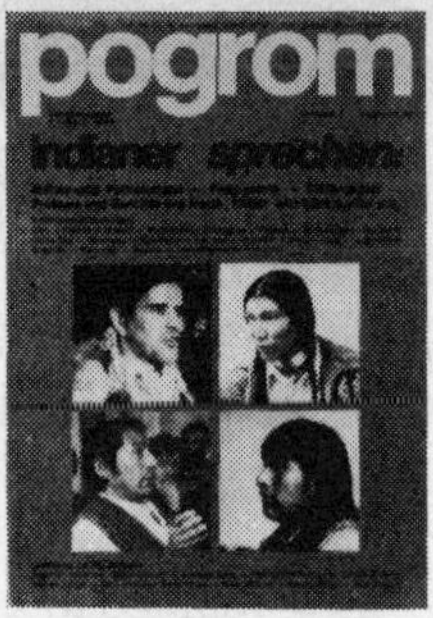

GESELLSCHAFT FÜR BEDROHTE VÖLKER

Menschenrechtsorganisation
für Minderheiten und Stammesvölker
– gemeinnütziger Verein –

Förderer: Carl Amery – Ernst Bloch – Freimut Duve – Helmut Gollwitzer – Robert Jungk – Jürgen Moltmann – Luise Rinser – Kurt Scharf – Gordian Troeller – Ernst Tugendhat u. a.

- unterstützt Bürger- und Landrechtsbewegungen indianischer Völker in Nord- und Südamerika, ihre Projekte und Zeitungen
- unterstützt indianische Survival-Schools
- organisierte die beiden ersten Rundreisen panindianischer Delegationen 1977 (Veranstaltungen in 7 deutschen Städten) und 1978 (65 Veranstaltungen in 27 Städten) durch die Bundesrepublik
- führt Solidaritäts- und Protestaktionen durch für indianische politische Gefangene, gegen Verfolgung, Landraub und Völkermord an indianischen Völkern
- berichtet mit der Zeitschrift 'pogrom' regelmäßig über indianische Probleme

Kontaktadressen:

GfbV, Bramscher Straße 200, 4500 Osnabrück
GfbV, Miriam Wiegele, Zieglergasse 28/10b, A-1070 Wien

Spendenkonto: 7400 Postscheckkonto Hamburg
Stichwort: Indianer-Hilfe – 'Survival Schools'

o Ich werde förderndes Mitglied und überweise nach eigenem Ermessen DM 7,– bis DM 100,– (Studenten DM 4,–, Schüler DM 3,–) monatlich auf das Postscheckkonto Hamburg Nr. 297 793–207

o Ich möchte die Zeitschrift 'pogrom' abonnieren (12 Ausgaben DM 30,–)

Name ....

Adresse ....

Unter dem Pflaster liegt der Strand

Band 1 (1974)
Hans Peter Duerr, Ein regressives Vorwort – Noam Chomsky, Anmerkungen zum Anarchismus – Christa Dericum, Absage an die Gewalt – Die Idee des Anarchismus – Murray Bookchin, Hör zu, Marxist! – Augustin Souchy, Zur ‚revolutionären Ungeduld' der Anarchisten – Hans Magnus Enzensberger, Über das Altern der Revolution – Paul Goodman, Eine Plauderstunde mit der Rüstungsindustrie – Paul Feyerabend, Thesen zum Anarchismus – Hans Peter Duerr, Eine Verteidigung Paul Feyerabends · 186 S./12,80 DM/ISBN 3-87956-039-0

Band 2 (1975)
Augustin Souchy, Anarchismus im Wandel der Zeiten – Achim von Borries, Spanien, Juli 1936 – Die unbekannte Revolution – Murray Bookchin, Für eine befreiende Technologie – Carl G. Hedman, „Schwache" Methoden gesellschaftlicher Kontrolle – Eine anarchistische Kritik an Skinner – Robert Paul Wolff, Jenseits des rechtmäßigen Staates – 252 S./15,– DM/ISBN 3-87956-068-4

Band 3 (1976)
Paul Feyerabend, Experten in einer freien Gesellschaft – Arne Naess, Warum nicht auch Wissenschaft für Anarchisten? – Hans Peter Duerr, Können Hexen fliegen? – Colin Ward, Harmonie durch Vielfalt – Paul Feyerabend, Über die Methode. Ein Dialog –
192 S./15,– DM/ISBN 3-87956-085-2

Band 4 (1977)
Paul Feyerabend, Unterwegs zu einer dadaistischen Erkenntnistheorie – Hans Peter Duerr, Fröhliche Wissenschaft – Pierre Clastres, Über die Entstehung von Herrschaft: ein Interview – Werner Müller, Sprache und Naturauffassung bei den Sioux – Harry Pross, Literaten an der Wand. Die Schriftsteller und die Münchner Räterepublik 1919 – Paul Avrich, Bakunin und Netschajew – 265 S./15,– DM/ISBN 3-87956-085-2

Band 5 (1978)
Werner Müller, Vom Irrationalen in der Geschichte – Francoise Travelet/ Maurice Frot, Die Sonnenstadt – Hoyt Edge, Paradigmata und Parapsychologie – Henning Eichberg, Spielverhalten und Sozialverhalten –
196 S./15,– DM/ISBN 3-87956-099-4

Band 6 (1979)
Werner Müller, Von der Ohnmacht der Wörterbücher – Gerrit Confurius, Klaus Störtebeker – Dr. Haffner, Die im Jahre 1808 in Tübingen entdeckte, geheime Gesellschaft – Adolf Holl, Jesus in schlechter Gesellschaft – Jürgen Euler, Eine Himmelerscheinung aus dem Jahre 1836 –
220 S./15,– DM/ISBN 3-87956-123-0

KARIN KRAMER VERLAG BERLIN – 1000 Berlin 44, Postfach 106

sachbuch rororo

Politische Erziehung

Barabas, Friedrich / Blanke, Thomas / Sachße, Christoph / Staschelt, Ulrich (Hg.)
Jahrbuch der Sozialarbeit 1976. Projekte, Konflikte, Recht [6941]
Jahrbuch der Sozialarbeit 1978. Analysen, Berichte, Materialien [7097]

Bast, Heinrich u. a.
Gewalt gegen Kinder. Kindesmißhandlungen und ihre Ursachen. Handbuch für Diskussion und Aktion [6934]

Beck, Johannes / Bergmann, Klaus / Boehncke, Heiner (Hg.)
Das B. Traven-Buch. Lesestücke – Unterrichtsmaterialien [6986]

Beck, Johannes / Boehncke, Heiner (Hg.)
Jahrbuch für Lehrer 1978. Schulalternativen – Schreiben lernen [7103]
Jahrbuch für Lehrer 1979. Zensuren, politisch-technischer Unterricht [7172]
Jahrbuch für Lehrer 4. Selbstbestimmtes Lernen / Schulalltag / Unterricht: Natur, Technik, Faschismus [7285]

Bergmann, Klaus / Frank, Günter (Hg.)
Bildungsarbeit mit Erwachsenen. Handbuch für selbstbestimmtes Lernen [7059]

Biegert, Claus
Indianerschulen. Als Indianer überleben – von Indianern lernen. Survial Schools [7278]

Brock, Adolf u. a.
Arbeiterbildung. Soziologische Phantasie und exemplarisches Lernen in Theorie, Kritik und Praxis. Lernen für Selbstbestimmung [7250]

Brockmann, Anna Dorothea / Liebel, Manfred / Rabatsch, Manfred (Hg.)
Jahrbuch der Sozialarbeit 3 [7293]

Busche, Ernst / Marquardt, Brunhilde / Maurer, Margarete (Hg.)
Natur in der Schule. Kritik und Alternativen zum Biologieunterricht [7148]

Dick, Lutz van
Alternativschulen. Information – Probleme – Erfahrungen [7261]

Geißler, Karlheinz A. (Hg.)
Gruppendynamik für Lehrer. Verändernde Praxis im Schulalltag [7273]

Gottschalch, Wilfried
Schülerkrisen. Entstehungsgeschichte autoritärer Persönlichkeiten [7070]

Krüger, Moritz
Schulflucht. Aus dem Leben eines Junglehrers. Eine dokumentarische Erzählung [7177]

Moßmann, Walter / Schleuning, Peter
Alte und neue politische Lieder. Entstehung und Gebrauch / Texte und Noten [7159]

Nagel, Herbert / Seifert, Monika (Hg.)
Inflation der Therapieformen. Gruppen- und Einzeltherapien in der sozialpädagogischen und klinischen Praxis. Sinn und Unsinn der Psycho-Industrie [7235]

Ottomeyer, Klaus
Ökonomische Zwänge und menschliche Beziehungen. Soziales Verhalten im Kapitalismus [7055]

Richter, Dieter / Vogt, Jochen (Hg.)
Die heimlichen Erzieher. Kinderbücher und politisches Lernen [6843]

Roth, Jürgen u. a.
Geographie der Unterdrückten. Die Kurden [7125]

Schleuning, Peter (Hg.)
Kinderlieder selber machen. Beispiele, Erfahrungen, Anleitungen [7115]

Vasquez, Aïda / Oury, Fernand u. a.
Vorschläge für die Arbeit im Klassenzimmer. Die Freinet-Pädagogik. Alternativen zum gewöhnlichen Schulleben [6957]

Vinnai, Gerhard
Sozialpsychologie der Arbeiterklasse. Identitätszerstörung im Erziehungsprozeß [6812]

Analysen, Modelle, Materialien für Schüler, Lehrlinge, Studenten, Lehrer

994/2

sachbuch rororo

Erziehung und Schule

Ingeborg Altstaedt
Lernbehinderte. Kritische Entwicklungsgeschichte eines Notstandes. Sonderpädagogik in Deutschland und Schweden [6944]

Arbeitsgruppe am Max-Planck-Institut für Bildungsforschung
Das Bildungswesen in der Bundesrepublik Deutschland. Ein Überblick für Eltern, Lehrer, Schüler [7292]

Kurt Bader u. a.
Handbuch für Kindertagesstätten. Informationen zur öffentlichen Kindererziehung [7051]

Sönke Bai u. a.
Die Rudolf Steiner Schule im Ruhrgebiet. Leben, lehren, lernen in einer Waldorfschule [6985]

Bielefelder Lehrergruppe
Schule kann anders sein. Drei Versuche zu handlungsorientiertem Lernen in Hauptschulen und zur Arbeit im Lehrerteam [7197]

Gerhard Breidenstein
Internationale Konzerne. Arbeitsbuch für Schule, Gewerkschaft, politische Gruppen [7080]

M. Charlton / H. Dauber / O. Preuß / Ch. Th. Scheilke
Innovation im Schulalltag. Arbeitsbuch für Lehrende und Lernende [6917]

Heinrich Dauber / Heribert Weber
Eltern aktiv. Handbuch für eine humane Schule [6993]

Paulo Freire
Pädagogik der Unterdrückten. Bildung als Praxis der Freiheit [6830]
Erziehung als Praxis der Freiheit. Beispiele zur Pädagogik der Unterdrückten [7058]

Hans-Jochen Gamm
Einführung in das Studium der Erziehungswissenschaft. Erziehung als Beruf. Grundlagen, Probleme, Ziele [7119]

Allgemeine Pädagogik. Die Grundlagen von Erziehung und Bildung in der bürgerlichen Gesellschaft [7266]

Peter Groskurth (Hg.)
Arbeit und Persönlichkeit: berufliche Sozialisation in der arbeitsteiligen Gesellschaft. Ergebnisse der Arbeitswissenschaft für Bildung, sozialpädagogische und psychologische Praxis. Kriterien für menschlichere Arbeit [7240]

Ivan D. Illich
Schulen helfen nicht. Über das mythenbildende Ritual der Industriegesellschaft [6778]

Die Entschulung der Gesellschaft. Entwurf eines demokratischen Bildungssystems [6828]

Helmut Klein
Bildung in der DDR. Grundlagen, Entwicklungen, Probleme [6861]

Lehrergruppe Laborschule
Laborschule Bielefeld. Modell im Praxistest. Zehn Kollegen ziehen ihre Zwischenbilanz [7107]

Christoph Lindenberg
Waldorfschulen. Angstfrei lernen, selbstbewußt handeln [6904]

Projektbuch ästhetisches Lernen [7091]

Erhard Meueler (Hg.)
Unterentwicklung. Arbeitsmaterialien für Schüler, Lehrer und Aktionsgruppen. Wem nützt die Armut der Dritten Welt? Band 1 + 2 [6906 + 6907]

Gerd-Bodo Reinert / Jürgen Zinnecker (Hg.)
Schüler im Schulbetrieb. Berichte vom Lernalltag, von Lernpausen und vom Lernen in den Pausen [7181]

Georg Rist / Peter Schneider
Die Hiberniaschule. Von der Lehrwerkstatt zur Gesamtschule: eine Waldorfschule integriert berufliches und allgemeines Lernen [7136]

Horst Speichert
Schulangst. Das Eltern-Schüler-Trauma. Ursachen und Auswege [7101]
Umgang mit der Schule. Taktik der kleinen Schritte zur Humanisierung des Unterrichts. Ein Eltern-Handbuch [7150]

Holger Strohm
Politische Ökologie [7085]

Hartwig Weber
Mut zur Phantasie. Kinder lernen über Kinder. Kinder lernen über sich und ihre Schulsituation, über Kinder in Randgruppen und in der Dritten Welt. [7255]

Modelle emanzipierter Erziehungspraxis

995/2

2701172